HY COLLECTION 024

사회적경제
: 이론, 제도, 정책 개정판

SOCIAL ECONOMY:
THEORIES, INSTITUTIONS AND POLICIES

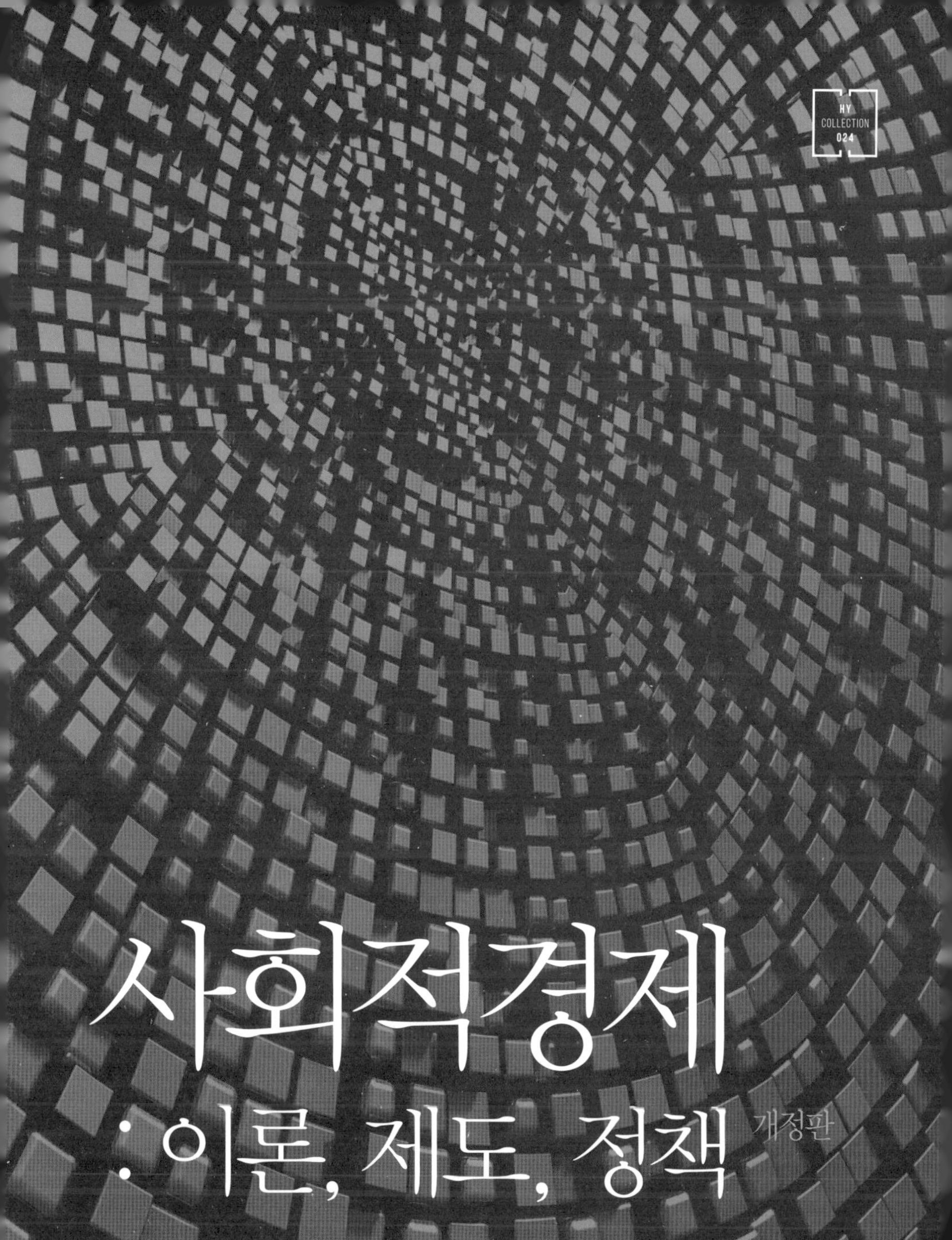

HY COLLECTION 024

사회적경제
: 이론, 제도, 정책 개정판

SOCIAL ECONOMY:
THEORIES, INSTITUTIONS AND POLICIES

주성수 지음

한양대학교 출판부

서문

한국 사회적경제의 주류화(mainstreaming)?

2010년 이 책의 초판이 출간되었을 때만 해도 사회적경제가 안정적으로 성장할 것이라고는 예상하지 못했다. 실제로 사회적경제는 사회적기업 육성법 시행 10년 사이에 놀랍게 성장하고 있다. 사회적기업과 협동조합 등 조직의 성장뿐 아니라 일자리 증가와 취약층 고용확대도 뚜렷하다. 한국의 사회적경제는 초기의 형성기를 지나 이제 성장기로 뛰어올랐다는 평가를 받고 있다.

그럼에도 정부 정책과 기업 후원뿐 아니라 사회적경제 기업가들의 열정이 만들어낸 중간평가 성적에 지나지 않는다는 지적도 있다. 소비자들이 구매하고 선호하는 제품과 서비스를 생산해 호응을 받아 비즈니스 성과를 내며 주류시장을 헤쳐나가는 주류화까지는 아직 갈 길이 멀다고 볼 수 있다. 특히 최근 많은 주목을 받는 '사회적 임팩트'를 생산하는지에 대해서는 논의의 시작단계에 머물러 있다. 사회적경제의 존재가치가 사회적 가치 실현에 있기 때문에 임팩트 설계와 관리를 통해 임팩트 측정 결과를 명백하게 보여주라는 요청이 늘고 있다.

그런데 10여 년 전과 다른 지금의 사회적경제는 아이러니하게도 정치적 장벽에 직면해 있다. 정치적 지지를 받아 유럽 국가들처럼 제도기로 생태계가 마련되어 안정화되어야 하지만 반대로 심각한 '정치적' 장애물을 넘어서야 하는 상황에 있다. 사회적경제에 대한 관심과 기대가 높아지고 있는 것은 일자리와 취약층 보호 등 사회적 가치 실현에 있지만, 사회적경제 기본법조차 입법되지 못하고 있다. 일자리 마련뿐 아니라 시민들의 유대와 협력으로 공동체를 만들고 인권과 취약층 보호 등 공익과 사회적 가치를 존중하는 문화를 만드는 사회적경제에 대해 시대착오적인 이념적 판단을 하고 있는 것이다. 사회적 가치 기본법, 시민사회기본법 등 '사회'를 거부하는 이념공세가 사회혁신을 가로막고 있다.

이 개정판은 2010년의 초판 『사회적경제: 이론, 제도, 정책』에 절반가량 새로운 내용을 채운 것이다. 선진 사회에서 사회적경제가 급성장하면서 포용적 성장 등 혁신적 대안과 정책들이 쏟아져 나오는 상황을 반영하여 사회혁신, 정책혁신과 같이 진행되고 있는 새로운 내용들을 추가한 것이다.

초판에서 다루었던 주요 개념적 정의와 이론적 배경에 더해 복지국가와 사회정책 일반에 초점을 맞추어 사회적경제의 전반적인 이해와 발전방향에 관한 새로운 논의들도 대폭 보완했다. 특히 제7장 '사회적경제의 사회적 임팩트'에서는 가장 최근의 주류 사회적경제 논의를 반영했는데, 이는 한국에서는 아직 초기 논의단계에 머물러 있는 주제이지만 장차 급속도로 성장할 수밖에 없는 글로벌 동향이다.

한양대학교 출판부에서 다시 새로운 개정판을 발간하게 되어 무척 기쁘며, 연말연시에도 불구하고 봄학기 전 출판을 목표로 수고를 아끼지 않으신 출판부 선생님들께 깊이 감사드린다.

2019년 새해 아침에

저자 주성수

차례

제1장

사회적경제란 무엇인가

1. 사회적경제 '패러다임'

'사회적경제'(social economy)는 경제 불황에서도 지속가능한 성장을 보여주는가? 사회적경제 조직들은 사회적, 경제적 가치를 생산하며 사회적 임팩트를 창출하고 있는가? 그래서 새로운 패러다임의 비전을 보여주는가? 이에 대한 EU, ILO, OECD 등 글로벌 기관들의 평가를 우선 참고해볼 만하다.

1) 경제위기 극복의 사회적경제

세계적인 금융위기 이후 경제불황에도 사회적경제가 성장하고 있다. 사회적경제 조직들이 중요해지고 있는 이유는 그들의 활동이 공익에 기여하는 능력이 있다는 것과 사회의 다양한 욕구들을 충족시키고 있다는 것이 입증되고 있기 때문이다.

사회적경제와 사회적기업의 사회적 임팩트 중에서 우선 양질의 포용적 일자리 마련을 주목해볼 만하다. 2008년 금융위기 이래 2015년까지 EU에서는 약 300만 개의 일자리가 사라졌다. 이런 위기 상황에서 EU는 〈기업가정신 환경〉 전략으로 일자리 마련을 추진해왔다. 사회적경제는 수익의 극대화에 일차적인 목적이 있지 않고 취약층 일자리 마련에 있기 때문에 어려운 경제침체 상황에서도 상당한 일자리를 마련할 수 있었다. 기업가정신으로 마련된 일자리들이 상당하다. "일자리 집약적 비즈니스 영역에서 일자리 집약적 방식으로" 일자리가 마련된 것이다(EC 2016a: 11).

사회적기업들은 재능 발견과 육성 및 일자리 맞춤형 재능 발견과 육성으로 노동력의 고용가능성과 기업가정신을 증진시킨 것이다. 스페인에서는 2008~15년 기간에 3만 1000개의 사회적기업들이 만들어져, 21만 개의 일자리가 마련되었다(앞글: 11). 전혀 개발도 검토도 되지 않은 분야에서 새로운 일자리를 만들어내는 혁신적 접근법이 사회적경제와 사회적기업을 전통적인 기업과 공공기관과 구별하는 특성이다.

역사적으로 유럽의 사회적경제는 1980년대에 팽배했던 복지국가 위기에 대처하기 위한 사회혁신의 처방으로 부활했다. 또 2010년대 금융위기와 경제불황이 지속되는 상황에서도 혁신적 처방으로 사회적 임팩트를 창출하는 것으로 평가받고 있다(주성수 2017a: 85-87). 사회적기업의 경우, 1980년대 대량 실업과 빈곤 확대 등이 심각했던 위기 상황에 대한 혁신적 대안을 대표해 분명한 성과를 낸 것으로 확인되었다. 경제위기는 정부 등의 공공부문에 "전통적인 인프라 기반의 공익 서비스 재정지원 역량에 심각한 리스크를 던져주었고, 또한 보다 포용적이며 다원주의적 경제 시스템에 대한 관심을 촉진시켰다"(EC 2015). OECD(2016: 24)는 다음과 같이 설명한다.

사회적기업은 사회적 욕구의 다양성 증대에 대처하는 주류 정책들의 한계뿐 아니라 글로벌 경제의 불안정한 속성에 대한 대안으로, EU 국가들이 직면한 공적 재정 긴축, 많은 사회 집단의 배제, 인구 변화 등 심각한 도전들을 해결하는 데 기여하는 것으로 입증되었다. 사회적기업은 최근 일부 EU 회원국 정부, 국제기관 및 EU 기관들로부터 사회적 문제와 사회에 심각한 임팩트가 되는 도전들을 해결하는 혁신적 접근법이라는 폭넓은 인정을 받고 있다.

또 EU는 경제개발과 삶의 질에 대한 사회적경제의 기여는 경제위기 대응에서도 확증되고 있다는 근거들을 제시한다(EC 2013: 52-4). 협동조합 은행들은 상업적 은행들과 달리 지금의 금융위기를 초래한 리스크가 큰 금융사업에 관여하지 않았고, 투기적 금융상품 투자보다는 실물 경제에 집중하는 지속가능성을 보여주었다. 또 금융위기와 경제위기 기간에는 상업적 은행들이 대출을 제한시킨 것과는 달리 사회적경제 은행들은 대출을 지속해 신뢰를 확보했다는 것이다.

또 사회적경제 조직들은 투자자 소유의 기업들에 비해 위기극복에 더 강한 대응력을 갖고 있는 것으로 평가받는다. 2008년 금융위기 등으로 경제 성장이 침체된 중에도 EU의 사회적경제를 포함한 제3섹터의 고용률은 지속적으로 성장했다. EU 11개국이 전체 고용보다 두 배 이상 높은 고용 증가율을 기록해, 실업위기에 처한 유럽에서 사회적경제를 비롯한 제3섹터가 고용 성장에 큰 몫을 했다(Salamon and Sokolowski 2016: 13).

세계 금융위기가 닥친 상황에서 EU는 사회적경제의 역할을 중시하는 새로운 결의를 제시하였다. 2009년 2월, EU 의회는 '사회적경제에 관한 결의문'을 채택했다(표 1-1). EU는 1990년대부터 사회적경제에 관심을 기울여 왔는데, 이는 복지국가가 직면한 한계 때문이다. 지구화에 따른 압력과 경제의 서비스화에 따른 생산성 저하, 또 출산율 저하와 노인 인구의 증가로 인한 고령화 등에 맞선 대안으로 사회적경제가 주목받았다. 유럽에서 1980년대 신사회운동이 활발해진 것도 사회적경제 활성화에 영향을 미쳤다. 공동체운동, 여성운동, 환경운동, 문화운동 등 다양한 결사체가 등장하면서 국가와 시장의 새로운 관계 정립을 요구했다.

사회적경제 모델은 경제위기뿐 아니라 글로벌 경제시스템의 불안, 식

표 1-1 EU 의회의 2009년 사회적경제 결의문

〈EU 의회의 사회적경제 결의문〉

1. 사회적경제는 유럽 경제에서 핵심적 역할을 한다. 수익성과 연대를 융합해 양질의 일자리를 만들며, 사회적, 경제적, 지역적 통합을 강화하고, 사회 자본을 생산하며, 능동적 시민권, 연대, 사람 우선의 민주적 가치를 가진 경제 유형을 증진시키고 있다. 지속가능한 개발과 사회적, 환경적, 기술적 혁신도 지원한다.

2. 사회적경제는 산업민주주의와 경제민주주의 강화의 목적을 추구하며 상징적으로나 실제적 성과 측면에도 중요하다.

3. 사회적경제가 성장해서 잠재력을 충분히 발휘할 수 있으려면 적절한 정치적, 입법적, 운영상의 조건들과 선결요건들이 충족될 필요가 있다. 사회적경제 조직들의 풍부한 다양성과 그와 관련된 특성들을 잘 고려할 필요가 있다.

4. 사회적경제 기업들은 일반 기업들과 같은 경쟁 규칙들을 적용해서는 안 된다. 사회적경제 기업들이 일반 기업들과 공정한 경쟁을 할 수 있도록 그들의 독특한 가치들에 대한 인식을 바탕으로 안전한 법률적 프레임워크를 제공할 필요가 있다.

5. 사회적경제 기업들이 중요한 역할을 하는 경제 시스템은 금융시장의 투기에 대한 노출을 줄이지만 일부 영리기업들은 주주와 규제기관의 감독을 벗어나 그렇지 못하는 차이가 있다.

자료 http://www.europarl.europa.eu/sides/getDoc.do?type=REPORT&reference=A6-2009-0015&language=EN

량공급의 불안, 소득불평등의 증대, 급진적인 기후변화와 환경피해 등에도 상당한 임팩트를 제시한 것으로 평가받고 있다(Trembley 2012: 23). 그래서 지구화와 신자유주의를 대신하는 대안적 경제 또는 사람 중심의 경제(people-centered economy) 비전이 제시되고 있다. "사회적, 보건, 경제적, 생태적 조건의 불평등 증대를 해결하고, 신자유주의 주도의 지구화의 실패에 대한 대안적 처방을 제시하고, 나아가 공동체의 사회 자본의 약화를 차단하기 위한 처방으로 사회적경제 개념과 프레임워크를 진전시키는 '글로벌 운동'이 확대되고 있다"(앞글: 14-5).

2) 사회적경제를 통한 사회적 혁신

'사회혁신'(social innovation)은 이제 주류 정책 동향이 되고 있다. 사회혁신은 사회적경제의 진흥을 통해 실제로 달성될 수 있고, 사회적경제는 사회혁신의 핵심 영역이라는 시각이 지배적이다. 사회적경제의 성장은 금융위기와 경제위기 극복의 혁신적 대안이 되고 있기 때문이다.

(1) EU 사회적경제의 성장

EU는 2011년 사회적 비즈니스 이니셔티브(Social Business Initiative: SBI)를 통한 사회혁신에 지속적인 정책 투자를 해왔다(표 1-2). 2014년에는 스크라스부르그에서 전대미문의 사회적기업을 통한 사회혁신과 사회기업가정신으로 경제와 사회문제를 해결할 것을 선언하였다(EC 2014b: 49). 새로운 혁신적인 재정지원 재원, 기업의 지원, 네트워킹 등으로 사회적기업과 사회적

표 1-2 EU의 사회적 비즈니스 이니셔티브(Social Business Initiative)

EU의 '사회적 비즈니스 이니셔티브'(SBI)는 2011년 사회적기업을 지원하기 위한 EU 차원의 정책 이니셔티브다. 정책 목표는 1) 사회적기업의 금융 접근 개선을 우선적으로, 2) 사회적기업에 대한 미래전망성 제시, 3) 법률적 환경의 최적화로 설정하였다. 제1 우선순위가 되는 금융 접근에서는 먼저 공공 자금이 동원된 특징이 있다. '고용과 사회혁신' 프로그램에 공공 자금이 투입되어 사회적 투자 시장을 개발해 2014~20년 기간에 사회적기업들이 준융자(quasi-loan) 지원을 받게 되었다. 동시에 구조기금(Structural Funds)이 조성되어 회원국들이 사회적기업에 재정지원을 하게 되었다. 또 민간투자를 유치하기 위해 새로운 유럽사회기업가정신기금(European Social Entrepreneurship Fund)을 조성해 투자자 참여를 유도하였고, 사회증권거래소에서 사회적기업 주식 거래를 진흥시키는 EU 플랫폼을 개설하였다.

자료 EC, 2016b. "The Social Business Initiative."

경제의 진흥을 주창하였다.

나아가 EU는 지속적으로 사회적경제 진흥정책을 제시해왔다. 2015년 룩셈부르크 결의문에서 "사회적경제 기업의 종합적 생태계 조성을 위한 로드맵"을 발표해 시행해왔고, 2016년 브라티슬라바 결의문에서는 "EU와 세계의 사회문제에 효과적인 처방을 제공하는 핵심 주체로서 사회적경제" 추진방안을 제시하였다. 또 2017년 마드리드 결의문에서는 이상의 결의문들을 재확인하며, 2018~20년 유럽행동계획에 사회적경제 기업들을 진흥하고 사회혁신을 촉진하는 실행 계획을 요청했다(EC 2017b). 모든 시민들을 위한 경제적, 사회적 개발에 기여하면서, 취약계층에 초점을 맞추고 특성화된 시스템 행동을 통해 사회적경제를 운영하는 모든 행위자들을 포함할 것으로 요청한 것이다.

EU의 사회적경제는 경제 규모 측면에서 성장을 지속하고 있다.

2017년 마드리드 결의문에 소개된 EU 사회적경제는 약 200만 개의 사회적경제 기업들이 1450만 명의 직원을 두고 있다. 이는 EU-27 전체 노동력의 6.5%, EU-15에서는 7.4%에 해당되며, EU GDP의 8%에 달한다(EC 2017a). 또 다른 조사에 따르면(Social Economy Europe 2016), 2015년 사회적 기업을 비롯한 사회적경제 조직 200만 개는 EU의 전체 기업의 10%를 차지한다. EU가 전반적으로 실업률이 늘어나는 추세이지만, 사회적경제 분야에서는 경제위기 기간에도 고용이 증대해, 2002~3년 1100만 명에서 2009~10년 1450만 명으로 늘었다.

특히 프랑스, 스페인, 이탈리아 등지의 성장이 주목할 만하다(EC 2017a: 3-4). 프랑스 사회적경제는 2015년 0.2% 증가해 전체 고용의 10.5%를 차지해 237만 명에 달하며, 이 중 여성 인력이 68%를 차지한다. 경제규모는 프랑스 전체 GDP의 6%를 차지할 정도이다. 스페인의 사회적경제는 전체 고용의 12.5%를 차지하고, 이 중 여성은 50%이며 40세 미만 인구가 47%에 달한다. 경제위기를 맞은 2008년부터 2015년 기간에 사회적경제기업들이 3만 1000개 창업되어 일자리는 21만 개 늘었다. 스페인의 사회적경제는 GDP의 10%까지 성장했다. 이탈리아 사회적경제는 2006~15년 기간에 39% 증가한 220만 명이 33만 5000개의 기업과 조직들에서 일한다. 룩셈부르크 사회적경제는 3만 3490개의 사회적기업에서 전체 고용의 8%에 달하는 노동력이 활동한다. 이는 2000년에 비해 두 배 이상 성장한 것으로, 사회적경제 노동력의 2/3가량은 여성이다. 벨기에 브루셀과 와로니아 지역의 사회적경제는 전체 고용의 12%에 달하는 24만 6000명이 일하며, 이들 중 71%가 여성이다.

사회적경제 조직은 경제위기에도 일자리를 늘리는 특징을 보여준다. 임금노동자 인구 비중에서 2002~3년 기간 6%에서 2009~10년 기간 6.5%

로 늘었다. 1100만 명에서 1450만 명으로 늘어난 것이다. 그 가운데 가장 많은 비중을 차지하는 것은 협회 등의 결사체와 재단으로 259만 개가 넘으며, 협동조합 유형들은 20만 개에 달하며, 공제회사는 전체 1% 비중을 차지한다(EC 2013).

사회적경제 조직은 국가별로는 영국과 독일이 각기 87만 5000개와 51만 3000개로 가장 많다. 정부의 정책이나 기업과 시민사회의 공조적 활동이 활성화된 결과로 나타난 것이다. 그 다음으로 오랜 전통을 가진 스페인(20만 개), 프랑스(19만 2000개), 핀란드(13만 4000개), 오스트리아(11만 8000개), 체코 공화국(10만 1000개) 등이며, 나머지 국가들에서는 1만 개 이하 6000~9700개가량의 사회적경제 조직들이 운영 중인 것으로 파악된다(앞글: 46).

사회적경제 조직 가운데 결사체와 재단 유형이 가장 일반적인 유형이다. 이들은 임금직 노동자와 자원봉사자를 합하면 유럽의 사회적경제 전체 고용에서 약 65%를 차지한다(앞글: 47). 유럽에서 농업 협동조합은 농업 생필품의 제조와 마케팅 분야에서 60%가량 시장점유율을 차지하며, 투입공급 분야에서는 약 50%를 차지한다. 유럽에는 4200개의 협동조합 은행과 6만 3000개의 지점들이 있는데, 이들의 조합원은 EU 인구의 10%가량인 5000만 명에 달하며, 고객 1억 8100만 명, 종사자 78만 명에 달한다. 자산규모는 65조 유로로 시장점유율이 20%가량 된다.

또 부가가치 성장에서도 사회적경제의 경제적 성과는 적지 않다. 협동조합은 2006~10년 기간 부가가치 성장률에서 기업에 비해 네 배 더 높은 비율을 이룩했다(24.7% 대 6.5%). 같은 기간에 노동자의 임금은 협동조합의 경우 29.5% 증가한 반면에 일반 기업의 경우 12.7%에 그쳤다(앞글: 53). 스페인에서도 협동조합이 일반 기업에 비해 고용 회복과 성장이 더 빠른 것으로 분석되고 있다. 전체 고용이 2008~9년에 슬럼프에 달했다가 2011년에는 노동자협동조합의 고용은 4.7% 증가한 반면에 다른 기업들의 고용은 2008년 이래로 줄곧 하락세를 면치 못했다.

한국의 사회적경제도 초기 도입기를 지나 이제 성장기로 진입하면서 사회적, 경제적 성과를 내고 있다. 사회적경제기업 고용비중은 1.4%(총고용인원 2593만 6000명 대비 사회적경제기업 종사자수 36만 8268명)에 불과해, EU 6.5%에 크게 뒤진 실적이다(일자리위원회 2017: 2). 정부 주도하에 사회적경제기업이 양적 성장을 이루고 있으나, 아직 사회적경제 활성화는 미흡한 것으로 평가된다.

그럼에도 고용창출과 고용안정 성과는 비교적 높다. 일반 법인에 비해 취업유발 효과가 높다(산출액 10억 원당 취업유발계수가 협동조합 38.2명으로 전 산업 12.9명의 두 배 이상). 일반 기업 생존율은 창업후 3년에 38.2%이지만, 이에 비해 사회적기업(인증 후 3년) 91.8%, 마을기업(정부지원 종료 후) 87%, 사회적협동조합(등록 후 3년) 99.2%로 훨씬 높다. 또 구성원 간 인적 결합을 중시함에 따라 높은 정규직 비중(협동조합 73.2%, 사회적기업 66.1%), 낮은 이직률 특성(협동조합 4.7%)을 갖고 있는 것도 한국 사회적경제의 특성 중 하나로 정착되고 있다.

(2) 사회적경제의 사회적 임팩트

사회적경제가 일자리 마련뿐 아니라 사회적 임팩트가 강한 혁신을 주도한다는 평가를 주목해볼 만하다(EC 2016a: 11-15). 첫째는 사회적 포용과 빈곤 해소다. 많은 사회적기업들은 시민들에게 공익 관련 사회서비스 제공에서 핵심적 역할을 맡는다. 취약층에 대한 상담, 치료 등의 복지서비스 제공은 사회적경제의 독특한 역할이다. 사회적기업들은 노인층과 장애인의 주택, 보건, 복지서비스 등 욕구 충족에서 그리고 취약층의 사회적 포용에서도 독특한 역할을 맡는다. 아동 케어, 고용훈련에서도 공공기관의 보충적인 역할을 하며 사회적 배제와 빈곤 해소에 중요한 역할을 한다. 노동통합 사회적기업(Work Integration Social Enterprises: WISE) 정책이 빈곤과 사회적 배제에 맞서는 핵심이 된다. 장애인 등 취약층의 사회적, 전문기술적 통합에서 확고한 미션을 갖고 다양한 사업으로 두드러진 성과를 내고 있다.

둘째는 인도적 위기에 처한 난민과 이주자의 포용과 통합이다. 유럽은 인도적 구호의 위기 상황에 있다. 아프리카 대륙에서 이주한 난민들이 유럽 각국에 분산되면서 각국의 대처방안도 다양하게 나타나고 있다. 우선 공공기관이 주된 역할을 하지만 사회적경제의 기업가정신 사업들도 상당한 성과를 내고 있다. 이탈리아의 카멜럿(Camelot) 등의 NGO들과 사회적 협동조합들은 난민 안내서비스를 비롯한 언어교육, 고용훈련과 인턴십 서비스를 제공한다. 독일의 '소셜 임팩트'는 자영업을 희망하는 이주자들을 위한 스타업 교육훈련을 제공해왔다. 베를린의 사회적기업 키츠퀴헨(Kiez-küuchen)은 호텔과 레스토랑 비즈니스에 난민들의 구직을 지원해왔다.

셋째는 지역사회 기반의 경제이다. 사회적경제와 사회적기업은 대부분 시민들이나 지역 주민들의 자발적인 활동에 기반하는 지역사회기반의 경제라고 볼 수 있다. 사회적경제는 지역사회가 당면한 문제해결과 주민들의 욕구 충족에 우선적인 활동이나 사업을 추진한다. 사회적경제나 사회적기업이 지역사회의 핵심 역할을 하는 이유는 지자체 등의 정부기관들이 지역사회 문제들에 대한 "새로운 아이디어, 해결방안 및 접근법"의 혜택을 누리기 때문이다. 경제적 부의 창출과 사회적 연계 또는 새로운 재화와 서비스의 생산 등 다양한 형태로 사회적경제의 지역사회 부가가치 창출이 일어난다. 이런 의미에서 지방정부기관들은 사회적경제나 사회적기업을 진흥하는 제도나 정책 마련 등의 환경 조성에 직접적인 이해를 갖고 있다.

마지막은 젠더 평등이다. 젠더 차별 해소가 모든 사회기관들의 재정적 성과와 사회적 임팩트 개선에 혁신적 방안이라는 연구는 적지 않다. 사회기관들의 내부적으로나 외부적으로 젠더평등을 지원할 책무성을 갖고 있다. 특히 연대와 평등의 사회적 가치에 기반하는 사회적경제와 사회적기업은 대표적인 사회기관이다. 실제로 사회적경제 조직의 임원 가운데 여성이 차지하는 비중은 일반 중소기업에 비해 훨씬 높다. 그 비중은 2015년 통계에서 40%로 후자(18%)보다 두 배 이상이다. EU의 젠더평등의 전략계획(2016~19)에 따라 사회적경제와 사회적기업에서 젠더평등은 인력충원과 경력개발 정책에서 핵심이 되고 있다.

2. 사회적경제의 역사적 발전

1) '사회적경제' 시대의 배경

'사회적경제'(social economy)는 21세기에 와서 새롭게 등장해 지구적 동향으로 발전하고 있다. 시대적 흐름을 보면, 국가의 쇠퇴에 비해 상대적으로 성장하는 특징을 보여준다. 최근에는 복지국가 실패에 대한 대안으로, 또 자본주의 시장실패에 대한 대안으로 위상을 갖춰가고 있다. 그래서 국가와 시장의 횡포를 견제하는 시민사회의 새로운 발전방향으로 제시되기도 한다. '사회적경제'는 협동조합, 공제회, 재단, 자조집단(self-help) 등 전통적인 조직들을 중심으로 다양한 비영리, 시민사회 결사체들을 포용하는

'제3섹터'(third sector)로 발전하고 있다.

오늘날의 '사회적경제'는 특히 위기에 처한 복지국가의 새로운 대안으로 제시되며 복지국가와 확고한 파트너십을 구축하고 있다. '사회적경제' 조직은 복지국가와의 밀접한 관계를 통해 국가나 시장이 충족시켜주지 못하는 공공서비스 제공에 중요한 중개기관 역할을 맡고 있다. 이 때문에 영국 정부는 최근까지 공공지출을 매년 10% 이상씩 증가시키며 사회적경제를 진흥해왔다(UK Cabinet Office 2007). 한국정부도 1990년대 말의 외환위기 이후부터 그리고 최근 심각해진 경제위기의 처방으로 사회적경제에 초점을 맞춰 복지서비스 제공뿐 아니라 일자리 만들기에 전력해왔다. 이런 복지정책의 발전뿐 아니라 시민사회의 급진전에 따라 '사회적경제'는 하나의 뚜렷한 동향이 되면서 주요 연구주제가 되고 있다. 서구 사회가 1980년대 이래 당면해온 실업과 빈곤의 확대나 양극화로 인한 사회경제적 위기를 수습하기 위해 채택한 '사회적 일자리', '사회서비스' 사업, '사회적기업' 정책 등 일련의 '사회적경제' 정책은 이제 한국에서도 주요 정책으로 정착되고 있다.

'사회적경제'는 실업과 빈곤의 확대 등 사회경제적 위기와 밀접히 관련되지만, 다른 한편으로는 새로운 사회적 실험과 혁신이라는 '사회기업가정신'(social entrepreneurship)의 성장 동력에 의해 새로 확장되고 있다. "사회기업가정신의 확대는 지난 30년간 전 세계적으로 진행된 두드러진 발전을 선도하는 영역으로, 여기에서 수백만에 이르는 새로운 시민조직들이 출범하였다"(Bornstein 2004: 3). 시민사회 영역에서 성장하는 사회적경제가 국가와 시장에 뒤지지 않는 경쟁력을 갖춘 혁신적이며 창의적인 영역으로 부각되면서 국가와 시장도 사회적경제 조직들과의 파트너십을 통해 사회경제적 문제의 해결과 사회발전의 지속가능성을 확인해가고 있다.

많은 국가들은 복지국가의 쇠퇴에 따라 사회적경제 육성으로 실업위기 극복의 사회통합 정책을 추진한 특징이 있지만, 국가에 따라 상이한 배경을 갖고 있다. 유럽에서는 복지국가 후퇴기에 사회적경제가 다시 등장하였다면, 한국은 IMF 경제위기를 극복하는 정부 주도의 복지제도를 확대하는 복지국가 확대기에 사회적경제가 등장한 특징이 있다. 또 프랑스는 1980년대 장기 실업문제 대응으로서 사회 구성요소의 분산과 재편, 경제의 '사회적 뿌리 회복' 가치를 걸고 사회적경제가 등장하였다면, 이탈리아는 1980년대 초반 정부 사회서비스 축소를 보충하기 위한 제도로 사회적경제가 활성화되었다(노대명 외 2017: 115). 반면에 미국은 1980년대 경제 침체와 정부 재정적자로 인한 긴축 재정과 복지보조금 축소의 영향으로 비영리조직(NPO)들이 생존을 위해 사회적기업 등을 통한 경제활동을 하는 사회적경제 진출이 진행된 특징이 있다.

'사회적경제'의 등장은 실업과 빈곤의 확대 등 경제적 요인들 이외에도 다른 사회문화적 배경에 따른 결과로 볼 수 있다. 이에 대해 유럽이사회(EC 2000: 16)는 다음 몇 가지로 구분해 설명한다. 유럽에서 사회적경제 영역은 지난 20여 년간 폭발적인 확대를 기록했는데, 사회적경제 조직들 중에서 1981년 이후에 신설된 것들이 45%에 달하고, 그보다 10년 전인 1971년 이전에 설립된 것들이 65%에 이른다. 사회적경제 영역의 확대발전이 1970년 이후의 현상이라는 것을 알 수 있다. 이런 확대발전의 배경요인들은 다음 몇 가지로 구분해볼 수 있다(앞글: 16-17).

첫째는 제2차 세계대전 이후에 찾아온 풍요의 시대와 함께 가능해진 레저시간의 증가다. 노동시간은 지속적으로 단축되었고, 주5일제 근무, 휴가일의 증가, 그리고 최근에는 작업시간의 단축을 꼽을 수 있다. 시간적 여유가 확대되면서 여가의 선용이 중요한 선택의 문제로 제시되며, 시민들의 시민사회 활동이 늘고 있다. 둘째는 유럽에서 1980년대에 일반화된 추세로, 경제가 서비스 제공으로 꾸준히 이동하는 추세를 들 수 있다. 상담, 간호, 재활 등 휴먼서비스 제공에서 시민사회가 시장보다 더욱 효과적인 역할을 맡게 되었다. 휴먼서비스 중심의 '사회서비스' 영역은 사회적경제의 중요한 부분이다. 셋째, 정부와 공공기관에서 전달되었던 사회서비스가 사회적경제 단체들로 대폭 위임되는 추세에 있다. 유럽에서는 이를 시장에 위임되는 일반 민영화와 구분하기 위해 '사회적 민영화'(social privatization)라 칭한다. 사실 많은 유럽국가에서 사회적경제 조직의 역할에 의존하는 '사회적 민영화'가 지속적으로 추진되어 왔다(Khan 1999: 9-12). 넷째, 전통적으로 정부 및 공공기관들이 제공했던 서비스는 획일적이고 개인의 선호를 무시하기 때문에, 이에 시민들은 점차 보다 개별화된 클라이언트 중심의 접근을 중시하는 사회적경제 조직의 사회서비스를 선호한다. 이런 전문화된 사회적경제 조직의 활성화가 유럽 시민사회의 한 특징이다. 다섯째, 새로운 사회적 욕구와 새로운 사회적 가치관의 등장을 들 수 있다. 1960년대 식민통치로부터 해방된 개발도상국에 대한 원조, 반전반핵운동, 젠더평등, 환경보호, 소비자운동 등 새로운 가치관이 지배하면서 정부기관보다 무수한 사회적경제 조직들의 활동이 활성화되었다. 이는 '포스트모던'(postmodern) 가치관과 밀접히 관련된 '신사회운동'의 확대로 볼 수 있다. 최근에는 '윤리적 소비'(ethical consumerism)나 '공정무역'(fair trade)이 시민들의 호응을 얻으며 새로운 사회적경제 영역을 개척해가고 있다. 여섯째, 1970년대 말과 80년대 초에 있었던 대량실업과 고용위기가 지속적으로 확대되면서 사회적경제 조직들이 고용영역에 참여하는 사례가 크게 늘었다. 고용교육훈련, 고용상담, 사회적경제에서의 유급 봉사활동은 한국의 공공근로와 유사한 형태다(주성수 2017b). 일곱째, 개별국가의 역사와 상황에 따른 문제도 있다. 스페인, 포르투갈 등지에서의 민주화 이후 정치와 사회변동이 사회적경제의 등장과 확대에 적지 않은 영향을 미쳤다. 여덟째, 유럽 각지의 인구동태도 중요한 추세로 꼽을 수 있다. 고령화 추세, 실업자의 대량증가, 조기퇴직자의 증가 등으로 정부기관의 서비스 제공의 한계를 극복하기 위한 대안으로 사회적경제 영역이 확대될 수 있었다.

2) 사회적경제의 역사적 발전

한편 '사회적경제'의 역사적 기원은 산업화나 근대국가 이전까지 거슬러 올라간다. 사람들이 집단으로 일하고 노동의 결과물을 공유하던 시대부터 사회적경제의 역사가 시작되었다고 볼 수 있다. 그러다 근대국가의 탄생과 더불어 사회의 제도로서 사회적경제 조직들이 본격적으로 등장하게 된 것은 18세기로 볼 수 있다. '사회적 열기'의 시기로 알려진 18세기는 국민국가의 원칙과 방향에 관한 사회적 논의와 함께 사회적 이해를 방어하려는 무수한 사회조직들의 설립을 허용하는 새로운 시민권에 관한 사회적 논의도 활성화되었다(Fontan and Schragge 2000: 3). 특히 '결사의 권리'는 개인들이 단체를 통해 집단적 행동을 할 수 있는 자유를 보장함으로써 사회적경제 조직들의 조직화에 크게 기여하였다.

또 다른 혁명적인 변화는 농업경제가 산업경제로 바뀌면서, 노동이 개인이나 가족 또는 길드 단위에서 시장 단위로 확대됨으로써 사회적경제가 더불어 성장한 것이다. 산업화가 한창 진행되며 새로운 사회적 욕구가 충족되어야 했던 19세기의 협동조합 운동은 교회나 기업의 자선이나 왕가의 시혜 의존에서 벗어나 노동자들의 자조에 의해 부족한 재화와 서비스를 보충하고 빈곤과 실업 등의 문제해결에 나섰다는 점에서 역사적 의의가 있다

(Austrian Institute 2007: 12). 스칸디나비아에서는 국가주도의 복지국가 발전이 두드러졌고 동구와 남구에서는 사회주의 영향으로 사회적경제가 거의 자취를 감추기도 했지만 최근에 와서는 일제히 사회적경제의 부활을 목격하고 있다. 또 덴마크에서는 복지국가의 한계와 개별화된 서비스 요구 사이의 갭을 메우는 데 사회적경제가 독특한 역할을 한다. 최근까지 유럽에서 진행된 사회적경제는 공공지원금의 제한과 효율성 중시라는 시장지향적 성향 때문에 '사회적 목적 추구'라는 원래의 목표를 조율해야 하는 심각한 도전을 받고 있다(앞글: 12).

초기 사회적경제 조직들의 주된 목표는 시장의 영리에 노출된 나약한 개인들의 이해를 보호하거나 진흥하기 위해 생산과 소비 그리고 저축과 신용 서비스를 제공하는 데 있었다. 이런 사회적경제의 활동은 자본주의 교리와 충돌하게 되면서, 19세기에 이르러 경제와 사회 관계에 관한 광범위한 논의, 특히 '자유적'(liberal) 경제와 '사회적'(social) 경제 논의가 활성화되었다(Fontan and Schragge 2000: 4). '자유주의' 경제를 주창한 아담 스미스(Smith)와 말더스(Malthus)는 '국민' 국가와 '국민' 경제체제에서 국가와 시장을 규제의 핵심적인 기관들로 간주해, '사회적'인 것이 '경제적'인 것에 종속된다는 이론을 제시하였다. 이에 반해 '사회적인' 것의 우선을 중시하는 입장에서는 '경제'가 평등주의 등 사회적 목적에 기여하도록 규제될 것을 주장했다. 사회적경제 시각은 국민국가와 시장의 경계가 뚜렷하지 않고 모호하다고 보았다. 전통적인 자유주의 경제가 국가단위에서 규정되었다면, 사회적경제는 근본적으로 지방의 틀에서 프르동(Proudon)의 '국제협동조합연맹' 사상에서처럼 지방의 조직들이 국제적 네트워크로 연대되는 특성이 있었다. 이런 시각에서 국가란 사회를 형성하는 실체가 아니라 지리적으로 연계된 사회들의 교환을 가능하게 하는 사례에 지나지 않는다.

'사회적경제'가 공식적인 명칭을 갖게 된 것은 20세기에 들어서부터다. 그 역사적 발단은 1900년 파리 세계박람회에서 지드(Charles Gide)가 모든 유형의 결사체들을 박람회의 한 장소로 배정한 데서 비롯된다(Defourny and Develtere 1999: 11). 이후 프랑스에서는 1970년대 협동조합, 공제회, 결사체들이 공동의 사회운동을 전개하며 자신들의 공통된 영역을 '사회적경제'로 지칭했고, 프랑스 정부는 1981년 사회적경제부를 조직하는 제도화를 시작하였다. 그러나 20세기 초에 들어서며 사회적경제의 기반은 크게 흔들렸다. 사회개혁의 핵심은 산업국들의 경제적 성장에 의해 좌우되었기 때문이다. 사회적 진보가 경제성장에 의해 수반되고 또 지원되었다. 사회, 경제, 정치의 분리는 각 영역의 자율로 변화되었다. 경제, 사회, 정치의 통합으로 사회운동을 주도했던 급진적인 사회적경제 조직들은 자취를 감추었고, 협동조합이나 공제회는 경제의 일부로 간주되었다. 급진적 노동자운동도 점차 쇠퇴하면서 개혁주의 노동조합들이 자리를 대신하며 노동자임금, 노동환경 등 현실적 이해를 대변하는 역할을 중시하였다. 이와 더불어 경제성장으로 가능해진 많은 종교적, 비영리적 조직들의 등장으로 사회영역은 이들의 '사회적경제'의 무대로 북새통을 이뤘다.

이후 제1차 세계대전 종말부터 1970년대까지 사회적경제는 별다른 성장을 보이지 않은 채 현상유지 내지 쇠퇴에 머물렀다. 그 가운데 협동조합 정도가 성장을 거듭해, 소비, 저축, 신용, 농업 분야에서 두드러진 발전을 하였다. 협동조합은 일부가 사회민주당 등 개혁세력과의 정치적 유대를 갖고 있었다. 그러나 제2차 세계대전 이후 유럽에서 확대된 복지국가의 영향으로 많은 복지서비스 혜택이 국가 중심으로 이뤄지는 상황에서 사회적경제 조직의 역할에는 일정한 한계가 있었다. 복지국가 중심으로 국가의 특성이 뚜렷이 정립되는 시기였다. "국가는 복지국가 프로그램의 기획과 통제에서 공동체 섹터의 참여가 없이도 사회를 관리하는 기술관료적 관리자"가 된 것이다(Fontan and Schragge 2000: 5).

유럽에서 사회적경제는 1970년대 말부터 다시 부활하였다. 어떤 유토피아 사상이나 급진적 운동에 의해서가 아니라 또 개인이나 어떤 사회집단이나 시민사회가 주도한 게 아니라 경제위기에 처한 국가의 선택에 의해 부활되었다. 1980년대 초부터 프랑스와 벨기에 정부가 정부정책으로 논의하기 시작했고, 1980년대 말에는 유럽연합이 유럽 전체의 아젠다로 상정해 사회경제적 위기의 타개를 위해 전략적으로 접근해왔다. 그 논의의 핵심은 사회적 변화를 추구하는 '사회적' 목적보다 실업 등 '경제적' 위기를 극복하기 위한 경제타개책으로 제시되었다. 또 복지국가의 서비스 축소 등 구조적 문제가 겹치면서 사회적경제 논의는 협동조합이나 공제회의 '경제적 활동'에 국한된 문제가 아니라 시민사회 전체가 목소리를 내며 대안을 모색하는 새로운 변화를 맞게 되었다. 사회적경제는 1989년 마침내 유럽에서 정부들의 협의를 통해 공식적인 용어로 인정받으며, 2002년에 '사회적경제 유럽헌장'이 발표되기도 했다(장원봉 2007: 16).

이처럼 서구 복지국가체제의 위기와 지속적인 실업의 위협은 사회적 권리의 미래와 노동의 장래에 관한 심각한 논의를 일으켰다. 전후 지속적인 경제성장과 완전고용의 달성 그리고 사회적 권리의 보편적 보장으로 국민들은 경제성장의 몫을 분배받았고, 자신들이 공동체의 성원으로 참여하고 정치과정에 자발적으로 참여해왔다. 완전고용과 제도적 복지국가는 시민 개인들과 집단들의 욕구를 충족시켜주며 완전한 시민권의 개념을 포용한 것이 무엇보다도 중요한 실적이었다. 그런데 이런 '포용적 시민권'을 보장하는 두 엔진인 완전고용과 복지국가에 심각한 변화가 일어나며 대안을 찾는 탐색작업이 진행 중이다(Shragge et al. 2001). 그 중 하나가 사회적경제로, 경제적 수익활동과 고용창출로 포용적 시민권이라는 사회적 목표를 추구한다는 점에서 매력적인 정책대안으로 부상하고 있다.

사회적경제의 역사는 특히 '복지국가'의 역사에 초점을 맞춰 이해하게 된다. 사회적경제는 복지국가 출현 이전부터 존재해온 오랜 역사를 갖고 있지만, 20세기 복지국가의 확대로 제도적으로 흡수되거나 심각하게 쇠퇴된 경험을 갖고 있다. 이런 쇠퇴의 시기는 복지국가가 번성하는 1970년대 말까지 지속되다, 그 이후 경제구조조정, 대량실업, 빈곤확대 등으로 복지국가가 심각한 위기에 처하면서 다시 사회적경제에 주목하는 새로운 변화를 맞이한 것이다. '새로운' 사회적경제의 발전이다. 사회적경제가 전혀 새로운 형태와 내용으로 등장한 게 아니라 국가와 시장에 의존해온 신자유주의(neo-liberalism) 노선이 빚어낸 대량실업과 빈곤 등 사회적 배제의 확대를 처방하기 위한 전략적 대안으로 사회적경제 접근법을 적극 활용한 것으로 볼 수 있다. 새로운 '사회적기업', '공정무역', '윤리적 소비' 등은 새로운 사회적경제 조직과 활동으로 부상한다. 사례로서 캐나다 퀘벡의 사회적경제 역사도 복지국가의 위기와 관련되어 진행되어 왔다(Shragge et al. 2001). 1970년대 오일쇼크 경제위기가 심화되어 실업이 점차 확대되는 상황에서 보편적 권리를 인정했던 복지국가의 심각한 구조조정이 일어났다. 사회복지지원보다 노동시장정책으로 급전환한 것이다. 고용의 위기와 복지국가 위기라는 이중의 위기는 빈곤과 배제를 심화시켜 사회분열을 낳고 정치적 혼란도 초래했다.

지금의 '새로운' 사회적경제는 이전의 사회적경제와 전혀 다른 전대미문의 사회경제적 '위기' 상황에 직면해 있다. '노동'의 위기와 '국가역할'의 위기가 그것이다(Fontan and Schragge 2000: 5). 전자는 1980년대부터 줄곧 지속되는 장기실업을 일시적인 경기순환의 현상이라기보다는 산업경제의 구조적 이슈로 간주한다. 또 후자는 복지국가의 역할을 축소해 복지 프로그램과 서비스를 폐지하거나 축소하는 '신자유주의' 정책에 따라 줄어든 국가의 역할을 시민사회, 사회적경제에 떠맡기는 새로운 변화가 몰고오는 취약층의 삶의 위기다. 따라서 사회적경제의 역할에 대해서도 새로운 논란이 일어나고 있다. 한편으로는 사회적경제가 복지국가가 제공하지 못하는 사회서비스를 제공하며 국가를 대신해서 취약층의 '관리자' 역할을 하며, 신자유주의의 구조적 모순을 감추고 있다는 비판이 있다(앞글: 6). 다른 한편으로는 사회적경제가 국가를 대신해서 취약층에게 경제적 지원뿐 아니라 나아가 분배정의 등 사회적 목표를 추구하며 지금의 위기를 극복할 수 있으리라는 낙관론이 있다. 지금의 사회적경제에 관한 논의는 사회적경제가 추구하는 '목표'와 민주적 기능과 과정에 관한 논의에 집중되어 있다.

사회적경제란 국가와 시장과의 결별을 의미하며, 비영리조직을 통해 빈곤과 실업 두 마리 토끼를 함께 잡는 전략적 접근을 한다. 국가실패와 시장실패 다음의 '제3의' 대안이 된다. 국가와 시장이 공급하지 않고 또 그런 의지가 없는 일자리 창출과 사회서비스 제공을 위해 비영리조직의 역량으로 지역사회 자원을 동원하고 활용하는 전략이 그것이다. 사회적경제는 빈곤과 실업을 동시에 해결해야 할 목표로 추구하며 사회적 배제를 극복하고 시민권을 강화하며 회복하는 대안이 되고 있다.

시민사회 공동체 섹터도 더불어 변화한다. 시민운동은 그간 시민참여나 정치교육에 치중했지만, 이제 사회적 배제층의 빈곤과 실업타개에 동참하는 서비스 제공자 역할을 확대하고 있다. 정부는 시민사회조직과 전략적인 파트너십을 확대해 정부를 대신하는 서비스 제공 역할을 위임한다. 그러나 서비스 제공은 새로운 기술을 필요로 하고 서비스 기술의 전문화 등 비영리조직들이 관리에 시간과 비용을 더 투입하면서 자신들의 본래의 목표인 시민참여에 의한 활동이 저조해지는 문제, 수단이 목적을 대체하는 문제가 발생하고 있다. 정부지원에 대한 의존이 늘어나며 정부의 규제에 따라 사업을 진행하며 자율성을 상실하는 문제도 제기된다(O'Connell 1993; Van Til 2000). 정부의 재정지원은 주창이나 시민교육이 아니라 서비스 제공에 집중되고 있기 때문이다. 또 다른 변화는 국가나 시장이 제공했던 다양한 서비스가 이제 국가의 책임에서 사회적경제로 위임되는 새로운 변화이다. 정부재정지원에 의한 공공서비스 전달의 대행은 많은 사회적경제 조직들이 용역에 기초한 대행사업이다(Salamon 1995). 이처럼 새로운 복지국가의 정책, 실업의 위기상황, 새로운 공공서비스의 공급은 새로운 사회적경제 영역을 개척하고 있다. 지역사회 기반의 새로운 사회적경제 영역이 점차 거대한 '비영리' 시장을 형성하며, 식당, 재활용, 마이크로 크레딧, 공동체개발 등 많은 분야에서 새로운 조직들의 등장을 조장한다. 사회적경제는 노동시장으로부터의 배제에 맞서 기업가적 비즈니스 활동으로 빈곤과 실업을 타개하는 새로운 기업활동이라는 평가를 받고 있지만, 국가의 지원으로부터 자율적인 영역과 조직을 유지하며 시장의 기업들과 경쟁력을 갖춘 비즈니스 활동을 할 수 있을지, 그 존립에 관한 많은 의문을 제기하고 있다.

최근 유럽에서는 사회적경제가 사회문제 해결에 주도적인 역할을 하도록 하는 국가와의 '신사회계약'이 추진되고 있다(Fontan and Schragge 2000: 8). 이는 국가나 시장 역할의 한계에 대한 인식에서 비롯된 것으로, 실용주의 입장에서는 환영하는 분위기지만, 진보적인 입장에서는 사회적경제의 '지역'과 '공동체' 중심의 속성 때문에, 사회적경제가 복지국가의 소득재분배 기능을 대행할 수 없는 한계를 비판한다. 사회적경제가 기껏해야 빈곤층, 사회배제층을 위한 사회적경제로 고착될 것이며, 복지국가가 포기한 복지 프로그램을 대신 맡아 사회서비스를 제공하는 대행자 역할에 지나지 않을 것이라 비판한다. 복지국가의 소득재분배 기능이 유지되지 않은 채,

지방공동체 단위에서 빈곤층과 소외층을 위한 서비스기관으로 사회적경제를 이용하려는 국가의 신자유주의 전략은 심각한 도전을 받을 것으로 본다. 급진적인 사회적경제 운동은 사회적경제가 신자유주의 사회적경제 발전에 대한 대안으로 간주해, 시장경제를 사회지향적 경제로 대체하는 운동을 중시한다. 사회적 '경제'보다 '사회적' 경제를 더 중시한다. 따라서 사회적경제는 "경제전반의 그리고 관련된 사회제도들의 기본적인 재정향을 의미"하며, 경제발전이 인간의 욕구충족에 충실하도록 하는 비전을 달성하는 수단이어야 한다(앞글: 9).

3. 제3섹터로서의 '사회적경제'

1) 국가, 시장, 사회적경제

'사회적경제'는 비국가, 비시장의 영역이며 활동이자 조직이다. '영역'으로서 사회적경제는 국가의 공적 영역이 아닌 '사적' 영역이며, 시장의 영리영역이 아닌 '비영리' 영역이다. 또 '활동'과 '조직'으로서 사회적경제는 국가와 같은 공적 활동을 수행하지는 않지만 시민들의 일자리나 서비스 욕구를 충족시켜주는 '사회적' 목적을 달성하기 위해 사회적기업이나 협동조합 등을 통해 '영리' 활동을 하는 조직이라고 볼 수 있다.

이처럼 사회적경제는 일차적으로 국가(정부)와 시장(기업)에서 독립한 자율적 영역이나 조직이라는 의미에서 보다 포용적인 개념정의를 필요로 한다. OECD(2007: 10)는 사회적경제가 "국가와 시장 사이에 존재하는 모든 조직들로 사회적 요소와 경제적 요소를 가진 조직들"이라 정의한다. 모든 사회적경제 조직이 경제활동을 하는 것은 아니지만, 정치적 '주창' 활동을 하는 조직이나 시민들의 친목단체 등 무수하게 다양한 시민사회 결사체뿐 아니라 또한 자원의 재분배를 하는 재단도 여기에 포함된다는 것이다. "모든 사회조직들은 사회적 또는 공동체의 목표나 욕구를 충족시키는 데 일차적인 목적을 두고 있지만, 경제적 가치를 지니며, 그들은 사람들을 고용하고, 재화와 서비스를 생산하거나 구매하며, 가치 있는 자산을 소유하고, 다양하게 경제에 기여한다"(Goldenberg, 2004: 12). 이처럼 사회적경제 개념을 광의적으로 정의하는 접근법이 유용하다고 볼 수 있다.

따라서 국가와 시장으로부터 엄밀히 구분되는 '사회적경제'는 일차적으로 비정부, 비영리 특성을 갖고 있다. 사회적경제는 정부가 관료제에 의해 공식적으로 공적 기능을 하는 것과는 달리 민주적으로 대표되는 비관료조직에 의해 공식적으로 운영되는 사적 조직이다. 또 사회적경제는 일반 기업과는 달리 영리를 추구하기 위해 조직되지 않고 일자리 창출이나 서비스 제공 또는 시민적 유대 등 사회적 목적을 위해 영리활동을 하는 원칙상 '비영리' 조직이라는 특징을 가진다. 영리활동을 하지만 수익이 조직의 사회적 목적 사업에 재투자되는 비영리적 순환구조를 갖고 있다.

사회적경제는 원칙상 국가와 시장으로부터 독립적이지만 실제로는 완전 독립적이라 볼 수 없고 국가와 시장의 영역과 중첩된 영역으로 나타난다. 사회적경제의 모태가 되는 영역은 '시민사회' 또는 '제3섹터'(third sector)이다. 영국의 정부조직인 제3섹터부에 따르면, "제3섹터의 조직들은 자신들의 가치에서 발생한 비정부조직이며 또 사회적, 환경적 또는 문화적 목표를 추진함에 있어 원칙적으로 재정적 잉여금을 재투자하는 특성을 공유하며, 자원조직과 공동체조직, 자선조직, 사회적기업, 협동조합과 크고 작은 공제조직을 포용한다".

이상과 같이 국가, 시장, 시민사회 등 삼분법에서 사회적경제의 영역을 정리해보면 〈그림 1-1〉과 같다. 사회적경제는 '시민사회'에 모태를 두고 있지만, 엄밀한 의미에서 보면 시민사회 영역에서 권익주창 활동을 하는 시민운동이나 단순한 친목이나 사교활동의 목적을 가진 시민조직들과 구분되는 조직으로 볼 수 있다. 시민사회조직들 가운데 경제적 활동과 직접적으로 관련이 없는 조직들을 제외한 모든 조직들을 '사회적경제' 조직으로 구분해볼 수 있다. 또 국가와 시장의 영역과 일부 중첩되는 사회복지관이나

그림 1-1 국가, 시장, 시민사회, 사회적경제

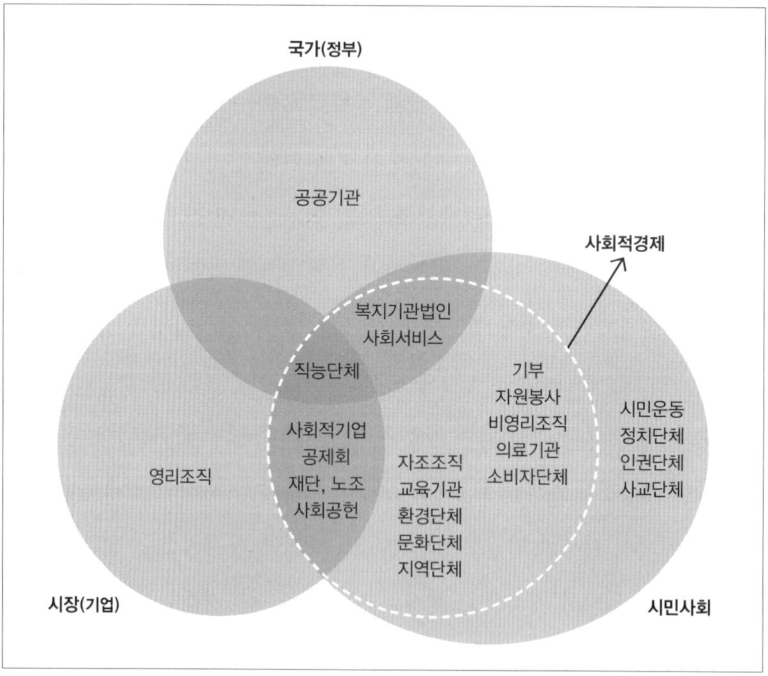

법인, 사회적기업이나 공제회, 재단과 노조는 사회적경제에 포함된 것으로 볼 수 있다.

2) 사회적경제와 비영리섹터

국가나 시장도 아닌 영역에 대해 두 가지 이론적 접근법이 있다(Defourny and Nyssens 2006: 7). 하나는 '비영리' 접근으로 법적으로 영리활동을 하지 않고 비영리활동을 하는 조직들에 관한 것이다. 다른 하나는 '사회적경제' 접근으로, 협동조합, 공제회, 재단, 결사체 등을 망라해, 이 조직들의 미션의 특수성, 즉 투자자들을 위한 이윤창출보다는 조직 구성원이나 공동체 전체의 불특정 다수에 서비스 활동을 하는 목표가 그것이다.

그렇다면 사회적경제는 '비영리조직'(NPO: non-profit organization)과 어떻게 구분되는가? 샐러먼과 안아이어(Salamon and Anheier 1996)가 정의하는 '비영리조직'의 개념은 이윤을 배분하지 않는 '비영리' 조직으로, 이는 사회적경제와 근본적으로 다른 매우 좁은 의미의 개념정의로 볼 수 있다. 이 개념은 이윤배분을 하는 협동조합을 비영리섹터에서 배제한다. 따라서 샐러먼(Salamon 2006)은 〈그림 1-2〉에서처럼 비영리섹터를 보다 좁은 의미로 정의하며, 비영리섹터에 전통적인 사회적경제 조직인 결사체, 협동조합, 공제회, 재단 등을 포함한 영역을 사회적경제로 제시한다. 이런 미국의 전통과 달리 유럽에서 발전해온 사회적경제는 이보다 훨씬 더 넓은 개념으로 이해할 필요가 있다. 이윤배분에 제한규정을 두는 모든 조직들로 정의하는 것이 사회적경제를 이해하는 데 바람직한 접근법이 된다(Nova and Clarence 2007: 10).

먼저 사회적경제는 '비영리섹터'와 어떻게 구별되는지를 샐러먼과 안아이어(Salamon & Anheier 1996)가 제시하는 '비영리섹터'의 특성들을 통해 살펴볼 수 있다.

ⓐ 공식적(formal)이다. '제도적'이라 할 수 있으며, 그 의미는 정기적 회의활동, 사업계획을 갖고 정관 혹은 회칙을 갖춘 조직이라는 점이다. 따라서 이 조건에 맞는 조직은 정부기관에 등록된 조직뿐 아니라 다른 민간조직들도 여기에 포함된다.

ⓑ 비정부적(non-governmental)이다. 정부의 간섭을 받지 않는 비정부, 사적

그림 1-2 '비영리섹터'에서 본 사회적경제(샐러먼 등의 분류)

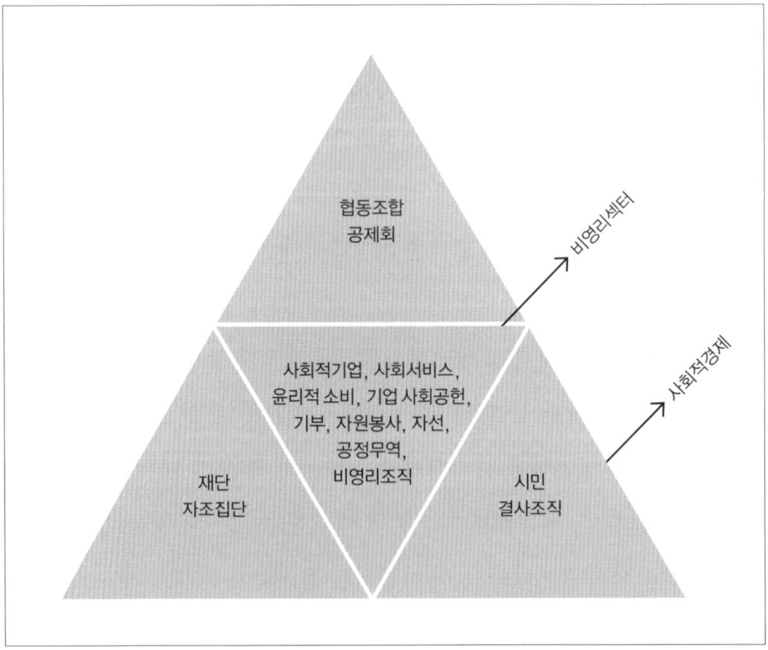

조직이다.

ⓒ 비영리적(non-profit-distributing)이다. 기금 모금을 위한 수익사업을 할 수 있으나 조직의 대표에게 영리가 돌아가지 않고 조직의 사업에 직접 투입되어야 한다. 즉, 영리를 추구하지 않은 사적 조직이다.

ⓓ 자치적(self-governing)이다. 조직을 관리하고 정책을 결정하는 등 모든 절차가 내부 정관 또는 규율에 따라 시행되며 외부의 간섭이나 압력을 받지 않는 조직이다.

ⓔ 자원적(voluntary)이다. 조직의 주요사업, 활동, 조직행정에 자원봉사자가 중심역할을 한다. 또 조직의 운영자금의 상당부분이 자선, 개인기부, 기업 및 정부의 자원적 지원에 의존하는 조직이다. 그럼에도 조직의 주요 간부들은 풀타임 고용원을 두는 것이 일반적이다.

이상과 같은 '비영리섹터'의 특성과 '사회적경제'는 어떤 차이가 있는가? 공식적, 비정부적(사적), 자율적, 자원적 특성 등 네 가지는 공통점이지만, 다른 두 가지는 분명한 차이점이다. 사회적경제는 '민주적' 의사결정과정을 중시하지만, 비영리조직은 이런 원칙이 없고, 사회적경제는 비영리적이지만 협동조합 등 일부는 수익의 일부를 회원에게 배분하기 때문에 철저히 '비영리' 원칙에 기초하지 않는다.

3) 사회적경제, 제3섹터, 시민사회

일반적으로 '제3섹터'와 '시민사회'는 동일한 개념으로 간주한다. UNDP(2005: 1)는 "시민사회는 국가와 사부문 산업과 별도로 존재하며 이들과 상호작용하는 제3섹터"라 정의한다. 한편 '사회적경제'는 제3섹터와 동의어로 볼 수 있다. 캐나다 퀘벡에서 '사회적경제' 개념은 "주창단체, 자원조직, 기타 지역기반조직(CBO), 협동조합을 포함하는 비영리섹터의 기업과 창의적 사업"을 망라한다. 퀘벡 시정부의 사회적경제부가 공식적으로 규정한 사회적경제 개념은 다음 몇 가지 원칙에 기초한다(Vaillancourt et al. 2004: 6).

ⓐ 미션은 회원들과 공동체를 위한 서비스이며 비영리적 접근,
ⓑ 운영은 정부로부터 자율적,
ⓒ 종사자들이나 이용자들에 의한 민주적 정책결정,
ⓓ 자본보다 사람이 우선하며,
ⓔ 참여, 임파워먼트, 개인과 집단적 책임 등이다.

한편 영국 정부의 '제3섹터부'는 '사회적경제'와 같은 의미로 '제3섹터'를 공식적으로 통용하며, 제3섹터를 기업형과 비기업형으로 양분한다(UK Cabinet Office 2007: 90). 먼저 제3섹터의 절대다수를 구성하는 '비기업형'에는 자선적 트러스트(회원도 없고 서비스 공급도 안하며, 작은 이사회 중심으로 자선적 기부 모금기관이나 재단, 고용자도 소수)와 일반적인 시민사회 결사체들이 포함된다. 또 제3섹터의 '기업형'으로는 일반 주식회사형 사회적기업과 정부가 주도하는 '공동체이해회사', 협동조합과 공동체회사(전자는 회원 중심제, 후자는 회원보다 광범위한 공동체 서비스 제공) 등이 있다.

나아가 유럽에서 널리 통용되는 '자원섹터'(voluntary sector)와 구분되는 사회적경제는 회원들이나 지역공동체의 이해를 위해 활동하지만 전자는 불특정 다수인 시민들의 일반적인 복리를 위해 활동하는 두드러진 차이가 있다(Goldenberg 2004: 13). 사회적경제도 자원봉사자의 지원에 의존하지

만, 자원섹터는 주로 자원봉사자의 무보수활동에 의존해 사회문제를 해결하고 사람들 사이의 유대와 신뢰를 증진하는 활동을 한다. 유럽이사회(EC 2001a: 2)는 "사회적경제 기관이 구성원들의 경제적 욕구와 사회적 욕구에서 탄생되었다"면서, 사회적경제가 중시되는 이유를 다음 몇 가지로 제시한다.

ⓐ 시장에서의 효율적인 경쟁에 기여한다.

ⓑ 일자리 창출 잠재력이 있고, 창업정신과 새로운 고용 모델을 제시한다.

ⓒ 주로 멤버십에 기초하는 활동에 의해 조직된다.

ⓓ 새로운 욕구를 충족시켜준다.

ⓔ 시민참여와 자원봉사활동을 촉진한다.

ⓕ 연대와 결속을 강화한다.

ⓖ 유럽국가들의 경제통합에 기여한다.

4. '사회적경제'의 개념정의

'사회적경제'란 무엇인가? 다양한 개념정의들을 광의와 협의 개념으로 구분해 정리해볼 수 있다. 먼저 '광의'의 개념정의로는, 앞에서 제시한 OECD의 "국가와 시장 사이에 존재하는 모든 조직들로 사회적 요소와 경제적 요소를 가진 조직들"이라는 개념정의가 대표적이다. 또 사회적경제는 "자원적 조직과 비정부조직, 공동체 경제개발조직과 협동조합 등을 포함한 비영리섹터," 또 "협동조합, 공제회, 재단, 기타 사회적 목적, 지속가능한 발전, 기회의 균등, 불이익계층의 포용 등 사회적 목적을 갖고 경제활동에 기초하는 시민사회조직들을 모두 포함한다"라는 유럽사회경제정보센터의 개념정의도 광의의 개념정의에 해당된다(Goldenberg 2004: 12).

또한 사회적경제는 다음과 같은 구성요소, 경제논리, 행동논리의 복합성을 가진 광의의 개념으로 정의될 수 있다(Schragge 2001: 7). 먼저 구성요소는 협동조합, 공제회, 결사체 등에 제한하지만(Defourny and Develtere 1999), 여기에 재단 등 다른 조직들을 포함시켜 넓게 정의하기도 한다(Lukkarinen 2005; EC 2001; Westlund 2003).

ⓐ 구성 요소별: 사회적경제 = 협동조합 + 공제회 + 결사체

ⓑ 규율 기초적: 사회적경제는 사람들의 결사체와 재화와 서비스를 생산하는 기업을 결합한 것으로, 회원들 사이의 평등, 회원들에 의한 기업의 통제, 회원들을 위한 수익배분, 재산의 집단소유 등이다.

ⓒ 경제논리의 복합: 사회적경제는 시장, 비시장(국가에 의한 재분배), 비금전(상호성과 기부) 형태의 경제논리의 복합체다.

ⓓ 행동논리의 복합: 사회적경제는 시장논리 이외에도 시민논리, 내부논리, 가치논리 등의 복합적 논리들에 의존한다.

한편 좁은 의미의 '사회적경제'는 사회적 목적을 달성하기 위해 시장에서 운영되는 조직들의 비즈니스와 기업가정신(entrepreneurship)을 수단으로 이용하는 것으로 사회적 조직과 실천 양면을 의미한다. 핵심적인 경제활동으로는 불이익계층을 위한 고용의 창출, 사회적으로 충족되지 않은 욕구에 호응하는 재화와 서비스 제공, 그리고 교육훈련, 기술적, 재정적 서비스 제공이다. '사회기업가정신'은 사회적경제의 또 다른 이름이며, 사회적경제를 '사회기업가' 활동이나 조직으로 이해할 수 있다. "사회기업가는

휴먼서비스 섹터에서 재화와 서비스를 창출하고 공공정책을 만들고 또 영향력을 행사하며 공공의식과 행동에 영향을 미치는 혁신가"로 소개된다(Goldenberg 2004: 17). '사회기업가' 유형은 여러 형태가 있지만, 여기에는 사명을 추구하는 활동을 위한 수입을 만들고 고용과 같은 생산물로 사회적 혜택을 제공하기 위해 시장을 이용하는 다양한 비영리조직들이 포함된다. 그것은 또한 비영리조직들이 어떻게 사부문의 방식, 도구, 접근법을 활용할 수 있는지 또는 비영리조직의 후원자들이 성과와 효과를 창의적으로 개선할 수 있는지에 관한 새로운 사고를 담고 있다.

이상과 같이 사회적경제는 광의와 협의의 개념으로 구분되지만 아래와 같이 널리 보편화된 개념정의도 아울러 참고해볼 수 있다. 사회적경제란 "회원들의 욕구에 기초해 회원들이 소유하고 운영하는 사람 중심의 조직과 기업"이며, 사회적경제의 목표는 사회적, 민주적, 그리고 연대(solidarity) 기초적 목표들이다(Lukkarinen 2005: 420). 특히 "시장이나 기존의 공공제공으로 충족되지 않는 지역의 욕구충족"에 목표를 두고, 노동시장에서 불이익 계층의 고용가능성을 증대시켜 이들에게 고용을 제공하는 역할을 맡는다. 또 사회적경제는 "민주주의, 연대, 그리고 사회적, 문화적, 환경적 자원의 안정화에 기초하는 핵심적 조직과 기업"을 망라한다. 이런 '시민적' 가치는 이윤추구적 이해의 논리를 초월한다. 사회적경제의 활동영역은 사회적, 민주적, 참여적 기업, 질적 고용, 사회적 포용, 지역개발, 사회적 보호다. 이 영역들이 사람들의 욕구와 기대에 호응하는 사회적경제 개념의 기초가 된다.

대표적인 학자 드푸르니 등(Defourney and Develtere 1999: 16)은 '사회적경제'가 "협동기업, 공제회, 결사체들이 수행하는 모든 경제적 활동"으로 아래와 같은 윤리적 또는 사회적 원칙에 기초한다고 설명한다.

ⓐ 회원이나 공동체에게 이윤보다 서비스를 우선,

ⓑ 자율적인 운영,

ⓒ 민주적 정책결정 과정,

ⓓ 수익의 배분에서 자본보다는 사람과 노동을 우선.

또 아서 등(Arther et al. 2005: 16)은 소유, 통제, 제품, 재정, 가치에 따라 사회적경제를 다음과 같이 정의한다.

ⓐ 소유: 사회적경제는 가치의 상당 부분이 종사원에 의해 소유되어야 하며, 그 조직은 지방에 위치해야 한다.

ⓑ 통제: 사회적경제 종사자들은 소유의 몫을 가지고 있을 뿐 아니라 조직관리에 영향력을 행사하는 의사결정권을 가져야 한다. 그 방식이 종사원 대의기구를 통해 또는 종사자 대표의 이사회 선임으로 또는 소규모 조합의 경우 조합원 전원의 참여에 의한 직접민주주의 방식을 갖출 수 있다.

ⓒ 생산물: 사회적경제 조직들이 만드는 생산물은 반드시 사회적으로 유익한 것이어야 하는가? 사회적경제가 자본주의에 대해 경쟁력을 가진 '대안경제'가 되기 위해 생산물이 어떤 특성을 가질 필요는 없다. 다만 생산물은 사회적 목표를 실현하기 위한 수단으로서의 가치를 지녀야 한다.

ⓓ 재정: 사회적경제 기업은 종사원에 의해 소유되거나 지역주민들에 의해 재정이 충당된다. 사회적경제는 지역경제에 기반을 두고 지역공동체의 발전에 기여하기 때문에 재정적 기반은 종사자뿐 아니라 지역주민의 지원에 의존한다.

ⓔ 가치: 사회적경제는 사기업과 다른 비즈니스 방식에 의존하는가? 종사

원이나 소비자의 이해와 관계없이 이윤을 많이 내면 되는가? 사회적경제는 평등이나 형평성과 같은 '상조정신' 가치를 가지고 있다.

한편 쿼터(Quarter 1992: 11-12)는 사회적경제를 다음 몇 가지 특징으로 설명한다.

첫째, 사회적 목표가 상업적 목표에 우선한다. 사회적경제 조직은 자신들의 활동에 필요한 지출을 자체적으로 충당하는 수입을 만들어야 하지만, 수익활동은 사회적 목표 추구의 범위에 한정된다. 둘째, 사회적경제는 자체 상업이나 회비수입에 의존하거나 정부지원이나 기업후원에 의존하는 다양한 조직들로 이뤄진다. 셋째, 사회적경제는 서비스나 금전의 기부에 의존하며, 공제회를 제외한 대부분이 자원봉사활동에 의존한다. 넷째, 사회적경제에서 수익금은 회원의 서비스 개선이나 조직의 활동에 충당되며, 협동조합에서 볼 수 있는 수익의 배당은 회원서비스 형태로 이뤄진다. 다섯째, 사회적경제에서 조직의 순자산은 세대에서 세대로 물려주는 '사회적 배당'처럼 어느 누구도 소유하지 않는 사회적 자산이다. 여섯째, 1인 1표에 의한 민주적 과정이 기본이며, 사회적경제는 민주주의를 정치 분야에서 경제 분야로 확대시킨다.

한편 유럽이사회(EC 2001b: 1)는 사회적경제의 특성을 아래와 같이 제시한다.

ⓐ 비영리성: 주요 목적이 자본에 대한 수익을 취하는 것이 아니다. 사회적경제 조직은 본질적으로 '이해관계자 경제'(stakeholder economy)의 일부이며, 또 사회적경제 기업은 공익의 욕구에 의해 또 공익의 욕구를 위해 설립된 것이므로, 서비스 대상자에 대해 책무성을 가진다.

ⓑ 1인 1표: 사회적경제 조직은 '1인 1표' 원칙에 의해 자율적으로 운영된다.

ⓒ 유연성과 창의성: 사회적경제 기업은 변화하는 사회적, 경제적 상황에 적응하고 창의적 운영을 위해 설립되었다.

ⓓ 자원봉사: 사회적경제 조직 대부분이 시민들을 한 자리에 모으는 역할을 하며, 대부분 참여자들이 자발성, 멤버십 및 실행력에 기초한다.

제2장

사회적경제 조직의 유형

1. 정부-기업-제3섹터 분류

앞서 살펴보았듯이 '사회적경제'는 우선 국가(정부)와 시장(기업)으로부터 구분되는 독립적인 영역을 말한다. 따라서 사회적경제 조직의 유형 분류는 먼저 국가와 시장으로부터 구분되는 조직들을 분류하는 방법부터 살펴볼 수 있다. 여기에는 국가-시장-제3섹터 분류법이 가장 많이 사용되며(주성수 2018: 제3장), 사회적경제 조직의 유형 분류에 참고될 수 있는 대표적인 유형 분류를 소개하면 아래와 같다.

제3섹터로서 '사회적경제'는 공공섹터와 영리섹터로부터 구별되는 특징은 무엇인가? 이 삼대 섹터가 서로 분류되는 기준은 무엇인지를 빌리스 등(Billis & Glennerster 1998)이 제시하는 수요모델과 공급모델로 나누어 살펴볼 수 있다. 그들은 삼대 섹터의 유형분류에서 일반화된 공급측 시각뿐 아니라 시민 소비자 시각에서도 삼대 섹터가 독특하게 구분되는 특성들을 제시해 보여준다. 또 쿼터 등(Quarter et al. 2003)은 사회적경제 조직이 정부, 시장, 시민사회 삼대 섹터에 각기 다른 기반을 두고 활동하는 조직 유형을 제시한다. 또 사회적경제는 최근 상호작용 접근법으로 공공부문과 영리부문과 구분되면서도 상호작용의 파트너십에 기반하는 사회적경제 영역으로 논의되고 있다. 또 이와는 달리 '경제'에 초점을 맞춰 공공, 기업, 대중경제 구분에서 사회적경제 조직들을 논의하기도 한다. 마지막으로 노대명(2007)은 최근 한국에서 진행 중인 '사회적경제'의 정부, 시장, 시민사회 기반의 사례들을 소개한다.

1) 3대 섹터 '수요와 공급' 모델

먼저 공급자 모델에서는 공공섹터, 영리섹터, 제3섹터가 각기 〈표 2-1〉에서처럼 주체와 목표, 구조, 재정 및 노동력에서 뚜렷이 구별된다.

표 2-1 3대 섹터의 조직특성: 공급 모델

섹터	주체/목표	구조	재원	노동력
공공섹터	일반유권자 및 재당선 목표	관료적	세금	상근 직원 및 일부 자원봉사자
영리섹터	주주 및 이윤추구 목표	관료적	수익	상근 직원
제3섹터	많은 이해관계자	혼합적	세금/기금 회비	상근 직원 및 많은 자원봉사자

자료 Billis & Glennerster 1998: 82.

ⓐ '공공섹터'는 일반유권자가 선호하는 정책을 추진해서 재선을 목표로 운영되며 구조상 관료적 성격을 지니며, 일반세금으로 재원이 충당되면서 상근 공직자를 중심으로 일부 자원봉사자가 업무를 지원하는 영역이다.

ⓑ '영리섹터'는 영리기업이 중심축을 차지하면서 주주(stockholders) 중심으로 조직화되어 이윤추구를 목표로 삼으면서, 공공섹터와 유사한 관료적 구조를 가지고 판매수익으로 재원이 충당되며, 상근 임직원을 주요 노동력으로 삼는 영역이다.

ⓒ '제3섹터'는 무수한 이해관계자(stakeholders)가 주체를 구성하며, 관료적 구조를 포함한 다양하면서도 모호한 구조를 갖고 있고, 세금지원과 기업 등의 기금 및 회비와 수수료로 재원이 충당되며 상근 직원이 있지만 주로 자원봉사자의 무보수 노동으로 운영되는 영역이다.

보다 중요한 것은 제3섹터가 주로 무수한 이해관계자의 이해를 대변하고 옹호하는 대표적인 사회기관이라는 점이다. 먼저 개인과 집단이 당면한 각종 휴먼서비스 문제들을 재정적, 개인적, 사회적, 공동체 문제로 구분해, 이런 문제들을 적극적으로 해결해 줄 수 있는 휴먼서비스 비교우위 순서로 '강', '약', '모호'(경우에 따라 '강' 혹은 '약')로 구분해 제시되고 있다.

첫째, '재정적'이란 금전적 지원을 뜻하는 것으로 소외층이나 빈곤층이 생계유지를 위해 우선적으로 의지할 수 있는 섹터이며, 이 섹터가 가장 적극적인 지원을 하는 섹터를 뜻한다. 둘째, '개인적'이란 개인 차원에서 당면하는 휴먼서비스 욕구를 뜻하며, 예컨대 AIDS 환자 보호, 정신건강 지원, 노인, 장애인, 부랑인의 개인적 치료와 재활을 지원하는 섹터를 뜻한다. 셋째, '사회적'이란 빈곤층, 장애인 등 복지수혜자들이 사회로부터 외면을 받지 않고 정상적인 사회인으로 일하고 활동할 수 있는 사회적 분위기를

■ **표 2-2** 3대 섹터의 휴먼서비스 제공: 수요 모델

섹터	재정적	개인적	사회적	공동체
공공섹터	강함	모호	약함	모호
영리섹터	약함	모호	약함	약함
제3섹터		강함	강함	강함

자료 Billis & Glennerster 1998: 87.

뜻하며, 이런 분위기를 조성하는 가장 적극적인 섹터를 지적한다. 마지막으로, '공동체'란 지역사회 주민들이 모임을 갖고 대화하고 즐기며 상부상조할 수 있는 분위기, 즉 시민사회의 활성화를 위한 무수한 클럽, 협회, 모임 등의 제도적 기반을 의미한다. 이는 곧 제3섹터 또는 사회적경제 영역의 확대와 활성화를 지칭한다.

ⓐ '공공섹터'는 소외층이나 빈곤층에 대한 휴먼서비스 차원에서 사회보장제도와 같은 제도적 장치를 통해 다른 섹터보다 더욱 적극적으로 '재정적' 지원을 해줄 수 있다. 그럼에도 '사회적' 영역에서는 소극적인 입장에 있고, '개인적' 지원과 '공동체' 지원에는 모호한 위치에 있다. 일부 개인적, 공동체 휴먼서비스 영역에서 정부기관이 제3섹터보다 더 적극적일 수 있지만 그 밖에 다른 영역에서는 제3섹터기관보다 못하는 경우가 많다. 이런 의미에서 정부기관보다 제3섹터기관의 역할이 더욱 중시되고 있다.

ⓑ '영리섹터'는 '개인적' 영역에서 경우에 따라 적극적이거나 소극적일 수

있지만, '재정', '사회' 및 '공동체' 영역에서는 다른 섹터에 비해 가장 소극적인 위치에 있다. 휴먼서비스를 가장 기대할 수 없는 것이 '영리섹터'다. 이런 영리섹터의 한계 때문에도 제3섹터에 대한 기대가 상대적으로 높아지고 있다.

ⓒ '제3섹터'는 '재정'을 제외한 모든 영역에서 가장 적극적이다. 개인이 재정적 어려움을 겪게 될 때 가족이나 친지 이외에 종교기관 등 제3섹터 기관이 무이자로 대출해주는 대여기관 역할을 하는 사례들이 최근 마이크로 크레딧의 진전으로 점차 늘고 있다. 그러나 제3섹터가 '재정적' 서비스를 제공하는 경우는 매우 드물다. 일반적으로 제3섹터는 개인차원의 휴먼서비스 지원뿐 아니라 개인과 집단의 사회생활 및 공동체생활에서 가장 적극적인 역할을 하는 대표적인 사회기관이다.

2) 3대 섹터 기반의 '사회적경제' 조직

한편 쿼터 등(Quarter et al. 2003)은 사회적경제 조직이 제3섹터를 모태로 하면서도 정부의 공공영역과 시장의 영리영역에 기반을 두는 특성을 설명하며, 〈표 2-3〉과 같이 각각의 재원과 서비스 대상에 따라 일곱 유형으로 분류한다.

먼저 공공영역의 비영리조직, 시장기반적 조직, 시민사회조직으로 삼분류된다.

첫째, 공공 비영리조직의 경우 정부재정에 어느 정도 의존하느냐에 따라 의존도가 높은 병원, 대학, 박물관 등과 의존도가 낮은 적십자사 등으로 양분된다.

표 2-3 사회적경제 조직: 공공 비영리조직, 시장기반조직, 시민사회조직

유형 구분		재원	대상	예시
공공 비영리조직	정부재정지원 의존형	대부분 정부 일부 기부금	일반 시민 특정 집단	병원, 대학, 박물관
	정부재정 일부 지원형	일부 정부 일부 기부금	일반 시민 특정 집단	적십자사
시장기반 결사체	비영리조직	회원회비 등	일반 시민	보이스카우트
	협동조합	회원 이용료	회원	생활협동조합
시민사회 조직	공제회	회원 이용료	회원	사교클럽
	자원봉사조직	대부분 기부금	일반 시민	자원봉사단체

자료 Quarter et al. 2003: 17.

둘째, 또 다른 사회적경제 조직은 기업 등 시장에 기반을 두고 있는 비영리 결사체다. 생활협동조합처럼 조합원의 분담금이나 이용료에 의존하는 영리활동의 조직이 있는 반면에 영리활동을 하지는 않지만 회원의 회비에 의해 운영되는 보이스카우트 등이 있다.

셋째, 시민사회조직의 경우, 공제회처럼 회원제에 의해 회원이용료 등의 수익으로 운영되는 사회교제 조직이 있고, 많은 자원봉사단체 등 결사체들은 대부분 기부금에 의존하지만 정부보조금이나 기업후원금에 의존하기도 한다.

3) 사회적경제: 상호작용 접근법

사회적경제는 사회에 대한 대안적 특성보다는 광범위한 사회 안에 내재한 일부로 간주해, 사회적경제와 사회의 다른 부분들과의 상호작용에 주목하는 것이 중요하다. 이같은 상호작용 또는 상호의존의 시각에서 〈그림 2-1〉과 같은 공공부문, 영리부문, 사회적경제 부문 사이의 상관관계를 살펴볼 수 있다. 각기 독립적인 영역보다는 세 부문들이 중첩되는 영역에서의 사회적경제 조직들의 기능과 역할에 초점을 맞춰볼 수 있다(Quarter & Mook 2010: 10-11).

공공 비영리기관, 사회적경제 비즈니스, 그리고 지역공동체개발과 사

그림 2-1 사회적경제: 상호작용 접근법

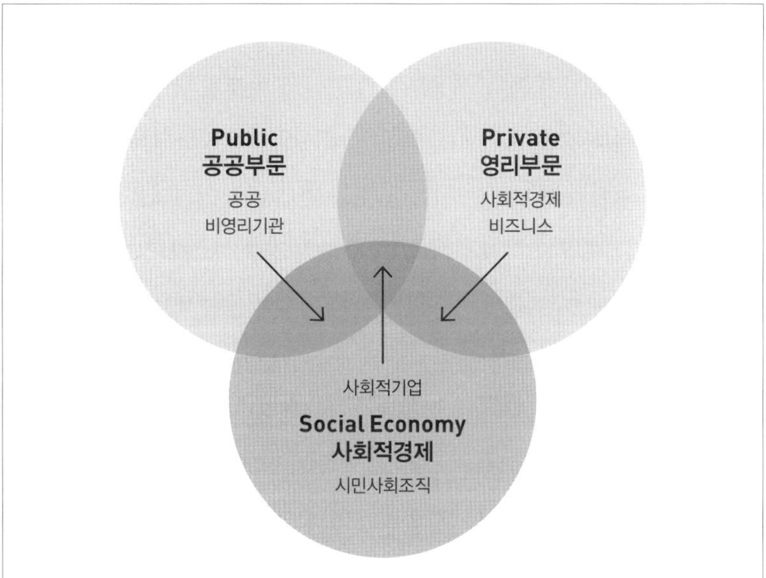

회적기업들은 각기 다음과 같은 특성들을 갖고 있다(Quarter & Mook 2010: 12-17). 첫째, 공공부문 비영리조직(public-sector nonprofits)은 개념정의로는 독자적인 법인체이며 자체 이사회를 거버넌스 구조로 갖추고 있다. 그럼에도 재원의 상당 부분을 정부기관에 의존하고 대부분 정부정책의 영향권에서 활동하는 조직이다. 공공부문 비영리조직들은 한발은 공공부문에 다른 한발은 사회적경제에 걸쳐 있는 하이브리드 조직으로, 준공공(quasi-public) 서비스를 공급하며 정부와 사회적경제 사이의 교량 역할을 맡고 있다. 정부조직과 다르지 않은 조직이 있는가 하면, 대학처럼 정부입법에 의해 창설된 조직들은 상당한 자율성을 누린다. 다른 대형 조직들로는 정부로부터 독립적으로 설립되었지만 고객들이 소득이 부족하거나 서비스 가격이 높아서 서비스 비용을 감당하지 못하는 서비스를 제공하는 조직들이 있는데, 이들이 사회적 주택(social housing), 보건, 보육 분야의 조직들이다.

둘째, 일부 사회적경제 비즈니스들은 영리기업들과 직접적인 경쟁을 하고, 다른 사례들은 틈새시장에서 시장기능을 하기 때문에 영리기업과 직접적인 경쟁은 하지 않는다. 신용조합과 농산물 마켓팅 협동조합이 영리기업과 직접적인 경쟁을 하는 사회적경제 비즈니스에 해당된다. 사회적기업들이 영리기업처럼 변모하는 사례들 또는 반대로 영리기업들이 사회적경제 비즈니스로 확장한 사례들이 있다. 후자의 경우, 주식시장에서 주식 거래나 다른 형태로의 교환이 허용되지 않은 경우가 일반적인 유형이다. 독일의 안경부품 다국적기업인 칼 자이스(Carl Zeiss)는 1898년 이래로 전통적으로 모든 주식이 거래될 수 없고 영구적인 신탁으로 유지되고 있다.

셋째, 시민사회조직들로는 회원제 조직인 비영리 상조조직들과 일반 시민 참여형 시민사회단체들로 구분될 수 있다. 전자는 다시 주된 목적이 경제적 목표를 가진 조직들과 사회적 목적을 가진 조직들로 양분될 수 있다. 경제적 목적의 비영리 상조조직들에는 기업협회, 노조연맹, 전문협회, 소비자협회 등이 포함된다. 기업협회는 영리부문의 연장으로 정부와 일반 시민에 용역 입찰을 하는 비즈니스 활동을 한다. 농업협회처럼 일반적인 비즈니스 역할을 하거나, 상공회의소와 같은 역할도 있고, 또 농산물협회와 같이 특정 생산품 거래를 목표로 하는 경우도 있다. 이렇게 다양한 유형의 비영리 상조조직들의 공통점은 회원들의 이해 표출과 대표 기능을 한다는 점이다. 주로 영리 기업들이 회원으로 참여하지만 최근에는 사회적기업 등의 사회적경제 비즈니스들도 참여한다. 정부와 관계에서는 세제나 규제 등의 주요 정책 이슈들에서 회원들의 이해를 대표하는 역할을 맡는다.

마지막으로, 지역사회경제개발(CED)은 사회적경제 조직으로 공공부문과 영리부문과 겹쳐 있는 하이브리드 조직형태이다. 영리부문의 사회적경제 비즈니스와 달리, CED는 자급자족력이 취약하지만 정부에만 의존하지 않고, 다른 재정지원기관인 재단, 기업 후원자 등으로부터 초기 자본금 지원을 받아 이후 자기 지속가능성을 추구한다. CED가 추구하는 핵심적인 목표는 사회적, 경제적 불평등 문제해결이다. 국가에 따라 지역, 인종, 민족 등의 요인들에 기초한 불평등이 심각한 사회문제로 부각되고 있다. 특히 시장은 고용 등의 생산성을 진흥시키는 역할을 하면서도 부와 관련된 혜택의 불균등한 분배 문제를 유발시켜, 다양한 형태의 빈익빈, 부익부 현상을 낳는다. CED의 기본 추진전략을 사회적기업 육성에 초점을 맞춰 시민사회의 비영리기관에 의해 설립되거나 비영리조직 내부에서 발전되는 경우가 일반적이다. 사회적기업은 CED의 전형적인 유형으로 자체 사회적 목적을 수행하는 수단으로 시장에서의 재화와 서비스를 교환하는 조직이다. 따라서 사회적기업은 전통적인 영리기업과 다르지 않을 수 있지만 지속가능성을 갖기 위해서는 정부나 기업이나 재단 등의 지원에 의존할 수밖에 없다.

정부는 사회적 프로그램에 대한 지출 감소를 추진하면서 시장을 통해 지출비용이 보상되거나 삭감될 수 있다는 사회적기업의 아이디어를 적극 수용한다.

4) 사회적경제: 공공 경제, 기업경제, 대중경제 관계

사회적경제는 국가와 시장 경제와는 어떤 관계에 있는가? 국가(공공) 경제, 시장(기업) 경제, 일반(대중) 경제로 구분해보면, 이들 각각과 사회적경제는 어떤 관련이 있고, 관련된 영역에서 어떤 사회적경제 조직들이 핵심적

그림 2-2 사회적경제의 일반 경제, 공공 경제, 기업 경제 관계

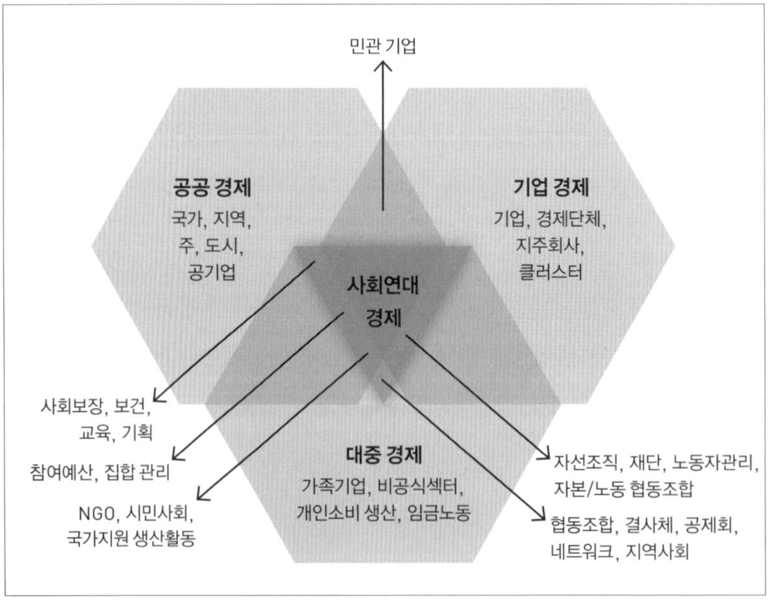

인 역할을 하는지를 정리해볼 수 있다(Utting 2016). 〈그림 2-2〉에서 공공 경제(public economy)는 국가와 정부(중앙 및 지방) 및 공기업이 해당되는 영역이며, 기업경제(business/private sector economy)는 기업과 기업단체, 클러스터 등 공식 경제를 대표하는 영역이며, 대중경제(popular economy)는 비공식 섹터를 포함한 가족기업, 임금 노동 등의 영역이다.

사회적경제 또는 사회연대경제(social and solidarity economy)는 세 개 경제가 만나는 중앙에 위치한 역삼각형 영역이다. 사회연대경제에는 하단에 전통적인 사회적경제 조직(협동조합, 결사체, 공제회)들이 공공 경제나 기업경제에 외부에 그리고 대중경제 내부에 속해 있는 특징이 있다. 좌측의 공공 경제와 대중경제 내부에, 기업경제 외부에 있는 조직들로 상단에는 복지정책 관련 조직(사회보장, 보건, 교육 등), 중간에 참여예산과 집합관리 조직, 하단에 NGO, 시민사회 등이 위치해 있다. 그림의 우측의 기업경제 내부에는 자선조직, 재단, 노동자관리 등이 상단에 위치해 있다.

EU가 평가하는 사회연대경제(Social and Solidarity Economy: SSE)는 시장 규모가 확장되면서 주류 경제에 진입해 국가, 시장, 대중 경제와의 관계도 확장, 강화되고 있는데, 주요 특징은 다음과 같다(Utting 2016: 4-6).

첫째, SSE 조직 중에서 사회적기업에 대한 정책에 관심의 초점이 맞춰지는 동향이다. 사회적기업이 SSE 개념보다 덜 모호해서 주류 시장에서 잘 통용되며 기업가정신에 대한 관심이 모아지는 특징이 있다.

둘째, 사회적기업과 구분되는 사회적경제 개념이 오히려 새로운 사회적경제 조직 유형을 의미하는 동향도 있다. 다국적기업, 금융기관, 사회임팩트 투자기관 등 사회적 책임의 비즈니스도 같은 사회적경제 엄블렐러에 속한 것으로 간주하는 것이다.

셋째, SSE는 정부와 다른 기관들이 정부 영역에 속하는 기본개발 목

표 2-4 국제기관의 사회적경제, 사회적기업 개념정의: 경제사회적 시각 중시

유럽이사회(European Commission): "사회적기업은 사회적경제에서 활동하는 조직으로, 주된 목적이 소유주나 주주를 위한 이윤 창출보다는 사회적 임팩트를 창출하는 것이다. 사회적기업은 기업가, 혁신 방식으로 시장에 재화와 서비스를 제공하며 운영되고 이윤을 사회적 목적 달성에 활용한다. 사회적기업은 공개적으로, 책임 있게 운영되며 특히 종사원뿐 아니라 사회적기업의 상업 활동에 영향을 받는 소비자와 이해관계자들이 운영에 관여한다."
ILO: 사회적경제는 "특히 협동조합, 상조조직, 결사체, 재단, 사회적기업에 관한 개념으로, 경제적, 사회적 목적을 추구하면서 연대를 진흥시키며 재화, 서비스, 지식을 생산한다." (Fonteneau et al., 2011)
OECD: "사회적경제는 '비영리' 또는 '제3섹터'로 알려지고 있는데, 사회적경제 조직들은 고용, 사회적 포용, 민주적 참여와 공동체 건설에 기여하며, 양적, 질적 성장을 하고 있다."(Noya and Clarence 2007)

자료 Utting 2016: 6.

표 달성에 중요한 도구라는 인식도 새로운 변화의 흐름이다. 빈곤감소 프레임워크에서 SSE 지원의 정책이 빈곤층에 대한 사회서비스 지원 역할에 우선 관심을 갖고, 반면 역량강화와 집단행동의 임파워먼트 정책을 경시하는 동향이 있다. 그런데 이같은 정책 도구로서의 SSE 시각에는 단점뿐 아니라 장점도 있다. 정부와 정당들이 SSE의 개발 활동과 실적에 관심을 갖게 되면서 SSE 정당성을 인정하는 정책 분위기 조성이 그것이다. 지난 21세기를 통해 세계적으로 MDGs와 SDGs에 대한 관심이 집중되면서 SSE의 빈곤해소와 고용창출 기능과 성과에 관심이 집중된 것도 SSE에 대한 정부 지원 정책의 정당성 확보에 상당히 긍정적인 영향을 미친 것으로 볼 수 있다.

넷째, SSE의 특성에서 사회적, 환경적 가치 등이 SSE의 모든 것을 의미

하면서, 다른 핵심적 가치들, 즉 집단행동, '협회경제'(associative economy), 능동적 시민권(active citizenship), 민주적 자기관리, 문화적 변화 등에 리스크가 제기되어 있다. 국제사회 조직들 대부분이 사회적경제, SSE, 사회적기업의 개념을 경제사회적(eco-social) 차원에서 규정하고 있는 것도 이를 반영한다.

5) 한국 사회적경제 조직의 분류

한국에서도 사회적경제는 유럽의 사정과 마찬가지로 실업과 빈곤의 확대에 따른 사회경제적 위기극복의 처방으로 등장해 지속적으로 성장하고 있다. 1990년대 말 외환위기를 기점으로 그 전에도 협동조합, 각종 공제회, 무수한 시민사회 결사체, 재단이 존재했지만, 특히 그 후로 정부의 주도적인 정책추진에 의해 사회적경제는 새로 탄생되고 있다. 2007년 '사회적기업육성법'이 실시되며 2007년에 55개, 2018년 2089개의 사회적기업이 노동부의 승인을 받아 정부재정 지원으로 성장하고 있다.

〈표 2-5〉를 제시한 노대명(2007)에 따르면, 사회적경제는 먼저 국가-시장-시민사회 분류법으로 크게 분류되는데, 사회적경제는 국가와 시장으로부터 독립적으로 구분되는 섹터가 아니라 국가와 시장에 기반을 두고 매개하는 '혼합적 영역'으로 제시된다. 그림에서 유의해 보아야 하는 점은 예시한 전체가 사회적경제에 광의적 영역과 조직이라는 점이며, 표의 유형분류 세 가지 중 하단에 소개된 '사회적경제'는 유럽식의 전통적인 협의의 사회적경제 조직이라는 점이다. 사회연대은행 등의 대안금융기관이 국가와 시장으로부터 자율성을 유지하는 비영리조직이며, 이를 기점으로 위로 올

표 2-5 한국 '사회적경제' 조직의 유형과 사례

<table>
<tr><th>성격 I</th><th>성격 II</th><th>유형분류</th><th>세부 설명</th></tr>
<tr><td rowspan="11">국가
▼
▼
▼
○
○
○
사회적경제
○
○
○
▲
▲
▲
시장</td><td rowspan="5">정부의존
▲
▲
○
▼
▼
자립지향</td><td rowspan="3">공공지원형
일자리 사업</td><td>장애인보호작업장/노인생산공동체</td></tr>
<tr><td>복지부 자활근로사업단</td></tr>
<tr><td>노동부 사회적 일자리 사업</td></tr>
<tr><td rowspan="2">공공지원형
사회적기업</td><td>자활공동체</td></tr>
<tr><td>노동부 사회적기업</td></tr>
<tr><td></td><td>민간지원기관</td><td>대안금융기관</td></tr>
<tr><td rowspan="5">비영리
▲
▲
○
▼
▼
영리</td><td rowspan="5">사회적경제</td><td>시민사회단체(서비스 공급형)</td></tr>
<tr><td>노동자협동조합</td></tr>
<tr><td>생활협동조합</td></tr>
<tr><td>농협/수협/산림조합</td></tr>
<tr><td>신협/새마을금고</td></tr>
</table>

자료 노대명, 2007: 63.

표 2-6 경제활동 영역별 사회적경제 조직의 사례

<table>
<tr><th>경제활동의 영역</th><th colspan="2">사회적경제 조직의 예</th></tr>
<tr><td>생산</td><td>사회적기업, 자활공동체, 사회적 일자리 사업조직,
노동자협동조합 등</td><td rowspan="2">로컬푸드 운동
네트워크</td></tr>
<tr><td>소비</td><td>생활협동조합, 의료생협, 공동육아협동조합 등</td></tr>
<tr><td>교환</td><td colspan="2">지역화폐, 아나바다운동 단체 등</td></tr>
<tr><td>분배</td><td colspan="2">자선모금단체, 마이크로 크레딧 기관 등</td></tr>
</table>

자료 신명호, 2009: 38.

라갈수록 정부의존도가 높고 아래로 내려갈수록 시장의존도가 높은 사회적경제 조직을 비교해볼 수 있다.

한편 신명호(2009)는 생산, 소비, 교환, 분배 등 경제활동 영역별로 구분해 한국의 사회적경제 조직들의 실례를 〈표 2-6〉와 같이 제시한다.

2. 결사체, 협동조합, 공제회, 재단

앞서 정리하였듯이, 사회적경제 조직을 대표하는 조직유형으로는 협동조합, 공제회, 결사체 등 전통적인 유형, 그리고 여기에 재단을 포함시켜 네 가지로 분류하는 것이 일반적이다. 협동조합, 공제회, 결사체, 재단은 서로 어떻게 구별되며, 각기 어떤 특성을 갖고 있는지를 아래에서 차례로 정리해본다.

1) 사회적경제 = 협동조합 + 공제회 + 결사체

드푸르니 등은 결사체, 공제회, 협동조합을 사회적경제를 구성하는 주요 조직들로 규정해 설명한다. 그들은 사회적경제의 역사에 대해 법적, 제도적 접근을 다음과 같이 설명한다(Defourny and Develtere 1999: 11-13).

첫째, 협동조합은 매우 다양한 형태의 조합들이 많다. 농업, 신용, 저축, 소비자, 보험, 마케팅, 노동자, 주거, 기타 사회적 유형이 그것이다. 또 '사회적기업'에는 협동조합 형태를 갖추고 있지는 않지만, 협동조합을 갖고 있는

표 2-7 사회적경제 조직: 결사체, 협동기업, 공제회

구분	결사체	협동조합	공제회
역할	회원 또는 공동체에 서비스를 제공	회원 및 공동체에 재화와 서비스 제공	회원과 가족에게 서비스를 제공
생산형태와 혜택	일반적 비시장형, 최근 시장형 재화와 서비스 생산; 회원, 공동체에 혜택	시장형 재화와 서비스; 회원에게 우선 혜택	원칙상 비시장형 재화와 서비스를 회원 욕구에 따라 수혜
멤버십	개인 또는 단체	개인 또는 단체	개인 회원만
권력 분할	1인 1표 원칙	1인 1표 원칙	1인 1표 원칙
수익 배분	회원에게 배분 안됨; 조직 활동에 재투자	회원에게 부분적 혜택 제공; 서비스 개선 기금 조성, 조합 활동 개발	회원에게 배분 안됨; 기금축적, 회비감면, 혜택확대

자료 Defourny 1999: 15.

새로운 사회적기업 형태가 많은 국가에서 등장하고 있다.

둘째, 공제회는 서구에서는 비교적 오래된 역사적 전통을 갖고 있는데, 현시대에는 사회보장(social security) 제도의 하나로 정립되어 있다. 유럽의 공제회는 국제공제협회(AIM)에 소속되어 있고, 6600만 명의 회원과 1억 1000만 명에게 사회보장의 공제 혜택을 제공해주고 있다. 주로 건강보험과 사회서비스를 제공해주는 역할에 초점을 맞춘다.

셋째, '결사체'는 모든 국가들이 결사의 자유를 헌법으로 보장하고 있기 때문에 가장 많이 번창하는 조직이다. 여기에는 재화와 서비스를 생산하는 모든 유형의 비영리, 비정부 결사체들이 포함되어 있다. 그러나 한국에서처럼 정부부처에 등록한 결사체들이 있는가 하면, 정부에 등록을 하지 않고 자유롭게 비영리 시민사회단체로 활동하는 결사체들이 적지 않다. 마찬

가지로 많은 개발도상국에서는 이런 결사체들을 법적, 제도적으로 인정하지 않는 경우도 많아 정확한 수치를 파악하기는 어렵다. UN은 장차 UN 국가계정에서 각국이 비영리기관(NPI)을 정확하게 조사하도록 하는 사업에 착수해(Salamon 2006), 일부 국가 사례들이 소개되고 있다(주성수 2018: 제6장).

공제회, 협동조합, 결사체는 각기 독특한 역할, 생산형태, 회원제, 권력분할, 수익배분에서 두드러진 차이를 보여준다(표 2-7 참조). 먼저 '역할'에서 공제회가 회원이나 가족에 국한된 서비스를 제공하는 조직인데 반해, 결사체와 협동조합은 회원과 가족뿐 아니라 공동체에 대해서도 서비스를 제공한다. 또 협동조합은 재화와 서비스 모두를 제공한다. 둘째, '생산형태'에서는 결사체와 공제회가 시장에서 판매되지 않는 비시장형 재화와 서비스를 생산하지만, 협동조합은 수익 목적의 시장형 재화와 서비스를 제공하는 조직이다. '회원제'는 공제회가 철저한 개인 회원에 한정하지만, 결사체와 협동조합은 비교적 개방적으로 개인이나 단체 단위의 회원제에 기초한다. '권력분할'에서는 모두가 1인 1표 의사결정에 의존하는 공통점이 있다. 끝으로, '수익배분'에서는 협동조합만이 회원에게 수익배당을 하고 결사체와 공제회는 수익배분을 하지 않는다.

2) 협동조합, 공제회, 결사체, 재단

한편 '사회적경제'를 보다 광의의 해석을 하는 유럽이사회나 OECD 등은 전통적인 삼대 사회적경제 조직에 재단을 포함시키고 있다. 유럽이사회(EC 2001b: 1-2)는 이들 협동조합, 공제회, 결사체, 재단의 구성과 특징에 대해 아래와 같은 공식적인 분류법을 소개한다.

ⓐ 협동조합(cooperatives)

- 자발적이고 개방적인 멤버십
- 1인 1표에 의한 평등 투표권과 다수결의 원칙
- 자본형성에 멤버의 기여
- 정부로부터 자율과 독립
- 농업, 제조업, 은행, 도소매 및 서비스 분야에 널리 분포

ⓑ 공제회(mutual societies)

- 자발적이고 개방적인 멤버십
- 1인 1표에 의한 평등 투표권과 다수결의 원칙
- 자본형성에 기여 의무가 없고 회비 의무
- 정부로부터 자율과 독립
- 의료, 생명 및 비생명보험, 보증제, 주택융자

ⓒ 결사체(association, NGO, Voluntary Organization)

- 자발적이고 개방적인 멤버십
- 1인 1표에 의한 평등 투표권과 다수결의 원칙
- 자본형성에 기여 의무가 없고 회비 의무
- 정부로부터 자율과 독립
- 서비스 제공자, 자원봉사활동, 스포츠, 권익주창, 대변 활동
- 의료, 노인, 아동 등의 사회서비스 제공

ⓓ 재단(foundations)

- 이사회에 의해 운영
- 기부와 기증에 의한 자본형성
- 연구 지원 및 수행, 국내, 지방, 국제 프로젝트 지원, 자원봉사, 사회서비스 재정 지원

3) 다양한 '결사체' 유형

위에서 유럽이사회가 제시하는 '결사체'에는 무수하게 다양한 시민결사체들이 포함되어 있다. UN 등에서 공식명칭으로 사용하는 NGO(non-governmental organization) 또는 미국에서 세법에 의해 규정된 NPO(non-profit organization), 영연방 국가에서 전통적으로 사용해온 자원조직(voluntary organization) 등이 모두 여기에 포함되어 있다. 이 결사체에 대해 유럽이사회(EC 2000: 2)는 네 가지 유형으로 구분한다.

ⓐ 서비스 전달 또는 공급기관: 소속 회원들이나 대상계층에 사회 서비스, 의료 서비스, 교육 훈련, 정보, 자문 또는 지원 서비스를 제공한다.

ⓑ 권익주창: 공공 인식 또는 정책을 변화시키기 위한 목적으로 캠페인, 로비활동을 하거나 특정 대의나 특정 집단을 대신해서 권익을 주창한다.

ⓒ 자조집단 또는 상조모임: 상호 협력, 정보, 지원 및 공동노력을 제공하기 위해 공동의 이해나 욕구를 가진 개인들이 모여 구성한 집단이다.

ⓓ 자원 및 조정: 특정 분야에서 활동하는 개별 기관들 또는 일반 부문의 활동을 조정하거나 정보를 제공하고 지원하는 이른바 '중개조직'이다.

이상과 다른 결사체 유형들로는 스카치폴(Skocpol 2003)의 분류를 참고해볼 수 있다. 스카치폴은 결사체(association)가 누구를 위한 조직인지에 초점을 맞춰, 정부-기업-시민사회 구분, 엘리트-시민 구분으로 결사체의 유형을 분류한다. 먼저 〈표 2-8〉에서 회원조직(MBO: membership organization)과 공익조직(public benefit organization: PBO)을 비교해볼 만하다. 회원의 이해를 충족시키기 위한 조직이 MBO이며, 회원이 아닌 일반시민에게 공개적인 조직으로 시민의 참여에 기초하는 공익을 추구하는 조직이 PBO이다. 조직의 구성에서 시민에게 개방적이지 않은 조직들, 예를 들면 조합원만을 대상으로 하는 노동조합, 여성만을 회원으로 구성하는 여성단체들이 비교대상이 된다. 노동조합의 경우 일차적으로 조합원의 급여, 복지후생 등의 이해와 욕구를 충족시켜주기 위해 조직된 특성이 있어 일반 시민결사체들과 구분된다. 또 여성단체의 경우 남성이 아닌 여성만을 위한 배타적인 이해증진에 목표를 둔다는 의미에서는 PBO보다는 MBO 성격이 강하다. 그렇지만 여성단체는 노동조합과는 달리 회원뿐 아니라 모든 여성에 대해 '보편적 이해'를 증진시키며 공익에 기여하는 목적을 추구하므로 PBO에 해당된다. 한편 오페라, 성악, 사교 등의 특정 엘리트 중심의 조직들의 경

표 2-8 시민사회 결사체 유형 분류

거버넌스/재원	엘리트	공익 엘리트	일반시민	소외층/사회적 약자
정부지원 정부지원금 전문가 운영	관변단체	관변단체	관변단체 주민서비스단체	서비스단체
기업지원 기업출연금 전문가 운영	기업협회 산업협회 경영인단체	기업재단	기업재단	기업재단
일반시민 지원 회비와 기부금 전문가 운영			주창 NGO 환경, 소비자단체 정치행정 NGO	여성단체 장애인단체 외국인지원단체
소속회원 지원 회비와 기부금 선출직 엘리트	전문협회 대학동문회	엘리트 서비스클럽	종교단체 동문회, 향우회 소수민족단체	노조 농민단체

자료 Skocpol 2003: 173에서 재구성

우, 형식상으로는 멤버십 중심의 MBO가 아닌 PBO지만 실제로는 소수 엘리트를 대상으로 하는 활동에 치우치므로 일반시민을 위한 공익 단체, 즉 PBO로 볼 수 있는가 하는 문제가 있다.

시민사회 결사체들은 누구를 위해 활동하며, 실제로 내부 거버넌스, 즉 누가 지원하거나 참여하며 재원은 어떻게 마련되는지에 따라 구분될 수 있다. 〈표 2-8〉에서 살펴볼 수 있듯이, 거버넌스와 재원에서 정부, 기업, 일반시민, 소속회원으로 구분해볼 수 있고, 또 대표 또는 대변의 대상은 엘리트, 공익적 엘리트, 일반시민, 소외층으로 구분해 살펴볼 만하다.

첫째 유형은 정부지원과 전문가 운영으로 유지되는 결사체로, 관변단체들이 대표적이다. 한국의 새마을운동, 바르게살기, 자유총연맹이 특별법에 의해 정부가 설립해서 재정을 지원한 대표적인 결사체로, 주로 엘리트와 지역사회에 봉사하는 엘리트의 목소리를 대변하거나 지역의 환경보호 등 시민의 편익을 위한 활동을 한다. 또 정부에 의해 설립되지는 않았지만, 전문조직을 갖추고 정부재정에 크게 의존하는 자원봉사단체와 무수한 사회복지기관들이 여기에 해당된다.

둘째 유형은 기업이 지원하고 전문가에 의해 운영되는 결사체다. 기업협회와 산업협회는 엘리트의 목소리를 대변하지만, 기업재단은 공익적 엘리트, 일반시민, 소외층의 목소리를 대변한다.

셋째 유형은 정부나 기업이 아닌 일반시민의 참여와 회비로 지원되며 전문가가 운영하는 결사체다. 여기에는 엘리트 또는 공익적 엘리트를 위한 활동은 찾기 어렵고, 일반시민과 소외층을 위한 활동이 대부분이다. 일반시민을 위한 공익적 활동을 하는 결사체들은 환경, 소비자단체들과 노동, 정치, 행정 등 다양한 분야의 권익주창 활동을 하는 시민사회단체들이다. 또 소외층이나 사회적 약자를 위해 활동하는 여성단체, 외국노동자 지원단체 등이 있다.

넷째 유형은 소속 회원의 참여와 지원으로, 선출직 엘리트가 운영하는 결사체다. 전문협회와 같은 이익집단뿐 아니라 대학 동문회와 향우회 등 엘리트를 위한 결사체가 있고, 로타리클럽 등 공익적 엘리트 단체도 있다. 또 일반시민을 위한 단체로는 종교단체, 향우회, 동문회, 소수민족 단체들이 있으며, 소외층을 위한 단체는 노조와 농민단체가 대표적이다.

3. 사회적/경제적 목적에 의한 분류

1) 새로운 조직 유형의 등장

시대상황의 급격한 변화는 사회적경제로 하여금 새로운 사회적 목적과 새로운 기업가정신을 지속적으로 추구하게끔 강요한다. 최근에 오면서 전혀 새로운 사회적경제 조직들이 등장해 시민들의 다양한 서비스 욕구를 충족시키며, 정부는 이런 새로운 벤처조직을 지원하는 정책을 꾸준히 추구하고 있다.

예를 들면, '보편적' 복지국가를 대표하는 스칸디나비아에서도 새로운 사회적경제 조직의 등장이 두드러지게 나타나고 있다. 사회적경제 조직의 확대가 복지국가의 위기를 극복하기 위한 전략이라고 볼 수 있지만, 국가 역할의 한계와 더불어 새로운 사회서비스 욕구의 확대 등 수요측면도 주요 배경요인이 된다. 스칸디나비아 연구자들은 그곳에서도 과거 1970년대의 '헤게모니적 정치문화 접근법'이 후퇴하고, '지역사회 문제에 대한 새로운 조직적 형태와 해결책'이 1980년대의 주류로 정착되었다고 분석한다 (Laville et al. 2007: 161).

새로 등장한 사회적경제 조직 중에는 '사회적기업'이 가장 중요한 유형이다. 사회적기업은 유럽 어디서나 볼 수 있는 가장 일반적인 사회적경제 유형을 대표한다. 특히 각국의 정부가 실업극복과 일자리 마련을 위한 노동시장통합 전략으로 사회적기업을 지속적으로 육성하는 것은 사회적경제의 현대적 특징으로 꼽을 만하다. 한국에서도 2007년 사회적기업 육성법이 시행되면서 2018년 말 현재 이미 2000개 이상의 사회적기업이 육성되고 있다.

또 다른 가장 일반화된 사례로 아동보육을 꼽을 수 있다. 스웨덴의 경우, 지방자치단체의 보조에 의해 운영되는 전통이 있지만, 지자체와 관련 없는 새로운 비영리 육아조합들이 대거 등장해서 1994년에 이미 1768개에 이르러 전국 평균 12%를 차지했다. 이 중 부모협동조합이 1020개로 가장 많고 또 노동자협동조합형이 117개에 이른다(앞글: 161). 육아조합은 비영리 접근으로 비용이 저렴하지만 부모의 참여로 보육서비스의 질적 향상이라는 기업가정신을 발휘하며 부모들의 참여를 확대시켜 왔다. 한국에서도 1995년에 한국 최초의 '공동육아'가 등장해서 전국적으로 공동육아 어린이집이 운영되는 새로운 사회적경제 유형을 보여주었다. 공동육아협동조합 어린이집은 일정한 보육료를 지불하고 아이만을 맡기는 기존의 어린이집, 놀이방, 유치원과는 달리 0세부터 10세까지의 아동을 둔 30여 가구가 지역 조합을 구성해 가구당 300~700만 원의 출자금으로 설립되어 부모 참여에 의해 자치적으로 운영된다. 전국에 80개의 공동육아 어린이집과 새로운 사회적협동조합형도 운영되고 있다(http://www.gongdong.or.kr/).

2) 사회적/경제적 목적에 의한 분류

사회적 목적과 경제적 목적인 '기업가정신'을 구분해 사회적경제 조직의 유형을 구분해볼 수 있다. 일반적으로 양자의 관계는 반비례적인 것으로 양자 모두를 추구하기는 마치 두 마리 토끼를 쫓는 딜레마로 제기되고 있다.

이처럼 사회적 목적과 기업가정신을 동시에 추구하는 조직이 사회적경제 조직인데, 그 중에서도 전자나 후자에 치우친 활동을 하고 있을 뿐, 이 두 가지 목적 모두를 실천하는 조직은 거의 없다고 볼 수 있다. OECD에 따르면, 협동조합, 공제회, 재단, 사회적기업, '권익주창' 결사체와 회원 서비스 제공 결사체 등은 사회적 목적과 기업가정신 추구에서 서로 다른 특이한

그림 2-3 사회적/경제적 목적에 따른 사회적경제 조직 분류

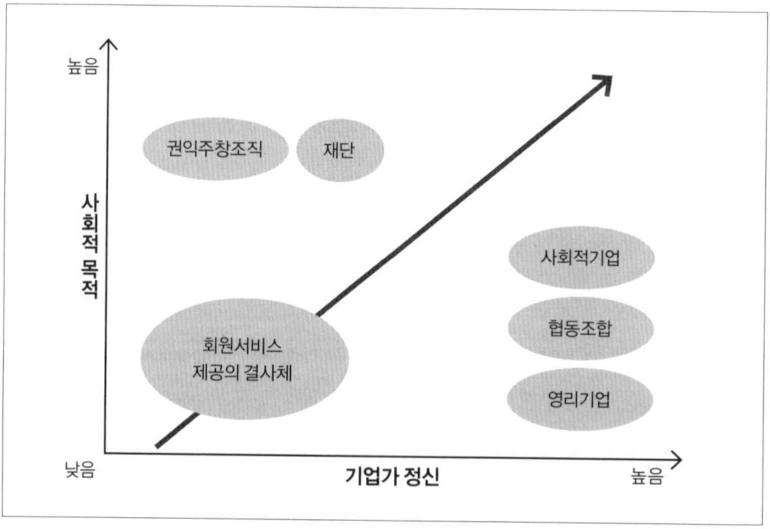

특징을 보여준다(Borzaga and Tortia 2007: 33-34).

〈그림 2-3〉에서 볼 수 있듯이 기업가정신이 가장 높고 사회적 목적이 거의 없는 조직은 기업이며, 반대로 기업가정신은 거의 없고 사회적 목적 추구에 가장 적극적인 조직으로 '권익주창' 결사체를 꼽을 수 있다. 이 두 극단 사이에 다른 다양한 사회적경제 조직들이 위치해 있다. 권익주창 결사체들은 '사회적' 목적에서는 비교적 높은 목표를 추구하지만 이들은 기업가정신에서는 비교적 낮은 수준에 있다. 기업이나 공동체 또는 개인의 재단은 사회적 목적이 비교적 높지만 기업가정신에서는 기업이나 협동조합보다 낮다고 볼 수 있다. 영리기업은 사회적 목적은 낮지만 기업가정신이 높은데, 이런 영리기업 수준의 기업가정신을 갖고 더 고차적인 사회적 목적을 추구하는 조직들이 협동조합과 사회적기업이라고 볼 수 있다. 시민사회에 무수히 존재하는 결사체 중에는 회원 서비스 조직보다 일반시민을 위한 공익지향적 조직이 사회적 목적에 보다 적극적이지만, 이들은 모두 기업가정신이 약한 조직으로 볼 수 있다.

제3장

사회적경제와 사회기업가

1. 사회적경제의 사회적 목적

사회적경제는 무엇보다도 사회적 목적을 추구하는 조직이며, 이를 실현하는 방법으로 사회기업가정신에 의존한다. 사회적경제는 어떤 다양한 사회적 목적을 추구하며 또 어떤 사회기업가 모델이 제시되고 있는지를 차례로 살펴본다.

1) '사회적' 목적의 다원성

사회적경제는 시장이나 기업에서 볼 수 없는 사회적 목적을 가진 영역이다. 사회적경제를 시장이나 기업과 구분하는 특징이 사회적 목적이다. 앞에서 사회적경제의 개념과 특성에서 정리하였듯이, 사회적경제가 추구하는 사회적 목적은 여러 가지로 정리될 수 있다.

첫째는 비영리성이다. 사회적경제가 추구하는 사회적 목적은 경제적 목적에 우선한다. 사회적경제 조직은 활동에 필요한 지출을 자체 충당하는 수입을 만들어야 하지만, 수익활동은 사회적 목적 달성의 범위에 한정된다(Quarter 1992: 11-12). 사회적경제는 비영리적 조직이므로 주된 목적이 자본에 대한 수익을 취하는 것이 아니다. 사회적경제 조직은 본질적으로 '이해관계자 경제'(stakeholder economy)의 일부이며, 또 공익의 욕구에 의해 그리고 공익의 욕구를 위해 설립된 것이므로 서비스 대상자에 대해 책무성을 가진다(EC 2001b: 1). 사회적경제 조직에는 법적으로 영리활동을 하지 않고 비영리활동을 하는 조직이 있고, 또 협동조합, 공제회, 재단처럼 투자자들을 위한 이윤을 창출하기보다는 조직 구성원이나 공동체 전체의 불특정 다수를 위해 서비스 활동을 하는 조직이 있다(Defourny and Nyssens 2006: 7). 따라서 사회적경제는 특성상 회원들과 공동체를 위한 서비스 제공을 목적으로 비영리적 접근으로 자본보다 사람을 우선하며, 나아가 참여, 임파워먼트, 개인과 집단적 책임 등의 사회적 목적을 추구한다(Vaillancourt et al. 2004: 6).

둘째는 민주성이다. 사회적경제 조직은 종사자나 이용자에 의한 민주적 정책결정에 의존한다. 이 점이 일반 비영리조직과 구분되는 사회적경제의 독특한 특성이다. 사회적경제의 원칙상, 사회적경제 종사자들은 소유의 몫을 가지고 있을 뿐 아니라 조직관리에 영향력을 행사하는 의사결정권을 가져야 한다(Arther et al. 2005: 16). 그 방식은 종사자 대의기구를 통해 또는 종사자 대표의 이사회 선임으로 또는 소규모 조합의 경우 조합원 전원의 참여에 의한 직접민주주의로 갖출 수 있다. 사회적경제에서 민주적 참여와 의사결정구조는 조직의 규모나 활동영역에 따라 상이하게 나타난다(Smith 2003: 125). 노동자협동조합의 경우, 노동자 1인 1표 의사결정 참여가 핵심이며, 소규모 조합에서는 전체 조합원의 직접참여에 의한 의사결정방식이 효과적이다. 또 노동자, 조합원, 소비자, 이용자의 대표성 확보도 민주적 구조의 생명과도 같은 것이다. 이 점이 사회적경제가 사기업이나 공조직과 다른 민주적 특성이다.

셋째는 참여와 연대 그리고 사회자본(social capital)이다. 사회적경제란 "회원들의 욕구에 기초해 회원들이 소유하고 운영하는 사람 중심의 조직과 기업"이며, 사회적경제의 목표는 사회적, 민주적, 그리고 연대(solidarity) 기초적 목표들이다(Lukkarinen 2005: 420). 사회적경제를 통한 지역사회개발 효과는 질적 고용, 사회자본의 증대, 민주주의 강화, 지방정부와 사회적경제 조직 사이의 파트너십 모색 등을 꼽을 수 있다. 또 영리추구적 기업과 정부기관과의 파트너십 공조로 고용증대, 사회자본 축적, 시민사회 활성화 등 지역개발 효과가 배가될 수 있다. 특히 "시장이나 기존의 공공 제공으로 충족되지 않는 지역의 욕구충족"에 목표를 두고, 노동시장에서 불이익 계층의 고용가능성을 증대시켜 이들에게 고용을 제공하는 역할을 맡는다(Arther et al. 2005: 16). 또 사회적경제는 "민주주의, 연대, 그리고 사회적, 문화적, 환경적 자원의 안정화에 기초하는 핵심적 조직과 기업"을 망라한다. 이런 '시민적' 가치는 이윤추구적 이해의 논리를 초월한다. 사회적경제의 활동영역은 사회적, 민주적, 참여적 기업, 질적 고용, 사회적 포용, 지역개발, 사회적 보호다. 이 영역이 사람들의 욕구와 기대에 호응하는 사회적경제의 개념의 기초가 된다. 사회적경제는 평등이나 형평성과 같은 '상조정신' 가치를 중시한다. 상조정신은 '공동의 결속'을 의미한다.

사회적경제 조직이 지역공동체의 발전과 공동체 구성원들의 참여와 연대에 의해 경제적 수익을 창출하며 사회자본을 축적하는 사례들은 세계 여러 지역에서 보고되고 있다(Vailancourt et al. 2003: 22-23). 일례로 캐나다 몬트리얼의 2000개에 달하는 주택들은 사회적경제 조직이 담당하는 주택 및 의료, 복지서비스를 복합적으로 제공받는다. 이런 '사회적 주택'을 조사한 연구진은 주거안정과 서비스 제공은 주민들의 생활안정과 이웃관계 개선, 자존심 회복 등 사회자본 효과도 대단하다고 한다. 주민들이 단순한 서비스 수혜자로 머무는 게 아니라 이들의 적극적인 참여에 의해 조직이 민주적으로 운영되고 이들의 관심과 사회자본에 의해 공동체가 만들어지는 효과가 일어난다는 것이다. '이용자 임파워먼트'가 갖다 준 결실이다. 또 사회적 주택뿐 아니라 보육서비스, 홈케어 서비스에도 사회적경제 조직들이 참여해 공급자 역할을 하고 이용자 주민들과 더불어 민주적 조직을 운영하는 새로운 변화는 1990년대 캐나다의 보편적인 동향이었다. 참여하는 지역주민들은 '수혜자'가 아니라 '참여자'로, '의존'이 아니라 '자율'로 시각이 바뀌면서, 정부의 사회정책도 정부가 일방적으로 주도하는 정책이 아니라 장애정책처럼 정책의 직접적인 영향을 받는 장애인들이 의사결정 과정에 참여해 발언하고 자신들의 이해를 증진시키는 정책과정으로 변한 것이다. 따라서 '시민권'의 의미도 근본적으로 변화한다. 이에 관해서는 아래에서 상세히 논의한다.

넷째는 '사회적 배제'(social exclusion)에 대한 대응이다. 사회적경제는 장애인이나 실업자 등 취약층의 '사회적 배제'에 대응하는 종합적인 처방으로 주목받고 있다. 아민 등(Amin et al. 2002: 17)은 '사회적 배제'는 단순한 빈곤과 박탈의 상태만을 의미하지는 않는다며, '사회적 주변화'가 시간이 흐름에 따라 강화되는 과정으로 본다. 사회적 배제는 연령, 성, 인종, 이민, 가계구조, 교육 등 다양한 배경에서 발생하는 불이익의 누적적 효과를 보여준다는 것이다. 그들은 사회적 배제에 대한 사회적경제의 처방에 관해 다음과 같이 설명한다. 먼저, 집단적 자조와 확신, 역량구축으로 사회적으로 유용한 생산을 통해 경제에 집단적 가치를 보양시킴으로써, 둘째, 자율과 결사체 가치를 중시해 경제를 인간화시킴으로써 동시에 경제를 '인간' 기준으로 조직함으로써, 그리고 정책을 지역공동체와 현장으로 분권화하여 민주주의와 참여를 진흥시킴으로써 가능하다고 본다(앞글: 19).

뒤에서 자세히 논의되는 '사회적기업'은 장애인, 노인, 아동 등을 사회서비스 대상자로 한다. 또 실업자 등 사회적 배제층을 주로 종사자들로 고용해 생산활동을 하기 때문에, 사회적기업의 일차적 수혜층은 사회서비스 수혜층뿐 아니라 사회적기업에 종사하는 사회적 배제층이라 볼 수 있다. 일례로 2004년 영국에서 조사한 사회적기업의 수혜층은 장애인, 아동과 청소년, 노인, 저소득층 등으로 나타났다.

마지막은 '임파워먼트'(empowerment)이다. 사회적경제 조직은 직접 서비스의 생산과 공급에 참여하고, 동시에 시민 이용자, 노동자, 공동체 임파워먼트의 모델이 된다(Vailancourt et al. 2004: 8-11).

사회적경제의 창의적인 사업들은 다양한 방식으로 개인과 가족, 공동체의 건강과 복리에 직접적으로 기여한다. 그 독특한 방식은 1인 1표와 같은 민주적 의사결정 방식이나 연대, 자율, 상호성, 자기결정의 가치에 기초한 방식뿐 아니라 추구하는 목표를 통해, 사회적, 경제적 네트워킹에 대한 기여를 통해, 일자리 마련의 역량을 통해, 또는 이용자와 노동자의 임파워먼트를 통해 이뤄지고 있다.

사회적경제 조직들은 자체 규율을 통해 서비스 이용자의 임파워먼트뿐 아니라 노동자의 임파워먼트에 의한 서비스의 조직화 특징을 보여준다. 공적 조직과 영리기업 조직도 일부 임파워먼트의 특성을 보여주지만 사회적경제 조직만큼 그런 규율에 구속되지 않는다.

'이용자 임파워먼트'의 사례들은 사회정책과 사회서비스 영역에서 무수하다. 앞서 소개한 몬트리얼의 '사회적 주택' 사례가 있고, 미국의 경우

1960년대 말에 시작된 장애인의 '독립생활운동'(Independent Living Movement) 사례가 있다. 후자는 장애인에 대해 일반인과 똑같은 입장에서 장애인이 스스로 자신의 문제를 주체적으로 결정하고 사업을 할 수 있도록 하자는 사회운동으로 진행되었다. 장애인 문제는 장애를 가진 자신들만이 가장 잘 알 수 있기 때문에 사회서비스는 그것을 소비하는 소비자가 통제하는 정책으로 변화되어야 한다는 메시지를 전달한 것이다. "서비스는 개인이 아니라 환경을 바꾸는 일이며, 서비스의 목표는 공동체 통합에 있다"라는 원칙을 강조한다(앞글: 11). 이런 운동은 장애인뿐 아니라 다른 취약층인 노숙자, 알코올중독자, 동성애자 등의 독립생활운동으로 확대되며, 임파워먼트는 사회정책에서 주요 이슈가 되었다. 사회적경제가 추구하는 '노동자 임파워먼트' 또한 중요한 사회적 목적이다. 일자리를 갖고, 의미 있는 노동을 하며 노동현장과 공동체에서 풍요로운 사회적 관계를 가지며 생활하면 개인과 공동체 전체의 건강과 복리에 직접적인 긍정적 영향을 미친다(앞글: 11). 노동현장에서 생산의 조직은 노동자의 지혜와 책임에 의존하기 때문에 민주적으로 운영되고 노동자의 기본적 인권을 보장하는 조직에서 노동자의 생산력이 증진된다. 반면에 노동자 임파워먼트를 무시하고 통제와 규제를 앞세우는 조직에서 노동자의 생산의 조직화는 뒤떨어지게 된다.

한편 유럽이사회(EC 2006: 1)는 임파워먼트(empowerment)에 대해 경제적, 사회적, 시민권, 심리적 차원으로 구분해, 사회적경제가 임파워먼트의 강화에 크게 기여한다고 본다.

ⓐ 경제적 파워: 일자리 갖기, 토지, 재산, 자본, 테크놀러지, 기술의 직접 소유와 관리.

ⓑ 사회적 파워: 정보와 기술에 대한 접근, 사회 조직들에 참여할 능력.

ⓒ 시민권 파워: 정책결정에 대한 직접적인 참여와 집단적 목소리 확보.

ⓓ 심리적 파워: 자신감, 자존감, 동기, 사회적 상호관계의 능력.

2) 사회적경제의 '사회적 가치'

사회적경제 조직들은 이윤추구와 소유주에 대한 수익배분을 중시하지 않는 사회적 활동을 궁극적 목표로 삼는다. 이들이 일반 기업들로부터 구분되는 가장 중요한 특징이다. 실제로 사회적경제 조직들이 추구하는 핵심 목표는 구성원들과 지역사회에 필요한 (고용을 비롯한) 재화와 서비스의 제공, (공익에 부합하는 서비스의 제공 등) 공익을 위한 목표 추구이다(EC 2013: 21).

(1) 영국의 '사회적 가치' 법

사회적경제를 비롯한 시민사회가 생산하는 사회적 가치의 중요성을 인정하는 '사회적 가치법'이 영국에서 시행되고 있다. 2013년 1월부터 공공서비스(사회적 가치) 법(Public Service(Social Vaue) Act)이 시행되며, 모든 공공기관들이 서비스를 위탁하거나 구매할 때 경제적, 사회적, 환경적 웰빙을 고려하도록 규제한다.

사회적 가치법의 혜택을 받은 사회적기업 사례 Blue Sky를 참고해볼 만하다. Blue Sky는 개발과 재생 목적을 추구하는 전국 차원의 사회적기업으로, 지방정부와 공공기관의 토목공사와 재활용 사업을 한다. 직원 모두가 출소자들로, 이들이 재범의 악순환을 밟지 않도록 안정적인 일자리를 제공해 생계를 유지하고, 기술훈련으로 역량을 갖춰 자긍심으로 스티

표 3-1 영국의 '사회적 가치' 법

사회적 가치법에 따라 재화와 노동이 포함된 공공서비스 계약이 EU의 기준 금액 이상인 경우 모두 적용된다. 2015년 현재는 중앙정부의 경우 11만 1676파운드, (약 1억 8000만 원), 기타 공공기관의 경우 17만 2514파운드(약 2억 8000만 원)이다. 모든 공공기관들은 구매나 위탁 계약 이전 단계에 사회적 가치 요소를 기획해 실행할 것으로 규제한다. 법에 따르면, '사회적 가치'란 "재화, 서비스 및 결과물의 직접적인 구매에 대한 위탁/구매 과정으로부터 얻어지는 지역사회의 혜택"으로 정의된다. 이 같은 혜택의 목록은 제시되지 않고 있지만, 지역 실정과 욕구에 따라 융통적으로 적용될 것을 법에 명시되어 있다. 일부 지역에서는 실업이, 다른 지역에서는 보건 불평등 문제가 심각한 지역사회 이슈가 되어 여기에 초점을 맞춘 공공 위탁과 구매가 사회적 가치를 창출하는 것으로 인정될 수 있다.

자료 "Public Services (Social Value) Act 2012"
"https://www.legislation.gov.uk/ukpga/2012/3

표 3-2 사회적기업 Blue Sky의 사회적 가치 창출

Blue Sky는 특히 노인들이 신체 건강상 정원 관리를 하기 어려운 상황에서 방치된 정원을 관리해 환경미화뿐 아니라 노인의 정서적 안정과 도난 방지 등 사회적 가치를 생산하는 활동을 한다. 2005년 창립 후 1000명 이상이 직원으로 일하는데, 직원 절반 이상은 과거 약물과 알코올 중독 생활을 했고, 20%는 주택 문제를 안고 있어 주택융자 지원을 받으며, 27%는 본인의 은행 계좌를 갖고 있지 않고, 40%는 부양아동이 있는 취약층이다.

Blue Sky 직원 중 15%만이 재범자가 되어 전국 평균 1/4 수준으로 낮으며, Blue Sky의 이직한 직원들 48%가 다른 안정된 일자리를 가져 재범자에 비해 8배 높은 안정적 일자리 확보율을 보여준다. 절반 이상이 공인된 기술 자격을 갖춰 떠났다. 영국에서 재범으로 인한 사회적 비용은 연간 130억 파운드로, 연간 9만 명의 출소자 가운데 2년 이내에 60% 재범이 발생한다. 일자리 제공으로 재범률을 50%가량 낮출 수 있지만 재소자 중 75%가 출소하면서 일자리를 찾지 못한다. 재범자 일 인당 사회적 비용은 20만 파운드에 달한다.

자료 NCVO, http://socialvaluehub.org.uk/?id=149&view=oneresource
Blue Sky, http://www.blueskydevelopment.co.uk/facts-and-figures/

그마를 이겨내도록 지원한다. 전국에 걸쳐 사회적기업을 운영하는데, 런던, 맨체스터, 옥스퍼드, 브리스톨 등 주요 도시에 위치해 있다.

(2) 사회적 가치와 '금전의 가치'

영국의 사회적가치법은 "공공기관들의 위탁과 구매에서 '금전의 가치'(value for money: VfM) 개념에 기초할 것을 규제한다"라며, "'금전의 가치' 개념에는 경제적 가치뿐 아니라 사회적, 환경적 가치들도 고려해야 한다"라고 규정한다.

'금전의 가치' 원칙은 전략, 포트폴리오, 프로그램, 행정, 모든 차원 공통으로 적용되고 있다(UK Cabinet Office 2015).

ⓐ 전략 차원에서 모든 임팩트를 개선해, 사업의 임팩트를 강화시킨다.

ⓑ 포트폴리오 차원에서 VfM은 제한된 자원을 올바른 일에, 올바른 지역에, 올바른 방법으로 적용시켜 임팩트를 최대화시키는 것을 의미한다.

ⓒ 프로그램 차원에서는 VfM은 주어진 자원의 범위 내에서 사업을 올바로 디자인, 조달, 관리, 평가해서 임팩트를 최대화시키는 것을 의미한다.

ⓓ 행정 차원에서는 VfM은 조직의 운영방식이 국민과 자원으로 가질 수 있는 임팩트 수준에 걸맞은 임팩트를 최대화하는 것으로 의미한다.

ⓔ 모든 차원에서 공통적으로 투명성, 데이터, 검증, 결과 지불제(payment by results) 및 학습 등 핵심 요소들에 투자해 VfM 공급에 기여한다.

■ **표 3-3** 사회적 가치 측정 접근법

1) Social Return on Investment (SROI): 가장 잘 알려진 사회적 가치 측정방법이다. 1달러 투자 대비 얼마나 많은 가치들이 생산되었는지를 보여주는 비율이 중요하다. SROI 매뉴얼에는 SROI 비율 측정 방법들이 소개되어 있다. http://www.thesroinetwork.org/sroi-analysis/the-sroi-guide
2) Cost-benefit analysis: 사업이나 프로그램 개입의 비용과 혜택의 금전적 가치를 계산하는 방법이다. 단위비용(unit cost) 자료를 활용하는 방법이 일반적이다. 영국 재무성의 그린북(Treasury Green Book)은 시장 가치가 나타나지 않은 비용과 혜택을 추산하는 분석 방법 등의 매뉴얼을 제공해준다. https://www.gov.uk/government/publications/the-greenbook-appraisal-and-evaluation-in-central-governent
3) Social Value Portal The Social Value Portal (http://socialvalueportal.com/)은 또 다른 사회적 가치 측정의 소스를 제공해준다. The Centre for Citizenship, Enterprise and Governance (CCEG)은 사회적 임팩트 사정을 위한 신속한, 저비용의 방안으로 사회적 소득 비율(social earnings ratio)을 개발해 제시해준다. 사회적 소득 비율은 생산된 사회적 가치를 투자된 금전 비용으로 나누어 계산한다. 아래에서 간편한 메트릭스를 활용해볼 수 있다. • http://socialvalueportal.org/dataentry.php • http://www.cceg.org.uk/#!research/cmp

자료 UK Cabinet Office 2015, pp.39-42.

영국 총리실의 〈사회적 가치법 평가〉 보고서는 바람직한 사회적 가치 측정의 제도적 정착을 위한 과제 세 가지를 제시한다.

첫째, 사회적 가치 용역이 생산하는 추가적인 가치 사정을 위한 방법론 개발로, 일반적으로 합의된 사회적 가치 측정 방법이 포함된다.

둘째, 측정의 표준화 작업으로, 다양한 유형의 조달에 필요한 측정의 정도를 반영할 필요가 있다.

셋째, 모범적인 측정 원칙들을 진흥하는 일로, 시민사회조직과 사회적 기업, 소기업들의 잠정적 부담을 덜어주는 측정방안이 필요하다.

나아가 〈사회적 가치법 평가〉 보고서는 다음 주요 사회적 가치 측정 접근법 세 가지를 소개한다(표 3-3).

(3) 한국의 사회적 가치와 정부혁신

한국에서도 '사회적 가치'에 대한 관심이 높아지며, 사회적 가치법의 제정이 국정과제로, 이어서 2018년 〈정부혁신 종합추진계획〉으로 추진되었다. 국회에 발의된(2017.10.26.) 〈공공기관의 사회적 가치 실현에 관한 기본법안〉은 제1조(목적)에서, "사회적 가치 실현에 관한 기본적인 사항을 규정

표 3-4 사회적 가치 유형(사회적 가치 기본법안)

가. 인간의 존엄성을 유지하는 기본 권리로서 인권의 보호
나. 재난과 사고로부터 안전한 근로·생활환경의 유지
다. 건강한 생활이 가능한 보건복지의 제공
라. 노동권의 보장과 근로조건의 향상
마. 사회적 약자에 대한 기회제공과 사회통합
바. 대기업, 중소기업 간의 상생과 협력
사. 품위 있는 삶을 누릴 수 있는 양질의 일자리 창출
아. 지역사회 활성화와 공동체 복원
자. 경제활동을 통한 이익이 지역에 순환되는 지역경제 공헌
차. 윤리적 생산과 유통을 포함한 기업의 자발적인 사회적 책임 이행
카. 환경의 지속가능성 보전
타. 시민적 권리로서 민주적 의사결정과 참여의 실현
파. 그 밖에 공동체의 이익실현과 공공성 강화

표 3-5 사회적 가치, 글로벌 컴팩트, ISO 26000

UN 글로벌 컴팩트	사회적가치 기본법(안)	ISO 26000
1. 인권의 보호를 지원하고 존중 2. 인권의 남용에 연류되지 않는다 3. 결사의 자유와 단체협상권 인정 4. 강제적 의무적 노동의 철폐 협력 5. 아동노동의 효과적인 근절 조장 6. 고용과 취업 차별 철폐를 지지 7. 환경적 문제제기에 접근을 지원 8. 과중한 환경적 책임을 맡아 노력 9. 환경친화적 테크놀러지 개발/보급 **자료** https://www.unglobalcompact.org/	1. 인권 보호 2. 근로/생활환경 안전 3. 보건복지 4. 노동권과 근로조건 5. 취약층 지원과 사회통합 6. 중소기업과 상생/협력 7. 양질의 일자리 창출 8. 경제수익의 지역경제공헌 9. 윤리적 생산, 사회적책임 10. 환경적 지속가능성 11. 지역사회 공동체 복원 12. 민주적 의사결정과 참여 13. 기타 공동체의 이익실현과 공공성 강화	1. 책무성 (Accountability) 2. 투명성(Transparency) 3. 윤리적 행태 4. 이해관계자 이해 존중 5. 법의 지배 존중 6. 국제 행태 규범 존중 7. 인권에 대한 존중 **자료** https://www.iso.org/iso-26000-social-responsibility.html

하고 국가, 지방자치단체 등이 정책을 수행하는 과정에서 이를 적극적으로 고려하도록 함으로써 우리 사회에 사회적 가치 실현이 확산될 수 있도록 하는 것을 목적으로 한다."

기본법안에 제시된 '사회적 가치'의 개념은 모든 영역에서 공공의 이익과 공동체의 발전에 기여할 수 있는 가치로서 다음 내용을 포괄한다. 해외에서는 UN, OECD, 국제표준화기구(ISO) 등 국제기관들이 사회적 가치 관련 규범, 지표들을 수립하고 전파해왔다. 글로벌 컴팩트(2000), GRI(1997), ISO26000(2010) 등이 대표적인 사례이다.

그리고 중간지원기관인 한국사회적기업진흥원이 제시하는 〈사회적

가치 측정 지표〉를 참고할 만하다.[1]

ⓐ 사회적 성과: 1. 사회적 성과 추구 여부, 2. 사회적 성과 평가체계 구축, 3. 사업활동의 사회적 성과 지향성, 4. 사회적경제 조직 간의 협력 수준, 5. 지역사회와의 협력 수준, 6. 이윤의 사회적 환원 노력도, 7. 참여적 의사결정 비율, 8. 근로자 임금수준, 9. 근로자 역량강화 노력.
ⓑ 경제적 성과: 10. 고용성과, 11. 매출성과, 12. 영업성과.
ⓒ 혁신적 성과: 13. 노동생산성, 14. 기업운영 및 제품의 혁신성.

(4) EU의 '사회적 책임의 공공조달'

유럽의 공공조달은 "사회적 책임의 공공조달"(socially responsible public procurement: SRPP)을 새로운 전략으로 제시한다(EC 2011). SRPP는 공공기관이 기업들에게 사회적으로 책임 있는 관리를 개발하도록 실질적인 인센티브를 제공할 수 있다. 공공기관들은 사회적으로 책임 있는 구매를 통해 고용기회를 확대하고 양질의 일자리, 사회적 포용, 모든 사람들을 위한 접근 가능성과 디자인, 윤리적 무역, 사회적 기준에 순응 등을 증진시킬 수 있다. 일부 제품, 작업, 서비스는 공공구매가 시장의 대규모 몫을 관장함으로써 그 임팩트는 상당하다.

일반적으로 공공기관은 대규모 소비자로 EU 전체의 약 17%를 소비한

---

1 한국사회적기업진흥원. http://www.socialenterprise.or.kr/so_disclosure/social_value_check.do

다(앞글: 5). 따라서 공공기관은 바람직한 사회적 결과를 생산하는 재화와 서비스를 선택하는 구매력을 활용해 지속가능한 개발에 기여할 수 있다. EU에서 공공조달의 법률적 기초는 2004년과 2008년의 '조달 규정'에 근거한다. 이 규정은 용역의 주요 내용과 관련되고 용역의 요건으로 적용되며 '금전의 가치' 원칙과 모든 공급자에 대한 동등한 접근 원칙이 준수되는 한 사회적 고려를 하는 범위를 제시한다.

사회적 책임의 공공조달(SRPP)이란 '사회적' 고려사항 중 하나 이상을 반영하는 조달 업무를 말한다. 그것들은 고용기회, 양질의 일자리, 사회권리와 노동권리에 대한 준수, 사회적 포용(장애인 포함), 동등한 기회, 모든 사람을 위한 접근가능성과 디자인, 지속가능성 기준의 고려, 윤리적 무역, 자발적인 기업 사회적 책임(CSR)의 실천 등이다(앞글: 7). SRPP는 지속가능한 개발과 EU의 사회적 목표 달성에 중요한 정책도구가 될 수 있다. SRPP는 계약기관이 조달단계에서 고려할 수 있는 광범위한 사회적 고려사항들을 담고 있는데, 사회적 고려사항들은 환경적 고려사항들과 함께 공공구매의 지속가능성에 대한 통합적 접근법을 구성한다. EU는 2004년과 2008년에 '환경 친화적 공공조달'을 동시에 도입해 시행하고 있다.

이후 2014년에 도입된 새로운 EU 공공조달 규정은 모든 공공 구매는 특정 금액 이상에서 공고를 해서 공개적 경쟁을 통해 납세자의 세금에 대한 최고 가치를 가진 계약기관이 구매처가 되도록 규제한다.[2] 새로운 EU 공공조달 규정들은 공공기관들이 업무, 재화 또는 서비스 구매 시 질적 기준 이외에 환경적 고려, 사회적 가치와 혁신을 우선적으로 고려하는 새로

2 http://www.europarl.europa.eu/pdfs/news/expert/background/20140110BKG32432/20140110BKG32432_en.pdf

운 우선구매 기준을 준수하도록 규정한다. 이에 따라 중소 사회적경제기업도 입찰 참여의 기회가 확대될 것으로 기대된다.

3) 사회적경제와 시민권

이상과 같이 사회적경제의 사회적 목적은 복합적이다. 이런 복합적인 목적을 포용하는 핵심개념이 '시민권'(citizenship)이다. '시민권'의 강화가 사회적경제의 사회적 목적이라고 볼 수 있다. '시민권'은 "권리이자 의무이며, 서비스에 대한 접근, 소속감" 등 복합적 의미를 가진 개념이다(Shragge et al. 2001: 11).

유럽에서 사회적경제는 '포용적 시민권'이라는 사회적 목표를 추구하는 핵심적인 정책대안이 되고 있다. 전후 복지국가 체제의 붕괴와 지속적인 실업의 위협은 사회적 권리의 미래와 노동의 장래를 불투명하게 만들고 있다. 전후 지속적인 경제성장과 완전고용의 달성 그리고 사회적 권리의 '보편적' 보장으로 국민들은 경제성장의 몫을 분배받았고, 공동체의 성원으로 참여하고 정치과정에 자발적으로 참여해왔다. 완전고용과 제도적 복지국가는 시민 개인과 집단의 욕구를 충족시켜주며 완전한 시민권의 개념을 포용한 것이 무엇보다도 중요한 실적이었다. 그런데 이제 이런 포용적 시민권을 보장하는 두 엔진인 완전고용과 복지국가에 심각한 변화가 일어나며 대안을 찾는 탐색작업이 진행 중이다. 그 중 하나가 되는 '사회적경제'는 경제적 수익활동과 고용창출로써 포용적 시민권에 초점을 맞춘 사회적 목표를 추구한다. 국가실패와 시장실패 다음의 대안인 것이다. 국가와 시장이 공급하지 않고 또 그런 의지가 없는 일자리 창출과 사회서비스를 제공하기 위해 비영리조직들의 역량으로 지역사회 자원을 동원하고 활용하는 전략이 그것이다. 따라서 사회적경제는 빈곤과 실업을 동시에 해결해야 할 목표로 추구하기 때문에 '사회적 배제'를 극복하며 시민권을 강화하고 회복하는 대안이 된다. 아민 등(Amin et al. 1999)은 학계뿐 아니라 정책담당자 사이에서도 "지방에 기반을 둔 사회적경제가 미래창조와 사회적 유대의 핵심적인 역할을 할 수 있고 또 그래야만 한다"라는 확신을 주문한다.

한편 '시민권'의 의미는 최근 '권리'에서 '서비스'로 이동하는 변화가 두드러진 추세를 보여준다. 이와 관련되는 사회적경제의 핵심적인 역할에 대해서는 두 가지 상반된 시각이 있다(Shragge et al. 2001: 11-12). 하나는 사회적경제가 복지국가의 긴축에 따라 삭감된 서비스를 보충해주는 역할을 하며 공동체 욕구충족에 주목적이 있다고 본다. '권리' 강화보다 '서비스' 제공에 초점을 맞춘 것이다. 그런가 하면 다른 시각은 복지국가의 심각한 위기를 극복하기 위한 새로운 서비스 공급 대안으로 사회적경제의 역할, 즉 '권리' 강화를 중시하는 시각이다. 기존의 공공서비스 공급형태는 비용이 많이 들어 비효율적이므로 서비스 충족을 시키지 못한다는 것이다. 보다 효율적인 사회적경제에 의한 서비스 공급이 시민들의 욕구를 충족함으로써 권리를 보장한다는 시각이다. 사회적경제를 지지하는 입장은 '권리'의 의미를 시민들이 욕구하는 서비스에 대한 접근으로 간주하는 좁은 의미를 중시한다. 문제는 권리의 개념을 '서비스 접근권'으로 좁혀 얘기하면 지역에 따라 서비스 접근의 차이가 심각해진다는 점이다. 비교적 여유 있는 지역에서는 이용자부담으로 다양한 서비스를 충분히 제공하지만, 그렇지 못한 많은 지역에서는 기본적인 서비스 제공도 어려울 수 있다. 중앙의 복지국가 모델의 붕괴로 인한 지역별 편차는 심각해질 수밖에 없다. 이 점이 지역사회에 기초하는 사회적경제의 취약점이다. 그럼으로써 시민권이 지역성으로 크게 위축되는 심각한 문제가 발생한다.

나아가 '시민권'은 정치권력에 대한 접근을 함축하는 포용적 개념으로 볼 수 있다(앞글: 13-15). 먼저 조직 측면에서 사회적경제는 '민주주의의 학교' 역할을 한다. 회원과 이용자 1인 1표 참여에 의한 민주적 의사결정을 중시한다. 경영을 책임지는 이사회의 구성 또한 민주적 대표성을 중시한다. 또 지역개발에서 사회적경제의 몫을 할당해 창업과 사업활동을 지원하며 지역사회개발위원회의 대표 자리도 할당한다. 지역사회개발에서 빈곤이나 배제 등 사회적 이슈를 대변하는 역할도 민주적 대표성으로 담보한다.

또한 사회적경제의 에토스(ethos)를 '녹색 시민권'의 정착에 있다는 논의도 제시되고 있다. 사회적경제의 에토스는 사회적경제 조직들로 하여금 상호적 공동체 이해를 지향하도록 만들어, 환경친화적 유기농작물, 윤리적 소비, 자원재활용, 야생자원의 보전에 일차적인 목표를 지향하며 동시에 경제적 생산활동을 통해 수익을 내도록 한다는 것이다(Smith 2003: 124). 이러한 목표지향은 녹색 사회운동과 같은 방향으로 진행되며, 궁극적으로 녹색 시민권의 정착에 기여한다는 것이다. 녹색 시민권의 정착은 사회적경제 조직의 친환경적 생산활동에 국한된 이슈만은 아니다. 사회적경제 조직은 사회적으로 충족되지 않은 욕구에 초점을 맞춰, 빈곤타개나 경제사회적 불의에 대한 문제해결에 적극적인 주창활동을 하기 때문이다. 스미스는 이런 상호적, 공동체 이해에 초점을 맞춘 사회적경제활동은 기본적으로 '환경에 대한 존중'의 원칙을 인정하는 기본 바탕이 된다고 본다. 그럼으로써 일상생활의 정책과 실천에서 환경적 고려를 하게 된다는 것이다. 사회적경제 조직이 환경적 목표를 설정해 활동한다는 의미가 아니라 사회적 목적을 수행하는 활동에서 환경적으로 지속가능한 활동에 기초해야 한다는 것이다. 스미스는 이런 에토스는 사회적경제의 민주적 '구조'에 의해 뒷받침될 것을 확신한다. 에토스와 민주적 구조의 통합으로 사회적경제는 '녹색 시민권'의 정립에 기초가 된다. 녹색 시민권이란 "환경과의 관계에서 의무감을 인지하고 이런 의무감으로 행동하는 의무를 가진다"라는 의미를 제시한다(Smith 2003: 126). 스미스에 따르면, 녹색 시민권은 사회적, 환경적 조건에 대한 이해를 제고하며, 시민의 덕성 역할도 중시한다. 환경적으로 지속가능하지 않은 환경적 공간을 사용하는 사람들이 적정수준보다 낮은 규모를 사용하는 사람들에 대해 도덕적 빚을 지게 된다고 본다. 돕슨(Dobson 2003)은 학교에서 시민권 교육으로 이런 '정의의 덕성'이 배양되어야 한다고 강조한다. 또 기업의 사회적 책임 논의에서도 기업들이 긍정적으로 환경정책을 추진해야 하며, "환경적으로 무책임한 것은 사회적으로 무책임한 것이 된다"라는 주장이 제시되고 있다(Pearce 2003: 43).

2. 사회적경제와 사회기업가

1) '사회기업가정신'의 시대

'사회적경제'의 태동은 사회문제에 대한 혁신적 해결을 추구하는 정부정책과 제3섹터기관의 공동노력의 결과로 나타났다. 이런 '사회기업가'(social entrepreneur) 중심의 혁신적인 업적은 오래된 역사를 갖고 있지만, 현대에 와서야 많은 사회기업가를 볼 수 있는 데는 충분한 이유가 있다. 그 이유는 다름이 아니라 시대적 배경이다. 현대의 사회기업가들이 자신들의 혁신적 활동을 하기에 충분한 역량과 지지기반을 갖추게 된 것이 무엇보다도 중요한 시대적 배경이 되고 있다. 정부규제 등 장애요인들이 제거되고 세제혜택도 주어지며, 동시에 '자본과 교육에 대한 접근의 결핍'과 커뮤니케이션 비용 등 장애요인도 제거됨으로써 사회기업가들이 현대의 사회적 경제 영역에서 자유롭게 활동할 수 있는 여건이 조성된 것으로 볼 수 있다(Bornstein 2004: 267). 이런 여건의 조성은 장기실업과 빈곤의 확대로 인한 복지국가의 실패와 시장의 실패가 만들어낸 새로운 사회경제질서에서 가능해진 것이다.

유럽에서 진행되고 있는 사회적 혁신의 사례들은 OECD의 '사회적 혁신 포럼'을 참고해볼 수 있다. 2000년부터 진행해온 OECD의 '사회적 혁신' 포럼은 두 가지 방식으로 사회문제를 해결하는 새로운 해법을 제시한다. 하나는 개인과 공동체의 삶의 질을 개선하는 새로운 서비스를 개발해 제공하며, 다른 하나는 새로운 노동시장 통합과정, 새로운 능력, 새로운 일자리, 새로운 참여 형태를 파악해 실행함으로써 이런 다양한 요소들 각각이 개인의 직장에서의 위상을 개선하는 데 기여하도록 하는 것이다. 따라서 '사회적 혁신'은 소비자이자 생산자인 개인과 공동체의 복지문제를 다루는 일이라고 볼 수 있다. 사회적 혁신이 경제적 혁신과 다른 점은 새로운 형태의 생산을 도입하는 것도 아니며 새로운 시장 자체를 위해 새로운 시장을 활용하는 것이 아니라, 시장이 제공하지 못하는 새로운 요구를 충족시키며 사람들이 생산과정에 자리를 갖고 역할을 하도록 함으로써 새롭고 보다 만족스러운 접합(insertion)의 방안을 창출하는 일이다.

'사회적 혁신'의 핵심적 특징은 고용, 소비 또는 참여를 통해 개인과 공동체의 복지를 개선하는 일이다. 따라서 개인과 공동체 문제에 해결방안을 제시하는 데 그 목적이 있다. 이런 목적을 설정한 OECD는 아래와 같은 연차적인 포럼과 회원국들의 '사회적경제' 정책에 관한 정보를 제공하고 공유하는 논의와 연구를 진행해왔다.

ⓐ 2000년 사회적 혁신의 개념에 관한 포럼, 비영리섹터의 사회적 혁신 활동, 기업의 사회적 공헌 활동.

ⓑ 2001년 각국 전문가들을 대상으로 창의적인 '사회적 혁신'의 프로젝트, 정책, 실행에 관한 자료를 수집해 세미나, 워크숍 진행, '사회적기업' 출판.

ⓒ 2002년 빈곤타개를 위한 새로운 복지정책의 논의와 "자산형성과 빈곤탈출" 출판, 실리콘 벨리와 샌프란시스코 지역의 "사회적 혁신과 새로운 경제" 세미나와 결과물 출판.

ⓓ 2003년 로마의 "기업가정신 지역발전" 세미나와 다음 해 "기업가정신" 출판, 이탈리아 트렌토에서의 "협동조합으로부터 사회적기업으로" 세미나 개최.

ⓔ 2004년 이탈리아 트렌토에서 "사회적경제와 사회적 혁신" 세미나 개최.

ⓕ 2005년 룩셈부르크에서 "사회적경제" 세미나와 트렌토에서 "중구, 동구, 남동구의 사회적경제" 세미나 개최.

ⓖ 2006년 오스트리아에서 "21세기의 사회적 혁신" 세미나, 파리에서 "사회기업가정신" 세미나, 크로아티아에서 "사회기업가정신 모델", 트렌토에서 "OECD의 사회적기업 경험" 세미나.

ⓗ 2007년 루마니아에서 "사회적기업과 경제" 세미나, 파리에서 "조합 은행과 지방개발" 세미나, 2005~6년 기간의 세미나 결과를 요약한 '사회적경제' 도서 출판.

ⓘ 2009년 한국, 프랑스, 폴란드에서 "사회적경제를 통한 사회적 포용 개선" 세미나.

ⓙ 2010년 "사회적경제를 통한 지방 차원의 사회적 포용 개선."

ⓚ 2011~12년 "사회적기업가정신과 사회적경제를 통한 일자리 창출."

ⓛ 2013~14년 "지방기업가정신 증진과 기업의 창업."

ⓜ 2015~16년 "사회기업가정신과 사회혁신 증진."[3]

이뿐만이 아니다. 정부 차원의 '사회기업가' 지원정책이 나오기 훨씬 이전에 시민사회 또는 사회적경제 영역부터 '사회기업가'를 교육시키고 지원하는 다양한 조직들이 등장하였다. 투자가나 기업인이 설립한 '사회기업가' 비영리기관이나 대학 비즈니스 스쿨에 개설된 '사회기업가' 프로그램은 이미 1990년대부터 활성화되기 시작하였다. 미국의 경우, 투자가 에드 코헨(Ed Cohen)은 1991년에 비영리기관을 설립해 350여 명의 사회기업가를 교육시켜 배출했으며, 영국에서는 사회혁신가 마이클 영(Michael Young)이 1997년 '사회기업가 스쿨'을 개설해 사회적 혁신에 기여했으며, 옥스포드 대학은 eBay 설립자 제프리 스콜(Jeffrey Skoll)과 '스콜 사회기업가정신 센터'를 개설하였다(Bornstein 2004: 264). 그 밖에도 세계경제포럼도 설립자인 클라우스 슈왑(Claus Schwab) '사회기업가 스쿨'의 개설에 힘입어 최근 '사회기업정신' 보급에 앞장서고 있다(앞글: 264-5).

'사회기업가'를 '시민기업가'(civic entrepreneur)로 얘기하기도 한다. 1993년 캘리포니아 실리콘 벨리에 있는 비영리조직인 조인트 벤처(Joint Venture: Silicone Valley Network)를 설립한 인물들은 실리콘 벨리 공동체에서 기업가활동을 하는 사람들을 '시민기업가'로 지칭하였다. 이들은 비즈니스

3 OECD, "Social Economy" 홈페이지 http://www.oecd.org/cfe/leed/social-economy.htm

리더, 공동체 지도자, 교육자, 정부관리 등 각 영역 대표로 모여 실리콘 벨리가 비즈니스 벤처활동의 경험을 살려 풀뿌리공동체에서 사회적 혁신을 실험하는 사회 벤처활동을 추진해왔다(Henton et al. 1997). 그들이 제시한 '시민기업가'는 지구화 시대의 새로운 공동체로 등장하는 '경제공동체'에서 경제활동과 공동체활동을 겸하며 경제와 공동체가 상생하도록 활동하는 인물이다. 새로운 하이테크 경제는 생산활동과 비즈니스를 뒷받침해주는 역량 있는 공동체를 필요로 하고, 이 공동체는 수출로 부를 축적하는 하이테크 비즈니스 때문에 번성하는 관계를 갖는다는 것이다.

한편 유럽에서는 '사회기업가정신'의 진전이 새로운 '사회적기업'의 등장을 진흥시키는 결과로 나타났다. 유럽 각국에서 입법된 정책들은 새로운 기업가 모델의 사회적기업을 탄생시켜 기존의 사회적경제 조직에 대한 변화 압력을 행사했다. 1991년 이탈리아는 '사회적협동조합'을, 1995년 벨기에는 '사회적 목적의 기업'을, 포르투갈도 '사회적협동조합'을, 그리고 1999년 스페인은 '사회서비스 협동조합'을 각기 입법하였다. 또 영국은 2005년에 정부가 직접 투자하는 '공동체이해회사'를 설립해 2007년에는 200개까지 확대되었다. 이런 정부정책의 변화는 사회적경제를 기업가정신으로 공식화하는 과정으로, 결국 복지국가의 상당 부분을 사회적경제가 대행하는 이른바 '용역국가'(contract state) 또는 '제3자 정부'(third party government) 모델을 발전시켰다(Salamon 1995). 이에 관해서는 제5장에서 상세히 논의한다.

2) 사회기업가정신의 의미

사회적경제 조직의 '경제적' 역할에 대해서는 그간 많이 알려지지 않았다. 그 이유는 다양하다. 이들이 서비스를 생산해 시장에서 판매하지 않기 때문이라는 이유도 있지만, 그 밖에도 활동에 필요한 무보수 자원봉사자를 활용하며, 정부의 용역에도 의존하고, 또 이들의 활동이 생산하는 경제적 가치를 파악하기 어렵기 때문이다(Quarter et al. 2003: 13). 그렇지만 실제로 사회적경제 조직은 시장에 상품을 판매하고, 이들이 제공하는 서비스를 구매하는 아동, 노인 등 서비스 계층도 다양하다. 일부 사회적기업은 사기업과 경쟁하는 경쟁력을 갖춰가고 있다. 다음 절에서 사례를 통해 살펴보겠지만 새로운 기업가정신으로 수익활동을 하는 사회적기업들이 점차 늘고 있다.

'새로운 기업가정신'에 대해 아서 등(Arther et al. 2005: 4-5)은 사회적경제의 강력한 키워드 또는 사회적경제가 사회적 목표를 추구하는 핵심적인 전략이 되고 있다며, 유럽 복지국가의 동향에서 발전된 '사회기업가' 전략을 소개한다. 유럽에서 사회적경제가 부각되는 시대적 배경은 복지국가의 위기에서 찾을 수 있으며, 그 대안으로 국가, 시장, 제3섹터 삼자의 공동부담 또는 파트너십에 의한 '복지혼합'(welfare mix)으로 복지국가의 기반을 새롭게 구조조정을 하는 것이라 본다. 최근 사회적경제 또는 제3섹터가 발전하는 배경은 사적 시장이나 공적 정부가 만족스러운 해결책을 제시하지 못하는 영역에서 제기되는 욕구에 대한 대응이다. 새로운 시대가 요구하는 다양한 욕구들과 이에 대한 서비스를 제공하는 새로운 기업가정신을 실천하는 사회적경제 조직들의 사례는 무수하다. 또 사회문제 해결을 위한 기업가적 처방을 제시하는 사회적경제 조직이 새로 탄생하고 있다. 그 배경에는 유럽 복지국가의 심각한 쇠퇴에서 찾을 수 있고, 이에 따라 복지국가도 창의적인 사회적경제 처방을 광범위하게 모색해온 게 사실이다. 모든 유럽국들이 이런 처방과 전략을 따랐고, 영국은 더욱 심도 있고 광범위하게 법과 제도적 장치를 갖추고 중장기적으로 추진해오고 있다. 경기침체와 실업확대로 인해 사회적경제의 관심영역도 일자리 창출과 직업교육훈련에 쏠리면서 아동보육, 노인서비스, 이민자나 빈곤층 등 사회적 약자에 대한 보호에 정책의 초점이 맞춰진다. 사회기업가 전략은 전통적인 관료적 접근법이나 독일의 거대 복지조직들의 혁신적 전략과 두드러진 차이를 보여주며, 보다 생산적이고 효율적이라는 긍정적 평가를 받는다.

전통적인 사회적경제 조직에는 노동자나 농민 등 동질적 집단의 참여에 의존하였지만, 최근에는 새로운 참여자들이 늘면서 새로운 조직방식이 등장하고 있다(앞글: 6). 임금노동자, 일반소비자, 자원봉사자, 공공기관, 지역기관 등 참여자들은 다양하다. 조직의 활동이 조직화되는 방식이 전혀 새로우며, 이는 생산활동에도 일정한 영향을 미치고 있다. 또 특정 서비스의 조직과 관리에서 생산자와 소비자가 협력하면 수요와 공급 양면을 공동으로 구성하는 획기적인 구조적 변화도 가능하다. 프랑스와 스웨덴에서 부모들이 아동보육을 공동으로 생산하고 소비하는 공동육아가 사례가 된다. 한국에서도 공동육아는 지난 20년 사이 급성장해, 전국 많은 지역에 조합들이 결성되어 어린이집을 운영하고 있다.

또 사회적경제 조직에 자원봉사자들이 참여해 새로운 생산요인이 되며 새로운 시장형성을 가능하게 한다(앞글: 6). 사회적경제에 자원봉사자들이 참여하는 것은 새로울 게 없지만 이들의 참여로 이전에는 유용할 수 없거나 시장에서 값비싸게 구입할 수밖에 없는 특정 재화나 서비스의 생산이 가능해졌다. 자원봉사자들은 단순한 허드렛일을 하는 게 아니라 상담이나 간호 등 전문서비스를 제공하는 '사회기업가' 활동도 한다. 또 공공근로나 자활공동체 사업처럼 공공급여 제공을 받고 시간제 또는 기간제 활동을 하는 자원봉사자의 활용가치는 더욱 늘고 있다. 자원봉사자의 참여는 새로운 생산요인이 되고 있다. 또한 새로운 시장 관계도 형성되고 있다(앞글: 6). 전통적으로 복지국가에 의해 제공되던 서비스가 사회적경제 조직들에게 '용역'으로 위임되고, 또 이들 사이에 시장개척의 경쟁이 높아지면서 새로운 시장관계가 형성된다. 결과적으로 보다 효율적인 방식으로 서비스 전달의 질을 높여 고객 만족을 갖다 주는 기업가적 효과가 있다.

그렇다면 '사회기업가정신'이란 무엇인가? 그간 사회문제를 해결하려는 정부나 비영리조직들의 활동은 효과적이지 못해 기대 밖의 실적에 머물러 온 것이 사실이다. 그래서 대부분의 비영리기관들은 비효율적이고 비효과적이며 무호응적이라는 평가를 받아, 샐러먼(Salamon 1994)에 따르면 '자원섹터 실패'로 나타났다. 따라서 이제 새로운 조직으로 혁신하는 기업가 전략이 시대적 요청이 되고 있다.

특히 사회기업가정신을 '공동체'에 초점을 맞춰, "사적 개인이나 조직들이 자신들의 공동체에서 사회적 도전들을 해결하는 창안을 수행하는 것"이라 정의할 수 있다(Korosec and Berman 2006: 448). 개인이나 비영리조직이 공동체의 이해관계자로 공동체와 관계를 맺는 일은 사회기업가정신의 핵심이라고 보는 것이다. 그 이유는 공동체의 쇠퇴 문제는 대부분 이런 사적 개인이나 비영리조직의 역할이 부재한 가운데, 공공기관만으로 추진하는 공동체 개발에는 뚜렷한 한계가 있다는 이론적 논의는 광범위하게 정착되어 있다(Peters 1997; Vaillancourt 2000). 따라서 지역문제 해결에 고심하는 지방자치단체에게 사회기업가의 존재는 매우 중요한 전략적 이해가 된다(Bornstein 2004; Korosec and Berman 2006). 사회기업가나 비영리조직이 수행하는 기업가 활동은 청소년 약물치료, 미혼모 문제, 공공보건, 환경보호, 공공안전 등 광범위한 지역사회 현안에서 새로운 프로그램과 서비스를 개발해서 더불어 상담과 치료, 봉사활동 등 주로 시민참여활동이 되고 있다. 이런 사회기업가 활동은 비용효과적인 것으로 지역사회에 널리 인식되며, 약물치료나 미혼모 문제해결 등 실질적인 문제해결의 효과를 거두고 있다 (Korosec and Berman 2006: 448).

'사회기업가정신' 용어를 사용하기 시작한 것은 최근의 일이지만 그 현상은 오래된 것이다. 어느 시기, 어느 사회에나 새로운 변화와 혁신을 추구하는 시대정신과 사회적 노력, 그리고 이를 주도하는 조직들이 있기 마련이다. 사회기업가정신은 이를 사용하는 사람마다 다소 다른 차이를 보여준다. 어떤 이는 먼저 영리추구적 활동으로 시작하지만 목표는 비영리적 사회목표에 있다고 보지만, 다른 이는 완전히 비영리적 접근에만 의존하다고 보며, 또 다른 이는 사익추구적 기업들이 자신들의 활동에 사회적 책임을 통합시켜 사회공헌 활동을 하는 것으로 보기도 한다. 이처럼 세 가지 특이한 시각이 존재한다.

3) 사회기업가의 특성과 역할

'기업가'라는 프랑스어 '앙트러프러노'(entrepreneur)는 17~18세기에 통용되었는데, 어떤 획기적인 활동이나 프로젝트를 착수하는 사람이라는 뜻이다. 어떤 일을 새롭게 하는 방법 또는 더 좋은 방법을 찾아내 경제적 진보를 진흥하는 벤처 성향의 사람을 지칭한다. 또 20세기에 와서는 슘페터(Schumpeter)가 자본주의의 '창조적 파괴' 과정을 착수하는 혁신가로 보며,

"기업가의 기능은 생산형태를 개혁하거나 혁명을 일으켜놓는 것"이라 하였다(Dees and Economy 2001: 3). 그 방법은 "새로운 상품을 생산하거나 상품을 새로운 방식으로 생산하는 데 발명을 이용하거나 한 번도 시도되지 않은 테크놀러지 가능성을 실행함으로써, 또는 새로운 소재 공급원을 개발하거나 상품의 새로운 판로를 개척함으로써, 또는 산업의 구조조정 등을 통해" 이뤄진다는 것이다(앞글: 3). 슘페터의 기업가는 경제변화를 주도하는 혁신가다. 한편 드럭커(Drucker)는 사회기업가는 수익을 전제로 하는 것은 아니라고 본다. 비즈니스 세계에서 누구나 새로 가게를 내서 많은 수익을 올릴 수 있지만, 그게 다 기업가정신 때문이라고 볼 수는 없다. 마찬가지로 비영

그림 3-1 사회기업가정신이 사회경제적 이슈들에 미치는 영향력 분포도

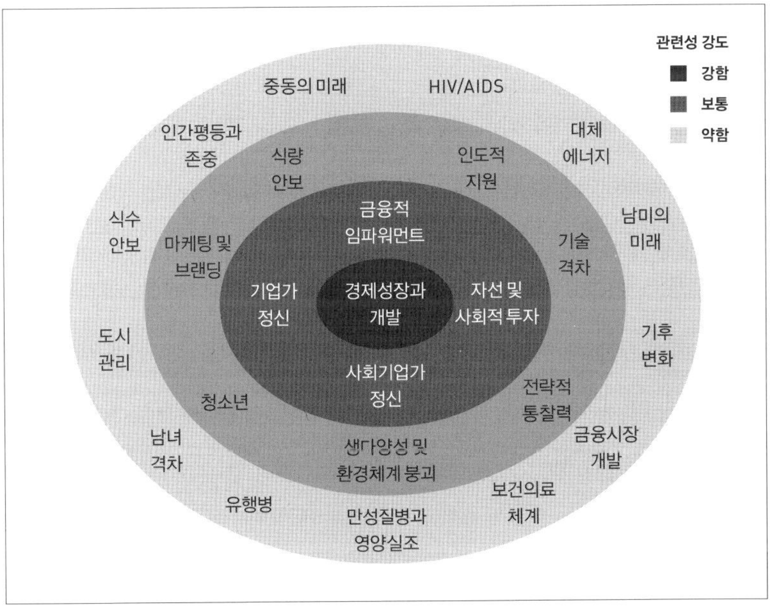

자료 World Economic Forum 2009: 289.

리조직도 모두가 사회기업가정신을 가진 조직이라고 볼 수 없다. 그는 기업가정신의 역사를 보면 대학만큼 수익을 창출하지 않고 사회기업가정신을 교육하고 배양해온 조직도 없다고 본다.

한편 세계경제포럼(World Economic Forum 2009)은 사회기업가정신이 잘 관리되고 활용되면 경제, 사회 전반에 직접적으로 지속가능한 영향력을 갖게 될 것이라며, 다음과 같은 영향력의 분포도를 제시해 보여준다. 가장 많은 직접적인 영향으로는 자선과 사회적 투자뿐 아니라 경제성장과 발전, 금융 임파워먼트, 기업가정신 개발 등으로 제시된다. 또 이차적으로 직접적인 영향을 미치는 영역으로는 식량안보와 인도적 지원뿐 아니라 기술개발, 전략적 통찰력, 청소년 역량강화, 종다양성과 환경체계, 마켓팅과 브랜딩 등이다. 나아가 간접적으로 약한 영향력을 행사하는 영역들로는 기후변화 대응, 젠더평등 실천 등을 비롯한 다양한 이슈들이 포함되어 있다.

한편 '사회기업가'로 성공한 사례들을 살펴보면, 사회기업가는 분명 일반인과 다른 특이한 성격, 행동, 비전을 보여준다고 볼 수 있다. 사회기업가를 일반적으로 상식이나 이성의 판단으로 이해하기 어려운 '비이성적'(unreasonable) 인물로 묘사해, 그들의 특성을 다음 몇 가지로 소개하기도 한다(Elkington and Hartigan 2008: 10-24).

ⓐ 사회기업가는 시스템(system)을 변화시키려 한다. 많은 사람들이 모순투성이인 세상에 대해 현상유지에 안주하지만 사회기업가는 세상을 바꿀 혁신을 희망한다.

ⓑ 사회기업가는 비상식적으로 야망적이다. 빈민구제의 꿈을 현실로 만든 노벨평화상 수상자 유누스(Yunus) 교수는 친구, 주변 사람들, 가족으로부터도 '미친 사람' 취급을 받았다고 한다.

ⓒ 사회기업가는 이성보다 감성으로 행동한다. 가난한 사람에게 돈을 빌려줘 스스로 먹고살 수 있도록 하는 일처럼 상식으로 이해하기 어려웠던 일은 감성에 의한 행동이었다.

ⓓ 사회기업가는 자신이 미래를 안다고 생각한다. 빈민구제처럼 자신의 꿈이 실현되는 미래를 확신한 사람만이 사회기업가가 될 수 있다.

ⓔ 사회기업가는 비영리적 목적을 위해 영리를 추구한다. 빈민구제와 같은 사회적 목적을 달성하기 위해 영리사업을 수단으로 삼는다.

ⓕ 사회기업가는 분석에 의존하는 객관적 증거를 무시한다. 기업의 시장분석과 같은 경제, 재무분석이 제시하는 객관적 증거보다는 유대와 신뢰 등 사회적 가치를 중시한다.

ⓖ 사회기업가는 계량화될 수 없는 가치를 계량화하려 한다. 사회기업가는 경제적 가치뿐 아니라 사회적, 환경적, 윤리적 가치 등을 혼합한 '가치융합'을 추구한다.

ⓗ 사회기업가는 기업가로서 자격을 갖추지 않은 인물이다. 고등 교육, 기술 자격증 등은 사회적 혁신의 필요성보다는 오히려 현실에 안주하게 만든다.

ⓘ 사회기업가는 영웅(수퍼맨)이 되려는 의욕을 갖고 있지 않다. 부나 명예보다 일의 즐거움이나 정신적 보람이 활동의 핵심 동기가 된다.

또 사회기업가는 다음과 같은 '사회기업가정신'의 특성을 보여준다 (Dees and Economy 2001: 5).

ⓐ 사회적 가치를 창출하고 유지하는 미션을 수용하며,

ⓑ 이런 미션에 기여하는 새로운 기회를 인지하고 주저없이 나서며,

ⓒ 지속적인 혁신, 수용, 학습의 과정을 수행하고,

ⓓ 지금 수중에 있는 자원에 얽매이지 않고 과감하게 행동하며,

ⓔ 서비스 대상자에 대해 동시에 만들어지는 결과물에 대해 높은 책무감을 가진다.

한편 크리스토풀로스(2007)는 사회적기업가의 발굴과 지원 정책이 정부가 사회적경제를 육성하는 핵심적인 역할 중 하나라고 강조하며, 다음과 같이 '시민 기업가'(civic entrepreneur)의 경제적, 정치적, 정책적 역할로 구분해 설명한다.

첫째는 경제적 역할이다. "기업가들은 시장에서의 비대칭적 정보의 이용을 시도하는 에이전트로 가장 잘 이해할 수 있다. 그들은 정보 비효율성에서 혜택을 누리거나 창의적으로 자산적 지식(proprietary knowledge)을 활용한다. 기업가들은 불확실성에 동기를 갖고 행동하면서 다른 경제 행위자들에 비해 기회들을 잘 사정할 수 있는 능력을 갖고 있기 때문에 성공적이다. 그들의 성공은 다른 에이전트들보다 위험(risk)을 잘 예측할 수 있는 그들의 능력에 달려 있다"(Christopoulos 2007: 2).

둘째는 정치적 역할이다. 기업가들은 "자원 배분의 비효율성을 활용해서 공공 효용성(public utility)을 최대화할 수 있는" 능력을 가진 정치적 에이전트로 간주한다. 이들은 "효율성 이득을 획득할 수 있거나 또는 그렇다고 주장할 수" 있기 때문에 "공공재화의 공급자" 역할을 한다고 볼 수 있다(앞글: 4). 그들은 심각한 갈등에 직면한 다양한 사회문제들의 해결에 대한 혁신적 대안을 제시하는 정치적 행위자인 것이다.

이같은 정치적 역할을 중시하는 기업가를 크리스토풀로스는 '정치적 기업가'(political entrepreneur)라 칭하며, 그들의 특징을 다음 몇 가지로 제시

해 보여준다(앞글: 5).

ⓐ 부정적 문제들에 대한 불굴과 강인함;

ⓑ 기회를 창출하는 역량;

ⓒ 경쟁적 정신;

ⓓ 창의적인 문제해결방안 창출의 능력;

ⓔ 즉각적인 행동의 준비성을 겸비한 전략적 사고;

ⓕ 불확실성의 상황을 해쳐나가 성공하는 능력.

셋째는 정책적 역할이다. 기업가들은 공공 정책과정에 직접 참여해서 주요 이해관계자 역할을 수행한다고 볼 수 있다. 이에 대한 정책학 문헌들은 기업가들의 역할을 다음과 같이 소개한다.

쿠너트(Kuhnert 2001: 17-8)는 '공공 기업가정신'(public entrepreneurship)을 상징하는 주요 특성들에 대해 다음 다섯 가지로 요약한다.

ⓐ 리더십과 상호조정;

ⓑ 불확실성의 상황에서의 의사결정;

ⓒ 내재적 모티베이션;

ⓓ 비전을 혁신적인 제도적 기획으로 전환시키는 능력;

ⓔ 선호들을 발굴해 변화시키는 능력 등.

또 킹돈(Kingdon 1995: 180-81)은 '정책 기업가'(policy entrepreneur)의 역할 네 가지를 제시한다.

■ **표 3-6** 시민기업가의 활동영역, 기능, 대상, 특성, 인센티브

	활동 영역	주요 기능	대상 집단	특성(순위)	인센티브(순위)
시민 기업가	• 사회적기업 • 이익의 중개 • 공공부문 영향 • 공공 의식	• 사회적기업 관리자 • NGO 활동가 • 단일이슈 활동가 • 지역이슈 활동가	• 이슈 관련 일반 시민 • 지역사회 • 정치인과 정치제도들	• 섹터별 이해 관계자 • 이데올로기 • 단일이슈 정치활동가 • 지도자	• 정치적 이슈 해결 • 사회자본 생산 • 지역사회 존경, 자존 • 권력, 명예

자료 Christopoulos 2007: 10.

ⓐ 자신들의 요구를 주장해야 하며,

ⓑ 그들의 정치적 커넥션이 잘 알려져야 하며,

ⓒ 그들의 협상 기술 역량이 잘 알려져야 하고,

ⓓ 그들의 역할은 지속일관적이어야 한다.

이상과 같은 경제적, 정치적, 정책적 역할에 대해 크리스토풀로스(2007)는 〈표 3-6〉과 같은 '시민기업가' 모델을 제시한다. 활동영역과 주요 기능이 사회적기업에 우선 초점을 맞추고 있어, 특성 또한 사회적기업이나 사회적경제 등 특정 섹터에 대한 이해관계자 역할을 한다. 인센티브로는 정치적 이슈의 해결이 제일 순위가 되며, 다음으로, 사회자본 생산, 지역사회의 존중 등이 꼽힌다.

3. '사회기업가'와 파트너십

사회기업가정신에 기초한 창의적인 사회적경제 파트너십 사례는 무수하다. 아래에서는 정부와의 파트너십에 기초하는 새로운 조직에 의해 새로운 사회적경제의 지평을 개척한 혁신사례로 미국의 지방정부의 지원정책, 영국의 '서포터즈 트러스트'(Supporters' Trust), 캐나다의 '사회적 구매'(social purchasing)를 차례로 살펴본다.

1) '사회기업가' 지원정책: 미국 사례

미국의 '사회기업가' 지원정책은 많은 지역사회의 '공동체기반' 사업에서 찾아볼 수 있다. 이에 관해 코로섹과 버만(Korosec and Berman 2006)은 미국 지방정부들이 지역 사회기업가의 혁신적 사업을 지원하는 실증적 연구결과를 보여준다. 그들은 인구 5만 명 이상의 시정부의 중견관리를 대상으로 설문을 실시해, 대상 시정부 544개 중 202개의 응답을 받았다. 그들은 시정부가 사회기업가를 지원하는 방식을 ① 사회기업가에 대한 인식부터, ② 사회기업가의 사업에 대한 시정부의 직접적인 지원 등 지역자원의 획득과 지원, ③ 사회기업가들이 공공 프로그램 집행참여를 위한 지원으로 구분해 보여준다(앞글: 449-450).

첫째, 사회기업가에 대한 인식은 지방관리들이 공공 회의나 포럼 등 공식, 비공식 회의에서 사회기업가에 관한 잦은 언급이나 중요성을 강조해 사회기업가에 대한 인식을 제고시키고 홍보하는 역할을 지칭한다. 또 지자체는 지역사회가 당면한 사회문제 논의에서 문제해결을 위한 다양한 자료

표 3-7 미국 시정부의 '사회기업가' 지원의 방법

	매우 동의함	다소 동의함	동의 안함
1. 자원 획득			
– 프로그램으로 보조금사업을 지원함	43.1	30.2	26.7
– 주요 이슈 보조금사업을 신청하도록 도움	43.1	27.7	29.2
– 주요 이슈 보조금사업에 지자체가 동참	41.3	34.3	24.4
– 보조금사업 프로포절을 지원함	36.3	32.3	31.3
– 주요 이슈에 재원을 확보하도록 도움	35.1	31.2	33.7
– 보조금사업의 기회를 갖도록 도움	23.8	31.7	44.6
2. 프로그램 집행 파트너			
– 지역조직의 파트너 동참을 진흥	70.3	24.3	5.4
– 시정부 관리와의 정례적 모임을 마련	56.9	37.1	5.9
– 정부기관과의 관계 개선을 도움	53.5	30.2	16.3
– 다른 조직과의 관계 개선을 지원	48.0	32.7	19.3
– 허가 등록을 받도록 서류작업을 지원	48.0	31.2	20.8
– 공동의 문제해결을 위한 공동체연대 지원	47.0	36.6	16.3
– 지역사회 협력을 위한 조직의 제공	46.5	33.7	19.8
3. 정보제공과 인식제고			
– 사회문제와 이슈 관련 타출처 자료수집	59.7	18.9	21.4
– 조직의 공동체이슈 관련 인식제고 지원	57.2	33.8	9.0
– 공동체 현황 관련 보고서 발간	54.7	25.4	19.9
– 공동체 이슈와 문제 관련 자료 수집	52.2	26.9	20.9
– 주요 사회문제와 이슈 관련 알림 홍보	51.7	30.3	17.9
– 사회기업가에 필요한 이슈관련 자료 제공	48.3	28.4	23.7
– 사회기업가의 프로그램 개발 학습 지원	35.3	31.3	33.3

자료 Korosec and Berman 2006: 451–52.

를 수집해 분석하고, 특별 교육프로그램을 마련해 사회기업가 혁신방안을 제시해주고 관심 있는 주민들의 참여와 사회기업가로의 성장을 지원해주는 일련의 프로그램을 추진할 수 있다.

둘째, 사회기업가 육성에서 지자체의 또 다른 중요한 역할은 사회기업가 활동을 지원하는 물적 자원의 획득과 제공이다. 지자체가 예산으로 직접 지원하는 방식도 있고, 또 다른 공공기관에 정보를 제공해 사회기업가

표 3-8 미국 시정부 관리의 '사회기업가정신'에 관한 인식

	매우 동의함	다소 동의함	동의 안함
1. 사회기업가정신에 대한 인식			
"우리 지역에는 많은 개인이나 조직은?"			
– 사회문제나 이슈 관련 프로그램을 개발한다	63.4	24.8	11.9
– 사회문제나 이슈 해결의 주도적 역할을 한다	61.4	28.7	9.9
– 사회문제나 이슈를 파악한디	59.4	22.3	18.3
– 사회문제나 이슈 해결을 위해 자원을 확보한다	56.4	30.7	9.4
– 사회문제나 이슈 해결의 기반을 구축한다	53.2	33.3	13.4
– 사회문제나 이슈 해결에 창의적 접근을 한다	50.5	33.7	15.8
2. 사회기업가정신의 특성에 대한 인식			
"지역에서 사회문제를 해결하는 개인/조직은?"			
– 사회이슈에 강력한 주창자이다	69.3	22.8	7.9
– 공동체 이해를 갖고 활동한다	63.2	26.4	10.4
– 정부관리들과 효과적으로 공조한다	56.2	28.4	15.4
– 공동체 기반의 기획에 참여 또는 주도한다	53.5	30.7	15.8
– 문제해결에 창의적 접근법을 개발한다	48.0	26.7	25.2
– 새 프로그램 개발에 적합한 역량이 있다	44.8	27.4	17.9
– 효과적이고 효율적인 프로그램을 한다	41.8	35.8	22.4
– 지역사회의 자원과 리더십 풀을 늘린다	41.8	34.8	23.4
– 새 지원의 확보와 재정 확보에 효과적이다	35.1	36.6	28.2
– 자신들의 프로그램에 높은 책무성을 보인다	35.1	27.2	37.6

자료 Korosec and Berman 2006: 454.

지원을 유치하는 등 적극적인 노력도 할 수 있다. 다른 공공기관의 사업을 물색해주거나 재정지원 사업계획서를 작성하는 데 필요한 정보를 제공해 주는 역할도 한다.

셋째, 지자체는 많은 공동체사업을 추진하면서 지자체의 독자적인 접근보다 많은 조직들의 참여를 필요로 한다. 정부-기업-제3섹터 파트너십은 미국 지역사회에서는 이미 오랜 관행으로 실행되고 있다. 이런 공동체 파트너십의 실행 파트너로 사회기업가의 참여가 필요하며, 사회기업가에게는 실질적으로 중요한 기회가 된다.

먼저 지자체가 사회기업가를 지원하는 다양한 방식에 관한 시정부 관리들에 대한 설문조사 결과를 〈표 3-7〉에서 참고해볼 수 있다. 전반적으로 미국 시정부의 지원은 비교적 적극적이라고 볼 수 있다. 평균적으로 산술해보면, '적극적 동의'를 표한 시정부는 전체 34.2%이며, '소극적 동의'를 표한 시정부가 44.2%로 다수를 차지하고, '동의하지 않음'으로 나타난 시정부는 21.6%에 지나지 않는다.

나아가 〈표 3-8〉에서는 시정부 관리들이 인식하는 '사회기업가정신'에 관한 설문 내용을 정리한 것이다. 이처럼 '사회기업가정신'에 대한 지방 관리들의 인식을 평균적으로 정리해보면, 비교적 높은 인식을 보여준다. 전반적으로 2/3 이상이 매우 또는 다소 높은 긍정적 인식을 보여주고 나머지 1/3 미만이 부정적 인식을 보여준다.

2) 영국의 서포터즈 트러스트

영국의 많은 지역에서 볼 수 있는 협동조합형 사회적기업인 '스포터즈 트러스트' 사례에 대해서는 영국 총리실(UK Cabinet Office 2007)의 제3섹터 보고서를 참고해 정리해볼 수 있다. 1997년 노동당의 집권으로 축구게임의 현황을 검토하기 위한 태스크포스가 축구협회, 축구서포터즈협회, 축구리그, 프리미어리그 대표들로 구성되어, 여기에서 시민들의 축구참여 문제와 다양한 이해관계자 사이에 클럽의 소유와 통제에 관한 갈등을 해결하는 방안들이 논의되기 시작했다. 태스크포스는 30년간의 축구경기와 관련된 각종 문제를 해결하는 전략적 방안을 모색하였는데, 훌리건의 경기장 난동을 포함한 심각한 문제들이 논의되었다. 일찍이 1990년 테일러 보고서는 이런 문제들을 보고하며, 서포터즈의 복지에 관한 정책제안도 제시하였다. 1992년부터 일부 엘리트 축구클럽들이 프리미어리그를 형성해 전통적인 축구리그에서 이탈하는 일도 발생하였다. 그 결과 엘리트 클럽들의 프리미어리그와 일반 클럽들의 풋볼리그 사이의 계층화를 조장하였고 후자의 심각한 경영 악화를 초래하였다. 전통적으로 영국의 축구는 1990년대 상업화되기 이전만 해도 일반시민들의 사랑으로 성장했던 국가 스포츠였고, 관련 시민사회조직들도 회원과 자원봉사활동으로 적극적인 후원자 역할을 하였다. 그러던 것이 프리미어리그의 등장으로 영리추구 클럽들이 축구중계권 TV 방송 등 축구시장과 손잡고 전통의 맥을 끊는 일대 변화를 몰고 왔다. 이런 상업화 추세의 심각성에 대한 축구 태스크포스가 조직되었고, 이 조직은 축구클럽의 변화를 추진하는 여러 대안을 모색하는 가운데 내부의 일부 참여자들의 반발로 진통을 겪기도 했다.

그러다 지금의 획기적인 대안이 마련된 것은 1999년의 일이었다. 문화, 미디어, 스포츠 장관은 내부갈등의 타협안으로 '서포터즈 디렉트'의 창설을 선언하였다. 1999년 영국의 축구 태스크포스는 축구 스포터즈들이 자신들이 지지하는 축구클럽에 더 많이 관여해 적극적인 역할을 할 수 있는 여러 방안 중에 서포터즈 트러스트를 포함시켰다. 이는 스포터즈들이 협동조합의 조합원처럼 소유권을 가지고 의사결정에 참여하는 적극적이고 실질적인 역할을 의미한다. 이에 영국 정부는 서포터즈들의 관심에 호응해 정부가 기업형 트러스트의 창업과 성장을 지원하기 위해 정부가 지원하는 '서포터즈 디렉트' 제도를 만들어 지원했다. 그 취지는 "상조적, 비영리 구조를 통해 서포터즈의 민주적 소유와 대표의 개념을 진흥하고 지원"하기 위함이라고 한다. 서포터즈 디렉트는 축구클럽을 개인의 사유물이 아닌 '시민과 공동체 제도'로 자부한다. 전국 140개 서포터즈 디렉트 중에 78개가 실제

지분을 소유하며, 12개는 절반 이상의 절대적인 지분을 가지고 있다. 서포터즈 디렉트는 서포터즈 트러스트를 조직하는 메뉴얼을 개발해두고 자문을 하고 있다(http://supporters-direct.org/handbook/).

서포터즈 디렉트의 등장은 노동당 정부가 축구클럽을 민주화하기 위한 조치로, 클럽의 소유주인 개인 투자자와 소유권을 갖지 않은 무력한 서포터즈들 사이의 불균등한 권력관계의 균형을 잡아주기 위해 시작되었다(Kennedy and Kennedy 2007: 1). 정부의 정책개입 이전에 이미 일부 클럽에서는 '서포터즈 트러스트'라는 협동조합이 설립되어 서포터즈들의 참여에 의한 운영과 서포터즈들의 이해를 충족시켜주는 사업을 착수하여 많은 관심을 모았다. 그러다 서포터즈 디렉트의 지원으로 2006년 4개의 럭비 유니언 클럽, 6개의 럭비리그 클럽들이 서포터즈 트러스트를 갖게 되었다. 서포터즈 디렉트는 영국의 문화, 미디어, 스포츠성, 스코틀랜드의 관광, 문화, 스포츠성의 감독을 받는 스포츠 잉글랜드와 스포츠 스코틀랜드로부터 재정지원을 받는다.

서포터즈 디렉트의 목적은 서포터즈들의 민주적 소유권을 갖는 것으로, 회원들의 상조적, 비영리 활동을 지향한다. 따라서 그간 단기적인 상업적 수익사업에 치중한 클럽들을 상조적 소유권으로 전환하는 일이 가장 중요하다. 이는 노동당의 제3의 길 정책의 하나로, 시민들의 다양한 목소리를 수용하고 이들의 이해를 정책결정에 민주적으로 반영하는 데 있다. 축구클럽의 경우, 축구 경영진, 소유주-주주, 서포터즈, 자원봉사자 등 다양한 이해관계자들의 목소리를 수렴해 정책결정에서 이들 사이의 이해관계 갈등을 조정하고 균형을 이루도록 하는 정책이 핵심적이다. 이를 위해 서포터즈 디렉트가 정당화될 수 있었다. 따라서 서포터즈 디렉트 조직의 목적은 축구 클럽에서 "민주적 서포터즈 소유와 대표의 개념을 진흥시키고 지원한다"라고 한다. 이를 위해 비영리조직으로 서포터즈들이 소유하고 대표들이 1인 1표 의사결정권을 가지는 서포터즈 트러스트 조직을 갖는 것이다. 서포터즈들이 주식소유를 하지만 배당금을 갖지 않고 수익을 다시 트러스트의 주식소유로 투자된다. 서포터즈 트러스트와 지역사회 소유 클럽들은 점차 늘어 전체 203개에 달한다. 영국과 웨일즈 147개, 스코틀랜드 36개, 북아일랜드 2개, 기타 유럽 등지 18개에 이른다(http://www.supporters-direct.org/). 또 서포터즈 트러스트 소유의 클럽 회원들은 67만 명이 넘어, 영국과 웨일즈에 절반, 그리고 나머지 지역에 절반가량 회원들이 활동한다.

이처럼 서포터즈 디렉트는 신자유주의에 맞선 노동당 정권의 '제3의 길' 노선에서 성공적인 사례로 꼽히는 문화정책이자 제3섹터정책으로 평가받고 있다. 이런 사회적경제 실험을 축적한 영국 정부는 2005년 총리실에 더욱 조직화된 국정운영을 위해 제3섹터부를 창설해 각 부처에 흩어진 사회, 문화, 경제 업무를 통합해 추진하고 있다. '제3의 길' 정책노선은 시장의 장점을 활용해서 지속적인 성장과 경제적 효율성을 유지하기 위해 민관기업 파트너십을 활용하고, 사회문화 분야에서 사회적 배제에 맞서 사회적 포용 정책으로 시민과 공동체 책임과 시민의 윤리를 중시하며 시민과 공동체의 이해를 추구한다. 서포터즈 디렉트는 스포츠 영역에서 축구경기에 서포터즈들의 이해와 관심을 포용해 이들이 책임을 갖고 트러스트 조직의 수익활동과 사회활동을 주관하는 소유자 역할을 하도록 길을 마련해준 것이다. 달리 얘기하면, 노동당 정권은 '제3의 길' 국정을 완만히 수행하기 위해 전략으로 국민 스포츠인 축구를 잘 활용해 서포터즈들의 관심과 이해를 충족시켜주면서 축구의 무분별한 상업화로 무한질주를 하는 신자유주의 시장과 자본에 효과적으로 대응할 수 있었다. 더불어 지속적으로 제3의 길에 동참하는 시민사회를 정부의 사회적경제정책의 확고한 파트너로 삼으면서 실업과 빈곤의 확대로 인한 사회복지와 사회문제 해결의 실마리를 잡을 수 있었다.

3) 캐나다의 '사회적 구매'

캐나다의 밴쿠버 시정부는 2004년에 공식적으로 '지속가능한 구매' 원칙으로 재화와 서비스 구매에 새로운 '사회적경제' 전략을 추진하였다. 아래에서는 정부정책과 사회적경제 사이의 '가치융합'에 관한 이론적 배경부터 밴쿠버 시정부 주도의 '사회적 구매' 사례에 관한 연구보고서(Lepage 2006)를 중심으로 살펴본다.

'사회적 구매'의 이론적 배경이 되는 섹터 간 '가치융합'에 관한 논의는 미국의 경영학 연구에서 비롯되었다. 제드 에머슨(Jed Emerson) 휼렛 패커드 재단의 고문이자 스탠포드 비즈니스 스쿨 강사는 '가치융합 제안'을 통해 정부나 기업이나 제3섹터, 어떤 조직이 생산하는 경제적, 사회적, 환경적 가치들에 시장 또는 비시장의 투자자들이 자본을 투자할 가치가 높다고 주창하였다. 전통적으로 시장과 제3섹터는 각기 경제적 가치와 사회적 가치로 구분해 서로 독자적인 활동을 하였지만 이제 두 섹터의 가치융합으로 경제적 문제와 사회적 문제를 동시에 해결하는 기업가정신이 가능해졌다는 것이다. 기회가 더 확장된 것으로 볼 수 있다. 따라서 시장과 비시장, 영리와 비영리 가치들의 융합은 시장과 제3섹터 모두에게 새로운 도전이 되고 있다.

이런 가치융합의 발전은 지속가능한 개발을 추구하는 공동체운동이나 지구화의 진전과 기업의 사회공헌, 윤리적 소비 등 윤리적 변화와도 밀접히 관련된다. 구체적으로 정부나 기업의 구매에서 사회적, 윤리적 목적을 가진 재화나 서비스를 우선 구매하는 비즈니스가 그것이다. '사회적 책임을 가진 구매'는 이제 낯선 표현이 아니다. 나이키나 스타벅스 등 대기업들이 이런 사회적 책임에 적극 호응하고 공정무역(fair trade) 등을 자신들의 비즈니스의 하나로 도입하며 '윤리적 소비' 운동에 동참하는 것은 소비자들로부터 부정적인 기업 이미지를 받지 않기 위한 방어적 전략에서 비롯된 것이다. 사회적경제 영역도 사회적 가치에 기업적 가치, 재정적 가치를 융합해 새로운 성장과정에 있다. 정부는 이런 동향에 대해 사회적경제가 사회적 목표에 윤리적, 환경적, 경제적 가치들의 융합으로 성장하도록 재정지원을 하는 든든한 후원자 역할을 한다.

사례가 되는 밴쿠버는 2004년에 공식적으로 '지속가능한 구매' 원칙으로 이런 가치들의 융합에 의한 재화와 서비스 구매에 전략적으로 접근하였다. 정부가 예산책정부터 이런 가치융합 전략을 제시한 것은 경제와 사회 전반에 적지 않은 영향을 미친다. 공공업무와 정부서비스 장관인 오웬(Stephen Owen)은 정부의 이런 지속가능한 구매는 '시민의 배당금'으로 돌려지고 있다고 설명한다. 우선 경제적 가치를 가지면서 윤리적, 환경적, 사회적 가치들의 융합으로 그 이득을 소비자들의 소비로 나타난다는 것이다. '사회적 구매 포탈'(SPP) 실험은 2001년 밴쿠버의 동부 빈민지역에서 정부관계자, 공동체개발, 고용서비스 조직 대표들이 모여 장기실업자의 실질고용 문제와 이를 해결하기 위한 전략을 수립하는 모임이 있었다. 그들이 발견한 문제점은 고용서비스가 지속적으로 이뤄지지 않고, 서비스 제공자들 사이에 공조보다 경쟁이 앞서며 실적 위주의 고용이 실제 고용활동보다 많으며, 고용·훈련이 고용주의 욕구나 구직자의 욕구를 충족시키지 못하고, 실제 고용보다 훈련이 더 많다는 것이다. 즉 '공급측 주도적' 활동이라는 평가다.

이를 수요측 모델로 접근한 것이 밴쿠버 SPP 사업이다. 처음 IT 영역에 장기 실업자를 훈련시켜 취업시키는 전략을 마련하였지만, 저기술을 가진 이들에게 적절한 일자리를 제공해주기가 쉽지 않았다. 이들의 눈높이를 낮춰 IT 산업의 저기술 일자리를 타깃으로 삼아 이들을 고용한 회사들이 생산하는 제품을 필요로 하는 구매회사들 사이에 계약을 맺도록 전략을 수립하였다. 장기실업자를 채용해 '사회적 가치'를 가진 제품생산에 융합한 공급회사들은 수익활동과 함께 공동체개발에 기여하는 계약을 체결한 것이며, 여기에 생산되는 '사회적' 가치와 '경제적' 가치를 융합한 제품은 이런 제품을 선호하는 기업들의 선택을 받는다. 생산측과 구매측 기업들 모두가 사회적, 윤리적 생산과 구매를 통한 사회공헌 활동을 수행한 것이다.

따라서 SPP는 재화와 서비스의 구매에서 시장수요와 사회적 목표를 결합시켜 주는 역할을 한다. SPP 담당자들은 SPP는 기업에 어떤 비용을 부담하지 않고 기업사회공헌의 실질적인 도구가 된다고 평가한다. 밴쿠버에는 45개 '사회적' 재화와 서비스를 공급하는 업체들의 제품을 구매하는 150개가 넘는 기업과 조직들이 동참한다. 공급업체 10%가 사회적기업들이다. 우니페그, 토론토 등지에서도 SPP를 서둘러 설치하며 실업극복 정책을 수행한다. SPP는 다양한 가치들의 융합으로 생산되는 재화와 서비스의 영역, 공급기업과 구매업체, 정부기관, 사회적경제 조직들에 관한 기본정보를 제공하는 포탈서비스 네트워크다. 이를 통해 장기실업자들이 교육훈련기관에서 고용기술교육을 받아 취업함으로써 실업문제를 해결하고 이들의 생계유지를 지원함으로써 개인뿐 아니라 정부의 복지서비스 부담도 덜어주는 일석이조의 효과를 낳는다. 유럽 등지에서는 공공구매에서 사회적경제에 의한 재화와 서비스가 우선적으로 대우를 받는 것이 일반적이다.

4) 사회기업가 하기 좋은 국가

세계경제포럼(WEF 2016)은 세계에서 사회기업가가 활동하기 좋은 여건과 기회를 제공하는 국가를 조사해 발표했는데, 한국은 상위 7위에 올라

■ **표 3-9** 사회기업가 하기 좋은 국가: 세계 45개국 평가 결과(순위), 2016년

국가	전체 순위	창업과 성장 여건	정부 정책지원	증여 금융지원	투자접근 용이성	비금융지원	정부에 판매	기업에 판매	소비자 판매	기술직 충원	대중 이해도	사회기업가 생계	사회기업가 모멘텀	여성 리더십	양성동등임금
미국	1	1	6	22	3	12	17	1	1	1	12	13	2	25	44
캐나다	2	6	5	8	1	9	7	4	6	4	6	1	1	2	18
영국	3	3	7	13	7	3	28	15	11	15	4	2	27	11	22
싱가포르	4	2	2	4	2	1	2	23	31	41	10	38	3	23	20
이스라엘	5	6	12	20	24	4	7	37	17	7	1	23	13	8	27
칠레	6	5	3	7	15	19	21	31	34	10	2	3	8	36	39
한국	7	6	1	4	7	6	1	31	34	26	16	30	41	18	9
홍콩	8	13	9	1	21	8	15	17	5	28	7	29	22	11	4
말레이시아	9	12	10	2	11	9	14	4	22	35	20	26	8	8	4
프랑스	10	3	3	19	19	19	10	10	28	2	20	30	14	36	40

자료 World Economic Forum, 2017.
https://www.weforum.org/agenda/2016/09/these-are-the-best-countries-to-be-a-social-entrepreneur/
http://poll2016.trust.org/methodology/

있다.[4]

2016년 조사결과, 한국은 사회기업가의 창업과 성장에 유리한 여건을 잘 갖추고, 정부의 정책 지원과 정부에 대한 판매 등의 조달이 용이한 상위권 국가에 속한다. 또한 금융 지원 또한 유리한 여건이 마련되어 증여 금융 지원이나 비금융 서비스 지원, 투자 접근의 용이성이 세계 수준급에 있다. 그럼에도 시장에서 기업이나 소비자 대상 판매가 쉽지 않고, 사회기업가의 생계유지도 어려우며, 사회기업가가 성공하는 모멘텀(momentum) 단계 진전은 최하위로 평가받고 있다.

---

4 조사방법은 세계은행에 소개된 경제 대국 중 45개국을 선정해, 각국별로 20명의 전문가(학계, 금융 투자계, 사회기업가, 지원 네트워크, 정책담당자 등) 대상의 설문조사 결과에 기초한다.

제4장

사회적기업과 기업가정신

1. 사회적기업의 의미와 목적

1) 사회적기업의 개념과 특성

사회적경제 조직으로서 사회적기업은 다른 사회적경제 조직과 어떻게 다른가? 이에 대해 다음 세 가지 이론적 논의를 살펴볼 수 있다(Defourny and Nyssens 2006: 10-11).

첫째, 사회적기업은 복합적인 다원적 목적을 가지고 있다. 다원적 목적은 경제적 목적으로 기업가정신, 사회적 목적으로 공동체 서비스 제공 이외에도 사회정치적 목표로 사회자본의 생산을 꼽고 있다. 또 마지막 목적은 조직내부의 신뢰와 유대, 거버넌스(governance)뿐 아니라 민주적 의사결정, 자원봉사자 활용 등을 망라한다.

둘째, 사회적기업은 공적 목표 달성을 위해 시장, 비시장 등 다원적 자원을 동원한다. 시장에서 재화와 서비스를 생산해 거래하며, 정부의 재정지원을 받고, 민간 자원봉사자의 시간과 돈을 기부받는다.

셋째, 사회적기업은 정치적 환경에서 성장한다. 정부기관과의 불가피한 관계를 통해 정부입법 등의 지원으로 유지되기 때문이다.

또 사회적기업은 협동조합과 비영리조직을 연결시켜주는 가교 역할을 한다고 볼 수 있다. 드푸르니와 니센스(Defourny and Nyssens 2006: 7)는 제3섹터에는 두 가지 심각한 해결하기 어려운 긴장이 존재한다고 본다. 하나는 시장에서 생산물을 판매하는 기업과 다른 하나는 경제적 활동이 취약하고 비시장 자원에 의존하고 무보수 기부에 의존하는 결사체, 양자 사이의 긴장이 그것이다. 또 다른 긴장은 회원 또는 제한적 소비자를 대상으로 하는 '상조적 이해' 조직들과 불특정 다수나 공동체 전체의 이해를 위한 '일반적 이해' 조직들 사이의 긴장이다. 이런 이중적 긴장의 접점에 사회적기업이 존재한다는 것이다.

〈그림 4-1〉에서 왼편은 경제적 생산활동에 관여하는 협동조합이 있고, 오른편에는 경제적 활동이 취약하고 주창활동이나 봉사활동 등 사회적 목표가 우선하는 비영리조직이 위치한다(앞글: 8). 이들 각각의 '상조적 이해'가 좌우로 치우쳐 있다고 하면 빗금의 중앙에 '일반적 이해'가 집중되고, 여기에 사회적기업이 위치한다. 사회적기업은 한편으로는 협동조합의 경제활동과 다른 한편으로는 비영리조직의 사회적 활동을 공유하는 영역으로 회원들의 '상조적 이해'를 도모하고 동시에 공동체 전체의 '일반적 이해'도 추구하는 이중성을 가진 영역으로 볼 수 있다.

그렇다면 '사회적기업'은 어떻게 정의되는가? OECD(1999: 10)는 사회적기업을 "공공 이해를 위해 수행되고, 이윤극대화가 아니라 특정한 사회적, 경제적 목표 달성을 목적으로 하는 기업가(entrepreneur) 전략으로 조직되어, 사회적 배제와 실업과 같은 문제에 혁신적인 해결책을 제시하는 역량을

■ **그림 4-1** 사회적기업, 협동조합, 비영리조직

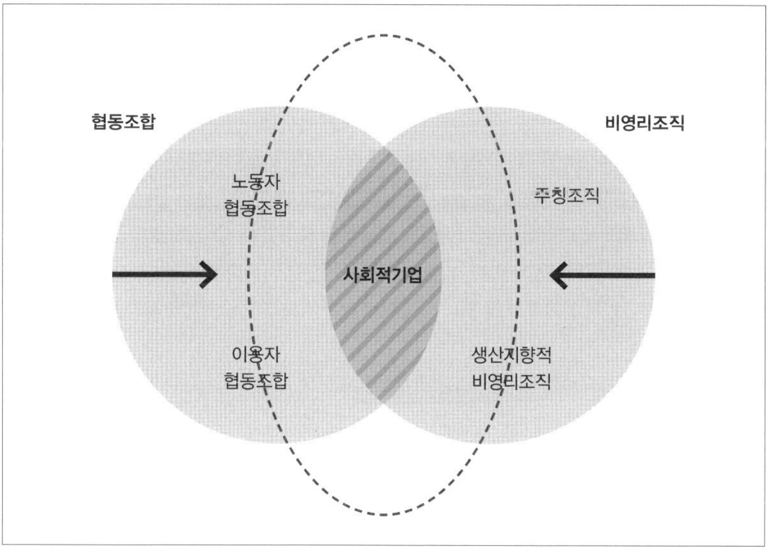

가진 사적 활동"이라 정의한다. 이 정의에는 소유권과 통제라는 민주주의 원리를 생략하고 있다. 상조적, 민주적 소유권에 기초한 조직으로, 회원들과 공동체 복리에 기여하는 목표를 포함시키지 않은 문제가 있다.

또 유럽에서 널리 통용되는 '사회적기업'의 개념정의는 다음과 같은 '기업가정신' 목표에 의존한다(Spear and Bidet 2003: 3).

ⓐ 고차적 자율성 확보: 사회적기업은 특정집단의 사람들이 자발적으로 설립해서 자율적인 프로젝트의 준거틀에 의해 운영된다. 사회적기업은 공적 재정에 의존할 수 있지만 공공기관이나 (연합체나 사기업 등) 다른 조직이 사회적기업을 직접 또는 간접적으로 관리할 수는 없다. 그 주체들이 참여의 권리를 가짐과 동시에 프로젝트 해체의 권리도 가진다.

■ **표 4-1** 사회적기업의 사회적 목표

ⓐ 시민들의 집단에 의한 창립 주도: 특정한 욕구나 목표를 공유하는 공동체나 집단에 소속된 사람들의 집단적 동학의 결과다. ⓑ 자본의 소유에 의하지 않는 의사결정: '1인 1표' 의사결정방식 또는 궁극적인 의사결정의 권한을 가지는 경영방식이 자본의 소유에 따라 분배되지 않는 의사결정에 따른다. 자본소유자의 권리도 중요하지만 의사결정은 이해관계자들과 권한을 공유한다. ⓒ 기업의 활동에 영향을 받는 사람들을 포용하는 참여적 속성: 고객 또는 소비자의 참여와 대표, 이해관계자 중시, 민주적 관리 스타일은 사회적기업의 관리적 특성이다. 사회적기업의 여러 목표 중 하나는 경제적 활동을 통해 지방의 민주주의를 발전시키는 일이다. ⓓ 수익배분의 제한: 사회적기업은 완전히 무배분의 제약을 받는 조직에 의해 또는 일부 국가에서 제한적으로 수익을 배분하는 협동조합의 경우처럼 수익극대화 제약을 받는다. ⓔ 공동체에 이득이 되는 확고한 목표: 사회적기업의 분명한 목표 중의 하나는 공동체나 특정집단의 사람들을 위한 서비스 활동이다. 동시에 사회적기업은 소속된 공동체에 대한 사회적 책임감을 증진시키는 일이다.

자료 Austrian Institute 2007: 8-9.

ⓑ 상당 수준의 경제적 위험부담: 사회적기업을 설립한 사람들은 전적 또는 부분적으로 그런 창의적 사업의 위험부담을 전제로 한다. 대부분의 공기업과는 달리 재정적 가변성은 적절한 자원을 확보하려는 자신들의 회원과 노동자의 노력 여하에 달려 있다.

ⓒ 최소 수준의 임금노동 확보: 전통적인 비영리조직과 마찬가지로 사회적기업은 금전적 자원과 비금전적 자원, 무보수와 보수직 노동자를 혼합한 형태를 유지할 수 있지만, 사회적기업의 활동을 유지하기에 필요한 최소수준의 임금노동자를 확보해야 한다.

그림 4-2 사회적기업의 사회적 목적 실천: 호주, 2011년 (단위: %)

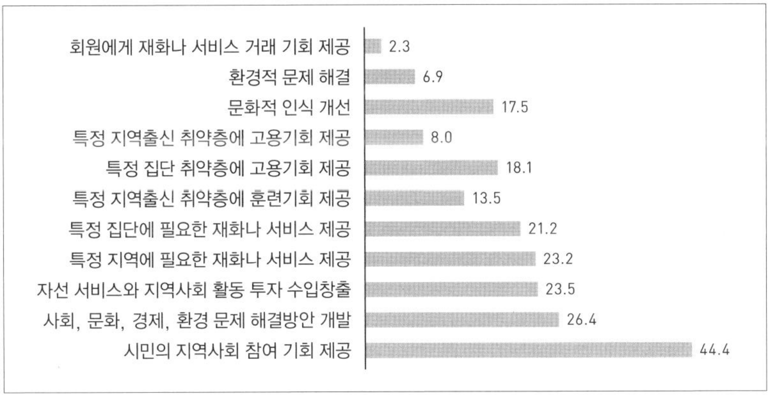

자료 Australian Government. 2011.

그림 4-3 사회적기업의 지난 1년간 사회혁신 추진: 호주, 2011년 (단위: %)

자료 Australian Government. 2011.

이상보다는 더 포괄적으로, 사회적기업은 〈표 4-1〉과 같이 특정한 사회적 목표를 지향하는 조직으로 정의할 수 있다(앞글: 4; Austrian Institute 2007: 8-9).

사회적경제가 추구하는 사회적 목적의 성과는 국가마다 다양하다. 호주 사회적기업의 경우, 우선 시민의 지역사회 참여 기회 제공과 지역사회가 당면하는 사회, 문화, 경제, 환경 문제 해결에 초점이 맞춰져 있다(그림 4-2). 한편 사회적기업이 달성한 사회혁신의 임팩트도 상당하다(그림 4-3).

2) 기업가정신, 사회적 목적, 거버넌스

사회적기업은 사회적 목적과 기업가정신에 기초해 정의되고 있다. EU는 "사회적기업은 주된 목적이 소유주나 주주들을 위한 수익창출에 있기보다 사회적 임팩트를 가진 사회적경제의 사업체"라 정의한다(EC 2015: 9). 사회적기업은 기업가정신과 혁신적 방법으로 시장에 재화와 서비스를 생산해 발생하는 수익을 주로 사회적 목적 수행에 투입한다.

사회적기업은 공식적으로 다음 유형의 비즈니스를 하는 것으로 범위를 제시한다(앞글: 9). 첫째, 공공선의 사회적 목적이 상업적 수익활동을 하는 근거가 되는데, 일반적으로 높은 수준의 사회혁신을 추진한다. 둘째, 수익은 주로 사회적 목적을 달성하는 데 재투자된다. 셋째, 조직의 방법이나 소유 체계는 민주적 또는 참여적 원칙들을 기초로 하거나 사회적 정의에 초점을 맞추는 자신들의 미션을 반영한다.

이상의 사회적기업의 개념정의는 학계와 정책 분야의 문헌에는 세 가지 차원으로 구분해 제시되고 있다(앞글: 9).

ⓐ '기업가' 차원이다. 지속적인 경제활동은 전통적인 사회적경제 조직(협동조합, 공제회, 결사체)이나 비영리기관들과 구분되는 특징으로, 사회적 목표를 추구하면서 자기발전적 재원의 사업을 하지만 정기적인 상업활동을

■ **그림 4-4** 사회적기업: 사회적, 기업가, 거버넌스 차원

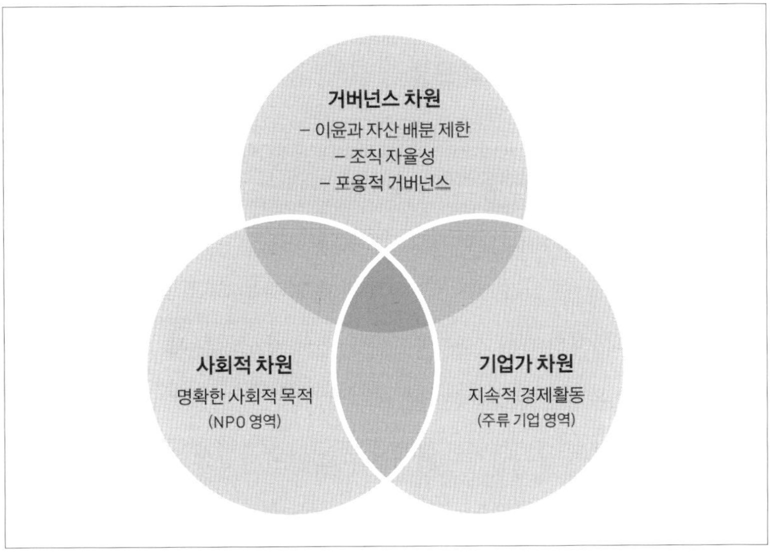

하지 않으면서 기업가 활동을 수행한다.

ⓑ '사회적' 차원이다. 사회적 목적을 가진 경제활동을 하는 것으로, 전통적인 주류 기업들과 분명하게 구분되는 특징이다.

ⓒ '거버넌스' 차원이다. 조직의 사회적 목표에 초점을 맞춘 메카니즘의 특징으로, 사회적기업이 주류 기업뿐 아니라 전통적인 비영리조직이나 사회적경제 조직들로부터 구분되는 거버넌스 특징이다. '참여적 거버넌스'(participatory governance)는 사회적기업만의 독창적인 특징이라는 연구들이 2001년부터 제시되었고, 이후 2010년 드푸르니 등(Defourny and Nyssens)은 연구논문을 통해, '거버넌스'가 사회적기업의 세 번째 특징적 차원이라는 것을 확인하였다.

2. 사회적기업의 유형 분류

1) 국가, 시장, 시민사회 분류

사회적기업의 유형은 각국의 실정에 따라 다양하게 제시되고 있지만, 일반적으로 정부, 기업, 시민사회 등 삼대 섹터의 주도적인 역할과 파트너십에 의존한다고 볼 수 있다. 각국의 정책에 대해서는 다음 절에서 자세히 살펴볼 수 있는데, 여기에서 스웨덴과 독일에서 제시되는 몇 가지 유형을 통해 사회적기업 유형을 정리해본다.

먼저 스웨덴의 사회적기업 유형으로는 사회적협동조합(social cooperatives), 지역공동체 비즈니스(local community business), 국영기업 삼할(Samhall)이 있다(Stryan and Laurelli 2002: 5-23). '사회적협동조합'의 법적 지위는 경제적 결사체로, 회원들의 노동에 의해 생산활동을 해서 상업적 수익을 창출해 회원들의 경제적 이해를 충족시켜주는 조직이다. 멤버십은 주요 이해관계자뿐 아니라 잠정적인 대상자들을 포용하도록 개방적이어야 하고, 협동조합의 특성이 되는 1인 1표의 민주적 의사결정에 따르는 조직이다. 사회적협동조합은 다시 세 가지로 구분된다.

〈A형〉은 상업적 수익활동 등 경제적보다는 사회적 목표를 중시하는 '자원적' 또는 '결사적' 조합들로, 사회적 배제층의 임파워먼트 강화에 초점을 맞춰 지역사회 지자체나 재단과 연계된 활동을 한다.

〈B형〉은 사회복지 협동조합으로 경제적 수익활동보다는 회원들의 개사육, 정원일, 수공예, 기차 여가활동을 통한 재활에 관련된 수익활동을 한다.

〈C형〉은 회원들의 노동과 고용이라는 확고한 경제적 목표에 초점을

■ **그림 4-5** 국가, 시장, 시민사회 주도의 사회적기업: 독일

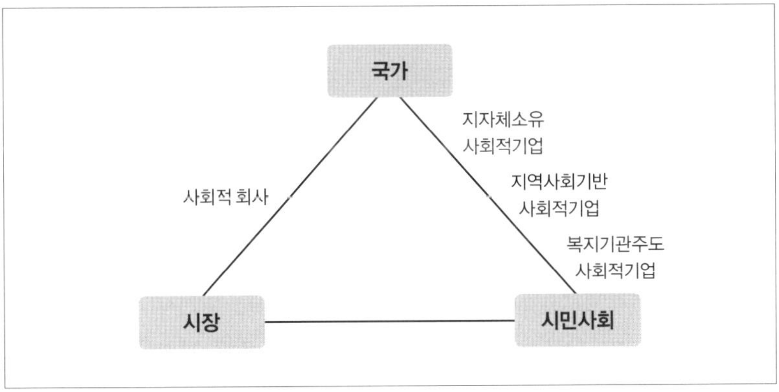

맞춰 수익활동을 주로 하는 협동조합이다.

한편 '지역공동체 비즈니스'는 일자리 창출과 실업자의 노동시장통합 기능에 지역공동체 개발을 접목한 사회적 목표를 추구한다. 지역단위로 여섯 개의 지역공동체 비즈니스가 있는데, 도심 한 곳을 제외하면 지리적으로 낙후한 북부지역의 공동체 복지와 일자리 창출을 위해 설립된 사회적기업이다. 1998년 지역사회의 개인이나 조직에 의해 최초로 설립되었다. 그리고 국영기업 삼할은 장애로 인해 직장을 갖지 못하는 사람들의 일자리 마련을 위한 종합정책의 하나로 1980년 탄생되었다. 삼할은 상업적으로 성공적인 기업으로 인정받고 있는데, 많은 대기업에 포장, 조립으로 생산활동을 하면서 경쟁력을 갖춘 기업으로 성장한 것이다. 이런 수익활동으로 고용자들의 재활사업에 재투자하는 선순환이 이뤄지는 사회적기업이다.

다음으로, 독일의 사회적기업은 실업타개를 일차적 목표로 하지만 정부지원의 감소 때문에 또 다른 목표, 즉 지자체의 경우 사회서비스 비용 절감을 위해 또는 복지기관의 경우 사회문제 해결의 부수적인 효과를 위해

추진되고 있다. 〈그림 4-5〉에서처럼 국가, 시장, 시민사회 등 삼대 섹터 사이에 존재하는 독일의 사회적기업 유형은 전체가 국가의 재정지원에 의존하는 특징이 있다(Bode et al. 2002: 12).

〈그림 4-5〉에서처럼 네 유형의 사회적기업들이 각기 다른 사회적경제 조직을 대표한다(Schulz 2003: 7). 먼저 시민사회보다 시장에 기반을 두고 있는 사회적 회사와 협동조합 유형은 장기실업자들이 주도적으로 조직해 운영하지만 정부지원이 점차 줄어들고 있다. 지자체 소유의 사회적기업은 지방공동체의 장기실업자들을 통합해 사회적기업으로 해결하는 모델이다. 또 복지기관 운영의 사회적기업은 빈곤퇴치와 사회적 배제 해소라는 사회적 목표에 초점을 맞춘다. 한편 지방주도의 사회적기업은 일자리 창출 등 실업대책 목표를 수행하면서 지역사정에 적합한 복지, 문화 서비스 활동을 겸한다.

2) 이해관계자 분류

또한 사회적기업은 주요 '이해관계자'(stakeholder)가 누구인지에 따라 다양하게 분류될 수 있다. 사회적기업의 이해관계자란 위에서 분류한 국가(정부), 시장(기업), 시민사회(단체) 이외에도 다음과 같이 다양하다(Paton 2003: 7).

ⓐ 투자자(funder): 사회적기업의 투자자는 정부, 기업, 시민사회단체가 될 수 있다.

ⓑ 실무자(staff): 사회적기업의 운영 책임을 맡는 실무자들이 주도할 수 있다.

ⓒ 기부자(donor): 사회적기업에 재원을 제공하는 기부자가 주도할 수 있다.

ⓓ 소비자(customer): 재화나 서비스를 구매하는 소비자가 주도적일 수 있다.

ⓔ 회원(member): 사회적기업의 회원 또는 조합원이 주도할 수 있다.

ⓕ 수혜자(beneficiaries): 혜택을 받는 수혜자가 주요 이해관계자가 될 수 있다.

이상 각각의 유형은 사회적기업의 설립과 운영에 중대한 영향력을 행사하는 이해관계자들의 역할에 크게 의존한다고 볼 수 있다. 각 유형의 장단점을 정리해보면, 〈표 4-2〉와 같다.

ⓐ 투자자 주도적 유형은 정부나 기업 등 설립자의 간섭을 받아 자율성을 상실하고 주창활동이나 감독에 따른 혁신기회 상실 등의 제약을 받는다.

ⓑ 실무자 주도적인 사회적기업에서는 수혜자나 소비자의 입장보다 실무자들의 입장이 지배적인 문제를 안고 있다.

ⓒ 기부자 주도적인 모금기관 등은 모금의 최대화를 위해 사회적 이슈에 대해 선정적인 인기끌기에 초점을 맞춰 이슈의 핵심에 접근하지 못하고 자칫 이슈를 호도하는 문제를 안게 된다.

ⓓ 소비자 주도적인 경우는 재화와 서비스의 판매와 수익에 치중해 빈곤이나 연대 등 사회적 목표를 상실하는 문제를 안고 있다.

ⓔ 회원 주도적인 경우, 1인 1표의 의사결정이 현실적으로 어려운 이슈가 되면서 대표에 의한 의사결정의 갈등 소지가 있고, 수익사업으로 회원 개인의 서비스 욕구를 충족시키는 일이 사회적 목적 상실로 제기된다.

ⓕ 수혜자 주도적인 구호기관 등은 긴급상황에 처한 수혜자들의 욕구충족이 용이하지 않은 문제로 스트레스와 또 이들의 욕구에 대한 과잉호응 문제도 동시에 안고 있다.

표 4-2 사회적기업의 유형: 이해관계자 분류

주도 유형	영역/사례	잠정적인 단점
투자자 주도	서비스 제공 용역기관	자율성 상실, 비융통성, 주창과 혁신 제약
실무자 주도	독자적 지원기관 장애인재활, 보육	수혜자나 소비자보다 실무자 입장 주도
기부자 주도	모금기관이나 홍보기관	사회 이슈에 대한 대중적 선정주의나 오해
소비자 주도	학교, 카운슬링, 예술조직	원래 목표보다 수지맞는 시장에 편향
회원 주도	협동조합, 자조모임	의사결정의 갈등; 사회적 목표의 상실
수혜자 주도	재난구호기관	스트레스, 과잉 대응

자료 Paton 2003: 7.

3) 비즈니스 모델 분류

사회적기업의 유형은 앞서 보았듯이 다양한데, 영국의 연구자들(Haugh & Kitson 2007)은 〈표 4-3〉과 같이 정통 비즈니스 모델과 구분되는 다른 세 가지 유형들을 사례로써 소개한다. 그림의 〈C〉 모델은 정통 비즈니스 방식으로 이윤극대화를 추구하기 위해 '시장산출'(market outputs)을 한다. 이와 대조적인 모델들이 A, B, D 모델들이다. 먼저 〈D〉 모델은 '시장산출'을 하면서도 사회적, 윤리적, 환경적 목적들도 동시에 추구하기 위해 '대안 비즈니스' 활동을 하는 '사회주도적' 모델이다. 사례가 되는 잡지사 빅 이슈(Big Issue)는 1991년에 설립되어 노숙자들을 잡지 판매상으로 고용하는 '사회주도적' 모델로 잡지 산업에서 경쟁력을 확보하고 있는 기업체다. 미국의 경우, 아이스크림 회사인 벤&제리(Ben & Jerry)사는 공정무역뿐 아니라 전국 가게들이 지역의 비영리단체들이 운영하는 파트너십에 기초해 그곳에서 일하는 종업원들 대부분은 불우하거나 사회적응의 어려움을 갖고 있는 청소년들이다(www.benjerry.co.uk/).

다음으로 〈A〉와 〈B〉 모델은 시장산출과 근본적으로 다른 '사회적 산출'(social output) 모델이다. 〈A〉 모델은 정통 자본주의 비즈니스 방식을 활용하는 사회적기업으로 사회적, 환경적 목적을 추구한다. 사례가 되는 에덴 프로젝트(Eden Project)는 일반기업들과 같은 비즈니스 구조를 갖추고 있지만 자선기관이 소유하는 사회적기업으로 환경적 지속가능성과 교육사업을 한다. 에덴 프로젝트는 거대한 돔들로 구성된 온실 복합단지를 조성해, 여기에 세계의 다양한 식물들을 보존해 학생들과 관광객들을 유치해 수익사업을 한다(http://en.wikipedia.org/wiki/Eden_Project). 마지막으로, 〈B〉 모델은 〈A〉 모델과 달리 정통 비즈니스 방식보다는 사회주도의 비즈니스 방식에 의존하는 모델이다. 사례가 되는 선더랜드(Sunderland) 홈케어는 영국 북동부 지역에서 지난 20년간 탄광의 폐쇄 등으로 장기 실직된 사람들과 여성들을 고용해 노인과 병약자 등 개별 간호와 돌봄 서비스를 필요로 하는 사람들을 대상으로 비즈니스 활동을 하는 비영리 사회적기업이다.

표 4-3 사회적기업: 비즈니스 모델

	정통 비즈니스 모델	대안 비즈니스 모델
사회적 산출	A: 사회적 자본주의(예: 에덴 프로젝트)	B: 사회주도 사회적기업(예: 선더랜드 홈케어)
시장 산출	C: 자본주의	D: 사회주도 자본주의(예: 빅 이슈)

자료 Haugh and Kitson 2007: 976.

4) 사회적 목적 분류

사회적기업을 사회적 목적과 경제적 수익, 양면으로 조합해보면 세 가지 다른 유형으로 분류해볼 수 있다(EC 2015: 39-40). 〈표 4-4〉 우측에는 새

표 4-4 사회적기업의 기업가정신에 따른 유형 분류

	← 강함 — 기업가정신(entrepreneurship)		— 약함 →
주요 특성	목적보다 수익 우선 비즈니스	목적 위주 비즈니스	목적 위주, 기업가적 비영리조직
수익 배분	소유주, 멤버, 투자자에 배분 제한	법적으로 수익배분 금지 또는 제한	법적으로 수익배분 금지
법적 유형	- 전통적인 협동조합 - 주식회사 - 개인 사업	- 사회적협동조합 - 공동체이해회사 - SCIC	- 결사체, 재단, 기관 - 하이드리드 유형
거버넌스	- 거버넌스에 비즈니스 자발적인 사회적 미션 - 법적으로 거버넌스 규정 - 협동조합은 민주적 거버넌스, 주식회사는 예외	- 법에 규정된 미션 - 법적으로 포용적 거버넌스(이해관계자 참여, 민주적 의사결정)	- 법적 비영리 - 법적 거버넌스 모델 - 결사체는 민주적 거버넌스, 재단이나 기관은 예외
주요 수입원	사업 수익	- 사업 수익 - 노동통합 보조금(WISE)	- 회비, 증여, 기부 - 사업 수익
노동 유형	임금 노동자	- 주로 임금노동자 - 일부 자원봉사자	- 임금노동자와 자원봉사자 복합
시장	- 영리시장(소비자와 기타 비즈니스로 사회적 의식을 가짐) - 공공부문 (주로 경쟁적)	- 공공부문(경쟁적, 직접적 용약) - 영리시장(소비자와 기타 비즈니스)	- 공공부문(주로 직접적 용약) - 영리시장(소비자와 기타 비즈니스)
활동 분야	사회서비스, 교육, 환경, 문화, 예술, 스포츠, 관광, 재생에너지, 공정무역, 운송 등 새로운 분야	사회/지역사회 서비스, 기타 공공 서비스, 교육, 주택, 노동 통합 등	사회/지역사회 서비스, 기타 공공 서비스, 교육, 환경, 문화, 예술, 관광 등

자료 EC 2015, p.41.

롭게 기업가적 역동성으로 재조직된 결사체와 재단 등의 비영리조직들이 존재하고, 좌측에는 강력한 상업적 배경을 가진 비즈니스 기업가들이 수익과 사회적 목적을 동시에 추구하는 새로운 스타일의 사회적기업들이 존재한다. 중간에는 사회적 미션을 추구하면서 기업가적 비즈니스 활동을 하는 조직들이 사회적협동조합, 영국의 공동체이해회사(CIC: Community Interest Company), 프랑스의 SCIC(SociééCoopéative d'Intéê Collectif) 등이 있다.

또한 사회적기업과 비교 대상이 되는 협동조합, 재단, 결사체 등 전통적인 사회적경제 조직들과 영리적인 주식회사와 다른 특성들을 〈표 4-5〉에서 확인해볼 수 있다. 사회적기업의 개념정의에서 제시한 기업가, 사회적 목적, 거버넌스 차원으로 비교해 볼 수 있다. 사회적기업 등 사회적 목적이 일차적인 목표가 되는 조직들은 자산과 수익이 공동체의 이익을 위해 쓰인다는 것을 입증하는 '자산 동결'(asset lock)이 필요하다.

3. 사회적기업의 특성과 제도

1) 사회적기업의 다원적 특성

'사회적기업' 아이디어는 처음 미국에서 제안된 것이라 한다. 1993년 하버드대학 비즈니스 스쿨이 처음 '사회적기업 창안' 프로그램을 시작하면서, 그 후 컬럼비아, 예일, 스탠포드 등의 비즈니스 스쿨이 사회적기업 프로그램을 도입하게 되면서 '사회적기업' 또는 '사회기업가정신'에 대한 관심이 커졌다(Defourny and Nyssens 2006: 3). 사회적기업에 대한 관심이 늘어난 배경

표 4-5 사회적기업의 개념정의에 기초한 다양한 유형의 '사회적' 목적 비교

<table>
<tr><th rowspan="2">차원</th><th rowspan="2">기준</th><th colspan="2">비영리조직</th><th rowspan="2">협동조합</th><th rowspan="2">주식회사</th></tr>
<tr><th>재단</th><th>결사체</th></tr>
<tr><td>기업가
entrepreneur</td><td>경제적
활동
관여</td><td colspan="2">목적 수행과 비영리 목적에
보충적 상업활동 가능</td><td colspan="2">경제활동에 법적 제한은 없음</td></tr>
<tr><td>사회적
social</td><td>명확한,
핵심적
사회적 목적</td><td>- 재단은 특정 목적의 자산의 기부로, 재단의 목표는 재단의 활동이 정의함
- 다수의 일반적 이해를 위한 사회적 목표도 가능</td><td>결사체는 회원들의 이해를 도모하는 조직으로, 회원들이 사회적 목적 추구를 결정함</td><td>조합원 이해를 추구, 취약층으로 구성된 협동조합은 이미 사회적 목적을 추구한 것으로 간주될 수 있음</td><td>주식회사는 어떤 목적도 추구할 수 있지만 회사의 운영 영역은 규정에 따름</td></tr>
<tr><td rowspan="5">거버넌스
governance</td><td>자산 동결
assest lock</td><td colspan="2">공익을 위해, 세금혜택을 위해
가능함</td><td colspan="2">자산동결을 할 수는 있지만
일반적 규범은 아님</td></tr>
<tr><td>수익 배분
제한</td><td>재단은 개념상 비영리조직</td><td>결사체는 개념상 비영리조직</td><td>- 수익은 재투자되거나 조합원에 배분
- 수익배분 제한은 자발적으로 결정</td><td>- 법적으로 수익배분 제한 없음
- 수익은 재투자되거나 주주에게 배당</td></tr>
<tr><td>국가나
기업으로부터
자율적</td><td>이사와 관리자가 누구인가에 의존</td><td>결사체는 회원들이 자율권을 행사</td><td>조합원들이 협동조합을 소유, 관리</td><td>대주주가 누구인지, 기업 거버넌스 구조에 의존</td></tr>
<tr><td>민주적
의사결정</td><td>이사회의 의사결정</td><td>결사체 회원의 민주적 의사결정</td><td>- 1인 1표제
- 민주적 의사결정</td><td>주식의 소유에 따른 주주의 의사결정</td></tr>
<tr><td>참여적
거버넌스</td><td colspan="4">일반적으로 제한적. 법적으로 모든 이해관계자 참여에 의한
의사결정 제한 없음.</td></tr>
</table>

자료 EC 2015, p.45.

은 당시 비영리조직들이 정부의 재정지원이나 기업의 후원에 의존하는 데 한계가 있기 때문에 안정적인 재원을 확보하기 위한 방안으로 사회적기업을 탐색하기 시작했다는 것이다. 이런 안정적 재원 확보라는 일차적인 목적에서 사회적기업이라는 명칭이 사용된 것이다. 따라서 미국 학계에서 일반적으로 통용되는 사회적기업에는 한편으로는 이윤추구적 비즈니스들이 사회적 혜택을 위한 활동인 기업들의 자선적 사업이나 사회적 책임 활동으로부터 다른 한편으로는 비영리조직들이 사업지원에 필요한 상업적 활동(사회적 목적 추구의 조직)을 위해 이윤적 목표와 사회적 목표의 혼합을 제공하는 이중 목적의 비즈니스에까지 광범위하다(Kerlin 2006: 248). 이렇듯이 미국에서 통용되는 사회적기업의 개념은 유럽의 역사적 배경과는 근본적으로 다른 차이가 있다. 재정 이슈뿐 아니라 특정 프로젝트의 혁신적, 기업가적 처방에 초점이 모아져 있다. 미국의 사회적기업은 사회적 목표를 추구하는 비영리조직의 상업적 활동뿐 아니라 영리기업의 사회적 목표를 실현하기 위한 활동을 망라하는 포괄적인 개념이다.

한편 사회적기업이 유럽에서 공식적으로 등장하기 시작한 것은 1991년 이탈리아 의회가 '사회적협동조합'을 후원하는 법안을 도입하면서부터였다. 공공서비스에 의해 공급되지 않거나 공급미달 상태에 있는 서비스 공급을 위해 사회적협동조합이 등장하기 시작했다. 이후 유럽 연구자들은 각국의 사회적경제 동향을 심층적으로 연구하는 유럽연구네트워크(EMES)를 구성해 각국의 실태 파악을 중심으로 연구결과물을 발표하였다. 중앙 유럽과 동유럽에서는 결사체, 재단, 협동조합 형태로 사회적기업이 지배적이지만 다른 곳에서는 다양한 법적 행태를 갖춘다(Austrian Research 2007: 14). 핀란드와 아이슬란드에서는 대부분이 일반기업과 같은 형태를 가지며, 아일랜드나 스웨덴에서도 비영리 형태가 일반기업 형태로 바뀌고 있다. 한편 영국은 가장 광범위하게 국정의 핵심으로 사회적기업 정책을 추진해왔다. 1997년 집권한 블레어 정부의 '제3의 길' 기본노선은 제3섹터, 사회적경제의 활성화에 초점을 맞추었다. 그 일환으로 2002년에 '사회적기업부'가 신설되어 관련 부처 전체가 사회적기업의 창업과 정착을 본격적으로 지원하는 종합체계를 구축하였다. 이 업무는 2005년 총리실 산하의 제3섹터부로 다시 확대, 통합되었다.

'사회적기업'은 유럽에서도 아직 공식적인 개념정의가 존재하지 않는다. 오스트리아 사회적기업 연구소(Austrian Research 2007: 11)는 일부 국가들이 다소 상이한 개념정의를 제시하고 있을 정도라며 그 사례를 소개한다. 영국의 경우 제3섹터-정부 파트너십에 초점을 맞춰, "사회적기업은 주주나 소유주의 이윤극대화 필요에 의해서보다 수익금이 비즈니스나 공동체에 재투자되는 사회적 목표를 가진 비즈니스"라고 정의한다. 벨기에 정부의 개념정의는 사회적기업이 특정 인구집단을 소비자로 해서 이들의 재화와 서비스 욕구충족을 위한 것이라는 '사회복지' 측면을 중시한다. 핀란드와 리투아니아의 공식적인 개념정의는 장애인이나 장기실업자의 일자리 창출을 중시해, 이들이 상업적 이윤추구의 원칙에 따라 재화와 서비스 생산활동을 하는 기업으로 정의한다. 노르웨이에서 통용되는 사회적기업의 중요성은 덜 활용된 자원을 광범위하게 활용해서 사회적 욕구를 충족시키며 대안적 가치유형을 창출하는 사회적 목표에 있다. 신뢰와 유대, 네트워크 등 사회자본의 생산으로 경제활동을 활성화시킨다는 보다 거시적인 접근법이 중시되며, 또 실천적으로 사람들이 자신의 삶에 책임을 갖고 스스로 일자리를 마련하도록 한다는 메시지가 담겨 있다.

사회적기업의 구조와 조직의 기반도 각국의 실정에 따라 다양하다(Spear and Bidet 2003: 17). 먼저 구조 측면에서는 전통적 기업형태부터 파트너십 유형 그리고 일부 사회적기업의 프로젝트 운영에 이른다. 또 노동통합 활동에서도 특정집단의 고용과 훈련에 초점을 맞춘 단일의 목적을 가진 경우부터 고용과 훈련뿐 아니라 직업알선에 이르는 통합적 서비스를 하는 경우까지 다양하다. 유럽에서 많이 볼 수 있는 '노동통합형 사회적기업'(WISE)은 원래 장애인의 경제지원을 위한 기업이었지만, 1960~80년대 각국에서 등장한 사회적기업은 실업극복과 일자리 창출 목적으로 진행된 특징이 있다. 또 조직의 기반도 협동조합, 자원 조직, (다자 또는 준국가적) 파트너십 형태, 소유와 관리에서도 이용자/고용자/공동체/이해관계자 형태까지 다양하다.

따라서 사회적기업에 관한 법적 제도의 차이도 국가마다 다양하다(앞글: 17-18). 아일랜드에서는 유한회사의 형태로 주택공급, 지역개발조직, 개인서비스 제공, 신용조합, 노동통합형 사회적기업, 공동체 협동조합이 있다. 독일에서는 주식회사 형태의 사회적 회사(social firm)가 첫째 유형이고, 다음으로 협동조합형이 많다. 룩셈부르크에서는 모든 법적 유형이 존재한다. 비영리조직, 상업적 유형, 협동조합형 등이다. 그럼에도 국가의 지원에 의존하기 때문에 일부 유형이 대표적이다. 그것들은 비영리형태와 상업적 형태이다. 프랑스 법에서는 고용을 위한 사회적기업인 중개적 자원조직들과 근린 기업들만이 비영리조직이며, 노동통합형 사회적기업은 결사체라는 법적 지위를 갖거나 협동조합 또는 상업적 기업형태를 갖춘다.

또 사회적기업의 설립이나 운영의 책임도 다원적이다(앞글: 20). 벨기에 사회적기업 대부분은 장애인의 부모, 주민 등 시민사회가 주도하며, 아일랜드에서는 지역에 기반을 둔 비영리 공동체조직이 설립한다. 그러나 독일에서는 매우 다양해서, 지방정부가 설립해 운영하는 사회적기업이 있고, 지역의 사회복지기관이 운영하는 것도 있으며, 시민 개인이나 사기업이 주도하기도 하며 협동조합은 시민 개인, 장기실업자, 지방의 개인 기업가, 사기업, 노조 등이 설립한 경우도 있다. 룩셈부르크에서는 사회적기업은 양대 노동조합에 의해 설립되었다.

사회적기업의 노동자는 장애인과 장기실업자 등 복합적이다(앞글: 21-22). 가장 일반적인 '노동통합형' 사회적기업은 대부분이 장애인으로 구성되지만 다른 사회적 소수자에 의해 조직된 경우도 있다. 아일랜드 사회적기업의 73%는 실업자로 구성되며, 여성이 '조사원 관리자 대표'의 48%를 차지한다. 독일의 경우 지방정부 운영의 사회적기업은 장기실업자를 고용하고, 복지기관의 사회적기업은 청년실업자를 고용한다. 프랑스의 사회적기업인 중개결사체는 남성보다 여성을 더 많이 고용한다. 고용훈련 또한 일시적이거나 장기적, 공식적이거나 비공식적 등 각국마다 다양하다. 독일의 경우, 복지기관의 사회적기업은 직업훈련을 직장생활의 일부로 간주하며, 순수한 직업훈련은 지방에서는 보기 드물고 직장생활 중 파트타임제로 훈련을 실시하는 것이 일반적이다. 프랑스, 룩셈부르크에서도 교육훈련을 공식화하기보다 사회적기업 현장의 작업과정을 훈련과정으로 하는 경우가 대부분이다.

한편 거버넌스 구조와 이해관계자 참여 측면에서도 국가 간 통일된 정책이 존재하지 않는다(앞글: 23-24). 사회적기업의 활동에 직접 영향을 받는 사람들의 참여를 법적으로 규제하지는 않는다. 룩셈부르크에서 노동자의 경영참여는 거의 찾아볼 수 없고, 프랑스에서는 노동자의 경영참여를 법으로 금한다. 대부분의 국가에서 사회적기업은 법적으로 상당한 자율을 누리고 있지만, 정부의 재정지원, 공공 프로그램 관계에 따라 자율성과 거버넌스 양식의 차이가 있다. 아일랜드에서 정부지원금은 특정계층의 고용에만 해당되므로 고용인의 고용 자율성은 제한을 받는다. 독일의 지자체 설립의 사회적기업은 전략적 기획, 재정적 업무, 고용시책, 프로젝트 조직에서 상당한 자율성을 누리지만 지자체가 설정한 정책목표에 한정된 활동을 하게 된다. 복지조직 주도의 사회적기업이나 지방 주도의 사회적기업도 연방이나 지자체 재정지원에 의존하므로 자율성을 갖지 못한다. 사회적 회사(social firm)의 경우 첫 일 년은 재정을 지원한 지자체의 관리감독에 의존하지만 그 후부터는 상당한 자율성을 갖게 된다. 이탈리아의 사회적 조합은 특정부류의 시민이나 다른 협동조합이 설립하는 경우가 많아 상당한 의사결정의 자율권을 누린다.

최근 확대되는 공정무역(fair trade) 관련 사회적기업의 등장도 특이하나. 영국의 디바인 카페(Divine Cafe)는 1998년 영국 공정무역에 기초한 최초의 사회적기업으로 등장했다(UK Cabinte Office 2007: 87). 디바인 초콜렛(Divine Chocolate) 명칭을 가진 사회적기업은 가나의 커피농장인 쿠아파 코쿠(Kuapa Kokoo)가 커피 원자재 생산자이자 사회적기업의 소유주로 참여하는 것이다. 사회적기업의 경영에 참여해 의사결정을 하며 수익배당금을 받는다. 2006년에 약 700만 파운드의 수익배당금이 주주들에게 분배되었다. 전체 99주 가운데 52%를 공정무역 NGO인 트윈 트레이딩(Twin Trading)이 소유하고, 가나 커피 생산농장 협동조합이 33%, 나머지 14%는 중개 무역회사인 보디숍 인터내셔날(Body Shop International)이 각각 소유하는 합작회사다. 영국 정부의 국제개발성이 초기 자금확보를 위한 대출보증을 해주어 사회적기업으로 출발할 수 있었다. 2006년 보디숍 인터내셔날은 자신들의 지분을 가나 생산농장 협동조합에 양도하였다. 이 회사를 통해 영국에서 공정무역 운동이 확산되면서 관련 사회적기업들이 관광, 호텔 등 각 분야에서 등장해 성업을 해왔다. 2007년에는 디바인 초콜렛 지사가 미국에 설립되기도 했다.

2) 사회적기업의 제도화

유럽에서는 거의 모든 국가들이 다양한 '사회적기업' 지원정책을 추진한다. 한 분석에 따르면, 이 국가들의 전체 82개 지원책 가운데는 법적 지원 21개, 재정 지원 26개, 비즈니스 지원 13개 등이다(Austrian Research 2007: 20-37). 첫째, 법적 지원은 세제 등 사회적기업을 지원하는 입법 등의 법적 장치를 의미한다. 2001년 핀란드는 사회적기업법을 제정해 사회적기업을 지원하는 정부정책을 주로 담았다. 2006년 이탈리아는 사회적기업의 개념 정의부터 목표, 비영리 수익활동 재정, 회계, 취득 등 전반에 관한 '사회적기업 규제' 법을 만들었다. 영국은 정부가 투자해 운영하는 '공동체이해회사' 법을 제정해, 그 후 공동체 단위에서 사회적기업을 수백 개 확대해왔다. 스웨덴에서는 장애인을 고용하는 공공 기관의 사회적기업인 삼할(Samhall)의 독점적 지위를 개방시켜 다른 사회적기업도 정부의 재정지원으로 장애인을 고용해 생산활동을 하도록 하였다. 프랑스에서는 사회적 배제층으로 구성된 사회적기업이 공공구매에서 특혜를 받을 수 있는 법적 조항을 도입하였다.

다음으로 '재정적' 지원은 많은 국가에서 공통적으로 추진된다. 가장 광범위한 재정지원은 사회적 연대 기업에 대한 포르투갈 정부의 광범위한 보조금 지원이다. 대부분의 운영비용뿐 아니라 자본지출, 시설비, 프로젝트 비용을 지원한다. 벨기에는 환경과 노동, 재활용, 사회기업가와 사회적 유대 분야의 프로젝트 보조금을 광범위하게 지원하며, 위기관리나 타당성 검토 등 컨설턴트 서비스 비용을 환불해준다. 덴마크에서는 사회업무성이 자발적 사회복지활동에 광범위한 보조금과 활동비를 지원한다. 핀란드는 사회적기업의 창업과 정착에 지원금을 지급한다. 슬로바키아에서는 개인이나 기업이 수입의 2%까지 시민사회조직에 기부하면 세금감면 혜택을 받는다. 체코공화국에서는 노인이나 장애인 서비스 활동을 하는 시민사회조직에 대한 보조금을 지급한다. 다른 간접적인 재정지원 방안은 임금보조금이다. 스웨덴, 슬로베니아, 슬로바키아는 장애인 노동자의 임금 일부를 정부보조금으로 지원한다. 프랑스의 고용주들은 "장래를 위한 계약" 정책으로 한 사람 고용할 때마다 고용지원금을 지급받는다.

정부의 '비즈니스' 지원정책도 동시에 진행된다. 핀란드와 벨기에는 장애인을 고용한 사회적기업에 한해 비즈니스 지원을 한다. 핀란드는 사회적기업의 창업과 정착에 필요한 컨설턴트 서비스를 제공한다. 이에 관련된 정보는 노동성이 사회적기업의 발전정책과 지원정책을 수립하는 데 긴요하게 활용된다. 벨기에, 독일에서도 사회적기업의 창업에 필요한 비즈니스 서비스를 받는다. 영국에서는 전반적인 비즈니스 지원을 받는다. 새로운 비즈니스 아이디어 제공, 비즈니스 기획, 마케팅, 재무평가에 이르기까지 비즈니스 지원을 받으며, 전문 비즈니스의 컨설턴트, 사회기업가의 전문교육 서비스 등 다양하고 광범위하다. 독일과 오스트리아에서는 사회적기업 관리 등의 석사과정 프로그램 지원도 있다. 네덜란드의 '사회기업가정신' 석사과정도 유명하다. 그 밖에도 웹사이트를 통한 정보와 자문제공은 스페인 등지에서 활용되며, 룩셈부르크는 '국가 사회적 행동 서비스'를 통해 임금을 보장받고 일자리를 구할 수 있도록 지원한다.

따라서 사회적기업의 재원도 정부, 시장, 기부 등 복합적이다(Spear and Bidet 2003: 18-19). 정부 재정지원이 가장 큰 비중을 차지하지만 시장재원의 경우, 벨기에의 직업훈련 사회적기업은 35%, 쉼터의 경우 50~60%이며, 나머지는 정부지원, 기부금, 자원봉사다. 아일랜드의 노동통합형 사회적기업의 절반 이상이 재정의 75% 이상을 정부지원에 의존하고, 22%만이 75%

이상을 자체수입에 의존한다. 독일의 경우 복지기관이 조직한 사회적기업 대부분은 정부의 재정지원에 의존한다. 이탈리아의 경우, 사회적기업의 재원은 여섯 군데다. 기업이나 정부에 판매를 통합 수입, 정부용역에 의한 지원, 정부용역 이외의 지원금, 사적 기부금, 자원봉사자의 노동, 사회보장 기여공제금 저축이다.

4. 정부의 '사회적기업' 정책

유럽국가 중 영국과 스웨덴은 특히 대조적이다. 복지국가 유형에서도 영국은 국가의 개입이 비교적 제한적인 '자유주의' 모델이지만, 스웨덴은 일반시민 대부분을 복지대상에 포용하는 '보편주의' 모델을 대표한다. 그러나 양국에서 사회적기업은 다른 유럽국가처럼 지속적인 성장을 하고 있는데, 영국은 보다 광의적인 '제3섹터' 진흥을 위한 전략으로, 스웨덴은 복지국가를 보충하는 사회복지정책으로 추진되는 서로 다른 정책배경과 목표를 보여준다.

1) 사회적기업의 발전단계

사회적기업의 발전단계는 정부의 다양한 지원 정책에 많은 영향을 받는다. 사회적기업의 확산의 속도, 수준, 배경은 대부분 역사적, 정치적 배경과 국가 특유의 전통 사이의 상호작용과 밀접히 관련된다.

사회적기업의 발전 수준에 관한 평가는 여러 요인들을 고려할 수 있는데, 주요국 사례를 분석한 선행연구들이 제시하는 요인들의 공통점은 다음 세 가지로 요약될 수 있다(Galera and Salvatori 2016: 7).

첫째는 사회적기업의 인지성(Recognizability). 사회적기업에 관한 공유된 정의의 제시, 전국적인 가시적 인지도 등이다.

둘째는 내재적 특성(Endogenous characteristics). 시민사회의 동원 역량, 공공복지체계에 통합된 비영리섹터의 구조화 수준, 사회적기업 모델의 비영리섹터의 공조적 운동 등이다.

셋째는 외재적 특성(Exogenous characteristics). 사회적기업의 개발과 확산을 가능하게 하는 배경으로 새로운 집합적 욕구에 호응하는 경제적, 복지 시스템의 역량, 행정적, 재정적 분권화와 지방자치의 복지정책 등이다.

이상의 세 가지 핵심 요인들의 조합으로 다음 네 단계의 사회적기업 발전단계를 제시해볼 수 있다(앞글: 7-10). 사회적기업이 형성기(embryonic phase)→성장기(progressive emergence)→통합기(gradual consolidation)→제도화기(institutionalization)로 발전하는 모델이다.

(1) 형성기

사회적기업이 형성되는 초기 시작단계이다. 사회적기업 발전의 형성기에 해당되는 국가들로 러시아, 우크라이나, 벨로루시아, 아르메니아 등이 있다. 이들 중 일부는 상당한 혁신적인 사회적기업들이 있지만 이들의 이니셔티브는 외부 지원기관, 특히 북미의 지원기관들이 주도하는 사회적기업이거나 일부 지역 차원에서만 잘 알려진 사례들이 있을 따름이다.

형성기의 국가에서는 사회적기업의 통일된 개념정의를 적용하기 어려울 정도로 개념적 혼란부터 사회적기업의 현황 파악 등 지형 파악도 어려울 정도로 문제가 복잡하다. 나아가 조직 측면에서는 중앙과 지방 두 차원의 네트워크나 조직들이 존재하지 않은 특징도 발견된다. 대부분의 사회적기업 이니셔티브들은 자원봉사자의 기여에 크게 의존하며, 경제적 활동 수행을 가로막는 재정적 장애물을 회피하기 위해 비공식 경제에서 활동하는 경우가 많다.

또 다른 특징은 정부나 지역사회 지원정책이 거의 존재하지 않는다. 따라서 사회적기업의 개발을 지원하는 법률, 공공정책, 개발 프로그램, 제도적 개혁 등 공공정책 전반의 수준은 극히 저조한 수준에 머물러 있다. 그럼에도 우크라이나 등의 일부 사례에서는 혁신적인 방법으로 사회적기업 이니셔티브가 식수, 교통 분야에서 시행되는 예외적인 경우들도 있다. 이런 이니셔티브들은 대부분 아래로부터 자발적인 시민들이 추진한 상향식(bottom-up)으로, 일부 이니셔티브들은 지방정부와의 공조적 파트너십으로 상당한 성과를 발휘한다. 이런 사례들은 지방 복지정책의 수립에서 사회적기업의 거대하지만 아직 잘 표출되지 않은 잠재력에 해당된다(Borzaga, Galera, Nogales 2008).

(2) 성장기

성장기의 사회적기업은 상당수의 정치적 의사결정층과 지방당국의 관심을 모으는 단계이다. EU 회원국들의 경우 사회적 포용 정책으로 사회적기업을 진흥시키는 EU의 구조기금 등의 프로그램 재정지원으로 사회적기업 육성 정책이 개시되는 단계이다.

사회적 포용 정책에 대해서는 인식이 점차 확대되는 특징이 있다. 그럼에도 사회적기업이 시민들의 서비스 욕구를 충족시키는 역할을 잘 수행할 것이라는 인식에 대해서는 정책결정층이나 지방당국의 이해 부족 등 역량 부족 문제가 드러난다. 독일과 오스트리아의 경우가 성장기에 머문 이유도 여기에 있다. 카리타스(Caritas)와 디아코니(Diakonie) 등 전통적, 강력한 종교적 결사체들이 사회적기업의 활동 공간을 위축시키는 장애가 된다. 이들은 국가에 강하게 의존하는 복지레짐에서 공공분야와 확고한 관계를 유지하며 사회복지와 사회보건 서비스 제공의 보장을 받고 있다. 독일과 오스트리아에서 사회적기업은 2010년대에 와서야 성장단계로 발전했지만, 대부분이 복지 분야가 아닌 재생 에너지 등 고도의 혁신적인 분야에서 급성장하고 있다. 그럼에도 정치적, 법률적 인정이 취약한 배경에서 사회적기업들은 전국적인 가시적 인지도가 취약하다.

다른 EU의 새로운 회원국들의 사정도 유사하다. 사회적기업의 개념 정의, 지형 등이 모호한 상황에 있기 때문에 사회적기업에 대한 인지도 또한 취약하다. 사회적기업은 사회적 포용의 중요한 정책수단이라는 인식이 확대되면서, 사회적기업에 대한 우호적인 평가와 인지가 개선되고 있다. 또 새로운 회원국들에서 사회적기업의 인지도가 낮은 이유는 아직 복지시스템이 잘 갖춰져 있지 않아 정부와 사회적기업 사이의 공조적 파트너십이 발전되기 어려운 상황이다.

대부분의 동유럽과 중앙유럽 국가들에서는 결사체주의와 자원봉사의 전통이 새롭게 진전되면서 다양한 사회적기업 이니셔티브의 발전을 촉진하였다. 불가리아 등지의 문화 서비스 사회적기업부터 거의 모든 국가들에서 볼 수 있는 노동통합형 사회적기업(WISE)이 대표적인 사례들이다. 사회통합을 지원하는 EU의 구조기금의 재정지원으로 가능해진 변화이다. 그럼에도 이런 이니셔티브의 확산은 실업자 등 특정 계층을 대상층으로 하는 스티그마 문제 때문에 더 이상의 두드러진 진전이 이뤄지지 않고 있다. 또 과거 소련 블록에 속한 동유럽 국가들 사이에도 사회적기업의 발전상의 차이가 두드러지게 나타난다. 주요 요인들은 국가 특유의 복지국가의 발전수준, 분권화, 자원봉사 동원 차이 등이다. 불가리아 등 일부 국가의 지방정부에서는 특정 공익 서비스가 사회적기업에 위임되어 있지만, 대부분에서 사회적기업이 배제되어 있다.

예외적인 사례가 크로아티아인데, 사회적기업이 국가전략 차원의 정책 논의에서 가장 주목받는 정책이 되며, 사회적기업가정신에 정책 초점이 맞춰져 있다. 크로아티아에서 상업활동형과 노동통합형 모두가 상당한 가시적 인지도를 보여준다. 형성기를 지난 성장기로 진입하는 사회적기업의 발전상을 보여준다. 사회적기업을 지원하는 중간지원조직인 사회적기업 네트워크들이 적지 않고 이들은 중요한 정책 로비활동, 연구활동 지원 등 다양한 주창과 서비스 활동을 한다. 그럼에도 사회적기업과의 공조로 지방복지체계를 갖추려는 지방정부의 정책에 장애가 되는 요인들은 크로아티아의 강력한 중앙집권적 행정과 재정의 전통이다. 따라서 사회적기업이 사회적 배제 문제를 해결하고 지역사회 개발을 지원하는 역량을 발휘할 수 있는 유리한 환경을 조성해주기 위한 법률적, 제도적 개혁이 과제로 부각되어 있다.

(3) 통합기

통합기는 성장기를 지나 실질적인 제도화를 지향하는 전환기적 단계이다. 제도화에 진입하지 못하는 국가적 과제는 일부 유형의 사회적기업들만이 특권적 지위를 누리며 공공정책의 특혜를 받고 있기 때문이다. 따라서 통합기는 '미완의 제도화'(incomplete institutionalization) 단계라고 볼 수 있다.

통합기를 대표하는 국가들은 스칸디나비아 국가들이다. 이들은 전통적으로 보편적 복지국가로, 국가 중심의 복지시스템의 운영 때문에 사회적기업은 단지 틈새 시장의 활동 영역을 확보해 발전하는 뚜렷한 한계를 보여준다. 아동 서비스 관리(스웨덴), 노동통합(스웨덴, 핀란드, 덴마크) 등이며, 최근 금융위기의 여파로 경제위기 극복을 위한 빈곤과 실업 대책으로 사회적기업의 일시적인 성장이 주목된다.

스웨덴이 대표적인 사례이다. 스웨덴은 역사적으로 보편적 복지국가를 대표하지만, 또한 역사적으로 오랜 시민사회 활동의 전통에서 시민사회단체들이 지역사회 문제해결에 관여해 다양한 프로그램을 시행해왔다. 스웨덴의 시민사회는 특히 1980년대 새로운 사회적기업 이니셔티브로 사회적경제 활동에 더욱 관여하는 전환기를 맞이하였다. 아동과 장애인을 위한 다양 서비스 활동이 대표적인 영역이다. 특히 노동통합형 사회적기업들도 보편적 복지시스템에서 상당히 호혜적인 정책지원의 수혜를 받게 되었다. 사회적기업들은 다양한 정부기관들의 재정지원 혜택을 누리고 있다. 스웨덴경제지역개발청, 정부고용서비스, 스웨덴사회보장청 등의 융자 혜택이 대표적인 사례이다. 또한 1990년대부터 시행된 공공서비스 영역에서 활성화된 경쟁적 공모에서 사회적기업의 새로운 사회기업가정신 개발과 시행이 상당한 공적 위상의 확보와 가시적 인지도 개선에 기여하였다.

또 2009년 〈공공부문의 선택 시스템〉(System of Choice in the Public Sector) 법의 시행이 획기적인 변화를 갖다 주었다. 보건의료와 사회복지 서비스를 이용하는 개인 이용자들이 사회적기업을 포함한 다양한 사회기관의 서비스를 선택할 수 있게 된 것이다. 전국적으로 60% 이상의 지방정부들이 선택시스템을 시행해, 국민의 60% 이상이 사회적기업이 제공하는 서비스를 선택할 수 있게 되었다. 아동 서비스의 경우, 서비스 비용의 90%까지 국고 지

표 4-6 스웨덴 공공부문의 선택 시스템 법

스웨덴은 2009년 공공부문의 선택 시스템 법(Law on System of Choice in the Public Sector)을 시행하였다. 복지 서비스에서 비용효율성과 양질의 서비스 혁신의 방안으로, 사회적경제 조직을 비롯한 비영리, 영리 공급기관의 사회서비스 공급 참여를 촉진하는 법이다. 모든 공공서비스 공급기관이 지불 수단으로 바우처를 받아 서비스를 공급하는 새로운 시스템으로, 장기요양 서비스가 대표적이다. 서비스 이용자와 수혜층이 서비스 공급기관을 선택하는 이용자 또는 소비자 선택 시스템(consumer choice system)으로, 정부는 공급기관의 서비스 품질보증 등 표준화를 통한 규제정책을 시행한다.

자료 OECD 2011. "Sweden Long-term Care". http://www.oecd.org/sweden/47878082.pdf

원이 이뤄지는데, 개인 이용자들은 공공 또는 비영리 또는 영리 3개 유형의 공급기관 중에서 선택한다. 아동 서비스뿐 아니라 다른 모든 공공 서비스들도 '선택 시스템' 대상이 되면서 사회적기업 등 민간 복지 공급기관들에게는 새로운 시장이 개방되었다(Gawell 2014). 사회적기업과 전통적인 영리기업들이 동등한 입장에서 경쟁하는 변화가 보편적 복지국가 스웨덴에서 일어난 것이다. 사회적기업은 중소 지역에서, 영리기업들은 대형 도시지역에서 상대적 우위를 점하고 있다. 노동통합 분야의 사회적기업의 경우, 2007년 150개→2010년 210개→2012년 300개로 급성장하고 있다(ICF 2015).

(4) 제도화기

마지막 제도화기에는 이탈리아, 프랑스, 벨기에, 영국 등이 있다. 이 국가들에서 사회적기업은 잘 조직화된 사회운동과 그에 따른 지원정책 덕분에 제도화 과정을 완전히 거친 최고 수준의 발전 단계에 와 있다. 그럼에도 국가들 사이에는 여러 측면의 차이들이 있다. 이탈리아에서 사회적기업의 등장배경은 복지시스템의 취약성 때문이었다. 이탈리아 복지국가는 사회적 변화에 대응할 수 없는 한계와 서비스 제공의 부족 등의 결함으로 심각한 문제가 제기되면서 혁신적 대안으로 사회적기업 육성정책이 추진된 것이다. 영국에서는 사정이 달라서, 사회서비스의 민영화를 지지하는 보수세력의 정치적 지지를 받아 성장할 수 있는 발판을 마련하였다. 영국과 이탈리아에서 사회적기업은 복지서비스 생산자라는 인식이 확고하며, 사회적기업들은 전통적인 노동통합과 사회서비스 생산 영역에서 벗어나 다른 지역사회 이해 영역으로 확장해가고 있다. 사회적 주택, 재생에너지의 생산과 소비, 환경, 문화, 레크리에이션 서비스 등이 새로운 사회적기업의 시장을 형성하고 있다.

영국과 이탈리아에서 개별 사회적기업 차원에서나 시스템 차원에서 동시에 진행되는 혁신적 이니셔티브들과 자원봉사자의 결합이 주목받고 있다. 이탈리아에서 사회적기업은 단기간에 형성기와 성장기를 거쳐 통합기와 제도화기로 급성장하며 국가 복지시스템에 완전히 통합되는 과정을 거쳤다. 이 과정에서 사회적기업들은 공공기관과 재정을 비롯한 다양한 측면에서 긴밀한 공조관계를 이뤄냈다. 1990년대 이래로 중앙과 지방 정부들은 사회적협동조합과 비영리단체를 비롯한 민간 기관들에게 사회서비스 생산을 아웃소싱 하는 혁신적 정책을 추진하였다. 바우처 시스템 또한 보건의료와 사회복지 서비스에 도입되었다. 공공기관과의 안정적인 공조 관계의 유지로 사회적기업의 지속가능성이 보장되었다. 상향식(bottom-up) 발전형인 이탈리아와 달리 영국은 정부 주도의 정책 이니셔티브들과 복지시스템 개혁으로 사회적기업의 급성장이 추진된 하향식 사례이다. 이로 인해 광범위한 공익 서비스의 생산과 공급의 시장이 창출되는 일대 변혁이 있었다.

정부가 사회적기업을 육성하는 지원정책을 추진한 목적은 다양하다. 장애를 제거하고, 사회적기업과 공공기관의 공조 관계를 구축하고, 사회적기업이 추가적 자원을 확보하는 역량을 갖추도록 지원하기 위한 것이었다. 첫째, 장애 제거에서 영국 정부는 새로운 사회적기업의 창출을 촉진시키는 정책을 시행하였다. 자원봉사자 참여와 세제 장애를 제거했고, 사회적기업 창업 관련 접근의 확장 등을 지원하였다. 둘째, 사회적기업과 공공기관의 공조적 관계 개선을 위해서는 2012년의 공공 서비스 법률을 제정, 시행해서 아웃소싱을 하는 공공기관들이 아웃소싱된 서비스가 지역의 경제적, 환경적, 사회적 기여를 하는 서비스가 되도록 규제하였다. 공공 섹터의 구매조달 역량은 경제적 효율성뿐 아니라 사회적, 환경적 혜택을 창출하는 방향을 지향하도록 한 것이다. 셋째, 사회적기업에 대한 정부의 투자가 이뤄지면서 사회적기업들이 다른 민간 자본을 유치하는 등 재정적 지속가능성을 확보하는 가능성을 높였다. '펀드들의 펀드' 또는 '재간접펀드'(fund of funds)로 알려진 빅소사이어트 캐피탈(Big Society Capital)을 창설해 사회적기업 등에 대한 사회적 투자의 길을 개방시켰다. 동시에 사회적기업의 성장을 지원하는 사회적기업 네트워크들의 활성화 또한 제도화기의 일반적인 특성이다. 2012년 영국의 사회적기업은 7만 1000개에 달한 것으로 조사되었다(Cabinet Office 2013).

1970년대 말 이탈리아에서 사회적기업의 창업을 지원하는 이니셔티브가 최초로 개시된 이래, 1980년대의 스웨덴과 1990년대의 영국도 뒤를 따랐다. 그런데 2010년대까지 영국과 이탈리아는 최정상의 제도화기에 안착했지만 스웨덴은 보편적 복지국가의 영향으로 사회적기업이 아직 제도화의 단계로 진입하지 못하고 통합기에 머물러 있다. 비교적 늦은 영국이 2000~10년대 정부의 종합 지원정책으로 가장 가파른 성장을 이뤄냈다.

표 4-7 사회적기업 발전단계: 영국, 이탈리아, 스웨덴, 크로아티아, 우크라이나

	1970년대	1980년대	1990년대	2000년대	2010년대
제도화기				영국 이탈리아	영국 이탈리아
통합기			이탈리아	스웨덴	스웨덴
성장기		이탈리아	스웨덴		크로아티아
형성기	이탈리아	스웨덴	영국	크로아티아 우크라이나	우크라이나

자료 Galera and Salvatori 2016: 12.

사회적기업의 입법으로 사회적기업의 발전을 지원하지만, 입법화만이 사회적기업의 확산과 성장을 지원하는 데는 한계가 있다. 입법 이후에 정부정책으로의 제도화가 중요한 결정적인 단계로 남아 있다.

2) 영국의 '사회적기업' 정책

영국, 호주, 캐나다 등 영연방의 경우 용어에서 '사회적경제'보다는 '제3섹터'를 더 많이 사용한다. 사회적경제에는 결사체, 자선조직, 클럽, 협동조합, 공제회, 자원조직, 공동체조직, 재단 등이 포함되며, 이 중 생산물이나 서비스를 거래하며 수익을 내는 활동을 하는 조직이 일반적으로 '사회적기업'이다(Passey and Lyons 2004: 1). 영국에서는 제3섹터를 진흥하기 위한 정책시도로 사회적경제나 사회적기업이라는 용어를 사용하게 되었다. 제3섹터라는 보다 '거시적인' 국정수립 접근법에서 사회적경제가 등장한 것이다.

영국의 사회적경제의 역사는 토니 블레어 총리의 집권 이전부터 존재했지만 블레어의 '제3의 길' 정책으로 급성장의 발판이 마련되었다. 영국은 1997년 노동당 집권 이전 보수당 시기에 시민사회조직이나 사회적기업 등에 대한 지원정책이 개발되거나 추진되지 않았다. 시민사회와 사회적경제가 사회문제 해결에서 기업가정신 역량이 부족해 공공서비스 위탁이 어렵다는 시각이 지배적인 가운데 영리기업 주도의 민영화를 추진하였다. 그 결과는 사회문제 해결의 효과성과 효율성 성과가 미흡하고 정부의 재정 부담만 늘어나는 결과를 초래하였다(OECD 2016: 28). 1997년 집권한 노동당 정부는 정부도 시장도 아닌 다른 '제3의 길'(third way) 전략으로 시민사회와 사회적경제를 사회문제 해결의 사회혁신 파트너로 삼아 입법, 정책 등으로 강한 추진력으로 보였다.

'제3의 길'은 이전의 보수당 정권의 신자유주의 정책과 전통적인 노동당의 국가 중심적 사회민주주의체제 사이의 중간인 제3의 길을 의미한다. 1997년 블레어의 집권부터 '신노동'(New Labor)이라는 정치적 상징어가 사용되었다. 제3의 길은 제3섹터 정책을 기본으로 한다. 국가 소유의 기업, 국가 주도의 복지국가도 아니고, 완전히 투자자 소유의 기업처럼 시장주도적 모델도 아니다. 대신 비정부, 비영리 모델이 되는 제3섹터 또는 사회적경제 조직이 소유하고 운영하는 비영리 '사회적기업'이나 사회적경제 조직이 새로운 사회정책과 복지모델의 대안이 된다. 프랑스에서 전통적으로 통용되었던 사회적경제가 유럽 전역에 표준화된 것과 같은 맥락에서 영국에서도 사회적경제를 포용하는 제3섹터라는 보다 광범위한 영역이 제3의 길이 지향하는 국정목표로 설정된 것이다. 두 번째 발전은 1970년대의 지역개발운동의 전통에서 찾게 된다(앞글: 3). 이 운동은 정부주도의 일련의 정책시도들이 등장하는데, 주로 도심 등의 '문제지역'이나 장기실업자 등의 '문제집단'

에 초점을 맞춰 시행되었다. 초기에 '사회복지' 접근으로 문제가 있는 대상층에 대한 욕구충족이 주된 정책이었지만 1980년대 대처 보수당 정권 시기에는 '지역개발'이 '지역경제개발' 전략으로 바뀌며 시장접근적 전략이 추진되었다. 따라서 일자리 창출에 혁신적 역할을 하는 '사회기업가' 중시, 사회적기업의 등장이 뒤따랐다.

영국의 사회적기업은 정부주도적 정책으로 제도화되는 특징이 있다. 제3섹터 자체에서 일어난 일련의 변화, 특히 정부와의 관계정립을 위한 1996년 디킨(Deakin)의 '자원 및 공동체 섹터의 미래에 관한 위원회' 보고는 블레어 정권의 출범과 시기를 맞춰 채택되며 1998년 정부-제3섹터 협약이 추진될 수 있었다. 이 협약은 2005년 자체평가를 통해 총리실에 2007년 협약위원회를 제도화함으로써 더욱 확고한 국정의 일부가 되었다. 이를 위해 다음과 같은 일련의 후속 제도화가 진행되었다(앞글: 9-10). 첫째는 제3섹터의 발전을 지원하기 위한 정부역량의 개선이다. 주무부서인 내무성은 2003~6년 기간에 9300만 파운드의 예산으로 정부조직을 신설하였다. 중앙의 '실'(Office) 조직은 활성적 공동체, 자선, 시민행동으로 조직화되어 있다. 활성적 공동체실은 제3섹터를 진흥시켜 시민들이 공동체에 활성적으로 참여하도록 지원하는 책임을 맡는다. 자선실은 자선조직들을 지원하고 자선조직들의 국민의 신뢰를 유지하도록 관리한다. 또 시민행동실은 시민들이 자신들의 삶에 영향을 미치는 공동체의 의사결정과정에 자발적으로 참여하도록 독려하는 업무를 맡는다. 둘째는 제3섹터조직의 성장을 지원하는 일이다. 총리실의 전략실은 제3섹터의 성장을 중점적으로 지원하는 정책을 수립하기 위한 조사와 평가 업무를 맡는다. 여기서 제시하는 다양한 정책제안은 정부 각 부처가 신중히 검토해 대부분 정책시행으로 실행할 정도로 신뢰를 받는다. 재무성이 제3섹터조직의 공공서비스 제공 업무를 평가하는 일이 가장 중요하다. 이 조직들이 서비스 전달의 창의력을 향상하도록 하는 특별기금, 미래건설자 기금은 1억 2500만 파운드이다. 이처럼 1990년대 제3섹터 조직의 급성장에는 정부지원금이 결정적인 역할을 하였다는 분석이 있다. 사회복지 서비스 영역에서 두드러진 성장이 있었지만, 이들의 역량강화를 위한 인프라 구축에는 별다른 성장이 없었다. '미션 표류'나 '프로젝트화'라는 비난성 용어들의 등장이 이런 현상을 꼬집는다. 그래서 '미래건설자' 특별지원금으로 서비스의 획기적인 개선과 효율화 방안을 강구하고 있다. 특히 보건과 사회적 케어, 범죄와 사회적 유대, 교육과 학습, 아동과 청소년 서비스 영역에 초점을 맞출 것을 주문한다.

정부의 사회적기업 전담조직의 제도화도 영국 특유의 정책전략이다. 2000년 영국 정부는 상업적 이해가 아니라 공적 이해를 갖고 고객에게 호응하고 사기업의 자유로운 활동으로 창의적인 '기업가조직' 정책을 제안하였다. 2001년에 '사회적기업실'을 신설한 무역산업성은 정부가 사회적기업이 더 좋은 비즈니스가 되도록 더 유리한 환경을 조성하겠다는 정책안을 발표하였다. 공공재와 사유재 사이의 '제3의 길'을 찾는 것이다. 공적 목적을 달성하기 위한 기업가정신의 필요성을 강조하였다. 정부는 외부기관의 제안에 대해 사회적기업을 승인하거나 재정을 지원하는 역할을 주로 하던 것을 정부 담당실을 두어 전담하며 정책을 주도하는 입장으로 강화한 것이다. 외부기관은 디킨(Deakin) 위원회, 사회투자포럼(SIF), 신경제재단(NEF) 등이다. 사회투자포럼은 사회적으로 책임 있는 투자를 지원하기 위해 1991년에 설립된 비영리기관으로, 투자자들이 사회적, 환경적, 윤리적 이슈들에 부합하도록 자문을 해주는 역할을 한다. 또 신경제재단은 경제, 사회, 환경 이슈들에 대한 주류 경제학에 도전하는 새로운 혁신적 대안을 제시하는 역할을 한다. 이런 외부 싱크탱크는 노동당 정부의 사회적경제 정책에 지대한 영향을 미치며 실제 많은 자문을 하고 '사회적 투자 TF'에 동참하는 적극적인 역할도 하였다.

'사회적기업'을 전담하는 제3섹터부가 밝히는 영국 정부의 사회적기업 지원정책은 아래와 같다(UK Cabinet Office 2007: 70). 사회적기업 육성을 위해 정부는 ⓐ 관심을 가진 사람들이 사회적기업을 운영하거나 새로 창업을 하도록 진흥하는 일에 지속 투자하고, ⓑ 사회적기업에 청소년이 관심을 갖도록 교육을 확대하는 교육과정 개선을 추진하고, ⓒ 제3섹터 연구 프로그램을 통해 사회적기업의 특성과 영향에 관한 사실을 축적하고, ⓓ 사회적기업 창업을 하려는 사람들에게 비즈니스 지원을 확대하며, ⓔ 정부의 각종 사회적기업 재정지원에 관한 정보와 접근을 보다 유용하게 확대하고, ⓕ 정부 각 부처가 정책전달과 결과를 개선하는 데 사회적기업 모델이 어떤 기여를 하는지를 탐색하도록 지원하다. 이를 위해 2006년 '사회적기업 실행계획'이 범정부 차원으로 수립되었다. 실행계획에 따르면, 사회적기업은 "비즈니스 접근을 통해 사회적, 경제적, 환경적 수혜를 복합적으로 생산하며 사회적, 환경적 욕구를 충족하고 창업을 확대하며 공공서비스를 개선하며 윤리적 시장을 진흥시키는 정부의 복합적인 정책목표에 기여한다"라고 평가한다(앞글: 71). 또 실행계획은 다음 네 가지에 초점을 맞춘다(앞글: 72).

ⓐ 사회적기업 문화를 창출한다. 정부주도의 사회적기업 연합 컨소시움에 20명의 사회적기업 홍보대사를 임명해 사회적기업에 대한 인식제고를 확대한다.

ⓑ 사회적기업을 하는 사람들에게 정확한 정보와 자문을 제공한다. 이를 위해 지역개발기관들에 업무에 필요한 보조금을 확대한다.

ⓒ 사회적기업이 정부의 재정지원에 잘 접근하도록 한다.

ⓓ 사회적기업이 정부와 협력하도록 한다. 보건의료와 사회복지 서비스, 고용 서비스, 올림픽 서비스 활동으로 정부와 정책 보조를 맞추도록 지원한다.

한편 정부가 직접 투자해 운영하는 사회적기업도 있다. 영국 정부는 2005년에 사회적기업을 육성하기 위한 방안으로 정부가 투자해 운영하는 공공 사회적기업인 '공동체이해회사'(CIC)을 창설하였다. 일반회사와 똑같은 법적 지위를 갖지만 자신들의 자산과 수익을 공동체이해를 위해 배분할 수 있다. 창업 시 반드시 '공동체이해' 사정을 통과해야 허용이 되며 매년 '공동체이해' 증진에 관한 보고서를 제출해 평가를 받도록 되어 있다(UK Cabinet Office 2007: 78). CIC의 주요 서비스 영역은 보건의료 서비스, 개인 및 사회 서비스, 주택, 교육, 사회복지 등이다. 2007년에 천 번째 CIC가 헐(Hull) 시에 설립되어 보건의료 전문서비스 활동을 하고 있다.

3) 스웨덴의 '사회적기업' 복지정책

스웨덴의 보편주의 제도적 복지국가는 정부, 기업, 시민사회 사이의 '노동의 분업'에 기초한 조합주의의 산물이다. 생산과 축적은 기업이, 행정과 관리는 국가가, 소비와 이해의 표출은 시민사회가 하는 노동의 분업이다(Stryan and Laurelli 2002: 5). 복지국가는 완전고용과 일반적 복지를 제공하며 안정성을 유지해온 전통이 있고, 시민사회조직의 고용과 실업대책 관여는 전통적으로 금기시되어 왔다. 다만 제2 노동시장에서의 일시적 고용에 한정된다.

스웨덴에서 복지국가 중심의 노동과 복지 문제의 해결에 심각한 변화가 일어난 것은 1980년대 중반부터다. 전국 최대의 보건의료시설인 삼할에서부터 변화가 시작되었다. 의료시설인 이곳을 벗어나 탈시설화를 희망하는 정신질환자와 가족과 의료진이 합세해 삼할의 문제를 제기하며 다양성의 원칙이라는 정부정책의 변화를 이끌어내며 새로운 형태의 의료시설인 협동조합을 결성한 것이다. 이른바 '사회적협동조합'이다. 이제 그 수는 전국에 90개에 달하면서 전국연대조직(Skoopi)이 2000년에 결성되었다. 사회적협동조합은 환자와 환자 경험자, 가족, 의료진이 참여해 결성하였고, 여기에 새로운 참여자로 장애 등으로 인해 장기실업 상태에 있는 사람들이 동참한다.

스웨덴의 사회적기업의 유형으로는 국영기업 삼할 이외에도 사회적협동조합, 지역공동체 비즈니스가 있다(앞글: 6-23).

(1) 사회적협동조합

사회적협동조합(social cooperatives)의 법적 지위는 '경제적 결사체'다. 스웨덴의 '결사체 법'에 따르면 경제적 결사체는 회원들의 노동에 의해 생산활동을 해서 상업적 수익을 창출해 회원의 경제적 이해를 충족시켜주는 조직이다. 멤버십은 주요 이해관계자뿐 아니라 잠정적인 대상자를 포용하도록 개방적이어야 하고, 협동조합의 특성이 되는 1인 1표의 민주적 의사결정에 따르는 조직이어야 한다. 그러나 반드시 비영리활동에 국한되지도 않고 자선적 기부 등 사회적 목표를 추구할 필요도 없다. 핵심은 민주적 거버넌스 구조를 통해 경제적 위험을 극복하고 사회적 배제층인 회원들의 경제적 이해를 충족시켜주는 데 있다.

사회적협동조합 중에서도 경제적 수익활동보다 사회서비스 제공 등 사회적 목표 달성을 일차적 목표로 하는 협동조합은 '경제적' 결사체와 다른 '자원적' 결사체로 구분한다. 사회적 목표 달성을 위해 비영리활동을 주로 하며 경제적 결사체보다 법적 규제를 받지 않고 자율적인 조직으로 민주적 거버넌스 구조도 강하다. 경제적 결사체에서 일하는 종사자들 대부분(65%)은 협동조합이 아니라 '국가의료보험체계'로부터 임금을 받는다. 또 다른 13%는 국가와의 고용계약 프로그램에 따라 임금을 받는데, 임금 부족분은 노동시장행정실에서 지원된다. 나머지 22%는 비회원 노동훈련생으로, 국가보험사무실이나 국가고용사무실의 재정으로 급여를 받는다. 고용교육훈련은 필수적이며 매우 체계적이다. 보통 6개월에서 2년까지 지속되는데, 재정과 결사체, 비즈니스 개념, 협동, 스웨덴어, 수학, 컴퓨터, 사회과학을 고루 수업받으며 특히 임파워먼트와 민주주의 훈련을 중시한다. 회계, 재무관리 등 전문교육을 연장하는 경우도 흔하다. 일차 창업에 필요한 재원은 지자체뿐 아니라 중앙의 노동시장행정실, 국가유산기금, 국가의료보험에서 공동으로 보조되며 유럽연합의 사회적 기금도 도움을 준다. 또 10~20%의 협동조합은 노동훈련생 위탁사업으로, 국가보험사무실, 국가고용사무실에서 비용을 지급받아 교육훈련 서비스를 판매한다. 사회적협동조합은 국가기관으로부터 서비스 판매 등의 대가를 지불받거나 고용자 임금을 지원받지만, 주로 지자체와의 공조관계로 지자체 실정에 따라 재원을 확보하고 서비스 판매활동을 한다. 따라서 지자체의 고용정책과 공조하는 거버넌스 파트너가 된다.

사회적협동조합은 다시 세 가지 독특한 유형으로 구분된다. 먼저 〈A형〉은 상업적 수익활동 등 경제적 목표보다는 사회적 목표를 중시하는 '자원적' 또는 '결사적' 조합들은 사회적 배제층의 임파워먼트 강화에 초점을 맞춘다. 지역사회 지자체나 재단과 연계된 활동을 한다. 〈B형〉은 '사회복지' 협동조합으로 경제적 수익활동보다는 회원개인들의 관심사인 개사육, 정원일, 수공예, 기차 문화활동을 통한 재활에 관련된 비즈니스 활동을 한다. 〈C형〉은 회원들의 노동과 고용이라는 확고한 비즈니스 목표를 가지고 수익활동을 하는 협동조합이다.

사회적협동조합의 자율성은 기본적으로 회원이나 이용자만이 1인 1표로 의사결정을 하는 원칙에 기초한다. 이사회의 구성도 회원대표들과 경영진으로 구성되어 민주적으로 운영된다. 그럼에도 많은 협동조합에는 지자체가 임금을 부담하는 감사들의 적지 않은 영향력을 받는다. 이들은 실제 협동조합의 관리와 경영에 지원을 하는 책임을 지고 있지만 직간접적으로 간섭하며 영향력을 행사한다. 또 지자체의 재정지원 의존가 높은 일부 협동조합은 그만큼 관리의 감독이나 간섭을 받게 된다. 경제적 위험부담은 재정적 측면에서보다는 조직의 생존 자체에서 더 문제가 되고 있다. 기본자본 투자가 취약하고 자산이 적기 때문에 그렇고, 특히 정부정책이 예측하기 어렵기 때문에도 협동조합이 교육훈련으로 판매하는 수익활동도 지자체 실정에 따라 금지되기도 하면서 예측하기 어렵다. 회원들의 위험부담이 거의 없다고 볼 수 있다. 투자비용이 아주 적은 액수인 10~50유로 정도의 상징적 수준이다. 또 그들의 임금은 국가의 사회보험이나 고용지원에 의해 보장되어 있어 협동조합이 파산되지 않는 한 위험부담은 적다.

대부분의 협동조합 인력은 일부를 제외하면 자원봉사자다. 심지어 협동조합의 상업적 거래활동도 자원봉사활동으로 이뤄진다. 노동자들도 자원봉사활동 성격이 강하지만 국가로부터 임금지원을 받기 때문에, 목표는 보조금을 떠나 장차 안정된 일자리를 찾아 '임금'을 받도록 하는 데 있다. 그러나 회원이 아닌 외부인이 협동조합의 주요활동에 참여하는 일은 거의 없고, 경영과 관리 등 이차적 활동에 관여하는 경우가 많다. 협동조합은 노동시장에서 배제된 사람들의 회원활동에 기초하기 때문에 이들의 노동과 고용뿐 아니라 보건 등 필요한 서비스를 제공하고, 특히 사회적 배제로부터 소외를 극복할 수 있도록 자조와 임파워먼트 강화 그리고 기업가정신이 일차적으로 중요한 활동이 된다. 지역사회의 성인교육기관이나 재활기관의 전문가, 지자체 공직자 등이 협동조합의 창설자 역할을 주로 한다. 수익금은 일반 법인세와 같은 세금을 내고, 수익금은 교육훈련비, 회원들의 교통비, 사회활동비로 투입될 수 있다.

(2) 지역공동체 비즈니스

지역공동체 비즈니스(local community business)는 일자리 창출과 실업자의 노동시장 통합 기능에 지역공동체 개발을 접목한 사회적 목표를 추구한다. 지역단위로 전체 6개의 비즈니스가 있는데, 도심 한 곳을 제외하면 지리적으로 낙후한 북부지역의 공동체 복지와 일자리 창출을 위해 1998년 이후에 설립되었다. 지역사회의 개인이나 조직이 설립의 주도적인 역할을 한다.

지역공동체 비즈니스의 법적 위상은 복합적이다. 다양한 이해관계자, 다차원의 구조를 가지고 있다. '자원적' 결사체의 개인과 집단이 창업을 주도하지만, 비즈니스 사업 부분은 별도로 조직되어, 자원적 결사체가 비즈니스를 소유하는 형태가 일반적이다. 한편 민주적 구조는 자원적 결사체의 의사결정구조에 따르지만 일부는 다양한 이해관계자의 소유권에 따라 의사결정이 달라지기도 한다. 일차적 목적은 지속가능한 기업을 성장시키는 일이다. 이를 통해 지역공동체 개발이 이뤄지고 서비스 인프라가 구축된다는 논리이다. 유일한 도심 비즈니스인 고덴버그의 비즈니스는 직접서비스 개발 목표뿐 아니라 자신들의 고용자들이 창업자로 성장하는 인큐베이터 역할도 겸한다. 사회적 배제층의 기술향상, 지식습득 훈련과정을 중시한다. 지역사회의 욕구에 맞는 서비스를 개발해 공급하며 지역사회에 밀착한 공동체 친밀성을 가진 비즈니스 활동을 한다.

지역공동체 비즈니스의 고용자들은 풀타임, 파트타임 고용, 정부지원 고용교육생 등 다양하고, 관리와 경영에 자원봉사자 참여도 활발하다. 고용교육훈련은 정규활동이 아니지만 국가의 고용지원에 따라 교육훈련을 진행한다. 주로 장기실업자, 청년실업자, 장애인, 사회복지수혜자 등이 고용자로 참여한다. 재원은 비시장소득보다 주로 시장소득에 의존한다. 또 정부의 고용자 임금지원에 일부 의존하기도 한다.

(3) 삼할 국영기업

스웨덴에서 고용의 권리는 시민적 권리다. 따라서 복지국가의 탄생부터 완전고용은 최대의 목표가 되면서, 장애로 인해 직장을 갖지 못하는 사람들의 일자리 마련을 위한 종합적인 정책의 하나로 국영기업 삼할이 1980년 탄생되었다. 삼할은 상업적으로 성공적인 기업으로 인정받고 있다. 많은 대기업에 포장, 조립 등으로 생산활동을 하면서 경쟁력을 갖춘 기업으로 성장한 것이다. 이런 수익활동으로 고용자들의 재활사업에 재투자하는 선순환이 이뤄지는 사회적기업이다.

그러나 최근 10년간 삼할을 둘러싼 경제적 환경은 급격히 악화되었다. 조립과 포장으로 납품한 대기업의 공장들이 가격이 저렴한 해외로 이전한 것이다. 게다가 정부의 재정악화는 삼할에 대한 재정지원을 감소시키고,

소유자인 국가가 삼할의 생산성 향상으로 수익활동 개선을 압박하면서 생산력이 취약한 장애인에 대한 고용차별이 일어나는 문제에 휩싸이게 되었다. 정부의 공식보고에 따르면 정신장애나 학습장애를 가진 장애인에 대한 차별이 있었다는 것이다. 이들의 불만은 앞서 보았듯이 별도의 '사회적협동조합'의 발전을 가능하게 만들었다.

최근 삼할은 심각한 구조조정 단계에 있고, 기본방향은 재활사업에 수익활동을 개선하는 것으로, 서비스 사업에 지금의 인력 40%를 55%로 확대시키는 방안을 추진하고 있다. 또 지자체와 협력해 노동시장통합 서비스 사업을 추진하려고 한다. 삼할은 국가의 절대적 소유기업을 전국 6개 지역에서 설치되어 있고, 6개의 자회사를 거느리고 있다. 그 중 4개는 비즈니스 수익사업을 하며, 다른 둘은 인력개발 업무를 전담한다.

삼할은 다음과 같은 경제적 목표를 두고 있다.

ⓐ 고용 목표: 장애인을 고용해, 2001년의 경우 연간 3100만 이상의 노동시간으로 생산활동을 하도록 규제한다.

ⓑ 충원 목표: 최소 40% 이상은 정신, 지적 장애, 복합장애를 가진 장애인의 고용을 의무화한다.

ⓒ 정규고용 목표: 연간 최소 5% 이상의 장애인이 삼할을 떠나 일차 고용시장에 일자리를 갖도록 한다.

ⓓ 경제적 산출 목표: 자원 활용의 효과성과 효율성을 중시한다.

삼할의 노동자는 93%가 장애인이며, 풀타임과 파트타임 노동자 중 여성 39%, 남성 21%가 파트타임 노동자이며, 7%는 장애인이 수행하기 어려운 작업을 맡는 직접고용자들이다. 따라서 재활교육, 직업교육훈련은 매우 중요한 업무다. 삼할의 재원은 자체 생산활동이 절반 이상을 차지하고, 나머지는 정부보조금이다. 보조금은 고용의 양에 따라 결정되는데, 최근에는 생산성을 중시한다. 국가 소유이기 때문에 국가가 임명하는 이사진에 의한 의사결정이 지배적이다. 또 국가 소유로 경제적 위험부담이 적지만 최근 경영악화와 정부재정지원 감소로 경제적 위험부담이 늘고 있다. 공동체 이해충족 등의 사회적 목표는 없으며, 공동체 대표나 자원봉사자 참여도 거의 없다.

삼할은 산업공단(Industry Park)에 위치해 운영된다. 인근의 주요 제조업체인 Volvo, Scania, Ericsson, Ikea 등의 하청업체로 사업을 하며 엔지니어링, 전기, 전자, 배터리, 조립, 포장 등 다양한 산업 분야의 생산, 개발, 로지스틱스 솔로션 등 전문화된 맞춤형 사업에 초점을 맞춘다.[5] 고도의 기술역량을 갖춘 종사원들의 교육훈련으로 최고 수준의 품질 보증과 제품 인증(GMP, QS, ISO 9000, ISO 14000)으로 비즈니스 활동을 한다. 삼할의 산업 분야 중 100개가량은 기초 분야로 재조정되어 특정 지역에 특화된 작업 방식을 채택하고 있다.

1980년에 설립될 당시의 삼할은 370개의 공장들이 지역의 시정부와 시의회와 중앙정부의 노동시장위원회 등이 공동으로 운영의 책임을 맡았다. 처음에 2만 7000명 직원 가운데 2만 1400명이 1990년에는 3만 400명으로 늘어, 장애인 고용 목적의 사회적기업으로 성장하였다. 2000년대에 2만 2000명 수준으로 감소되었지만 전체 직원 중 장애인 비중은 늘어난 추세를 보여준다. 직원 감소는 다른 직장으로의 이전으로 삼할의 경력이 다른 직장에서도 선호하는 성과를 보였다. 정부는 직장 이전의 목표치를

5 http://www.samhall.se/In-English/About-Samhall/

1993년 전체 직원의 연간 3%에서 2000년 5%, 2010년 6% 이상으로 규제하였다. 1990년대를 통해 삼할은 약 1만 개의 새로운 서비스 일자리를 창출한 성과를 냈다.

4) 한국의 사회적경제기업 지원정책

(1) 사회적경제기업의 성장

한국의 사회적경제기업은 사회적기업뿐 아니라 협동조합, 자활기업, 마을 기업 등을 총괄하는 개념이다. 유럽의 사회적기업이 형성기→성장기→통합기→제도화기로 발전한 것과 비교하면, 한국의 사회적기업은 형성기를 지나 성장기에 달한 것으로 볼 수 있다. 사회적기업은 이미 10년이 지난 역사를 통해 정부의 다양한 정책 추진으로 성장기에서 통합기로 진전 중이며, 협동조합의 경우 2012년부터 최근까지 형성기를 지나 성장기에 진입한 것으로 보인다.

정부의 관련 부처들이 종합적으로 진단하는 한국 사회적경제는 초기 형성기를 지난 성장기에 와 있고, 이제 성숙기로의 발전을 앞두고 있다. 도입, 성장, 성숙기가 구분되는 몇 가지 특징이 있다(일자리위원회 2017).

첫째, 도입기→성장기 발전은 정부 부처별 사회적경제기업 육성정책이 본격화된 시기로 2012년부터 협동조합법 시행 이후 2013년부터라 볼 수 있다. 정부의 사회적경제 생태계 조성에 필요한 법 제정과 시행, 관련 제도 마련 및 정책 추진이 특징이다. 사회적경제기업의 조직 규모가 늘고 매출이 확대되는 성과가 있었다. 기업으로서 수익을 생산하는 다양한 수익모델 개발과 함께 다양한 경제활동 분야 개척도 뒤따랐다.

둘째, 성장기→성숙기 발전은 2022년 이후로 정부의 생태계 조성 진흥 역할이 민간 자율의 역량 제고와 자생력 확보가 가능해진 시기가 된다. 주류 시장에서 경쟁력을 가진 비즈니스 활동으로 경제적 성과를 확대하는 지속가능성을 갖게 되는 시기라 볼 수 있다.

(2) 한국 사회적경제기업의 성장

한국의 사회적기업은 급성장하고 있다. 한국사회적기업진흥원(2016)의 현황조사 결과는 다음의 특징을 보여준다. 첫째, 설립 경로에서는 예비사회적기업을 거친 경우가 절반가량으로 가장 많고, 다음으로 기타가 많은데 주로 시민사회조직 등의 결사체로 보인다. 그 밖에 자활과 장애인작업장 등 사회복지 영역이 많고, 마을기업과 사회적협동조합 등이다. 둘째, 조직형태별로는 상법상 회사가 절반 이상을 차지하고, 다음으로 민법상 법인, 비영리민간단체, 사회복지법인, 협동조합과 조합법인 등이다. 셋째, 사회적 목적별로 구분해보면, 일자리 제공형이 전체 70%가량 대부분을 차지한다. 다음으로 사회서비스 제공형과 지역사회 공헌형은 합쳐도 전체 10%도 되지 않을 정도다. 마지막으로, 서비스 분야는 매우 복합적이다. 문화예술, 청소, 환경, 교육이 가장 많은 비중을 차지하는 우선순위이며, 다음으로 사회복지와 간병(가사지원)이다.

한국에서 사회적경제의 성장은 관련 조직들의 성장에 비추어 살펴볼 수 있다. 2007년 사회적기업 진흥법 시행 이래로 사회적기업과 예비적 사회적기업이 급성장해왔고, 협동조합도 2012년 법 시행 이후 2017년까지 1만 2000개 이상으로 늘었다. 협동조합 중 공익성, 비영리성 등 사회적 목적 추

표 4-8 한국 사회적경제기업의 발전 단계

도입기 (1997~2012)		성장기 (2013~2022)		성숙기 (2023~)
• 개별 사회적경제기업의 **자발적 조직 및 활동** • 정부인증 및 지원을 위한 **법·제도 마련** • 사회적경제 활성화 **시범 사업 추진** • 사회적경제 중요성에 대한 **인식 확산**	→	• 부처별 사회적경제기업 **육성정책 본격 추진** • 사회적경제기업 **조직 규모·매출 등 확대** • 다양한 **수익모델 개발** 및 **진출분야 확대** • 사회적경제 친화적 **생태계 조성**	→	• 민간주도의 **역량제고** 및 **자생력 확보** • 기존 시장조직과 **경쟁·보완 관계**를 통한 **순기능 활성화** • 사회적경제를 통한 **사회적 가치 확산** • **민·관 상생협력 정착**

자료 일자리위원회, 2017, p.5.

구가 강한 '사회적' 협동조합은 2017년 7월말 현재 769개에 달하는데, 정부 부처별로는 보건복지부 181개, 교육부 174개, 노동부 146개로 가장 많고, 이어서 문화체육부 55개, 기획재정부 52개, 농림축산식품부 34개, 행정안전부 22개, 여성가족부 21개 등이다.

또 사회적경제 관련 조직들도 급성장하는 추세이다. 지난 2000~10년 기간에 자활공동체는 248배, 대안금융기관은 17배, 서비스공급형 시민사회단체는 4배로 늘었고, 또 생활협동조합은 2000~14년 기간에 16배 폭증하였다.

사회적경제기업의 현황을 살펴보면, 한국 사회적경제가 성장기에서 이제 성숙기로 준비를 갖추고 있다는 근거를 발견할 수 있다. 「사회적경제 기본법」상의 사회적경제기업은 일반 사회적경제기업 및 특별법에 의한 8개(농협, 수협 등) 개별 협동조합을 모두 포함한다.

① 사회적기업

사회적기업은 이윤의 2/3 이상 사회적 목적에 재투자하며, 30% 이상 취약계층 고용 등의 요건 충족 시 인증된다. 2016년 기준 총 1713개소(예비 사회적기업 포함 시 총 2821개소)가 있고, 총 3만 7509명이 고용 중이다. 사회적기업수 증가율(%)은 2013년 30.7% → 13.7%(2016)으로 다소 둔화 추세를 보여준다. 사회적기업이 추구하는 사회적 목적별로는 취약계층 일자리를 제공하는 유형이 69.7%로 가장 많은 비중을 차지하며, 사회서비스 제공형 6.3%, 혼합형 10%이다.

② 협동조합

협동조합 및 사회적협동조합은 자발적으로 결성하여 공동으로 소유하고, 민주적으로 운영해야 할 의무가 있다. 2016년 기준으로 총 1만 640개가 있고, 2만 9861명(추정)이 고용 중이며, 연간 설립 수는 3042

그림 4-6 한국 사회적기업과 협동조합 설립의 급증세: 2007~17

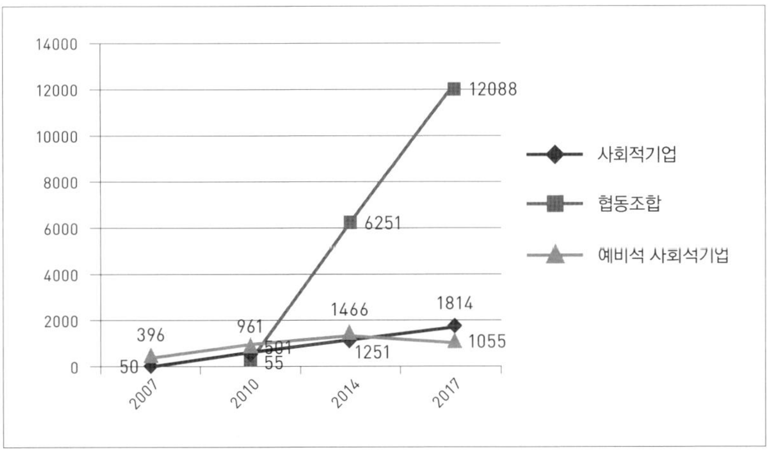

(2013)→1961(2016)로 다소 정체추세다. 한편 사회적협동조합의 연간 설립 수는 103(2013)→203(2016)으로 성장세를 보여준다. 일반협동조합은 사업자협동조합이 전체의 75%를 차지하며, 사회적협동조합은 지역문제 해결 목적형이 전체의 40%로 가장 많은 비중을 차지한다.

③ 마을 기업

마을의 지역 범위는 읍·면(농촌지역) 또는 구(도시지역)이며, 사업계획서상에 지역사회공헌활동 포함 시 마을기업으로 지정한다. 2016년 기준 1만 446개소가 있고, 1만 6101명이 고용 중이며, 전년대비 증가율(%)은 42.2%(2013)→7.7%(2016)이다. 마을기업당 평균고용(명)은 9명(2013)→11명(2016)으로 점차 늘고 있다. 지역농산물 가공·판매 업종이 일반식품 42.8%, 전통식품 15.6%로 가장 많은 비중을 차지한다.

④ 자활 기업

기초수급자 및 차상위자가 사업주체가 되어 자활근로사업을 추진해 취약계층의 탈수급 유도 및 사회안전망 강화를 목적으로 한다. 기초수급자가 1/3 이상 시 자활기업 인정을 받는다. 2016년 기준 1149개가 운영 중이며, 총 7629명이 자활기업 사업에 참여한다. 전국자활협회 5대 표준화 사업(청소소독, 집수리, 간병, 폐자원·음식물 재활용) 중 청소소독이 20.6%, 집수리 13.2%, 간병돌봄 13.1% 등이다.

(3) 생활협동조합과 협동조합법

생활협동조합법은 생활협동조합(생협)을 규제하는 법으로, 생협은 법적 보장으로 회원 가입의 폭증 등 안정적인 발전을 할 수 있게 되었다(박상신 2005: 664). 법제정 직후 2000~3년 기간에 단위 생협당 조합원 수는 817명에서 2003년 1869명으로 230% 급증했고, 출자금도 5300만 원에서 9000만 원으로 170% 증가했으며, 매출액도 단위생협당 4억 원에서 12억 원으로 세 배 폭증하였다.

1999년에 제정된 소비자협동조합법이 필요했던 당시의 시대적 배경은 다음과 같이 소개되고 있다. "최근 자발적인 소비자생활협동조합 활동이 지역·직장·단체 및 학교 단위에서부터 점차 증대하고 있으나, 소비자생활협동조합은 농업협동조합 등 생산자조합과는 달리 법적 근거가 없이 운영되고 있어 조합에 대한 공신력의 결여, 조합원의 확보곤란 등 조합운영에 많은 어려움을 겪고 있으므로, 이 법의 제정을 통하여 상부상조의 정신을 바탕으로 한 소비자의 자발적인 조합활동을 촉진함으로써 소비자의 복지향상에 기여하려는 것"이다(국가법령정보센터). 법의 주요 내용은 30인 이상의 소비자가 발기인이 되어 조합을 설립할 수 있고, 조합원은 누구나 1좌 이상을 출자하도록 하고, 1조합원의 출자좌수는 총출자 좌수의 5분의 1을 넘을 수 없도록 한다.

새로 인가된 생활협동조합의 수는 1999~2008년 기간에 40개 미만이던 것이 2009년에는 전년에 비해 10배 폭증했고, 이후 2011년까지 지속적으로 늘었다. 대표적인 한 살림, iCOOP, 두레생협의 경우 2011년 현재 각기 회원수가 29만 명, 10만 명, 10만 명에 달하며, 2007~11년 4년 새에 회원수는 각기 2배, 5배, 3배가량 폭증했으며, 총공급액도 각기 2배, 3배, 2배씩 늘었다(원종욱 외 2012). 의료생협의 경우, 2000년 안산의료생협을 시작으로 2005년도는 39개, 2009년 109개 등 그 수가 서서히 증가하다 2010년 128개, 2013년 340개로 폭발적으로 증가했다.

협동조합법 이전에는 생활협동조합을 비롯한 농업, 수산업, 신용, 중소기업, 엽연초생산 등 분야별 협동조합과 산림조합과 새마을금고 등 8개 유형의 협동조합만이 존하였다. 이들은 대부분 정부의 지원과 규제를 받으며 성장해온 한계가 있어 협동조합의 기본정신인 자립과 자조라는 원칙을 구현하는 데 한계가 있었다. 그러나 1990년대 이후 생활협동조합의 자율적 성장이 보여주듯이 시민사회의 성장에 걸맞은 민간 자율적인 협동조합의 진흥에 초점을 맞추고 실업문제 극복 등의 경제적 처방 정책으로 2012년 통합형 협동조합법을 제정하게 되었다.

또 2012년에 제정된 새로운 협동조합법은 무엇보다도 실업 문제 해결과 일자리 마련 정책의 하나로 협동조합에 대한 법적, 제도적 지원을 확대하기 위해 제정된 특징이 있다. 법의 제정 이유에서도 "「농업협동조합법」 등 기존 8개의 개별법 체제에 포괄되지 못하거나 「상법」에 의한 회사설립이 어려운 경우 생산자 또는 소비자 중심의 '협동조합'을 설립하여 경제적 활동이 가능하도록 하고", 나아가 "취약계층에 대한 사회서비스 또는 일자리 제공, 지역사회 공헌활동 등을 주로 수행하는 '사회적협동조합'을 별도로 도입"하기 위한 것이다(국가법령정보센터).

지금의 협동조합은 금융을 제외한 모든 분야에서 설립과 운영이 가능해졌다. 전통적인 사업자 협동조합은 구매와 판매로, 소비자협동조합도 구매와 서비스 이용으로 구분되며, 취약층 고용을 우선하는 사회적협동조합과 다양한 이해관계자 중심의 다중이해관계자 협동조합으로 크게 구분된다. 협동조합의 설립은 법시행 첫해 2012년에 55개에서 2013년 3234개,

2014년 2962개가 설립되어 누계 6251개에 달한다. 또 사업영역별로는 도·소매(734개, 24.8%), 교육(371개, 12.5%), 농림어업(361개, 12.2%), 예술·여가(236, 8.0%), 제조(210개, 7.1%) 등이다.

(4) 한국의 사회적기업 육성 정책

사회적기업은 정부의 규제에 의해 육성되는 특징이 있는데, 한국도 마찬가지다. 정부가 2007년 '사회적기업육성법'을 시행하며 사회적기업의 요건을 마련해 공식적인 인증을 통해 재원과 경영의 지원을 하고 있다. 사회적기업이란 사회적기업육성법 제2조에 따르면, "취약층에게 사회서비스 또는 일자리를 제공하며 지역주민의 삶의 질을 높이는 등의 사회적 목적을 추구하면서 재회 및 서비스의 생산판매 등 영업활동을 수행하는 기업"으로 정의되고 있다.

한국에서 사회적기업이 정부정책으로 육성되는 배경은 1990년대 후반의 외환위기로 인한 빈곤과 실업의 확대였다. 당시부터 자활후견기관에 대한 정부의 지원이 본격화되고 사회적 일자리 정책이 추진된 것이다. 정부는 취약층에게 일자리를 제공하면서 사회서비스 공급도 늘리기 위해 2003년 7월부터 시범적으로 사회적 일자리 사업(73억 원, 2000명)을 시작했다. 그러나 대부분 사업이 정부의 재정지원에만 의존하고 있었고, 수익창출에 대한 이해가 부족해 단기·임시적인 저임금 일자리가 많고 서비스의 질도 낮다는 한계가 있었다. 또 예산부족으로 정부지원이 중단·축소될 경우 일자리 자체가 없어질 위험도 있었다. 이에 따라 지속가능한 양질의 일자리 창출과 사회서비스 공급확대를 위해 '사회적기업 육성법'이 시행되었다.

그런데 정부의 3년 지원 이후 사회적기업에 발생한 문제들은 다소 심각했다. 인건비와 사회보험료 지원 중단이 사회적기업에 미칠 영향은 절반 이상의 사회적기업에게 위기라는 평가를 받았다(국회입법조사처 2014: 31). 또 4대 사회보험료 정부 재정지원이 중단된다면 약 60% 정도가 심각한 영향을 받는 것으로 조사되었다. 인력감축 35%, 일반 근로자로 교체 14%, 일반 기업으로 전환 8%, 폐업고려 3% 등으로 조사되었다. "사회적기업이 지속적으로 성장·발전하기 위해서 지속될 필요가 있는 정부의 지원정책"에 대해서는 공공기관 우선구매제도가 23.7%, 인건비 지원 20.6%, 사회적 가치의 공유·확산 및 환경조성이 14.7%로 나타났다.

실제로 사회적기업은 기업으로 수익을 내는 지속가능성을 보여주지 못하고 있는 실정이다. 평균 근로자 수는 2007년 49.8명에서 2009년 38.6명, 2011년 25.3명, 2013년 22.3명으로 사회적기업의 규모가 지속적으로 축소되는 것은 정부의 3년간 지원이 끊기면서 발생한 문제이다. 또한 경영지표인 영업이익을 보더라도 흑자를 기록한 사회적기업은 2007년 전체 업체 중 73%→2009년 24.6%→2010년 16.2%→2011년 14.1% 등 매년 크게 하락해 약 86%의 사회적기업이 적자를 내는 기업으로 나타났다(한국사회적기업진흥원 2012).

(5) 기업의 사회적기업 지원

기업과 시민사회단체들도 기존의 사회적 일자리 사업을 확대해 사회적기업으로 전환하거나 새로 창업을 준비하고 있다. 기업의 참여는 정부의 '사회적기업' 정책 등장 이전부터 활성화되었다. SK텔레콤은 자사의 대표적 사회공헌 프로그램인 '행복을 나누는 도시락센터'를 사회적기업으로 전환하였다. 행복도시락센터는 밥을 굶는 아동과 거동이 불편한 재가노인들에게 무료로 도시락을 지원하는 프로그램이다. 교보생명은 2003년부터 추진해온 '교보다솜이 간병봉사단'을 확장해, 간병인 1000명 규모의 간병서비스 전문 사회적기업으로 키워, 매년 100명씩 간병인을 충원해, 일반인을 대상으로 한 유료 간병서비스를 확대해 자립기반을 갖춰나가고 있다. 그동안 250명이 일자리를 얻었고 저소득층 환자 7000여 명이 무료 간병서비스를 받았다.

'사회적기업을 돕는 사회적기업'도 있다. SK그룹의 계열사 행복나래가 대표적인 사례인데, 행복나래는 볼펜, A4 용지 같은 소모성 자재(MRO) 구매대행을 하는 회사로 2011년 영리기업에서 사회적기업으로 전환한 것이다(한국사회적기업진흥원 2015: 24-27). 2013년 사회적기업 인증을 받아, 연간 2200억 원에 달하는 매출액을 올리는 국내 최대의 사회적기업이다. 매출은 대부분 SK그룹을 상대로 한 MRO 공급에 의존하는데, 다른 기업과의 거래로 올리는 매출은 20%가량이다. 행복나래가 판로개척 지원 차원에서 구매하는 사회적기업 제품은 2015년 250억 원에 이른다. 순이익을 전액 사회적기업에 대한 직접적인 지원과 사회적기업 활성화에 투입하는 사회공헌을 한다. 사회적기업 제품을 팔아 올린 매출은 이익의 50%를 해당 사회적기업에 돌려주며 상생한다. 행복나래가 이익을 많이 낼수록 사회적기업 생태계가 좋아지는 선순환을 만드는 것이다.

5. 사회적기업의 정책과제

1) 사회적기업 생태계 조성

사회적기업의 생태계를 조성하는 국가의 정책제도의 일반적 특성과 현황은 유럽 29개국 사례 조사 결과로 살펴보면 다음과 같다(EC 2015: 6-7).

(1) 사회적기업 국가 정책제도

EU 29개 국가 중 20국은 사회적기업의 발전을 지원하는 별도의 정책 제도를 갖추고 있지 않다. 20국 중 7개국은 정책 제도를 갖추는 과정에 있다. 정책 제도들을 갖고 있는 국가들 사이에도 정책 지원의 범위, 적용 대상, 내용 측면에서 두드러진 차이를 보여준다. 국가 차원의 법률적 제도의 차이가 적지 않다. 16개 국가들이 사회적기업 활동을 인정하고 규제하는 입법 형태를 갖추고 있다. 5개국이 기존의 법률 체계에 사회적기업의 새로운 법률적 형태를 적용시키고, 프랑스, 그리스, 이탈리아, 폴란드 등 4개국이 협동조합법을 신설하였다. 또 스페인과 포르투갈 등 다른 5개국은 사회적 목적의 협동조합 형태인 사회적협동조합(social cooperatives) 법률을 갖춘 사례이다. 영국은 특유하게, 일반 회사 형태를 사회적기업에 적용한 공동체이해회사(Community Interest Company) 법을 시행하였다(〈표 4-9〉 참조).

유럽 전역에서 통용되는 공공부문의 사회적기업 지원정책 유형들은 다음 몇가지로 나타나 있다(앞글: 6).

- 인식 제고, 지식 공유, 상호 학습;
- 전문가 비즈니스 개발 서비스와 지원;
- 투자 준비 지원;
- 재정적 도구(사회적 투자 펀드 등);
- 물리적 인프라(공유 작업 공간 등);
- 공조와 시장에 대한 접근.

표 4-9 영국의 공동체이해회사(CIC: Community Interest Company)

영국의 회사법에 의해 설립된 CIC는 지역사회에 이해가 되는 어떤 합법적인 상업 활동이나 기업에 관여하는 유한회사(limited liability companies)이다. 지역사회 차원에서 서비스를 공급하기 위해 설립되었으며, 사회적 주택(social housing), 지역사회 운송 또는 레저 등에 비즈니스 활동을 한다. CIC는 비영리 회사로 기획되었지만 지역사회에 혜택을 주는 조직들로 자선적 조직이 되기 어렵거나 그럴 의향도 없는 조직들의 활동을 포함한다. 경제적 활동 분야에 어떤 제한이 있는 것도 아니며, CIC가 '지역사회 이해' 테스트(2007년의 CIC 규정에 따라 '이성적인 사람의 판단으로 지역사회나 지역사회 일부에 대해 혜택이 되는 활동을 하는 경우)를 통과하면 되고, 또한 자산동결 조치를 따르고 연간 지역사회 이해 보고서를 제출하면 된다. CIC 법률은 어떤 재정적 어드밴티지를 제공하지는 않지만 재단에 비교해서 융통적인 법률 구조와 약한 규제의 혜택이 주어진다. 재정적 어드밴티지가 없는 대신에 이윤을 부분적으로 재분배할 수 있는 가능성이 열려 있다. 2011~12년의 연간 통계에서 CIC는 6000여 개에 달하며, 예술, 교육, 환경, 보건, 산업과 수송 등 다양한 분야에 확산되어 있다. 또 CIC는 마을 가게로부터 대기업에 이르기까지 광범위하며 전문가들로부터 지역사회 조직에 이르기까지 사회 각 분야에서 활성화되고 있다.

자료 EC 2013: 35.

(2) 네트워크와 상호 지원체계

사회적기업의 네트워크와 상호지원 체계는 거의 모든 국가에서 찾아볼 수 있다. 이탈리아, 프랑스, 영국에서는 사회적기업 영역의 후원자 역할뿐 아니라 지원, 자문, 가이드 역할을 한다. 그런데 사회적기업 인큐베이터 역할을 하는 전문가 인프라와 투자 준비 서비스 등은 제한적이지만 점차 늘고 있다. 벨기에, 프랑스, 독일, 네덜란드, 슬로베니아, 헝가리가 선도적인 국가들이다.

(3) 사회적 임팩트 투자 시장

사회적기업들도 다른 기업들과 마찬가지로 초기운영이나 사업확장을 위해 외부 금융지원을 필요로 한다. 그러나 거버넌스를 비롯한 특수한 특성 때문에 사회적기업들은 전통적인 기관들로부터의 금융지원 접근에서 상당한 문제를 안고 있다.

금융지원 접근을 개선하기 위한 방안들로는 정부 재정지원과 사회적 임팩트 투자(social impact investment) 시장을 꼽을 수 있다. 정부 재정지원은, 사회적 투자 시장이 현재로는 발전되지 않고 있기 때문에 시장형성에 중요한 역할을 할 수 있다. 공공기금을 융자 또는 투자에 활용하는 방안으로 벨기에, 덴마크, 프랑스, 독일, 폴란드, 영국에서 활용되는 금융 도구이다. 둘째는 사회적 임팩트 투자 시장으로, 사회적 투자 또는 사회적 임팩트 투자는 확고한 금융적 수익과 사회적 수익에 대한 기대와 사회적, 금융적 목표 달성의 투명한 측정이 가능한 조직들에 금융지원을 하는 방식이다. 두 유형의 목표 달성 사이의 균형으로 상당한 규모의 투자자, 투자 상품과 투자처를 확보할 수 있는 장점이 있다.

2) 공공정책의 추진전략

사회적기업들은 적지 않은 장애들로 어려움을 겪고 있다. EU는 이런 인식에서 2011년 '사회적 비즈니스 이니셔티브'(Social Business Initiative: SIB)를 시행하였다. 사회적 비즈니스의 개발과 금융 접근의 지원을 위한 생태계의 창출이 목적이다. SIB는 EU의 구조기금(Structural Funds)을 통한 펀딩을 비롯한 펀딩의 접근을 개선하고, 나아가 자본, 부채, 리스크 공유의 투자수단을 사회적 투자기금과 금융 중개기관들에 제공하는 금융수단의 구축을 추진한다. 이같은 EU 차원의 정책 추진은 이제 국별, 지역별 추진 전략으로 보완되는 추세에 있다.

OECD와 EU는 공동으로 사회적경제와 사회적기업 개발에 필요한 조건들과 선제조건들을 분석해 다음의 공공정책 추진전략을 제시한다(OECD 2013: 13-16).

(1) 사회적기업가정신 진흥

기업가정신 진흥 정책은 사회적기업 개발의 예비적인 단계라 볼 수 있다. 이를 위해 학교, 직업학교, 전문대와 대학에 사회적기업가정신 교육을 포함시켜 청년층의 재능과 관심을 기업가정신으로 발전시키는 일이다.

프랑스의 Jeun'ESS 이니셔티브는 2011년 일부 중앙정부 부처들과 사회적경제의 6개 기업과 재단들의 PPP(민관 파트너십 프로젝트)를 추진하였다.

이니셔티브의 목표는 1) 청년층의 교육과정을 통한 사회적경제의 관심과 참여 증진, 2) 사회적경제의 청년층을 위한 이니셔티브 개발, 3) 청년층의 사회적경제기업에 통합 등이다.

(2) 법률, 규제, 재정적 프레임워크 구축

사회적기업 개발에서 정책 우선순위는 세제 지원, 시장 접근, 공기업 개발 지원 등에 관한 법률적 규정의 구축이 필요하다. 사회적기업 개발은 광범위한 문화적, 역사적 발전의 패턴에 의존하는 배경 특수적인 특성을 갖고 있다. 법률, 규제, 재정 프레임워크 개발로 사회적기업이 개발되어 운영될 수 있는 국가적, 지역적 환경이 조성될 필요가 있다. 사회적기업의 조직 유형, 사업 유형 등에 관한 기본적인 프레임워크 개발이 뒷받침되어야 한다.

(3) 지속가능한 파이낸스 지원

또 다른 공공정책의 파이낸싱 지원정책으로 사회적기업의 강력한 금융시장 구축을 지원하는 일이 있다. 전통적인 금융시장 부문에서 사회적기업에 대한 투자 이해를 증진시키는 정책이 필요하다. 공공부문은 은행들이 사회적기업 부문의 기회와 수요에 친숙해지도록 사회적기업에 융자하는 경우 융자보증(loan guarantees)을 지원하는 역할을 할 수 있다.

영국의 빅소이어티 캐피탈(Big Society Capital)은 사회적기업에 직접 투자하지 않고 사회적 투자 금융 중개기관들에 투자해 여기에서 금융수익과 사회적 성과를 얻는 방식으로 추진된다. 낙후 지역사회의 재생에너지 공급,

영국 북서부 지역의 청년 실업 문제를 해결하기 위한 '결과지불' 방식에 기초한 사회적 임팩트 투자로 추진되고 있다.

(4) 비즈니스 개발 서비스

사회적기업은 전통 영리기업에 비해 비즈니스 개발에 취약하므로 비즈니스 개발의 지원을 필요로 한다. 그런데 전통적인 기업접근법으로 자문, 정보, 기술을 제공하는 방식이 모든 사회적기업에 적용되는 데는 한계가 있다. 사회적기업마다 영역별, 대상별 특성이 다르기 때문에 맞춤형 접근전략이 필요하다. 사회적기업의 사회적 목적에 대한 이해를 갖추고 비즈니스 개발 지원을 하는 전략이 추진될 필요가 있다. 또 비즈니스 개발 구조로는 혁신 파크와 인큐베이팅 센터 개설이 추진될 필요가 있다. 비즈니스 지원 구조가 갖춰지지 않으면 사회적기업은 여러 리스크에 직면해 사회적 목적 수행에 상당한 차질을 빚을 수 있다.

(5) 시장 접근 지원

사회적기업의 시장접근을 지원하는 공공정책의 역할은 사회적기업 부문에 개방적인 공공조달의 확대에 있다. EU의 공공조달법은 지방정부들이 조달규정에 장기 실업자의 고용 장려 등과 같은 사회적 조항들을 포함시킬 것으로 허용한다. 그럼에도 사회적 규정 정도로 사회적기업을 지원하는 데는 한계가 뚜렷하다. 현장 실무를 맡고 있는 지방 공직자들은 어떻게 사회적 규정을 포함시킬 것인지, 사회적기업이 지역사회에 기여하는 사회적 혜택 등에 대한 이해를 갖추고 있지 않다.

(6) 연구 지원

사회적기업가정신과 사회적경제 연구 분야도 정부와 공공 연구기관들이 지원할 수 있는 중요한 영역이다. 연구를 통해 사회적기업의 다양한 욕구를 분석하고 사회적기업들이 국가와 지자체의 사회정책과 경제정책에 통합될 수 있는 효과적인 제도적 방안들을 탐구할 수 있다. 현황에 대한 모니터링, 사회적 임팩트 측정, 상호 학습의 플랫폼 구축, 평가 등은 중요한 연구 과제들로 드러나고 있다.

3) 사회적기업의 당면과제

사회적기업은 유럽에서 보편화되고 있지만, 여전히 다음과 같은 과제들에 직면해 있다. 이 문제들은 사회적기업의 내부문제들과 외부환경에서 주어지는 도전들이 혼합되어 있다(Borzaga and Solari 2001: 335-7). 첫째, 사회적기업에 관한 입법적, 규제적 환경의 도전이다. 사회적기업의 필요성에 대해서는 사회적 공감대가 형성되어 있지만, 사회적기업이 추구하는 목표에 대한 확고한 사회적 신념이 뒷받침되고 있지 않다. 둘째, 사회적기업의 제품과 서비스의 질에 관한 문제다. 사회적기업의 제품과 서비스의 질적 개선이 지속적으로 이뤄지고 있지만, 보다 획기적으로 "고차적이고 안정된 수준의 질"이 요구되고 있다. 셋째, 종사자의 기술과 인적 자원의 개선 문제다. 사회적기업의 제품과 서비스의 질적 향상은 종사자의 기술향상과 인정자원의 개선과 밀접히 관련된다. 넷째, 사회적기업의 관리 전문성과 외부지원 문제다. 사회적기업은 새로운 형태의 조직이기 때문에 전문적인 관리기술과 외부전문가 집단의 지원을 지속적으로 필요로 한다. 다섯째, 안정적인 재원 확보도 문제다. 사회적기업의 설립에 필요한 재원이 확보되었다고 안정적인 관리와 운영을 한다고 보장할 수는 없다. 재정상태가 취약하면 지속적인 재원확보가 필요한데, 전통적인 은행이나 투자기관은 새로운 조직인 사회적기업에 재정투자에 대해 확신을 갖지 않고 있다. 여섯째, 지원 네트워크와 공조체계를 구축하는 과제를 안고 있다. 안정적인 재원확보를 위해 네트워크와 기초적인 지지체계를 구축할 필요가 있다. 마지막으로, 거버넌스 구조를 재구축하는 과제가 있다. 다양한 이해관계자의 의견을 민주적으로 반영하기 위한 '민주적' 거버넌스의 실천과제를 안고 있다.

특히 사회적기업에 대한 정부의 지원에 초점을 맞춰보면, 이는 매우 중요하고 필요하지만 다음과 같은 문제들을 수반한다는 것을 알 수 있다(Painter 2006: 41-2). 첫째, 사회적기업은 지역사회 주민들에게 유용한 재화와 서비스를 공급한다. 캐나다 오타와의 로스트 체리 커피하우스는 정부의 재정지원을 조금 받는 사회적기업이지만 홈페이지에서는 정부지원 없이도 독자적인 수익사업을 할 수 있는 역량을 갖고 있다고 스스로 확신한다. 그렇다면 정부 재정지원은 왜 필요한가 하는 의문을 제기할 수 있다. 커피하우스는 커피 판매수익금을 지역사회에 다시 환원하는 공동체 서비스 활동을 한다. 자선기금을 내놓고, 행사에 무료 배달 서비스, 취약 청년층의 고용훈련 서비스 등 다양하다. 둘째, 사회적경제 조직을 지원하는 정부 재정지원은 혜택과 비용을 수반한다. 보조금 지원은 일반 납세자의 비용부담이 된다. 이렇게 정부지원을 받아 재화와 서비스를 생산하는 사회적기업과 일반기업 사이에 구매를 결정하는 소비자의 결정권은 약화된다고 볼 수 있다. 정부지원을 받은 사회적기업이 비용절감 면에서 우위를 갖고 있으므로 다른 기업에게 비즈니스 피해를 줄 수도 있다. 정부 재정지원을 받기 위해 상당한 시간과 노력을 투자하므로 사회 전체에 기회비용을 높인다고 볼 수도 있다. 셋째, 정부의 재정지원은 사회적기업의 효율적인 수익활동 목표뿐 아니라 장기실업자나 사회적 배제층의 고용을 통해 사회적 형평성 추구 목표를 하나 더 요구하는 것이다. 넷째, 사회적기업을 지원하는 대신 개인에게 직접 지원하는 것은 어떤가? 커피 하우스에서 일하는 직원은 정부보조금으로 임금을 지급받고 또 일부는 고용훈련을 하고 있지만, 정부가 정부기관을 통해 이들에게 직접 고용훈련을 하고, 생계지원금을 지급하는 게 더 효과적이고 효율적이지는 않는지? 개인의 선호에 맡겨 선택할 수 있는 여지도 있다. 다섯째, 정부의 관리감독, 회계의 투명성 요구는 필수적이다. 이런 규제 때문에 정부지원을 회피하는 사회적기업도 있다. 또 정부재정이기 때문에 투자대비 높은 실적을 요구하는 새로운 규제는 정부와 관계를 청산하는 사태를 빚기도 한다. 여섯째, 정부는 고용 등의 사회적 목표를 추구하는 정부 프로그램에 일반기업에게도 기회를 주어야 한다. 영리활동을 하는 기업 중에도 고용 등의 사회적 목표를 추구하는 기업의 참여에 개방적일 필요가 있다. 실제로 일부 국가에서는 이런 기업의 사회적경제 참여를 진흥하기도 한다.

제5장

사회적경제와 정부정책

1. 정부의 '사회적경제' 정책

정부는 어떤 정책으로 사회적경제를 지원하는가? 앞서 서술하였듯이 유럽국가들은 대량실업의 위기를 극복하고 복지국가의 개혁을 위해 사회적경제를 주요정책으로 추진하고 있다. 국가마다 다양한 지원정책유형이 있는데, 아래에서는 몇 가지 유형에 따른 유럽국가들의 사례와 미국의 정부-제3섹터 파트너십 사례를 차례로 정리해볼 수 있다.

1) 파트너십 유형과 유럽 사례

정부-제3섹터 관계에 관한 기드론 등(Gidron et al. 1992)의 연구는 아래와 같이 재정부담과 공공서비스 공급, 두 가지 측면에서 양자의 관계를 네 가지 모델로 구분지어 일부 국가들의 사례를 소개한다. 재정과 공급 양면

표 5-1 정부-제3섹터 관계 4대 유형

기능	① 정부주도	② 이중혼합	③ 상호공조	④ 제3섹터주도
재정	정부	정부/제3섹터	정부	제3섹터
공급	정부	정부/제3섹터	제3섹터	제3섹터

자료 Gidron et al. 1992.

모두를 정부 또는 제3섹터가 주도하는 정부주도 모델과 제3섹터 주도 모델이 있고, 그 사이에 정부와 제3섹터의 재정과 공급이 혼합된 이중혼합 모델과 상호공조 모델이 존재한다.

(1) 정부 주도 모델

제3섹터에 대한 재정부담과 서비스 공급 양면에서 정부 중심으로 진행되는 모델이다. 일반적으로 '복지국가' 모델이라 볼 수 있지만, 반드시 그렇지도 않다. '복지국가' 모델에 속하는 국가 중에도 복지서비스 공급 수준이 커다란 차이를 보여주고 있는 것을 알 수 있고, 독일과 같은 국가는 일반적으로 '복지국가'로 분류하지만 정부보다 제3섹터가 복지서비스 공급에서 더 많은 역할을 하고 있다.

유럽에서 프랑스만큼 강력한 정부주도 모델은 발견하기 어렵다. 중앙정부의 막강한 위상이 크게 변화되지 않은 채, 제3섹터는 정부정책과 프로그램이 미치지 않는 영역에서 제2의 역할 또는 정부의 공공서비스 공급의 보조 역할에 그치는 경우가 많다. 그러나 거대정부와 관료제에 대한 비판적 여론이 강해짐에 따라 정부의 사회복지업무를 중앙집권에서 지방분권으로 변화시키는 일대 정부개혁이 1982년에 단행되었다. 그 결과 지방차원에서 지방정부와 제3섹터 사이에 새로운 관계를 형성해서 실험하는 사례들이 늘었고, 성공사례들이 축적되면서 제3섹터의 역할에 대한 신뢰감이 구축되었다. 지방정부들은 한편으로는 사회복지 등 공공서비스 공급의 책임 확대와 다른 한편으로는 열악한 재정과 인력 문제를 동시에 극복하기 위한 전략으로 제3섹터기관과 상호공조 관계를 모색한 것이다. 따라서 기드론 등의 모델에서 프랑스는 초기 '정부주도' 모델에서 '이중혼합' 모델을 거쳐 이제 '상호공조' 모델을 지향하고 있다고 볼 수 있다.

(2) 제3섹터 주도 모델

공공서비스의 공급과 재원 모두에서 제3섹터가 정부보다 주도적인 역할을 맡고 있는 모델이다. 사회복지를 포함한 일반 공공서비스의 공급에서 정부의 역할을 크게 신임하지 않으며 비판하는 분위기가 팽배한 국가에서 두드러지게 나타난다. '작은 정부'와 같은 신보수주의 이데올로기 또는 지역주의와 같은 정치이념 문제가 심각한 국가에서 찾아볼 수 있다. 또 AIDS 퇴치와 같은 새로운 사회문제의 등장과 해결방안을 둘러싸고 정부보다 제3섹터에 더 많은 기대가 모아지는 국가에서 기대되는 모델이다.

유럽에서 독일이 '제3섹터 주도' 모델로 볼 수 있다. 독일은 '복지국가'로 명명되고 있지만 사회복지서비스 재정부담과 공급 양면에서 제3섹터기관의 역할이 활발해서 이들이 정부의 정책결정 단계부터 정부와 '공조적 파트너십'(collaborative partnership)을 유지하는 국가다. 역사적으로 정부와 교회 관계에서 분출되었던 갈등관계를 해소하는 정부의 정책이 교회와 다른 제3섹터기관들에 재정을 지원해서 이들이 정부가 할 수 없는 많은 영역에서 공공서비스를 공급할 수 있도록 관계를 유지해오고 있다. 이런 제3섹터의 역할이 일반시민들의 든든한 지지를 받으면서 무수한 사회문제를 해결하는 데 중요한 비중을 차지해왔다. 이런 의미에서 독일의 제3섹터는 정부업무를 보조하는 '보충주의'(subsidiarity) 원칙에 기초한다. 탁아, 청소년 보호와 선도 등의 영역에서는 제3섹터가 독보적인 전문성과 창의성을 발휘해서 일종의 독점권을 획득해 놓고 있는 실정이라고 볼 수 있다.

이처럼 정부와 제3섹터기관뿐 아니라 기업과도 협력하는 파트너십 사례는 독일의 전통에서 쉽게 찾아볼 수 있다. 기업과 노조는 노동자위원회를 통해 노사가 주요 정책결정의 파트너로 서로를 인정하는 사회적 분위기가 강하며, 정부는 사회복지와 청소년 영역의 사회서비스를 제3섹터에 위임해 공공서비스를 전달하도록 하는 파트너십을 맺고 있다. 전국단위의 조직을 갖춘 카리타스(Caritas), 디아코니(Diakonie), 적십자 등 6대 제3섹터조직들이 자신들의 150만 명의 전문 인력과 200만 명의 자원봉사자의 참여로 사회복지와 청소년 서비스 전달의 주도적인 역할을 하며, 여기에 연방정부가 재정과 행정 지원으로 보조하는 '보충주의' 원칙이 시행되고 있다. 또 지역과 지방정부들이 제3섹터기관들과 든든한 파트너십으로 사회복지를 집행하는 책임을 공유하는 것이 독일의 독특한 사회 파트너십이다.

(3) 이중혼합 모델

재원과 공급 양면에서 정부와 제3섹터가 적절한 비중으로 역할을 공유하고 있는 형태이다. 사회복지와 같은 휴먼서비스 공급과 재정부담에서 두드러지며, 다른 영역에서는 각기 독립적인 위치를 유지하는 모델이다. 여기에서 제3섹터의 주된 역할은 하나는 정부의 공공서비스 공급과 같은 서비스를 공급하지만 정부의 혜택을 받지 않은 계층에 대해 제3섹터가 주요 역할을 맡는 '보충적인' 것과 다른 하나는 정부의 재원부족 또는 정책의 부재로 추진되고 있지 않은 영역에서 제3섹터가 독자적인 공공서비스 공급과 재원을 자체 부담하고 있는 것으로 구분될 수 있다.

기드론 등은 이탈리아가 '이중혼합' 모델을 대표하는 국가로 본다. 역사적으로 종교기관들이 자체 재원을 갖고 공공서비스 공급을 담당해왔지만, '복지국가'가 도입되면서 이들의 역할이 점차 정부로 넘어가며 정부 업무를 보충하는 위상에 있었다. 정부-제3섹터 관계가 제도화된 흔적이 없으며, 상황에 따라 영역별로 특별한 관계를 형성해온 것이다. 그럼에도 1970년대 말과 80년대에 와서 활성화되었던 제3섹터기관들의 분출에 따라 환경, 여성인권, 자족단체 등이 정부정책에 대항하거나 정부정책이 없는 곳에 독점적인 역할을 수행함에 따라 정부의 법적, 제도적 기초가 마련되는 획기적인 변화를 맞게 되었다.

(4) 상호공조 모델

정부와 제3섹터가 각기 독자적인 역할을 수행하는 것이 아니라 상호분담을 하는 형식이다. 여기에서 주의할 것은 제3섹터가 정부의 일을 하청을 받아 대행하는 경우를 생각해볼 수 있다. 그렇게 되면 '상호공조'라고 볼 수 있지만 제3섹터는 정부의 공공서비스를 공급하는 대리점 역할을 함으로써 '공조-대리점'(collaborative-vendor)이 된다. 이와는 대조적으로 제3섹터가 정책결정과 집행 과정에 동참해서 정부와 실질적으로 함께 일하는 모델이 될 때 일반적으로 '공조-파트너십'(collaborative partnership) 모델이라

부른다. 정부가 재정을 부담하면 제3섹터가 공공서비스 공급 책임을 맡는 형식으로 역할을 분담하는 경우가 일반적이며 반대로 제3섹터가 재정을 부담하고 정부가 공급을 맡는 경우는 거의 없다. 이 상호공조 모델이 샐러먼(Salamon 1995)의 '제3자정부'(third-party government) 모델이며, 대표적인 국가가 미국이다(미국에 대해서는 아래에 별도로 소개한다).

미국과 유사한 국가로 네덜란드를 꼽을 수 있다. 네덜란드의 정부-제3섹터 관계는 '상호공조'(collaborative) 성격이 강하다고 볼 수 있다. 정부는 공공서비스에 대한 재정을 부담하고 있지만, 공급은 대부분 제3섹터기관들이 담당하는 일종의 역할분담이 뚜렷하게 구분되어 있다. 제3섹터가 정부업무를 대행하는 대리자 역할만을 하는 것도 아니다. 제3섹터기관들은 정부 프로그램의 기획단계부터 참여해서 상당한 창의력을 발휘하고 있으며, 정책결정과 집행에서도 상당한 자율성을 확보하면서 정부와 파트너로 공조한다. 네덜란드는 다민족, 다종교로 인해 사회갈등이 심각했던 역사를 경험하면서 민족과 종교 관련 제3섹터기관들에게 종교교육 등에서 자율적으로 프로그램으로 마련해서 시행하도록 최대한의 자율권을 보장하며 재정을 지원함으로써 사회통합정책을 유지해 올 수 있었다. 따라서 독일에서처럼 네덜란드 모델은 사회갈등을 해소하고 사회통합을 유도하기 위해 제3섹터와 동등한 파트너 관계를 유지하는 역사와 전통에서 정부정책이 추진되고 있는 것이다. 정부-기업-제3섹터 사이의 파트너십은 정부의 책임을 전가하는 형태가 아니라 정부와 기업과 제3섹터 각각이 갖고 있는 자원과 역량을 효과적으로 조합해서 사회적 시너지를 창출하는 전략의 차원에서 추진되는 특징이 있다. 정부가 파트너십을 추진하는 주요 동기도 사회문제 해결과 서비스 제공의 차원을 넘어서 이제는 기업과 제3섹터 참여에 의한 정책혁신, 사회실험의 단계로 발전되고 있다. 새로운 사회 파트너십을 추구하는 프로그램으로 '사회통합을 위한 파트너십'이 정부-기업-제3섹터 파트너십으로 추진되고 있다. 지역사회에서 실업상태에 있는 청년층, 빈곤의 위협에 처한 청소년, 교도소에서 나와 취업과 사회적응에 어려움을 겪고 있는 청소년을 위해 기업과 직원들이 자원봉사자로 멘터링(mentoring)을 하고, 이들의 고용교육훈련을 지도하거나 상담하며, 일자리를 갖도록 주선해주는 역할을 맡는다.

2) 미국의 '제3자정부' 정책

미국정부의 제3섹터 지원정책은 이미 18세기부터 교육기관에 대한 면세와 각종 재정지원을 시작으로 19세기에는 병원 등 의료기관에 대한 지원으로 제도화되었다. 그 후 대부분은 정부의 역량만으로 해결하기 어려운 사회복지서비스 제공에 필요한 제3섹터 지원정책이 주류를 이루었다. 1980년에 보건, 의료, 사회서비스, 연구, 문화와 예술 등 분야에 대한 제3섹터 사업지원은 연방정부 총지출의 36%에 달했고 제3섹터 전체수입의 35%가 연방정부 지원금이었다. 또 일례로 미국 16개 도시에서 제3섹터기관들이 수행한 공공서비스는 전체의 42%로, 정부 39%와 영리영역 19%에 비해 훨씬 많았다(Salamon 1995: 84-6). 샐러먼(1995)은 미국정부의 제3섹터 지원정책은 역사적 전통에 의존하면서도 '휴먼서비스 문제'를 해결하기 위한 전략이 되어 왔다고 강조한다.

미국은 1996년에 새로운 실험을 하였다. "빈곤가정에 대한 임시지원"(TANF) 제도를 새로운 복지모델로 도입해서, 연방정부의 복지책임을 주정부와 지방정부로 이양시킨 것이다. 연방정부는 자체 규모를 확장하지 않고서 더 많은 복지 프로그램을 운영하고 관리하는 체제를 갖추게 되었다. 연방정부로부터 사회복지업무를 이양받은 주정부는 다시 지방정부에, 또 지방정부는 지역의 영리 혹은 비영리 용역기관에 용역을 줘서 사회복지업무를 추진하도록 하고 있다. 전통적인 의료부조인 메디케이드(Medicaid)와 식량지원 프로그램인 푸드스탬프(Food Stamp)뿐 아니라 직업조사, 직업훈련, 가족지원 프로그램 등의 사회복지 프로그램들은 제각기 다른 지방정부와 용역기관들이 분담해서 업무를 추진하는 사회복지 네트워크에 의존한다. 지방정부 차원에서는 메디케이드나 푸드스탬프 지원을 받는 노동자를 제외하면 전통적인 복지수혜자가 정부관리를 직접 만나는 일이 사라지게 된 것이다. 수혜자를 만나고 관리하는 일은 용역기관들이 수행하며, 정부관리들은 용역기관의 선정, 이들과의 계약체결과 이들에 대한 관리와 평가 업무를 주로 담당한다. 이들이 빈곤층을 상대로 부당한 이득을 취한다는 말이 나오지 않도록 재무를 감사하는 일도 중요하다.

용역기관들은 다시 하청기관들을 두고 있을 정도로 사회복지의 용역사업은 번성하고 있다. 이런 일이 처음 있는 일은 아니었다. 1960년대 모델시티(Model Cities)와 빈곤퇴치 프로그램을 시행하면서 연방정부가 지방정부로 하여금 지역의 비영리조직들과 공조해서 프로그램을 운영하도록 많은 재정지원을 했던 역사적 전통이 있었다. 그 후 1970년대 말 정부재정적자의 심화로 인한 복지서비스 제공이 어려워지면서 지역 비영리단체의 사회복지활동이 활성화되었고, 레이건 정부에 와서는 민간복지를 더욱 활성화시키기 위한 여러 방안들이 추진되었다. 오늘날 미국에서 사회복지 프로그램의 주요 전달자는 영리 또는 비영리 용역기관들이다. 그럼으로써 정부는 "자체 규모를 확장시키지 않고도 통제력을 증가시키고, 행정 책임을 분산시키며 또 정치적 부담도 분산시키고 있다"(Kettl 2000: 491).

사회복지서비스 이양에 의한 민영화는 용역과 바우처(voucher)에 의해 진행되는데, 최근 미국에서는 영리기업들이 사회복지영역에 진출해서 시장을 개척하는 일이 일반화되고 있는 추세이다. 이들은 사회복지서비스 프로그램을 운영하고, 수혜자에게 사회복지서비스를 직접 제공할 뿐 아니라 보육원과 노인시설, 홈리스 쉼터, 장기실직자를 위한 교육훈련 프로그램도 담당한다. 영리기업인 아메리카 웍스(America Works)는 정부가 담당한 실직자 교육훈련보다 더 싼 비용으로 더 높은 취업실적을 올려 명성을 얻었다(Savas 2000: 280-1). 또 바우처는 "특정 소비자집단에 의한 특정재화의 소비에 보조금을 지원"하는 제도로, 푸드스탬프는 빈곤층이 식량과 음식을 자유롭게 구입하도록 지원하는 현금과 같은 바우처이며, 그 밖에도 아동보육, 노인돌봄, 장애인돌봄, 실직자의 고용교육훈련에도 바우처가 널리 활용되고 있다. 미국에서는 장애인을 위한 가정방문 케어, 아동보육 등에 바우처 제도를 활용하는 주정부와 지방정부들이 늘고 있다. 뉴욕시의 경우 1998년에 아동보육센터의 아동 8만 7000명 중 46%가 바우처를 이용하였고, 실직자의 교육훈련에도 뉴욕시의 고용교육훈련비 전체의 7%를 바우처에 사용한 것으로 알려지고 있다(앞글: 281). 일반시민에게 공공서비스가 전달되는 지방정부의 실태를 살펴봄으로써 미국의 사회복지 파트너십 사례를 구체적으로 확인해볼 수 있다. 미국정부의 공식집계에 따르면 1990~96년 기간에 아동보육, 아동복지서비스, 빈곤가정에 대한 지원 등 복지서비스를 영리기업과 비영리기관들에게 이양한 용역을 체결한 주정부와 지방정부가 절반이상이 된다고 한다(앞글: 281).

미국 지방도시에서는 정부와 제3섹터, 그리고 영리기업 사이에 확고한 복지서비스 파트너십이 추진되고 있다. 일례로 16개 도시 평균을 보면, 도시의 공공서비스에 대해 시정부가 39% 정도의 서비스 공급의 책임을 맡고 있고, 제3섹터가 42% 그리고 영리기업이 19% 몫을 분담하고 있다. 영역별로는 탁아 등 사회서비스 영역, 고용/훈련 영역, 예술/문화 영역 등 세 영역에서 제3섹터가 일차적인 서비스 공급자가 되고 있다. 사회복지 부문에서 제3섹터가 가장 높은 비중(56%)을 차지하며, 영리기업은 4%, 시정부는 40% 정도의 공급 책임을 맡고 있다(주성수 2017b).

3) 프랑스의 사회적경제 법과 제도

(1) 사회연대경제법 시행

프랑스는 2015년 사회연대경제(Social and Solidarity Economy: SSE) 법을 시행하였다. 2011년 EU의 사회적 비즈니스 이니셔티브(Social Business Initiative) 정책 시행으로 자극을 받았고, 2012년 대통령 선거 후 프랑스 사회연대경제(SSE) 조직들의 협업적 노력의 결실로 입법에 성공했다(OECD/EU 2017: 102). 선거후 정부는 SSE의 개념정의와 관련 조직들의 특수성의 인정하는 논의를 개시했다. 사회당 정부의 아몽(Benoit Hamon) 장관이 2012년 입법안을 제안했고, 이어 전국 SSE 협회, 조직들의 협업적 공조로 2015년 입법으로 발전되었다. 또 학계에서는 2008년 이후 경제위기 극복에 SSE의 기여에 대한 긍정적 평가가 제시되면서 본격적인 법률제정 논의가 활성화되었다.

프랑스 SSE 법은 기본법으로, 역사상 최초로 경제의 다원주의 비전(pluralistic vision)이라는 국가적 비전에서 대안경제의 의미와 중요성을 법률로 공인했다. 또 전통적인 SSE 조직들을 법률로 인정하는 장기적인 법률적 과정의 종착점이라는 역사적 의의를 가진다(OECD/EU 2017: 107). 각 이해관

표 5-2 프랑스 사회연대경제(Social and Solidarity Economy) 법 시행의 특성

1. 주도 기관: 경제재정부(Ministry of the Economy and Finance)
2. 시행 범위: 전국적, 2014년 7월부터 시행
3. 정책 영역: 법률, 제도적 프레임워크
4. 정책 접근: 종합, 통합적
5. 정책 목표: SSE 조직에 대한 인식제고, SSE를 특수한 기업가모델로 인정, SSE 조직 개발의 다양한 방안들의 완결 또는 개혁의 목적.
6. 정책 정당성: 경제위기 상황에서의 SSE의 성장과 경제 이슈들에 대한 SSE의 해결역량의 잠재력을 연구로 확인. 정책당국의 SSE 과소평가 성향을 수정하는 통합적, 역량개선 정책 프레임워크 필요성에서 법 제정.
7. 주요 활동: ① SSE 기관(SSE 고위위원회, 프랑스 SSE 회의소, 지역 SSE 회의소 등) 등 대표적인 SSE 기관들을 법적으로 인정하며 전국 네트워크 구조화. ② SSE의 특수 기업가모델로 인정(SSE 구조에 대한 분명한 정의, '사회혁신' 개념정의의 기준 설정, SSE 기업들의 SSE 인증). ③ 재정지원과 공공조달에 접근 지원(연대기반의 참여적 융자와 지분자본 직접 투자 등 맞춤형 재정지원) 방안 창출, 공공조달에 사회적 규정들을 포함시켜 일반 공공조달과 차별화된 정부보조금 법률적 기반 마련. ④ 지역의 지속가능한 개발 정책과 네트워크 강화. 지역 SSE 회의 설치, 지속가능 개발과 지역 균등의 지역 계획 디자인에 지역 SSE 회의소 참여, 관련 경제 및 제도적 이해관계자 협의로 지역 경제협력허브(PTCE)에 기반한 SSE 기업들의 자율적 지역 네트워크 설립 인정. ⑤ 임금노동자들이 일자리 확보를 목적으로 협동조합과 참여 기업의 전환적 지위(SCOP)을 설립해 소액주주지만 다수 의결권을 갖도록 기업을 인수할 수 있게 허용한다.[6] ⑥ 효율성 증진을 위해 협동조합의 집합적 조직화로 지위개선.
8. 주요 과제:
   - 네트워크 자기중심성.
   - SSE에 대한 공공 재정지원의 한계.
9. 성공 요인:
   - 법의 기획 단계에서의 다자 이해관계자 접근.
   - 다양한 SSE 구성 조직들(전통적 조직, 새로운 사회적기업 등)의 특수성을 인정하는 포용적 개념 정의 및 각각의 수요에 적합한 맞춤형 혁신적 방안 제시.

자료 OECD/EU 2017, p.39.

계자 범주의 특성을 존중하는 열망에서 관련 조직들 모두가 혁신적 방안들을 입법 과정에 제시하고 나섰다. 공제회 공증서, 결사체의 타이틀, 재단

---

6 대다수의 기업들, 특히 중소기업들이 소유권 이전 계획을 갖고 있지 않아, 임금노동자들이 이런 기업들을 인수하게 허용하는 것이다. SSE 법은 기업 대표가 소유권 이전의 계획을 2개월 전에 임금노동자들에게 사전 통보하도록 해서, 인수할 수 있도록 규정하고 있다(OECD/EU 2017: 106).

표 5-3 프랑스 사회연대경제(Social and Solidarity Economy) 법 시행 SWOT 분석

장점(strengths)	약점(weaknesses)
– 기본법(framework law) – 중앙부처가 시행의 책임 – 범분야 정책 – 사회적경제 개발을 위한 다양한 방안, 도구, 기관들의 시행	– 취약한 행정적 역량 – SSE에 대한 공공 재정지원의 한계
기회(opportunities)	**위협(threats)**
– SSE 조직들의 정치적 행동 공인 – 지역 경제협력허브(PTCE)와 SSE 지역 네트워크 설립 인정	– 프랑스 지역의 새로운 정치 조직이 법의 일부 시행을 지연시킬 수 있음 – 자기중심 네트워크의 자기중심성 – 재정 지원기관과 SSE 조직들 사이의 디바이드로 재정지원 접근 어려움

자료 OECD/EU 2017: 107.

의 채권, 정부조조금 등이 대표적인 방안들로, 횡단적 접근법을 활용한 결실이다. 이런 의미에서 SSE 법은 유럽이사회가 진흥하는 단순한 사회기업가정신 이상을 규정하고 있다. 사회적기업을 비롯한 협동조합, 공제회, 결사체, 재단 등 모든 사회적경제 조직들에 적용되는 종합적인 법률의 특성을 가지고 있다(앞글: 107-8).

SSE 법의 시행은 다음과 같은 특징이 있고, 또 시행 기간이 다소 짧지만 장점과 기회뿐 아니라 단점과 위협 요소들도 적지 않은 것으로 분석되고 있다.

(2) 프랑스 사회적경제의 제도

프랑스 국가자문위원회가 제시하는 사회적경제의 인프라는 2015년 법 시행 이후 상당한 규모인 것으로 파악되고 있다. 사회적기업이 많게는 5만 개에 이를 정도이며, 사회목적조직(SPO)인 결사체가 20만 개가 넘는 시민사회(제3섹터)를 기반으로 갖고 있다.

표 5-4 프랑스 사회적경제 조직의 법과 자본 구조

	법과 자본 특성
사회적기업	- 1만 5000~5만 개 사업중, 법적 지위에 따라 대출과 지분 투자
상업적 사회적기업	- 노동통합 조직 대부분은 결사체(NPO)로 지분투자는 불가하지만, 16%(620개 WISE)는 상업적 사회적기업으로 지분투자 가능 - 장애인을 위한 상업 사회적기업은 600개로 추산
협동조합	- 세계적으로 직접적인 사회적 임팩트 산출이 없음 - 사회적기업 모델의 협동조합에 5만 2500명 종사 - 대출과 준지분 투자 가능
공제회사	- 대부분이 건강보험사로, 세계적으로 3800만 명 규모 - 프랑스 공공 건강보험은 상조사에 크게 의존 - 대출과 준지분 투자 가능
결사체(협회)	- 사회적 목적의 결사체 23만 개 대출 가능, 지분 투자 불가 (2014년 준지분 투자 가능)
재단	- 500개 규모, 5만 8500명 종사 - 48%가 보건의료, 32% 사회행동, 9% 교육 - 지분투자 불가

자료 French National Advisory Board, 2015. p.56.

표 5-5 프랑스 사회적경제의 전체 고용에서 차지하는 분야별 비중(2013)

	사회적경제	정부	기업
사회서비스	64.6%	28.7%	6.7%
금융	34.6%	3.0%	62.4%
스포츠레저	24.7%	3.7%	71.6%
문화	21.4%	22.5%	56.2%
교육	19.8%	75.6%	4.6%
보건	10.5%	67.1%	22.4%
행정/기타	7.9%	82.3%	9.8%

자료 French National Advisory Board, 2015. p.55.

한편 사회적경제에 종사하는 인력도 유럽에서 상위권에 있는데, 전체 고용에서 정부와 비교해 상당한 우위를 가진 영역들도 적지 않다. 사회서비스(65%)를 비롯해, 금융과 스포츠레저, 문화 분야가 20% 이상의 비중으로 성장하는 분야로 꼽히고 있다. 또 기업과 비교해서는 사회서비스와 교육 분야가 상대적 우위를 보여준다.

2. 영국의 '사회적경제' 정책

1) 정부-제3섹터 파트너십의 발전

앞서 제시한 정부-제3섹터 파트너십 유형에 비추어 보면, 영국은 '정부주도' 모델에서 '이중혼합' 모델로 그리고 다시 최근에는 '상호공조' 모델로 진전하는 획기적인 변혁을 보여준다. 보수당의 대처수상 등장 이전의 영국은 '정부주도' 모델에 안주해 있었으나, 대처집권 이후에는 신보수주의 정책으로 '작은 정부'를 추구하면서 재정과 공급 양면에서 정부의 역할이 크게 줄었고, 그 공백을 제3섹터가 매우는 형태로 정부정책이 추진되었다. 그러나 대처의 신보수주의 정책은 매우 부정적인 결과를 낳고 말았다. 복지국가 모델이 제3섹터의 역할확대로 대체되기보다는 일종의 '소비주의'에 치우치면서 수수료와 이용료를 개인이 부담함으로써 중산층과 빈곤층은 정부의 복지공급으로부터 외면당하고 더욱 빈곤해지는 결과를 초래했다. 노동당의 블레어 정권 이후에는 제3섹터의 역할이 이런 정부정책의 공백을 매우는 역할을 함으로써 정부에서는 점차 제3섹터에 대한 재정지원의 확대를 통해 제3섹터를 육성하는 정책을 추진해가고 있다.

노동당의 집권은 획기적인 새로운 변화를 추구해왔다. 1997년에 집권한 영국의 노동당은 선거공약으로 제시한 '뉴딜'(New Deal) 정책을 수행하는 구체적인 전략을 수립하였다. 뉴딜 태스크포스가 조직되어, '청년실업자를 위한 뉴딜'과 '지역사회를 위한 뉴딜'을 각각 추진하였다. 기업대표가 위원장직을 맡고 기업과 제3섹터 대표들로 구성된 태스크포스는 정부-기업-제3섹터 파트너십을 통한 '신사회계약'으로 뉴딜을 제시하였다. 뉴딜은 무엇보다도 장기실업 문제에 직면해서 실업자 구직과 고용훈련을 지원하는 데 일차적인 목표를 두고, 사회적 배제를 극복하는 정책에 초점을 맞추었다. 1997년에 시작된 '실업청년을 위한 뉴딜'로 2000년까지 청년실업자 20만 명이 참여해서 각종 고용상담 서비스를 제공받고, 임시직 또는 일용직 일자리를 제공받기도 했으며 그렇지 않으면 장기적인 고용교육훈련을 받기도 한다. 나아가 이상 세 가지를 원하지 않은 실업자는 한국의 공공근로에 해당되는 공익봉사활동으로 급여를 지급받는다. 뉴딜은 정부가 독자적으로 추진할 수 없는 방대한 사업이기 때문에 기업과 제3섹터조직들이 대거 참여하며, 또 기업과 제3섹터로부터 전문지식과 기술을 지원받으며 개방적인 학습과 정책결정을 추진함으로써 정부정책 수행에 많은 도움을 받는 효과를 낳는다.

노동당 정부의 사회정책은 다음 세 가지 분야에서 국정의 핵심으로 발전해왔다(Passey and Lyons 2004: 6). 첫째는 사회적 기여(philanthropy)로, 기업과 제3섹터가 기부와 자원봉사에 기여하도록 유도하는 정책을 시도한 것이다. 둘째는 종합적인 제3섹터 진흥정책으로, 제3섹터가 스스로 조직들의 발전을 진흥하고, 제3섹터 발전에 긴요한 인프라 구축을 정부가 지원하며, 그 밖에 제3섹터 발전을 위한 정부의 종합적인 지원방안을 모색하는 것이다. 셋째는 '사회적경제'에 초점을 맞춰, 사회적기업, 협동조합, 공제회 등 비즈니스와 같은 수익사업을 하는 기업들의 창업을 정부가 지원하는 정책이다. 1997년 이래 노동당 정권은 27개에 달하는 주요 사회적경제 정책들을 시도하였는데, 그 중 12개는 기존의 사회적경제 프로그램, 새로운 시도에 대한 재정지원 또는 제3섹터 발전에 필요한 정부의 지원 기능의 강화에 필요한 재원 등이다. 다섯은 입법이나 규제 정책 변화와 관련되며, 나머지는 평가나 자문에 관련된다.

먼저 '사회적 기여'에서는 세 가지 두드러진 특징이 있다(앞글: 7-8). 첫째는 일반시민과 기업이 자선적 기부에 동참하도록 독려하는 정책시도이다. 세금 인센티브 제도를 통해 기부활동을 독려하는 것이다. 과거에는 납세자 기준의 기부만을 인정했지만 블레어 정부에서는 모든 기부에 대한 세금인정이라는 '신뢰' 바탕의 새로운 기준을 제시하였다. 이는 국세청(Inland Revenue)의 관리 책임의 약화와 자선기관의 신뢰관리 책임이라는 새로운 변화를 갖다 주었다. 또 임금에서 세전 기부금을 공제하는 새 방식을 채택한 것도 특징이다. 또 2000년에는 정부와 자신기관들이 공동으로 기부 캠페인을 벌렸다. 둘째는 제3섹터가 정부의 규제에서 벗어나 모금을 해서 자율적으로 기금을 사용하도록 자율화한 것이다. 이처럼 제3섹터가 투명하고 책임 있게 모금을 하고 기금을 사용하며 시민들의 신뢰를 받도록 함으로써 정부를 대신해서 많은 사회문제 해결에도 시민들의 신뢰를 바탕으로 보다 효율적으로 잘 할 수 있도록 하는 '에토스'(ethos)를 마련해주는 것이다. 셋째는 자원봉사정책으로, 16~24세 청년들의 봉사활동을 진흥하기 위해 정부주도의 밀레니움 봉사단을 창설하고, 50세 이상 장년층의 자원봉사 동참을 진흥하기 위해 '경력봉사단'(Experience Corps)을 설립하여 지원한다. 밀레니움 봉사단에는 1999년 이래 2003년까지 11만 명이 참여했다고 한다. 경력봉사단의 장년층은 실업자가 많아 이들의 사회적 활동을 지원하기 위한 것이다.

영국의 '사회적경제' 정책은 블레어 정권 등장 이후 10년간 국정의 중심으로 정착되는 획기적인 변혁이 일어났다. 2006년 전통적인 자선법을 개정해, 자선기관의 사회적 역할을 대폭 강화하기 위해 정부의 모금 관련 각종 규제를 해제하고 자선기관의 자율적인 운영과 정부의 지원역할을 강구하였다(UK Cabinet Office 2007: 8). 1998년 정부와 제3섹터의 관계에 관한 기본적인 원칙들을 정리해 '협약'(Compact)으로 제시하였고, 그 후 지방정부들이 지방협약을 추진해 2007년 현재 전체 지방정부 99%가 자체협약을 체결하였다. 여기까지 발전하는 데는 1998년의 협약을 평가하는 연구보고가 2005년에 이뤄졌고, 이를 바탕으로 보다 제도화된 협약의 추진을 위해 총리실에 제3섹터부를 신설해, 여기에서 협약업무를 전문적으로 다뤄지도록 하였다. 또 2007년에는 협약위원회를 상설화하여, 협약의 실행에 필요한 제도적 장치나 규제완화, 제3섹터 인프라 구축과 지원확대 등을 검토하도록 한다.

블레어의 뒤를 이은 브라운(Gordon Brown) 총리는 2007년 제3섹터에 대한 정부의 지원정책을 분명하게 강조했다(UK Cabinet Office 2007: 1).

> 이 나라에서 국민에 의해 해결될 수 없는 문제는 없다. 수백만 명의 사람들이 제3섹터를 통해 사회변화를 갖다 주는 선택을 해서 사회문제를 해결하고 있다. 사회 곳곳에서 자원조직과 공동체 단체 그리고 사회적기업들이 사람들의 삶을 더 풍요롭게 해주며 불평등과 싸우며 우리가 사는 더 좋은 환경을 만들어주고 있다. 정부는 제3섹터를 구성하는 수천여 개의 조직들과 수백만 명의 사람들을 방해하거나 통제할 수 없으며, 오히려 이들이 성장할 공간과 기회를 만들어주며 함께 일하는 좋은 파트너가 되어야 하며 정부는 듣고 호응해야 한다. 정부와 제3섹터가 정부 모든 차원에서 파트너로 함께 일하는 비전은 국가의 진정한 변화를 갖다 줄 수 있다. 정부는 2007년 예산에 5억 파운드를 제3섹터부를 통해 투자할 것이다. 우리의 접근법의 핵심에는 사회에서 핵심적인 역할을 하는 공동체의 소규모 조직들을 지원하려는 우리의 바람이다. 우리는 이들이 재정지원에 자유롭게 접근해 자신들에게 적절한 방법으로 무엇이 필요한지를 알려주길 바란다. 우리는 소규모 지원금 체계에 투자해 공동체에게 권한을 부여해 공동체 단체들이 공동체를 건

설하고 삶을 변화시키는 방법에 대해 지방이 알아서 결정하도록 할 것이다. 청소년 봉사활동과 기부, 멘토링과 친구하기에 이르기까지 많은 이슈들에 대한 지속적인 지원, 제3섹터에서 활동하고 봉사하는 사람들의 기술을 지원하는 일, 제3섹터가 국가에 어떤 가치를 갖다 주는지에 대한 진지한 이해를 제3섹터와 더불어 탐구하는 일도 중요하다. 수천 개의 사회적기업들은 소비자들의 의사결정을 바꿔놓고 있고 비즈니스 접근법으로 사회적, 환경적 결과물을 전달해주고 있다. 정부와 제3섹터 사이의 파트너십 관계는 더 강력하고 더 공정한 국가를 건설하면서 더욱 강화될 것이다.

2) 정부의 제3섹터 지원정책

정부 각 부처의 제3섹터 진흥정책을 총괄하는 총리실의 보고서는 정부의 제3섹터 지원정책을 상세히 소개한다. 보고서는 정부의 제3섹터 지원정책의 기본방향을 다섯 가지로 요약하고 있다(UK Cabinet Office 2007: 11).

ⓐ 제3섹터가 시민의 목소리를 대변하고 캠페인 활동을 잘 하도록 정부가 지원,
ⓑ 지방 공동체를 건설하고 활성화시키는 데 정부지원의 확대,
ⓒ 공공 서비스를 혁신적으로 개혁해 새로운 모델로 전환,
ⓓ 사회적기업을 육성 발전시키는 데 지원 확대,
ⓔ 정부가 건강한 제3섹터를 육성하고 지원하는 데 필요한 종합지원책 모색 등이다.

영국 정부가 추진하는 제3섹터 지원정책의 첫째 원칙은 제3섹터 자율성을 기초로 지원을 확대하는 것이다. 그러기 위해 무엇보다도 우선 제3섹터가 시민의 목소리를 대변하고 캠페인 활동을 잘 하도록 정부가 지원한다는 정책방향을 제시한다. 정부의 지원정책 방향은 다음 네 가지로 제시되고 있다(앞글: 17). ⓐ 제3섹터조직들과 효과적으로 관계를 유지하고 협의하기 위한 효과적인 방안을 개선하고 이를 위한 연구에 투자, ⓑ 정부-제3섹터 협약에 제시된 원칙들 중 제3섹터의 캠페인 활동을 수행하는 권리에 대해 양자가 협약할 수 있는 방안을 이해하는 작업착수, ⓒ 캠페인 활동을 하는 제3섹터조직의 역량 강화를 위한 '역량구축자' 기금에 지속적인 투자, ⓓ 캠페인 활동에 혁신적인 창의를 주도하는 조직들에 대한 지원확대, ⓔ 자선위원회와 협의하여 제3섹터조직의 정치적 활동과 캠페인 활동에 관한 가이드라인을 재검토 등이다.

이처럼 정부는 제3섹터를 통해 시민들과 공동체로부터 먼저 광범위하게 경청하는 효과적인 방안을 모색하고 시민들의 목소리에 호응하는 정부를 만든다는 기본원칙을 수립한 것이다. 지방정부 백서인 '강력하고 번성하는 공동체'는 공동체들이 자신들의 삶에 영향을 미치는 사안들에 대해 스스로 결정하고 문제해결에 나서는 임파워먼트를 갖도록 정부가 지원하는 데 있다는 것을 재차 확인하였다. 이를 실행에 옮기는 '실행 강령'을 제정해 지방현장에서 실천하도록 규제하였다. 이를 중앙에서 관리하며 감독하는 업무를 제3섹터부에서 한다. 정부는 일시적 전략이 아니라 장기적 발전의 방안으로 제3섹터가 자율적으로 활동할 수 있는 '문화'가 정립되도록 정부 모든 부처가 이런 제3섹터의 역할에 대해 기본적인 이해를 갖추고 자율성 보장에 지원할 것을 보장한다. 자선기관의 '정치적' 활동에 대해 자선법은 어떤 정치적 목표를 가진 단체도 자선기관이 될 수 없으며 자선적 모금을 위한 정치적 활동도 허용하지 않는다(앞글: 25-6). 그럼에도 최근 자선기관의 시민의 목소리 수렴과 캠페인 활동의 자율화를 위해 자선적 목표를 수행하기 위한 수단으로 '정치적 활동'을 허용한다. 다만 이 경우에도 정치적 활동이 주된 활동이 되어서는 안 된다는 확고한 입장을 고수한다. 이에 대한 구체적인 판단은 자선위원회가 하지만 결국 자선기관이 정치적 활동을 자선의 수단으로 할 것인지를 자율적으로 판단해 이를 정당화하는 근거를 제시할 필요가 있다고 본다. 기본적으로 법에 보장된 시민의 캠페인과 저항의 권리는 침해되지 않는다.

제3섹터조직의 정책주창 활동에 대해서는 오히려 지속적인 역할을 할 수 있도록 모든 부처가 전략적 지원금으로 지원하도록 제3섹터부가 감독한다(앞글: 27-28). 이를 위해 전국지방정부연합(CLG)은 2007년 제3섹터의 정책제언 역할을 지원하는 구체적인 전략을 발표하였다. 정책 프로그램 개발과 기획에 광범위하게 참여하는 거버넌스 파트너로 인정한다. 이를 위해 CLG는 '제3섹터 파트너십 위원회'를 구성하고, 제3섹터조직의 효과적인 역할을 지원하기 위해 3년간의 개방적인 재정지원(core funding)을 결정하였다. 일례로 환경식품농업성은 내부에 정부와 제3섹터 대표들로 구성된 협약그룹을 설치해 부처가 협약을 제대로 수행하며 제3섹터조직들이 부처의 정책에 효과적으로 참여하며 재정지원이 문제가 없는지 등을 점검한다. 또 내부에 '사회적기업 포럼'을 두어, 환경, 식품, 농업 부문의 사회적기업의 창업과 성장에 필요한 지원 등을 광범위하게 협의한다. 그 밖에도 '자원공동체섹터 자문위원회' 등 제3섹터 대표들이 활동하는 자문위원들이 정부부처의 정책을 자문하는 활동을 한다.

특히 정부는 제3섹터를 지원하는 기구를 제도화해 두고 있다(UK National Audit Office 2005: 18). 먼저 '체인지업'(ChangeUp) 조직은 제3섹터조직의 실적 개선, 인력 개발, 거버넌스, ICT, 자원봉사자 충원과 개발 등 전반적인 전문 자문, 특히 재정지원에 관한 자문을 주기 위해 2005년에 설립되었다. 또 '미래건설자' 기금은 제3섹터부가 주도해, 공공서비스 제공에 활동하는 조직들을 지원하는 기금으로, 2005년에 2억 1500만 파운드로 설치된, 다른 보조금 사업과 달리 장기지원 기금이다. 또 '캐피탈 프로그램'은 제3섹터조직이 설립에 필요한 공간사용비 400만 파운드 기금을 마련해 지원하며, 또 재무성의 정기적인 지출평가 작업을 실시하였다. 재무성의 지출평가에서는 소수민족 고용, 아동과 청소년 등 5대 영역 조직들의 사업지출평가를 통해 취약적 재정을 지원하는 방안을 모색하였다.

영국 회계실(UK Audit Office 2005)이 분석한 정부 13개 부처(department)의 제3섹터 지원정책의 시행 현황을 보면 아래와 같이 부처 전반에 걸쳐 광범위한 지원정책이 추진되고 있다는 것을 엿볼 수 있다.

ⓐ 제3섹터의 정책 기획과정 참여: 개발(12개)/시행 중(11개)

ⓑ 기업 수준의 제3섹터 목표 설정: 개발(8개)/시행 중(7개)

ⓒ 모범적 재정지원 사례 내부 지침: 개발(12개)/시행 중(8개)

ⓓ 제3섹터에 대한 담당자 지식개발: 개발(12개)/시행 중(10개)

ⓔ 제3섹터 재정지원기관 특별 교육: 개발(7개)/시행 중(5개)

ⓕ 제3섹터 재정지원 가이드라인 배포: 개발(11개)/시행 중(7개)

영국 총리실의 제3섹터부는 제3섹터의 육성정책이 다음과 같이 중장기발전 전략에 초점을 맞추고 있다고 소개한다(UK Cabinet Office 2007: 86).

ⓐ 정부 모든 분야와 제3섹터 재무관계 개선에 노력하며, 3년 재정지원도 검토한다. 제3섹터 장관실은 3년간의 진전에 대해 재무장관과 수상에게 보고한다.

ⓑ 정부의 제3섹터 원스톱 정보포털서비스를 유지하며 개선한다.

ⓒ 제3섹터를 지원하는 기관에 대한 투자를 확대해, 8000만 파운드 이상의 '역량건설자 기금'을 통해 지원한다.

ⓓ 제3섹터 인력개발위원회 설립가능성 검토를 비롯한 기술개발 관련 프로그램을 개발한다.

ⓔ 제3섹터의 특성과 영향에 관한 사실 구축을 위해 새로운 센터를 개설한다.

ⓕ 정부의 모든 부처와 제3섹터 관계에 관한 협약원칙들을 지속적으로 유지해 발전시킨다.

3) 제3섹터 재정지원과 육성정책

정부의 제3섹터 지원정책은 특히 중요한 재정지원에 초점이 맞춰져 있다. 총리실(UK Cabinet Office 2007)이 소개하는 재정지원의 현황은 다음과 같다.

ⓐ 지방정부의 제3섹터 지출은 2002~4년 기간 2002년 물가기준 실질증가율은 65%, 1985년에 비하면 다섯 배 증가하였다.

ⓑ 중앙정부 지출의 실질적 증가는 2002~3년 16%, 2003~4년 12% 매년 증가. 99년에 비교하면 75% 이상 증가하였다.

ⓒ 자원봉사 인구는 2001년 1840만 명에서 2005년 2040만 명으로 꾸준히 증가하였고, 지난 4주간 기부자의 수도 인구의 78%에 달하고 있다.

ⓓ '윤리적 소비'도 급증하여, 1999~2004년 사이에 공정무역 식품판매가 640% 증가하였고, 2004년 윤리적 소비 시장 규모는 2580만 파운드 규모에 달했다.

ⓔ 자선기관의 모금액은 2004년에 2억 7600만 파운드로 지속 증가해서 GDP 2%를 차지하며, 1995년 12만 개의 자선기관은 2005년 16만 4000개로 증가하였다.

ⓕ 사회적기업은 매년 증가해 2005년 5만 5000개를 넘어섰고, 공제회와 협동조합 수는 2005년 8100개로 1900만 명의 회원을 두고 있다.

ⓖ 제3섹터조직들의 활동도 활성화되어, 56%의 조직들이 지난해 활동을 확대했다고 하고, 67%는 향후 3년간 활동을 확대할 계획이라고 조사되었다.

ⓗ 2004년 이래 정부는 3억 5000만 파운드 이상을 제3섹터 프로젝트 지원에 투자하였는데, 청소년 자원봉사에 1억 파운드, 사회적기업 지원에 1800만 파운드가 투자되었고, 지방공동체 조직들에 직접지원금으로 8000만 파운드, 지방정부의 미활용 자원을 이용하도록 하는 데 2000만 파운드가 지원되었다.

한편 2006년 제3섹터부가 조사한 정부의 재정지원을 받는 제3섹터조직들의 현황은 아래와 같다. 대상단체들은 2003년 4482개, 2004년 3687개이며, 활동영역은 2003(2004년) 구분으로 보면, 근린이웃 29(36%), 지역과 이웃 중간 39(34%), 특정 지역 8(6%), 복수 지역 3(2%), 잉글랜드 3(3%), 잉글랜드를 포함한 스코틀랜드, 웨일즈, 북아일랜드 12(9%), 이상 및

표 5-6 영국 제3섹터의 정부 재정지원 유형

	아래에서 지원을 받은 단체의 비중(%)		단체의 전체 재정에서 차지하는 비중(%)	
	2002~3	2003~4	2002~3	2003~4
지방정부기관이나 의회	54	50	34	39
중앙부처 기관, 공공기관	41	36	50	46
국립의료서비스(NHS)	22	19	10	9
교육기술위원회	11	10	3	4
유럽연합	11	9	3	2

자료 UK Cabinet Office 2006: 7.

국제 7(10%) 등이다. 또 특별 대상집단을 2003(2004) 구분으로 살펴보면, 장애인 28(27%), 장년층 13(18%), 여성 5(6%), 청년층 15(15%), 노년층 13(15%), 아동 14(12%), 소수민족 및 기타 10(14%) 등이다.

또 〈표 5-6〉에서 볼 수 있듯이 제3섹터조직 전체 중 절반 이상이 지방정부기관이나 의회의 재정지원을 받고, 중앙부처의 지원도 36~41%에 달한다. 이외에도 국립의료서비스, 교육기술위원회, 유럽연합으로부터 9~22%가 지원을 받는다. 이런 정부 및 국제기관의 지원은 단체의 재정수입에서 차지하는 비중이 상당하다. 지방차원에서는 34~39%, 중앙차원에서는 46~50%로 가장 높은 비중을 차지한다.

그렇다면 제3섹터기관들은 정부의 재정지원에 얼마나 만족하고 있는가?

끝으로, 정부의 모니터링 평가과정에 대해서도 대체로 만족한다는 의견을 제시하지만, 평가과정에서 겪게 되는 개입이나 간섭의 문제가 다소 불만인 것으로 나타난다.

4) 지방 공동체와 공공서비스 전환

(1) 지방 공동체 육성정책

정부의 제3섹터 지원정책이 구체적으로 실천되는 영역과 분야는 지방 공동체와 공공서비스 영역이다. 이에 대한 정부의 지원역할은 다음과 같이 소개되고 있다(앞글: 32).

ⓐ 지방공동체들이 주민들의 참여를 바탕으로 공동체 활성화를 위해 공동체 소유의 건물 등 자산을 소유하도록 3000만 파운드의 '공동체자산기금'을 제공한다.

ⓑ 지방정부와 지방조직들이 효과적인 정책 파트너가 되도록 각종 보조금으로 지원한다.

ⓒ 2007년 예산에 8000만 파운드의 보조금을 책정해 지방조직들이 지방공동체 활성화 프로젝트를 수행하도록 지원한다.

ⓓ 지방재단들이 지방공동체 건설에 활동하는 조직들에 안정적인 재정지원을 할 수 있도록 정부가 5000만 파운드의 기금을 제공한다.

ⓔ 지방조직들이 지방자산을 개발하고 소득을 창출하는 역할을 수행하는 데 지방공동체가 주도하도록 정부는 각종 자원을 제공한다.

ⓕ 지방에서 청소년들이 공동체를 위한 자원봉사활동을 수행하며 시민의

식을 갖도록 1억 1700만 파운드의 재정을 지원한다.

또한 영국 정부가 소개하는 타국의 지방공동체 지원정책은 다음과 같다(앞글: 36). 먼저 덴마크는 지방공동체 단위에서 자원봉사 중심으로 제3섹터조직들의 활동이 가장 두드러지다. 인구 82명당 한 개의 조직이 있을 정도로 조직들의 활동이 광범위하다. 이들의 주요 세입은 중앙, 군, 시정부에서 시정부 지원 책임으로 되어 있고, 정부와의 독립적인 입장이다. 주로 안정적인 세수입은 전국 복권사업과 축구복권 기금에서 지원된 자금이다. 정부가 개입해서 하지 않고 청소년위원회 등의 자율적인 기구들이 분배한다. 불필요한 감독과 평가비용을 없애려고 단체들의 활동실적에 근거한 배분원칙은 찾아볼 수 없다. '독립, 분권, 문화적 민주주의'가 제3섹터의 기본가치들이다. 또 호주는 70만 개의 비영리조직들이 있는데, 이들은 주로 회원들의 자원봉사활동에 기초한 지방공동체조직들이다. 2004년 성인 41%가 자원봉사활동에 참여한다. 2000년 전체 수입의 30%가 정부지원금이나 계약으로 충당된 것이다.

지방공동체 소유의 '사회적기업'인 월셀리(Wolseley) 지역경제개발 트러스트는 플리무스 도시의 공동체 소유 모범사례로 소개된다(앞글: 83). 이 트러스트는 시가 1200만 파운드 규모의 두 개 비즈니스 파트를 소유하고 있다. 시의회가 이 둘을 장기 임대해주고 월셀리 트러스트가 지역경제를 활성화시키고, 보건의료 서비스 제공자 역할을 하도록 한 것이다. 1997년 일차로 조성된 비즈니스 파크는 그간 방치된 지역으로 25개 사업장과 공동체 시설이 들어섰고 250명의 일자리가 마련되며 상업적 활동이 원만히 이뤄졌다. 이차 파크는 1999년 또 버려진 병원시설을 리모델링해 사업체로 조성해 2003년에 오픈하여 35개의 사무실과 경산업 사업으로 활용되어

1300명의 일자리가 마련되었다. 월셀리 트러스트의 이사회는 공동체 대표 9명이 선출 또는 임명직으로 대표하고, 3명의 시의원과 3명의 비즈니스 대표들로 구성된 민주적 의사결정에 기초한다. 이 트러스트는 2004년부터 상당한 수익을 내며 연간 15만 파운드를 공동체의 보건의료와 사회복지 개선에 투자해왔다.

(2) 공공 서비스 전환정책

한편 정부가 제3섹터를 지원하는 또 다른 중요한 목적은 공공서비스 전달을 개선해 양질의 서비스를 제공하기 위함이다. 따라서 제3섹터의 주요역할은 공공서비스 혁신의 파트너, 서비스 디자인 파트너, 변화의 캠페인 주체자로 중시된다(앞글: 11).

공공서비스의 전환을 지원하는 정부의 정책은 다음에 초점을 맞춘다(앞글: 50).

ⓐ 공공서비스의 대체 전달에 관한 실태 파악을 위해 위원들의 교육훈련에 투자하고,

ⓑ 지방정부들이 제3섹터와 관계를 유지하도록 지원하며,

ⓒ 고용서비스에서도 제3섹터가 전달자 역할을 할 수 있는지, 타당성을 조사하며,

ⓓ 수요주도적 재정지원과 제3섹터 지원 사이의 관계를 이해하고,

ⓔ 제3섹터가 더 중요한, 더 많은 공공서비스 전달자 역할을 하도록 지속 지원하며,

ⓕ 제3섹터가 모든 공공 영역에서 서비스 전달 역할을 할 수 있도록 6500만

파운드를 '미래건설자 기금'에 투자한다.

한편 제3섹터의 공공서비스 역할에 관한 평가보고서는 제3섹터의 긍정적인 역할에 대해 다음과 같이 소개한다(앞글: 52).

ⓐ 서비스 이용자 욕구에 강한 중점,
ⓑ 복잡한 개인적 욕구를 충족시키며 사회적 문제를 해결하는 지식과 전문성,
ⓒ 유연성의 역량과 공동의 서비스 공급,
ⓓ 혁신을 위한 경험과 독립성 등이다.

또 여기에 추가할 만한 장점들에 대해 제3섹터부는 다음과 같이 소개한다(앞글: 52).

ⓔ 지역주민들의 공동체 자산의 소유권을 갖도록 하고,
ⓕ 자원봉사자의 기술과 경험을 축적하며,
ⓖ 공동체 내부와 공동체들 사이의 신뢰를 증대시키는 등 사회자본 축적에 기여한다.

특히 공공서비스의 획기적인 전환에서 제3섹터가 역할을 수행하도록 지원하는 '제3섹터 공공서비스 전달 실행계획'이 추진되었다(앞글: 59-64). 이에 따라 일부 부처의 실행계획이 주목을 받는다. 교통부는 농촌지역의 교통수단에 전통적인 버스나 상업용 교통수단보다 제3섹터에 의한 교통서비스 공급대안을 추진할 계획이며, 이를 지원하는 '지방교통지원금'이 조성

되었다. 환경식품농업성은 수익성이 낮은 쓰레기처리와 재활용에서 제3섹터가 중요한 서비스 공급자 역할을 하도록 기획해, 여기에 새로운 프로그램이 마련되어 추진되었다. 또 관련 사회적기업들이 무수히 창업되었다. 법무성은 공동체법무서비스센터와 네트워크를 확대해 제3섹터조직들이 주민 법률서비스 역할을 확대하도록 지원한다. 또 보건성은 1차 진료사업에 지방공동체 단위의 제3섹터 의료기관들의 참여를 기획한다. 재무부와 아동학교가족성은 공동으로 청소년의 임파워먼트 강화와 종합적인 아동과 청소년을 위한 각종 서비스 제공에 제3섹터의 역할을 확대하는 사업을 기획하여 추진한다.

한 가지 주목해볼 만한 제3섹터조직은 주택결사체다. 주택결사체는 제3섹터에서 가장 활성화된 공동체조직이다. 지방정부로부터 대규모 지분을 넘겨받은 이 조합들이 영국 전체 500만 명의 주택을 관리한다(앞글: 51). 주택의 공급뿐 아니라 관리와 공공복지에서도 소비자 욕구를 충족하는 각종 서비스 제공 업무를 맡는다. 또 '예산절감투자' 기금은 제3섹터의 공공서비스 공급 역할로 예산을 절감하는 효율적인 혁신전략을 지원해왔다(앞글: 69). 지난 4년간 1억 파운드를 투자해 서비스개선과 예산절감에 기여했다. 주로 보건의료분야와 사회복지서비스, 아동과 가족 서비스, 고용과 기술, 정보와 상담 서비스에 투자되었다. 특히 유연하고 종합적인 서비스 제공, 특수집단에 대한 개별화된 상담과 주창 서비스, 예방적 서비스 활동이 혁신사례로 꼽힌다.

3. 캐나다의 '사회적경제' 정책

1) 사회적경제 정책의 발전

영국과 더불어 사회적경제정책에 집중해온 캐나다에서 2004년에 새로 집권한 정부의 마틴 수상은 '사회적경제' 계획을 국정 주요정책으로 발표하였다(CES 2005: 5).

> "정부는 공동체가 스스로 돕도록 도움을 줄 것이다. 이를 가장 잘 할 수 있는 하나의 방법은 기업가 기술을 응용해 영리를 추구하지 않고 캐나다 전역의 공동체에 사회적, 환경적 조건을 개선하는 훌륭한 사람들을 뒷받침해 주는 일이다. 이런 새로운 공동체 개발 접근법은 '사회적경제'로 칭해지며 공동체들이 홈리스 문제를 해결하고 빈곤을 타개하고 환경을 개선하며 개인들과 침체된 이웃을 완전히 바꿔놓았다는 성공담을 많이 만들어내고 있다. 정부는 이러한 기업가적 사회운동을 하는 사람들을 지원하기를 바라며, 이들이 자원과 도구에 더 가까이 접근하도록 할 것이다."

캐나다 수상의 발표처럼 정부의 사회적경제 지원정책은 실제 2004년 예산에 반영되었다. 사회적경제 역량구축에 2년간 1700만 달러, 대학-공동체의 사회적경제 공동연구에 5년간 1600만 달러가 투입되었다. 캐나다 정부는 2004년 사회적경제정책을 사회복지정책의 핵심으로 발표하며, 이를 실현하기 위한 파이로트 사업으로 1억 3200만 달러를 투입하는 '사회적경제 파이로트 창의사업'은 다음 세 가지를 추진하였다(LeBlanc 2006: 4).

ⓐ 향후 2년간 1700만 달러를 지역사회 역량구축 사업에 투자해 공동체와 사회적경제 조직들이 공동체 생산과 서비스 활동을 원만히 수행할 수 있는 기반과 역량을 구축한다.

ⓑ 향후 5년간 1억 달러를 투입해 지역단위별로 사회적기업들의 창업지원 융자금과 자본투자금으로 이용된다.

ⓒ 향후 5년간 1500만 달러를 연구기금에 투입해 사회적경제 지식과 네트워크를 동원, 활용하는 데 사용된다. 이 창의사업은 중앙의 산업부, 사회개발부뿐 아니라 네 개의 지역사무실이 파트너로 추진한다.

캐나다 정부는 사회적경제의 발전은 무엇보다도 먼저 정부와 관련 없이 시민들의 집단적 행동의 결과라는 점을 인식하고 있다(CES 2005: 19). 연방, 주, 지방, 어느 차원의 정부든 시민사회가 혁신적이고 효과적인 대응을 전략적이고 실천적으로 개발하는 것과 같이 할 수는 없다고 본다. 정부가 사회적 혁신을 지원하는 데 활용된 전통적인 정책협의 방식으로는 별 다른 효과가 없었다는 인식을 갖고 있다.

'사회적경제'의 또 다른 중요한 역할은 캐나다에서 사회정책과 경제정책의 핵심적인 근간의 일부를 재정의한 점이다. 구식의 개발은 캐나다 시민들과 공동체의 욕구를 해결하지 못하고 있다는 사실 인식에서부터 사회적경제의 발전이 비롯되었다(앞글: 19-20). 경제적 창의와 사회적 창의의 통합이라는 사회적경제의 핵심적 근간은 전통적인 사회정책과 경제정책이 정의되어온 방식을 재고할 필요성을 분명히 예시해주었다. 부의 축적과 경제성장에도 불구하고 빈부격차가 확대되었고, 전체 지역, 특히 농촌지역이 개발의 변방에 방치되었다. 도시지역도 많은 빈곤지대의 상황이 더 악화되었고 건강한 도시의 개발을 위협하였다. 지구화의 맥락에서 산업사회의 전환이 수반한 이런 문제들이 심각한 상황에 있음에도 전통적인 공공정책에서는 사회경제적 개발의 핵심근간에 대한 재정의 노력은 거의 찾아볼 수 없었다. 세계를 아주 단순히 이원적으로 이해하고 있는 강한 경향이 여전했다. 공공정책은 오직 두 행위자들만이 존재하는 영역으로 간주하는 경제의 비전에 절대적으로 기초하고 있다는 점이다. 한 행위자는 시장에서 부를 창출하며 경제를 움직이게 하고 정부에 세금을 바치는 사적 영역이며, 또 국가라는 행위자는 부를 재분배하고 공공복리를 위한 통일된 공공서비스와 프로그램을 제공해주는 역할을 한다. 공동체조직들의 광대한 활동, 비영리섹터가 생산하는 재화와 서비스는 그저 자선적이거나 사회공헌에 해당한 것으로 경제영역 밖의 일로 간주되고 있다. 많은 정책결정자들은 협동조합 모델을 진부하고 하찮은 것으로 간주한다. 주요 경제적 창의들이 유일하게 사부문에만 기초하고 있고, 사회정책은 주로 정부의 개입과 전달체계에만 초점을 맞추고 있다.

이런 평가와 판단을 기초로 하는 캐나다정부의 사회적경제정책은 다음과 같은 전략을 추진하고 있다.

첫째, 정부는 어디서나 써먹는 프로그램들로는 더 이상 통치할 수 없는 지경에 이르렀다는 것이 캐나다정부의 강력한 정책의지로 표명되고 있다 (앞글: 20). 그 이유는 그 프로그램들이 많은 비용을 요구하기 때문이 아니라 대부분이 비효율적이기 때문이다. 시민들은 자신들의 돈의 가치보다 보잘것 없는 혜택을 받고 있고 공동체는 응당 받아야 할 고품질의 서비스를 받지 못하고 있다. 그렇다고 자선조직들이 이렇게 정부나 시장이 실패하고 버린 조각들을 일일이 주워모아 뭔가 해볼 수도 없다. 버려진 게 너무도 많기 때문이다. 이것들이 바로 지금의 현실문제들을 설명하며 또 왜 시민사회조직들이 생겨났는지를 설명해주고, 나아가 전통적인 정치과정과 전통적인 거버넌스 형태에 의문을 갖게 하고, 그럼으로써 공공정책을 형성하고 사회경제적 개발을 수행하는 데 중요한 역할을 주문하고 있는지를 설명해준다.

둘째, "사회적경제는 사회경제적 발전의 새로운 패러다임을 정의하는 필요성을 제기한다"(앞글: 20). 공동체의 복리를 위한 재화와 서비스의 생산에서 정부, 사부문, 사회적경제, 이렇게 삼자 각자의 역할을 수행하도록 '다원주의 경제'의 비전을 포함한 경제전반에 관한 폭넓은 진단을 요구한다. 지방과 지역의 개발, 불이익계층을 위한 일자리 창출, 구체적인 욕구와 현실에 반영해 효율적으로 전달되는 서비스의 생산, 그리고 보다 지속가능한 개발의 요구에 대한 사회적경제의 기여는 분명해지고 있다. 이런 패러다임의 이동은 단기, 중기, 장기에 걸쳐 공공정책에 복합적인 영향을 미치고 있다.

셋째, 정책창의를 모색하는 데 충분한 유연성 확보가 이슈가 된다. 사회적경제와 공동체 경제개발은 지역공동체에 기초한 상향식 접근을 한다. 공동체는 서로 다르기 때문에 정책창의를 모색하는 데 어디서나 써먹는 획일적 접근법을 사용할 수는 없다. 사회적경제는 사적 또는 시장의 자원, 공공재정지원 그리고 자원봉사 자원 등 혼합재원에 의존하기 때문에 일률적인 재정적 기준을 설정할 수도 없다.

넷째, 사회적경제의 복잡다양성 때문에 사회적, 경제적, 환경적, 문화적, 기타 영역의 행정기관들을 포괄하는 지방, 지역, 연방 정부영역 전반에 걸쳐 공공정책개발이 관련된다. 이는 연방차원에만 대부분의 부처들이 관여해 공조해야 하기 때문에 엄청난 도전이 되고 있다. 이런 이유에서 시민사회, 의회지도자, 정부관리들이 강력한 파트너십을 통해 성공적인 공공정책 창의를 개발해내며, 이들 각자는 전통적인 협상의 관행을 넘어 건설적인 섹터를 넘나드는 파트너십 과정으로 동참할 것을 합의해야 한다.

마지막으로, 사회적경제 내용의 혁신성이 이슈가 된다. 전통적으로 정책결정자들이 문제를 정의하고 그에 대응하는 프로그램을 개발하고 적절한 전달 모델을 디자인하였다. 이와는 대조적으로 사회적경제는 시행착오의 학습과정과 실천과정에 기초해서 공동체 내부의 지속적인 혁신과정에 있게 된다. 경제개발에 대한 새로운 접근, 새로운 형태의 파트너십, 새로운 사회적 창의들이 실험되며, 모범사례들이 계속 등장하고 도처에서 복사되고 한다. 창의적 해결책의 등장을 방해하지 않고서 공적 자금을 책임 있게 사용해야 하는 정책결정자와 집행자 모두에게 혁신의 기회는 매우 도전적인 것이다. 전통적인 공공정책은 선례를 만드는 일에 애써 회피해왔지만, 사회적경제와 사회적 혁신은 공공정책에서 지속적인 선례 만들기 작업 요구를 받는다.

2) 정부-제3섹터 공조의 협약

영국이 1998년 정부와 자원섹터(제3섹터) 사이의 공조적 관계를 '협약'(Compact)으로 발표해 양자의 지속적인 관계개선으로 사회적경제를 국정의 우선적 목표로 추진해온 것과 유사한 정책을 캐나다도 1999년에 정부와 제3섹터 관계정립을 위한 '협약'을 발표해, 연방, 주, 지방 단위에서 정책으로 시행해왔다. 〈표 5-7〉의 내용은 영국과 다소 다르지만 정부와 제3섹터 사이의 관계를 기본적으로 규정하는 중요한 선언적 국정방향이라고 볼 수 있다. 먼저 양자 사이의 상호의존과 협력을 동등한 관계 시각에서 밝히고 있으며, 제3섹터의 독자적이고 자율적인 역할을 정부가 존중하며 제3섹터의 '주창'(advocacy) 활동에 대해서도 자율성을 존중한다는 원칙도 강조되고 있다.

표 5-7 캐나다의 정부-자원섹터 관계의 가이드라인 원칙들

1. 상호의존과 협력
정부와 자원섹터는
- 사회의 독립적이고 상호의존적 일부라는 점을 인정하고,
- 각자 독자적보다 상호지원으로 협력해 사회적 복리에 기여한다는 점을 인식한다.

2. 자원섹터의 독자적 역할
정부와 자원섹터는
- 민주사회는 공적 목표를 추구함에 결사의 자유를 향유한다는 점을 인지하고,
- 자원섹터가 사회정의, 인권, 환경, 종교, 예술, 스포츠 및 문화 이슈를 설정하는 결정적 역할을 한다는 것을 인정하고,
- 자원섹터가 정부의 정책 프로그램 및 입법에 도전, 비판, 영향력 행사를 하는 권리를 존중하며,
- 정부정책 토의에서 국민들의 목소리가 경청되도록 하고 대의를 주창하는 자원섹터의 역할을 중시하고,
- 자원봉사와 공동체 참여를 통한 시민의 참여를 진흥해 건강한 민주주의를 강화하는 자원섹터의 역할을 중시하며,
- 서비스 제공의 유연성과 혁신에서 자원섹터의 독특한 역량을 인정하며,
- 자원섹터의 자율성을 인정하고 시민 이해관계자들에 대한 책무성을 존중한다.

3. 대화
정부와 자원섹터는
- 상호존중의 개방적, 정보가 가진 지속적 대화의 필요성을 인지하고,
- 자원섹터의 경험과 아이디어가 공공정책의 발전에 기여하도록 지원하고 장려하며,
- 자원섹터와의 투명한, 시의적절한, 포용적, 책무적인 협의과정의 필요성을 인정하고,
- 정보를 공유하고 공조적 행동을 위한 우선순위 결정에 협력하며,
- 양자의 신뢰 유지를 위해 기밀을 유지한다.

4. 공조
정부와 자원섹터는
- 공통의 우선순위 결정, 보조적 목표와 목적 달성을 위해 공조의 필요성을 인지해,
- 공통의 우선순위 집행에 공조의 필요성을 인정하며,
- 융통적인 전략적 제휴 창출의 장점을 인지하고,
- 성공적 관계는 혁신이 필요하며, 비판에 개방적임을 인정하고,
- 상호의존, 신뢰, 개방적 소통에 의한 효과적인 관계를 인정한다.

5. 공공 책무성
정부와 자원섹터는
- 모두가 국민들에게 책무성을 가지며 공적 책무성의 필요를 인정하고,
- 적용의 융통성이 있고 적절한 책무성을 보장하는 '모범적 실천'의 스탠다드 개발의 필요성을 인정한다.

자료 Voluntary Sector Task Force, Canada, 1999.

또 사회개발과 사회문제 해결을 위한 양자의 신뢰를 바탕으로 하는 지속적인 대화와 공조의 약속은 꾸준히 지켜지고 있는 주요원칙들이다.

Compact 시행과 동시에 도입된 실행제도 VSI(Voluntary Sector Initiative)는 캐나다에서 가장 광범위한 최초의 정부-자원섹터 협약 실행방안으로 2000~4년 기간에 추진되었다. 정부-자원섹터 관계 역량 구축의 목표로 다음의 실행방안을 추진하였다(Social Development Canada 2004: 1).

ⓐ 정부와 자원섹터의 협약 실행(Accord)의 개발;

ⓑ 재정지원과 협의 모범사례 코드(codes) 작성;

ⓒ 자원섹터의 테크놀러지 혜택 접근 개선;

ⓓ 정부기관의 자원섹터 인식 개선;

ⓔ 자원섹터 관련 새로운 지식과 연구 개발;

ⓕ 자원섹터 인력 자원과 기술 개발;

ⓖ UN 세계 자원봉사자의 해 유지의 자원봉사 진흥;

ⓗ 정부 규제정책 개선;

ⓘ 자원섹터의 정부 정책개발 참여 역량 개선.

VSI 특징은 다음과 같다(앞글: 1-2).

첫째, 정부와 자원섹터 관계 개선 구축을 위한 종합 목표를 제시한다. 정부와 자원섹터 공동위원회(Joint Coordinating Committee)의 종합목표 개발과정과 결과 모두가 중요하다.

둘째, 공동의 목표 추진과정이 혁신적이다. 공동위원회는 6개의 조인트테이블(Joint Table)을 설치해 위원회는 정부와 자원섹터 각기 동수의 14~16명 위원과 공동위원장 구조를 갖추었다. 공동 실행방안(Joint Accord),

인식, 역량, 정보관리와 IT, 국가 자원봉사 이니셔티브, 공동 규제 등 6개가 그것이다.

셋째, VSI의 규모는 전국적, 모든 정책 차원에 광범위하게 적용된다. 중앙정부 등 관련 공공기관 대부분과 자원섹터대표 조직 대부분이 참여해 대표성을 가진다. 조인트 테이블은 정부-자원섹터 협의 차원과 정부 내의 정부부처 사이, 자원섹터 내의 영역 사이의 협의 차원으로 종횡이 복합되어 있다.

시행 몇 년후 VSI에 대한 평가는 정부-자원섹터 관계 개선이 있었지만, 많은 목표 설정으로 인한 목표 달성의 어려움을 보여준 '목표 과부하(goal overload)' 사례로 결론짓는다. 정부-자원섹터 관계는 "단명되는 경향이 있었고, 심지어는 책무성, 스탭 이직, 연방정부 우선정책의 변화 등으로 부정적인 영향을 받았다"고 평가한다(Social Development Canada 2009: xiii). 9개의 목표 중 특히 자원섹터 인식, 관여, 역량, 정책개발 등은 달성하기 어려운 목표로 드러났다. 비영리 회사법(Not-for-Profit Corporations Act)의 경우 2004년 최초 논의 이후 지속적으로 입법이 추진되지 않았다(앞글: xv).

3) 사회적경제 지원 법과 정책

사회적경제를 지원하는 공공정책의 역할은 다양하다. 사회적경제 조직들이 사회적, 경제적, 환경적 목표들을 시행하는 전달자 역할을 하면서 나아가 홈리스, 랜드리스(landless), 빈곤, 사회적 배제, 지속가능한 생계, 공동체 붕괴, 환경 폐해 등 심각한 이슈들의 해결에도 역할을 하도록 하는 일이다(Amyot 2012: 116). 나아가 사회적경제가 사회적 자본과 지속가능한 생계, 경제의 민주화와 거버넌스, 사회혁신 등 공공선(public goods)의 생산뿐 아니라 정의를 지향하는 사회운동과의 파트너십 실천자 역할로 업그레이드 할 것을 요청한다.

그럼에도 정부 정책은 사회적경제의 서비스 전달이나 실업극복 등 시장지향적 역할을 중시하고, 이에 따라 사회적기업에만 초점을 맞추는 편향성이 있다. 따라서 정부정책 기획과 결정 과정에 참여하는 사회적경제의 파트너십과 정책 거버넌스 역할이 중요해지고 있다.

캐나다의 제3섹터, 비영리섹터는 세계 2위로 광대하다. GDP의 7.8% 비중을 차지해 자동차와 제조업 분야보다 더 높은 경제력을 갖고 있다. 고용인구는 노동인구의 11.1%가 넘는 200만 명에 달한다(앞글: 118). 사회적경제가 지역 경제에 미치는 영향도 상당하다. 사회적경제는 안정적인 고용을 창출하고, 지역 경제에 순환하는 수입을 창출하며 사회적 가치가 있는 재화와 서비스를 제공함으로써 사회적 포용의 증대와 빈곤 감소에 기여한다.

캐나다 정부는 정책 거버넌스 협의를 통해 사회적경제가 환경적 지속가능성, 빈곤과 사회적 배제 해소와 고용창출, 취약층 문제해결과 보호에 효과적인 파트너로 공조해왔다(앞글: 117-120).

(1) 환경적 지속가능성

기후변화, 피크 오일(peak oil), 환경 폐해 등은 경제적 전환의 필요성을 요구하는 시대적 이슈들이다. 사회적경제는 로컬 푸드 시스템의 재구축, 지방 에너지 해결방안, 지속가능한 식수와 폐기물 관리 등으로 환경적 지속가능성을 추구한다. 식량안보에서 지역 주민들이 주도적으로 식량공급에 대한 의사결정권을 행사하는 것이 중요하다. 캐나다 로컬 푸드 시스템을 지원하는 조직들은 대부분이 사회적경제 조직들로, 농민의 마켓, 커뮤니티 지원 농업(Community Supported Agriculture: CSA), 로컬 푸드 마케팅 협동조합, 커뮤니티 가든, 공정무역 조직, 식량안보 네트워크, 지역 식량정책 위원회 등이 제도화되어 있다. CSA의 경우 매뉴얼이 개발되어 협동조합 로컬 마켓팅을 통합시키는 중요한 역할을 한다.

둘째는 지속가능한 에너지 생산이다. 커뮤니티 기반의 사회적경제 조직들은 장기적인 에너지 가격의 안정화 역할을 한다. 온타리오 지속가능한 에너지 협회(Ontario Sustainability Energy Association)는 녹색에너지 개발에 지역의 75개 비영리조직들이 대표하는 구심체이다. 커뮤니티 기반의 파워는 지방 소유로 경제적, 사회적, 환경적 혜택이 지역의 혜택으로 최적화되며 접근가능하고 민주적으로 통제되며 경제적으로 생존가능성을 가진 특성이 있다. 온타리오의 녹색에너지와 경제법은 소규모 생산자에게 생산된 에너지의 수익률 보장뿐 아니라 자원 제공 프로그램으로 커뮤니티 소유의 재생가능한 에너지 프로젝트를 지원한다.

다음과 같은 환경적 지속가능성 과제들이 제시되고 있다. 탄소배출을 줄이고 폐기물 처리와 식수공급 개선에 기여하는 사회적기업에 세제 인센티브, 프로그램 지원과 조달 특혜를 주는 정책이 뒷받침되는 것이다. 온타리오 녹색에너지와 경제법과 같은 지역의 입법으로 재생 에너지 생산에서 사회적기업들과 지역사회기업들에게 특혜를 제공할 것을 제시한다. 또 새로운 환경적인 지속가능성이 있는 테크놀러지, 제품과 서비스 분야의 일자리 창출의 기회를 탐색하는 사회적기업들에 투자를 유도하는 미국의 녹색일자리 이니셔티브(Green Jobs Initiatives)를 도입하는 방안도 검토되고 있다. 또 탄소배출과 기후변화를 감소시키는 지역사회 창의력을 동원하는 '전환마을'(Transition Towns) 이니셔티브를 지원하는 방안도 있다.

(2) 빈곤해소와 사회적 포용

빈곤과 사회적 배제를 동시에 해결하는 방안은 종합적, 총체적 접근 전략을 필요로 한다. 개인들과 지역사회가 공통적으로 직면하는 문제들을 해결하는 융통적이며 다차원적 전략이 필요하다는 것이다. 또한 빈곤과 사회적 배제의 동시 해결 방안은 소득, 보건, 교육, 서비스 접근, 주거, 부채, 삶의 질, 자율성 등 다양한 이슈들을 해결하는 종합적이며 총체적인 전략이 된다(MacKinnon 2008: 1).

선행 연구들을 검토해보면, 개인과 지역사회 차원의 동시적, 종합적 접근이 빈곤과 사회적 배제의 동시 해결에 가장 효과적인 전략으로 제시된다(Chamberlain 2008; Toye and Infanti 2004) 사회적경제가 빈곤과 사회적 배제의 해결에 강력한 도구가 된다는 연구들도 있다. 실제로 캐나다 정부는 사회적경제를 정부의 "사회정책의 도구수단"으로 간주하며 사회적경제의 파워와 잠재력을 학습할 필요가 있다며 강조하였다(HRSDC 2004). 영국 정부는 사회적기업이 사회적 욕구 충족뿐 아니라 공공 서비스의 디자인과 전달의 개선과 새로운 접근법의 선도적 역할로 사회적 배제 해소에 기여한다고 강조하였다(Noya & OECD 2008: 10).

한편 OECD는 사회적경제 조직들이 사회적 배제에 중요한 역할을 하고 있다며, 사회적 배제 해소에서 사회적경제가 가진 상대적 장점 두 가지를 제시한다. 하나는 사회적경제가 지역사회의 욕구를 파악해 충족시키는 역량을 갖게 하는 지역적 기반을 갖고 있어, 정부기관과의 접근도 어려워 서비스 공급의 사각지대에 있는 취약층을 대상으로 서비스 제공을 하는 장점이 있다. 다른 하나는 사회적경제 조직들이 이용자에게는 주창과 임파워먼트 조직의 역할을 해서 이용자 참여의 경로가 되는 것이다. 지역사회

주민들의 실질적인 욕구를 충족시켜주면서 동시에 실제적으로 잘 드러나지 않은 이슈들도 해결하는 역할을 통해 사회적경제 조직들은 사회적 배제를 해소해 사회적 포용의 개발에 혁신자 역할을 한다(앞글: 8).

(3) 고용 창출

사회적경제의 고용창출 성과도 상당한 것으로 나타난다. 마니토바 지역의 그룹 아동케어의 99%는 비영리, 지역사회 운영으로 아동케어 1달러 투자가 지역경제 활동에 1.38~1.54달러를 창출하는 결과를 낳는다는 추산도 있다. 또 협동조합 비즈니스는 일반 기업들에 비해 위기극복의 회복력이 더 강하며, 더 높은 생존율과 낮은 파산율을 기록한다. 또 경제위기 기간에도 협동조합의 회원과 고용은 오히려 증가해 경쟁 기업들보다 높은 경쟁력을 갖고 있다.

단순한 즉각적인 일자리 창출에 초점을 맞춘 고용개발 이니셔티브들은 복지 의존에서 벗어나는 성과를 내지 못한 것으로 나타난다. 보다 종합적인 고용창출 방안으로 노동력 중간지원기관의 개발이 중요한데, 사회적기업이 이런 고용창출의 모범사례들을 갖고 있어 중간지원기관으로 역할을 확대하는 방안이 제시되고 있다. 고용훈련 비즈니스 또는 직업통합기업(entreprises d'insertion)이 고용창출과 빈곤해소에 적합한 방안으로 제시되고 있다. 이들은 사회적 지원의 환경에서 고용훈련을 통해 사회적 활동과 경제적 활동을 통합하는 비즈니스들이다.

퀘벡에서 이런 사회-경제활동 통합의 고용창출이 단순한 고용창출에 비해 훨씬 효과적인 것으로 평가되고 있다. 고용훈련과 역량구축, 사회적 통합과 분야별 고용창출에서 높은 성과가 있다는 것이다. 고용훈련 비즈니스는 정부의 복지지원에 의존할 수밖에 없는 취약층의 사회적, 경제적 통합 증대의 효과가 있다는 것이다. 퀘벡에는 49개의 고용훈련 비즈니스가 있는데 1998년 주정부 주도로 고용훈련 원칙들이 제도화되었다. 인증된 고용훈련 비즈니스는 주정부로부터 재정지원을 받아, 경제조업, 레스토랑과 케이토링 서비스, 산업의류, 리시이클과 도매 비즈니스, 소규모 농업, 기타 서비스(문서관리, 인쇄, 세차, 세탁 등) 6대 분야에 걸쳐 고용훈련을 진행한다. 연간 2700명의 훈련과 지원 서비스를 받고, 다양한 분야의 300개의 제품과 서비스를 생산하는 역할도 하며, 재화와 서비스 판매 수입은 연간 2500만 불 이상에 달한다.

캐나다의 〈지역기반의 빈곤감소〉 연구에서 챔버라인(Chamberlain 2008)은 지역사회경제개발(CED) 조직들이 빈곤해소에 기여하는 성과를 제시한다. 사회투자수익(SROI)이 상당하며, 정부의 재정지출 감소 효과가 있고, 참여자의 노동 개선, 그리고 참여자의 재정, 개인, 사회, 인적, 물적 결과의 개선이 나타난 것으로 분석한다. 지역기반의 해결방안이 중요하지만, 정부는 개인과 단일 이슈 지원에 편중하고 있다. 그 결과 서비스가 필요한 주민들이 좁은 의미로 정의된 프로그램 목표에 대한 결과 측정의 대상품으로 전환된 것이다. 이같은 단일 이슈 정책들의 '대상품 효과'(commodity effect)는 지역문제 해결과 지역 자산의 활용을 위한 혁신적 전략의 개발뿐 아니라 관련 기관 사이의 공조에도 부정적인 영향을 미친다는 분석이다.

(4) 정부와 사회적경제 파트너십

캐나다의 대표적인 정부와 사회적경제의 정책 파트너십 사례들은 다양하다. 국가 차원의 조사와 연구 허브 역할을 하는 '캐나다 사회적경제

리서치 파트너십'을 중심으로 6개 지역 연구센터의 연구진들이 공동으로 〈2010년 사람 중심의 경제 서밋〉(2010 Summit on a People-Centred Economy)을 준비하며 제시된 사례들이다(Amyot 2012: 119-20).

- 연방정부가 협동조합 섹터와 파트너십으로 자문 서비스, 혁신적 협동조합 프로젝트, 연구와 지식 개발에 재정지원을 하는 '협동조합 개발 이니셔티브'.
- 사회적경제와 지역 활동가들의 역량강화를 지원하는 법정부 차원의 정책 프레임워크 '집단적 기업가정신을 위한 퀘벡 행동계획'.
- 지역공동체 경제개발 원칙과 목표들을 지원하는 범정부 차원의 정책과 관리 체계인 '마니토바 지역공동체경제개발 정책 프레임워크'.
- 지방 차원의 지역사회와 사회적기업에 대한 민간투자를 확장시키기 위해 정부의 세제 인센티브가 뒷받침되는 노바 스코티아 지역사회경제개발 투자기금.
- 지속가능한 개발을 광역 공공기관의 운영에 통합시키는 마니토바 지속가능개발법.
- 지역사회와 협동조합이 수행하는 재생에너지 프로젝트의 개발을 지원하는 온타리오 녹색에너지 및 녹색 경제법.
- 사회적기업과 사회목적 비즈니스에 대한 자본 투자(2000만 불)을 제공하는 온타리오 소셜 벤처기금.
- 몬트리얼 시와 사회적경제 조직 사이의 파트너십으로 삶의 질과 지속가능한 개발에 기여하기 위한 몬트리얼 사회적경제 플랜.
- 사회적기업과 사회적 주택 프로젝트를 위한 비영리조직 대상의 인내자본을 제공하기 위한 에드먼튼 사회적기업 기금.

- 연대 협동조합 설립을 지원하는 마니토바의 입법 개발.

이상의 정책 사례들은 연방, 광역, 기초 지자체, 모든 차원의 정부가 사회적, 경제적, 환경적 문제 해결을 위해 사회적경제를 강화시키는 조치들이다.

4) 퀘벡 사회적경제의 제도화

캐나다에서도 사회적경제가 가장 발전된 퀘벡의 역사는 복지국가와 시민사회의 확고한 파트너십에 의한 사회적경제의 제도화라는 특징을 보여준다. 1995년 지금의 사회적경제에 관심을 집중시키고 정부정책의 획기적인 변화를 갖다 준 사건은 퀘벡여성연대가 추진한 빈곤에 대한 '빵과 장미 행진'으로 알려진 모금운동이다. 이 운동은 궁극적으로 정부의 복지국가 긴축을 비판하고 대안으로 사회적경제의 역할과 정책지원을 촉구하였다. 이에 퀘벡은 1996년 '경제와 고용 특별회의'를 가진 직후부터 10년간 사회적경제정책을 최우선으로 하는 적극적인 정책을 추진해와, 캐나다에서 가장 발달한 사회적경제 영역을 갖고 있다(Favreau 2006: 7). 퀘벡의 사회적경제를 추진하는 두 개의 엔진 중 하나는 퀘벡 사회적경제협회이며, 다른 하나는 퀘벡협동조합협회이다. 퀘벡 사회적경제협회는 1996년 경제와 고용 회의 결과로 탄생된 비영리조직으로, 사회적경제영역을 개척하고 일자리 창출을 주요활동으로 하며, 정부기관과 거버넌스를 이뤄 새로운 사회적경제의 창업과 프로그램 개발 등의 업무를 분담한다. 정부기관이 주도하지 않고 비영리기관이, 중앙이 주도하지 않고 지방현장의 기관들이 주도하는 사회적경제모델을 추진해, 실질적인 일자리 창출, 지역사회 공동체 개발, 공공서비스의 대안적 전달과 개선을 추진해왔다.

캐나다 사회적경제의 새로운 역사는 1970년대의 심각한 경제위기에서 발전되었다고 볼 수 있다. 오일쇼크 등의 경제위기가 심화되어 실업이 점차 확대되는 상황에서 보편적 권리를 인정했던 복지국가의 심각한 구조조정 등의 일대 변화가 일어났다(Shragge et al. 2001: 7). 변화의 핵심은 사회복지 지원보다는 노동시장정책으로 급전환한 것이다. 고용과 복지국가 위기라는 이중의 위기는 빈곤과 배제를 심화시켜 사회분열을 낳고 정치적 혼란도 초래했다. 시민사회 공동체 섹터도 더불어 변화하였다. 그간 시민참여나 정치교육에 치중한 시민운동은 사회적 배제층의 빈곤과 실업타개에 동참하는 서비스 제공자 역할을 확대한 것이다. 정부는 시민사회조직들과 전략적인 파트너십을 확대해 정부를 대신하는 서비스 제공 역할을 위임했다. 서비스 제공사업은 새로운 기술을 필요로 하고 서비스 기술의 전문화 등 비영리조직들이 관리에 시간과 비용을 더 투입하면서 자신들의 본래의 목표인 시민참여에 의한 활동이 저조해지는 수단이 목적을 대체하는 변화가 일어났다. 오커넬(O'Connell 1996: 224)이 우려했듯이, 서비스 활동이 늘어나면서 돈과 인력 측면에서 권익주창과 임파워먼트를 위축시키며, 또 정부지원에 의존이 늘어나며 정부의 각종 규제에 따라 사업을 진행하며 자율성을 상실하는 문제도 발생한다. 정부의 재정지원은 주창이나 시민교육이 아니라 서비스 전달에 초점을 맞추기 때문이다.

또 다른 변화는 국가나 시장이 제공했던 다양한 서비스가 이제 국가의 책임에서 사회적경제로 위임되는 새로운 변화가 그것이다(Shragge et al. 2001: 9). 정부 재정지원에 의한 공공서비스 전달의 대행은 많은 사회적경제 조직들이 용역에 기초한 대행사업이다. 이처럼 새로운 복지국가의 정책, 실업의 위기상황, 새로운 공공서비스 공급은 새로운 사회적경제 영역을 개척하고 있다. 지역사회 기반의 새로운 사회적경제 영역이 점차 거대한 시장을 형성하며, 식당, 재활용, 마이크로 크레딧, 공동체개발조직 등에서 새로운 조직들의 등장을 조장했다. 사회적경제는 노동시장으로부터의 배제에 맞서 기업가적 비즈니스 활동으로 빈곤과 실업을 타개하는 새로운 기업활동으로 높은 평가를 받아 왔다.

사회적경제 영역에서 공공정책이 획기적으로 진전되어 온 퀘벡에서는 새로운 공공정책 창안 하나 하나가 모두 시민사회 활동가들의 제안으로 발전되었다. 퀘벡정부는 시민사회 네트워크들의 네트워크인 '사회적경제 조직'(Chantier d'economie sociale)과 파트너십 협약을 지속하며 이 조직과 파트너 조직들이 공공정책 개발에 지속적인 노력을 해줄 것을 당부하고 있다. 또 마니토바와 노바 스코티아 지방정부의 경우 공동체경제개발(CED) 조직들에게 장기적으로 사회경제적 이슈들을 다루도록 권한과 자원을 이양하였다. 정부는 시민사회처럼 새로 제기되는 욕구들을 파악해 통합적인 개발을 진흥하는 새로운 실천력을 가질 수 있는 역량을 갖고 있지 않다. 성공적인 공공정책이 만들어지려면 정부는 사회적경제 활동가들이 자신들의 우선순위를 설정해 사회적경제 영역에서 정부개입의 본질과 범위를 협의하도록 지원하고 허용하는 역할을 수행해야만 한다. 이런 공공정책의 '공동생산'(co-production) 과정은 적절한 정책을 모색하는 도전의 불가피한 부분이다. 연방 사회적경제 창의의 발전, 의회 의장 주도의 사회적경제 라운드테이블 설치 그리고 라운드테이블에서 쏟아져 나온 수많은 논의들과 보고서들은 공공정책의 공동생산 사례들이다.

퀘벡의 사회적경제의 영역은 거의 모든 공공 영역에 관련되어 종합적으로 추진되는 특징이 있다. 퀘벡에서 추진 중인 사회적경제 활동영역은

ⓐ 보건 및 사회서비스, ⓑ 노동시장 통합뿐 아니라 ⓒ 미디어와 정보 기술, ⓓ 대중교육, ⓔ 스포츠와 레크리에이션, ⓕ 관광, ⓖ 주창활동, ⓗ 문화활동, ⓘ 토지 관리, ⓙ 환경과 재활용, ⓚ 지역사회 개발, ⓛ 공정 무역, ⓜ 재무 서비스(신용조합) 등 매우 광범위하다.

퀘벡의 사회적경제 조직은 2003년에 1만 1000개가 넘으며, 종사자도 협동조합과 비영리조직 각기 8만 명에 달한다.

끝으로, 정부의 역할과 시장, 시민사회의 역할을 거버넌스 시각에서 분석한 〈표 5-8〉을 참고해볼 만하다. 캐나다, 특히 퀘벡이 지난 10년간 추진해온 사회적경제 접근법은 '신자유주의' 접근도 '사회적 국가' 접근도 아닌 '민주적 파트너십' 접근이라 소개한다. 무엇보다도 정부의 의지와 실질적인 투자, 사회적경제 중심의 정책수행이 뒷받침되었기에 가능한 일이었다고 한다(Vaillancourt et al. 2004: 13).

표 5-8 정부와 사회적경제 관계의 거버넌스 접근법

	신자유주의 접근	사회적 국가 접근	민주적 파트너십
국가의 역할과 공공 서비스	공공기관의 서비스는 부수적; 경제와 사회구분	중앙정부가 공공 서비스 개발 주도	국가는 공동체개발지원; 파트너십에 의한 서비스; 새로운 경제-사회관계 정립
시장의 역할	시장주도적; 시장주도의 사회개발	공공서비스 주도의 시장 형성	삼자 파트너에 의한 서비스 혼합; 시장서비스는 보충적; 중앙 조정적, 원칙상 분권화
시민사회의 역할	시장폐해 극복 정부지원 프로그램; 사회적경제에 정부 용역	서비스 개발에 사회적 경제의 보충적 역할	서비스 수요와 공급개발에 정부-사회적경제 공조; 생산과 의사결정도 공조적

자료 Vaillancourt et al. 2004: 13.

나아가 임팩트 투자의 활성화 동향도 주목해볼 만하다. 캐나다 사회적 임팩트 투자 국가자문위원회는 퀘벡의 혁신 사례를 다음과 같이 소개한다(Canadian National Advisory Board 2014: 5). 퀘벡 샹티에 신탁(FIDUCIE du Chantier de l'économie sociale)은 2007년 최초의 인내자본 기금을 설치되었다. 퀘벡 정부와 노동조직들 사이의 공조의 결실로, 사회적경제를 지원하는 장기적인 자본 형성을 위한 것이다. 초기 자본금은 캐나다 경제개발의 2280만 불 증여금이며, 여기에 퀘벡 정부의 퀘벡 투자(Investissement Quebec: IQ) 10만 불을 비롯한 30만 불이 인내자본으로 조성된 것이다. 이후 2013년까지 128개 사회적기업에 3700만 불 투자로, 2000여 명의 일자리가 마련된 성과를 냈다. 퀘벡 정부는 경제개발금융사 IQ를 통해 사회적경제 조직들에 직접 투자하는데, 2002~12년 기간에 2700만 불 투자가 이뤄졌고, 이는 추가로 민간 자본 3억 7500만 불 투자를 유치해, 전체적으로 퀘벡 경제에 35억 불의 임팩트를 생산한 것으로 추산된다(앞글: 5).

4. 한국 정부의 사회적경제 지원정책

한국의 사회기업가 활동에 대한 정부의 지원정책은 세계 최고 수준으로 조사되었지만 정부의 지원정책에는 여러 문제들이 노출되어 있다. 정부는 다양한 종합적인 〈사회적경제 활성화 방안〉을 제시하고 있는데(일자리위원회 2017), 이를 중심으로 주요 정책과제들을 검토해본다.

1) 정부의 사회적경제 지원 현황

정부는 사회적경제기업 인증, 경영·재정지원 등의 법적 근거를 마련하고 사회적경제 활성화를 위한 기본계획 등을 수립·시행하고 있다. 협동조합기본법(기재부), 사회적기업육성법(고용부), 국민기초생활보장법(복지부) 등에 근거해, 협동조합 기본계획(기재부), 사회적기업육성 기본계획(고용부)이 시행되고 있다.

정부의 주요 지원정책은 인건비 지원 등 직접지원과 세제혜택(법인세·소득세 감면 등)과 공공조달 시 우선구매 및 정책자금 지원 등 간접지원으로 구분된다. (예) 사회적기업에 법인세·소득세 3년간 100%, 향후 2년간 50% 감면 혜택이 있고, 광역·지역별로 중간지원기관을 설립·운영하여 창

표 5-9 정부의 사회적경제 지원정책: 직접 및 간접 지원

구분	직접 지원	간접 지원	
		공통	개별
사회적기업	인건비, 사회보험료, 사업 개발비	판로지원, 교육 및 홍보, 컨설팅, 창업 및 운영 지원, 정책자금 융자 등	세제(법인세,소득세,부가세 감면, 기부금 인정 등) 모태펀드 운영 등
협동조합*	–		–
마을기업	사업비		–
자활기업	인건비, 사업비, 창업자금, 컨설팅비용		사업 및 시설자금 융자

자료 일자리위원회(2017) p.8.

업지원·홍보·인력양성·사업모델 발굴 등의 다양한 지원정책이 추진되고 있다. 사회적경제기업에 대한 통합적 정책 추진체계를 구축하기 위해 사회적경제 관련 3대 법(사회적경제기본법, 사회적가치 실현 기본법, 사회적경제기업 제품 판로지원법) 제정이 국정과제로 추진 중이다.

2) 정부의 통합지원 시스템 구축

정부의 일자리위원회가 관계부처 합동으로 제시한 〈사회적경제 활성화 방안〉에는 한국 사회적경제의 문제점을 다음과 같이 제시한다(일자리위원회 2017: 9-10).

(1) 사회적경제 활성화 기반의 문제점

첫째는 지원제도가 부처별로 분산되어 있어, 불필요한 행정비용 유발, 정책연계성 저조, 민·관 협업 부족이 문제로 드러나 있다. 인건비 지원의 경우, 사회적기업은 최저임금액 및 사회보험료의 30~70%를, 자활기업은 인건비 및 기타수당의 100%(최대 2년, 2~5년은 50%)를 지원하는 차이가 있다. 또 재정·세제지원 남용을 막기 위한 엄격한 인증기준이 사회적경제기업 진입의 장애요인이 되고 있다. 정책 칸막이 해소·재정집행 효율성 제고 등 정책조정을 위한 컨트롤 타워가 부재하고, 중앙-지자체 간 연계도 미흡하다는 문제도 제기되고 있다.

(2) 통합 지원 시스템 구축

이상의 현안 과제를 해결하기 위한 개선방안으로 법령 제정의 완성과 통합지원을 위한 컨트롤 타워의 수립 방안이 제시되고 있다(앞글: 13-15).

첫째는 사회적경제 법령 제정 과제이다. 〈사회적경제 기본법〉은 개별법으로 분산되어 있는 사회적경제기업에 대한 육성·지원 사항을 종합적으로 규정하는 기본법이다. 먼저 〈사회적 가치 실현 기본법〉은 사회적 가치를 국가 운영의 핵심원리로 반영하여 사회적 가치 실현을 위한 공공부문의 책무를 규정하는 법이다. 또 〈공공기관 판로지원법〉은 사회적경제기업의 판로확대를 위해 공공부문의 사회적경제기업 제품 구매를 촉진하는 법이다.

둘째는 사회적경제 정책 컨트롤타워 수립 방안이다. 기본법 제정으로 사회적경제발전위원회를 설치하는 방안이다. 위원회는 사회적경제기업 관련 부처 간 정책수립·조정, 전달체계 효율성 제고를 위한 중앙·지자체 간 역할 조율의 기능을 맡는다. 다음이 주요 기능으로 제시되어 있다.

- 사회적경제 지원정책의 사각지대 완화, 부처별 지원정책의 중복 조정 등을 통한 재정집행의 효율성 제고.
- 정책수립 및 집행과정에서의 중앙·지자체 간 협력 증진 및 지자체 담당자의 정책 이해도 제고를 통해 정책 효과성 향상.
- 부처별·법령별로 설치된 사회적경제기업 중간지원기관의 유사 기능(교육·판로지원 등)의 연계 및 협력 방안 마련 등.

3) 사회적 금융 생태계 조성

사회적 금융(social finance)은 유럽과 미국에서 역동적으로 성장하며, 사회적 혁신과 실험을 추진해가고 있다(주성수 2017a). 사회적 금융은 "주류 금융기관들이 이미 상당 부분을 제공하고 있는 사회적, 문화적 또는 환경적 이니셔티브에 대한 금융뿐 아니라 보다 '사회적 임팩트'가 있는 방식으로 자금을 제공하는 일이며, 또한 투자 결정이 가치(value)에 기초하고, 수익(profit)뿐 아니라 지구(planet)와 사람(people)을 고려하는 총체적인 방식으로 평가되는 새로운 금융 패러다임을 개발하는 일이다"(EC 2016b).

(1) 사회적경제의 금융접근성 문제

한국 사회적경제는 금융 접근성에 상당한 어려움을 겪고 있다. 기업별 성장단계에서 금융조달 수요는 높지만 금융시장 접근성이 낮고, 체계적인 금융지원이 미흡한 상황이다. 사회적기업 자금조달은 정부보조금(51.4%), 특수관계인 차입(43.6%) 등이며, 협동조합의 경우 출자금(70.8%), 부채(29.2%), 금융기관 대출경험(9.2%) 등이다(일자리위원회 2017: 10).

주요 선진국과 비교해 사회투자기금, 사회임팩트채권, 사회적금융기관 등 성장기 단계에 필요한 사회적 금융 기반이 취약하다. 영국 Big Society Capital(6억 파운드), 프랑스 Caisse des Dépôts(5억 유로), 미국 지역개발금융기관(10억 달러), 이탈리아 Banca Etica(수신 9.4억·여신 8.0억 유로) 등, 사회적 금융 기반이 안정되어 있다. 한국에서는 대부(미소금융과 중소기업정책자금), 신용보증(지역신보·신보), 투자(모태펀드) 등 금융지원 정책을 추진 중이나 실효성은 저조한 실정이다.

(2) 금융접근성 확대 과제

이상과 같이 취약한 금융접근성을 개선하기 위해 다음과 같은 제도적 개선방안들이 제시되어 있다(앞글: 15-17).

첫째는 공적 금융제도 개선을 위해 신용보증기금에 사회적경제 지원 계정을 신설하여 향후 5년 내 최대 5000억 원까지 보증공급을 하는 방안이다. 또 사회적경제기업 대상 평가모형을 마련하는 방안도 있다. 고용안정, 지역사회 기여, 사회적 환원 등 사회적경제기업의 재무적 특성을 감안하고 '사회적 가치 지표' 등을 참고하는 방안이다.

둘째는 투자환경 개선이다. 우선 사회적경제기업 전용 투자펀드 운용 방안이 있다. 정부예산(고용부 모태펀드) 또는 성장사다리펀드 출자(금융위 사회투자펀드)와 민간자금이 결합된 펀드로서 주로 사회적경제기업에 대해 투자 방안이다. 주목적 투자대상을 사회적경제기업 등으로 확대, 사회적경제기업이 주도하거나 영리기업을 사회적경제기업으로 전환하는 프로젝트에도 투자하는 방안이다. 또 사회임팩트채권(SIB)을 활용한 사회임팩트 사업 확대 방안도 고려되고 있다.

우호적 조세환경 등 투자활성화를 위한 여건 조성도 중요하다. 국세를 통해 사회적기업 대상 기부금 인정제도를 사회적협동조합에 적용해, 취약계층 고용 등을 위해 사회적기업에게 기부할 경우 소득공제 방안이다. 지방세의 경우, 사회적협동조합에 대한 지방세감면 조례를 확대하는 방안이다. 서울시 및 일부 지자체는 사회적협동조합에 대해 취득세 50%, 등록면허세 정액 감면 등 지방세 감면제를 운영하고 있다. 국유건물에 대해서도 사회적경제기업이 국유건물에 입주 시 대부료 감면, 수의계약 허용, 매각 시 장기분납(5년) 등 우대 적용하는 방안도 검토되고 있다. 국유물품의 경우도 정부의 불용품(내구연한 도래 PC, 책상 등) 무상 양여 대상에 지자체·비영리법인 등에서 사회적경제기업을 추가하는 방안이다.

4) 사회적경제기업의 판로 진흥

(1) 사회적경제기업의 판로개척의 문제

판로 문제도 중요한 이슈가 된다. 사회적경제기업에 대한 공공조달 우선구매의 실효성이 저조하며, 민간의 구매촉진을 위한 판로개척 문제도 심각하다. 우선구매 대상 기업별 조달현황은 2016년 기준, 중소기업 73.7%, 여성기업 4.2%(물품·용역)·3%(공사), 사회적기업 1.8%로 심각한 격차를 보여준다. 중소기업(50%), (중증)장애인기업(1%), 여성기업(물품·용역 3%, 공사 5%) 등은 국가·지자체의 구매 의무사항이지만, 사회적경제기업은 단순 권고사항에 지나지 않은 실정이다.

사회적 가치에 대한 평가기준 없이 공공조달 낙찰이 최저가격 중심으로 이루어지고 있기 때문이다. 이를 개선하기 위한 EU와 영국의 '책임 있는' 공공조달의 시행을 참고할 만하다(제4장 참조).

(2) 판로개척 지원 방안

첫째는 국가계약법상 공공조달 시 '사회적 책임' 조달 강화 방안이다. 기획재정부의 계획으로는 ① 낙찰기준에 사회적 가치 반영 원칙을 신설(국가계약법 개정), ② 종합심사낙찰제도 심사기준(사회적 책임)에서 기존의 1점에서 2점을 상향 조정하는 방안도 제시되고 있다.

둘째는 국가와 지자체의 사회적경제기업 제품 우선구매 촉진 방안으로, 다음 세 가지 방안이 제시되고 있다. ① 사회적기업, 사회적협동조합, 자활기업, 마을기업 물품 · 용역 입찰에 대한 가점 확대 및 의무구매 제도 도입 검토. ② 취약계층을 일정비율 이상 고용한 사회적기업, 사회적협동조합, 자활기업, 마을기업에 대한 수의계약제도 신설(5000만 원 이하) 제시. ③ 사회적경제기업 제품 공공구매 우수사례 발굴 · 공유 등이다.

셋째는 공기업, 준정부기관, 지방공기업 경영평가 제도 개편이다. ① 사회적기업 및 사회적협동조합 등의 물품 · 용역 구매확대 등을 통해 사회적경제 활성화 촉진, ② 지방공기업 경영평가에 국가공공기관 경영평가 내용 연계 · 반영이 제시되어 있다.

넷째는 민간의 사회적경제기업 제품 구매촉진이다. 이를 위해 ① 사회적경제기업의 온라인 판로 확대, ② TV 홈쇼핑 · 백화점 등 기존 유통채널과의 연계 강화, ③ 기업홍보, 상품체험 · 판매 등이 가능한 사회적경제 박람회 개최, ④ 상품개선(품질, 디자인 등) 컨설팅, 우수 제품군 선정* 등을 통해 사회적경제기업 제품의 경쟁력 강화 지원 등이다.

제6장

사회적경제와 복지정책

1. 사회적경제와 복지 파트너십

1) 복지국가와 사회적경제

복지국가의 등장과 쇠퇴는 '사회적경제'의 발전에 직접적인 영향을 미쳤다. 복지국가의 등장은 노동자조직 등 자발적인 사회적경제 조직에 의해 제공되었던 다양한 복지서비스 부문에 근본적인 변화를 초래하였다. 공제회는 자본주의의 발달과 더불어 유럽에서는 19세기초부터 노동자들의 산업재해, 질병, 노령연금 등 연대에 기초한 서비스 제공을 맡아왔다(Evers and Laville 2004: 25). 사회주의자들은 자율적인 공제보험을 자본주의로부터 노동자의 해방을 위한 중요한 변화로 간주하였다. 또 복지국가가 실업보험 또는 고용보험을 제도로 갖추기 전에 이미 공제조합에 의해 서비스가 제공된 경우도 많았다. 그러나 복지국가의 제도화로 전국 차원의 산업재해, 실업 또는 고용 보험의 표준화로 수용되어 복지국가의 보충적인 제도로 편입되었다. 독일, 프랑스, 벨기에 등 비스마르크 복지국가 유형에서는 복지국가의 일부로 제도화되어, 사회보장제도의 관리체제가 되었다.

한편 복지국가와 시민사회조직 관계에도 세 가지 유형이 있다(앞글: 27-29). 하나는 스칸디나비아의 제도적인 '보편주의' 유형으로, 국가가 원칙상 복지서비스의 주도적 역할을 하기 때문에 시민사회는 다양한 목소리를 모아 주창활동을 하거나 사회복지서비스 전달을 지원하는 역할에 지나지 않는다. 시장이나 시민사회가 하는 역할을 국가가 대신 통합해 주도하는 역할을 한다. 반면에 영국과 같은 '자유주의' 복지국가 모형에서는 복지서비스는 국가보다는 개인들이 스스로 문제를 해결하거나 시장에서 서비스를 구매해야 하는 제한이 있다. 복지국가는 사회의 소외층이나 배제층 등 특정부문에 초점을 맞춰 국가의 용역을 받은 일부 복지조직들이 제공하기 때문에 광범위한 시민사회조직의 역할은 제한적이다. 그러나 21세기에 와서 노동당의 집권으로 제3섹터 역할을 강화하는 구조조정을 단행한 특징이 있다.

이처럼 제도주의나 자유주의 모형 모두가 서로 다른 이유에서 제3섹터의 역할을 중시하지 않는다. 둘 다 높은 수준의 사회복지지출을 하지만 제3섹터에 대한 의존이 모두 빈약하다. 반면에 제3의 유형, '조합주의' 복지국가에서 제3섹터의 역할은 비교적 광범위하다. 복지서비스는 사회정책의 통합적인 부분으로, 국가를 대신해서 다양한 시민사회조직 또는 사회적경제 조직이 사회복지의 생산과 공급의 주역 역할을 수행한다. 국가는 서비스의 재정지원과 보증의 역할을 하며 동시에 서비스 제공 절차에 관한 규정으로 규제자 역할을 하지만, 시민사회조직의 자율성은 비교적 높은 편이다. 따라서 매우 다양한 형태의 사회적기업이나, 협동조합, 공제회뿐 아니라 준정부형, 준시장형 복지단체들이 다양한 전문적 서비스 생산자 역할을 한다. 이들은 교회나 종교적 뿌리를 가진 자선조직, 공동체 기반을 둔 조직,

시민운동의 전통에서 발전한 유형, 지자체나 공공기관이 설립을 지원한 조직 등 매우 다양하다. 또 재원도 자체수입뿐 아니라 정부의 재정지원이나 기업의 후원, 개인적 기부나 자원봉사활동으로 충당된다.

1990년대를 통해 유럽의 거의 모든 국가들이 나름대로 복지국가의 구조조정을 마쳤다. 그 과정에서 나타난 두드러진 공통점은 밖으로부터는 지구화로 국가 간 경쟁이 심화되고 안으로는 고령화 추세가 뚜렷하지만 유럽 전통의 사회복지모델을 유지하는 강력한 정책실천이라는 것이다. 이런 구조조정은 복지국가의 '분해'(dismantling)보다 '조정'(recalibration)이라는 해석이 설득력을 얻고 있다(Lewis 2004: 177). 구조조정이란 몇 가지 원칙들을 새롭게 중시한다. 권리보다는 책임, 결과보다는 기회의 균등이 그것이다. 이 둘은 부분적으로 사람들로 하여금 복지의존에서 노동활동으로 유도하며 또 다른 부분에서는 연금처럼 스스로 해결하는 자가제공의 요청이 되고 있다. 이런 변화를 '활성적'(active) 복지국가라 부른다.

'시장화'도 두드러진 동향이다. 연금처럼 공공제공이 시장제공으로 바뀌는 비율이 스웨덴 2%에서 영국 40%에 이르는 커다란 차이가 있지만, 모든 유럽국가들이 경험하는 새로운 변화이다. 또 더 중요한 것은 공공분야에 시장원리를 적용하는 변화다. '신공공관리' 개념이 이런 시장화를 대변한다. 이제 모든 유럽국가에서 국가, 시장, 제3섹터 사이의 복지 파트너십은 일반화된 동향이다. 신자유주의 처방은 사회복지정책의 새로운 처방을 제시한다. "공공보다 사적 제공, 필요보다 시장에 기초한 배분, 보편보다 선별에 따른 제공, 세금보다 부담금제에 기초한 재원, 그리고 중앙집중적 기획보다는 분권화" 등이 그것들이다(앞글: 178). 신자유주의 처방은 복지국가의 행동변화를 정당화시키는 수단이 되기도 한다. 노동이나 교육의 조건을 복지수혜의 조건으로 접근하는 것이다. 지구화에 대한 논의는 정부의 관심을 노동시장의 유연성이나 경쟁력 강화 등의 이슈처럼 시장에 편향하도록 함으로써 소득재분배나 비정규직 등 주요 사회적경제적 이슈들에 대한 정치적 논의를 회피하게 만들며, 동시에 이 과정에서 시민들의 의식과 규범의 변화를 조장한다(Atkinson 1999).

그렇다면 사회적경제의 '사회기업가정신'은 복지국가에 어떤 혁신을 일으키는가? 아서 등(Arther et al. 2005: 6-7)은 다음과 같은 변화가 일어난다고 주장한다.

ⓐ 복지국가 제도에서 활동하는 조직들은 때로는 기업들과 경쟁하는 경쟁의식을 갖고,

ⓑ 사기업의 모델을 따라 자신들의 내부 조직 문화를 강화하며,

ⓒ (스웨덴처럼) 공공기관 독점을 마감하고, (독일처럼) 거대 복지기관의 독점도 폐지하면서 영리추구적 또는 비영리적 조직들의 혁신적 사업들이 확대되며,

ⓓ 사회적경제 조직은 사기업과 마찬가지로 시장경쟁으로 소비자를 만족시키는 재화와 서비스를 생산해야 하므로 경제적 위험부담은 높아진다.

ⓔ 개인 소비자의 안정된 삶의 기대가 높아지면서 새로운 서비스 요구가 늘어나며, 특히 고령인구의 급증은 다양한 사회서비스 경쟁으로 새로운 시장관계가 형성된다.

아래에서는 유럽국가들의 사례를 통해 복지국가와 사회적경제의 역사적 관계를 정리해볼 수 있다. '복지국가' 노르웨이에서는 정부-제3섹터 관계를 역사적으로 갈등의 관계로 보는 시각이 있었으나, 전문 연구자들(Selle & Kuhnle)은 갈등보다 '상호공조'의 전통이 더 강하다는 근거를 다음과 같이 지

적해준다. 첫째는 초기에 사회복지영역에 국가의 개입의 폭이 확대되는 문제에 일부기관들이 반대와 비판을 하고 나섰지만 많은 제3섹터기관들은 오히려 국가개입의 확대를 강하게 요구했다는 전통이 있다는 점이다. 둘째는 복지국가의 확대기에도 정부주도가 확대되고 있었음에도 정부는 제3섹터기관들과의 긴밀한 상호신뢰와 공조를 바탕으로 복지정책을 추진해갈 수 있었다는 점이다. 셋째는 독일과 네덜란드 사례처럼 제3섹터가 사회갈등이 심각한 경우에 많은 역할을 한 것과는 대조적으로 사회갈등기와 사회안정기 어떤 경우에도 역할이 확대되어 왔다는 점이다. 복지국가가 확대되면서 정부가 제3섹터의 역할을 무시하거나 경시하지 않고 제3섹터와 공동의 목표를 공유하는 전통을 유지해왔다는 점이 노르웨이의 특징이다.

이탈리아의 제3섹터는 1990년대 초만 해도 전혀 어떤 역할도 없었고 그런 기대도 되지 않았던 상태에서 이후 10년이라는 짧은 시간에 급성장하였다(Borzaga 2004: 45). 그 기간에 수만의 새로운 시민사회조직과 협동조합들이 신설되어, 종사원만도 두 배로 급증하는 놀라운 발전을 하였다. 전통적인 시민사회조직의 발전보다는 전혀 새로운 신생조직들의 등장이 그것이다. 무수한 사회서비스가 타국에서는 시민사회조직이나 복지기관이 담당하지만 현대 이탈리아의 특징은 협동조합이 주도적 역할을 한다는 것이다. 제3섹터에 대한 정부의 지원정책이 법률에서 규제적이고 세제혜택에 소극적이며 제3섹터의 성장을 재정지원 정책으로 규제하는 것은 사회서비스 부문을 확대하려는 것보다는 공공지출을 억제하려는 전략이 있다(앞글: 46). 이는 국가중심의 전통, 특이한 복지국가체제, 그리고 제3섹터에 관한 법적 제도적 장치의 미비에서 찾아볼 수 있다. 복지국가는 전통적으로 소외층 복지정책은 사회서비스 제공보다는 금전적 지원의 특징을 갖고 있어, 사회서비스의 생산과 공급에 전문성을 갖고 있는 제3섹터의 역할이 경시되어 성장에 방해를 받았다. 그러다 1990년대에 와서 사회서비스의 확대를 통한 복지국가의 개혁이 이뤄지고 동시에 비영리조직의 역할을 중시하는 새로운 법률이 도입되며 제3섹터의 급성장에 기여하였다. 또 1960년대 말부터 1980년대까지 성장해온 다양한 사회운동도 이런 변혁에 기여한 역사적 배경이 된다.

네덜란드의 경우, 전통적인 사회복지분야와 제3섹터의 '하이브리드' 경향이 뚜렷하다. 한편으로는 제3섹터조직들의 상업화 경향과 다른 한편으로는 시장의 비영리분야 진출 경향은 제3섹터에 대한 정부정책의 법적 제도화를 재촉하였다(Dekker 2004: 155). 일례로 사회적 주택 분야에서는 지방정부 조직들의 민영화와 비영리조직에 대한 재정지원의 삭감으로 비영리조직들은 여전히 상당 부분의 주택시장에서 주도적 역할을 하지만 수익을 창출해야 하는 압력을 받고 있다. 정부의 역할은 비영리 주택조직들의 사회적 기능을 감독하는 정도에 그친다. 방송의 경우도 상업화의 동향이 뚜렷하다. 전통적으로 방송은 비영리조직들이 운영의 책임을 맡아 방송시간과 공공기금의 할당을 받아왔지만, 최근에는 이 조직들의 수익사업을 허용하는 새로운 변화가 있다. 초등교육에서도 변화가 있다. 네덜란드는 1920년대부터 공립학교와 비영리 사립학교 이중체제를 유지해오다 최근에는 양자가 교과나 전문표준화로 많이 유사해졌고, 거버넌스에서도 그런 변화가 두드러지게 나타난다. 시당국이 학교의 자율권을 확대해, 학교가 학부모위원회 거버넌스나 완전한 사립재단의 거버넌스 중 선택할 수 있도록 허용하였다. 준공립 학교의 동향이 두드러지게 나타나며, 최근에는 한 학교가 공립과 사립 모두를 운영할 수 있도록 하는 법안이 제출되었다. 마지막 사례가 되는 양로사업은 비영리사업의 전통을 유지하며 1980년대까지 종교적 분할로 가톨릭, 신교 등 지역의 교파 영향에 따라 종교기관들이 주도적인 역할을 해왔다. 이런 지역기반의 분권적 형태는 중앙집중화되어 지역조직들이 전국 130개에 이르는 대형 양로기업으로 합병되는 변화가 일어났다. 이들은 모두가 사회보장 재원에 의존하지만 수익사업을 확대하고 이들에 의료진을 공급하는 전문의료진 고용도 비즈니스로 하는 전문업체들이 등장하고 있다. 따라서 상업적 수익창출이 민주적 거버넌스나 사회적 책무성에 우선하는 경향이 있다. 이런 문제에 대한 비난이 제기되고 있지만 이들의 상업화 추세를 차단하는 어떤 변화도 예측하기 어려운 상황이다.

전통적인 공공, 비영리, 영리 서비스 활동들이 '서비스 섹터' 하나로 수렴되는 모호한 섹터가 만들어지고 있다. 앞으로 사회정책은 법적으로 어떤 조직들이 사회서비스 허용을 받거나 경제적 배경이 무엇인지가 중요한 게 아니라 어떤 서비스가 필요하며 전문표준화와 소비자의 특성에 초점을 맞출 것이다. 사회정책은 질적 관리, 재정 책무성, 서비스 투명성을 중시할 것이다. 더 많은 사람들이 욕구에 따라 바우처나 현금을 받게 될 것이고, 전문표준화는 근로자의 작업현장에 적용되며, 환자들은 치료를 받은 의료기관에 권리를 주장하고, 보험은 서비스가 전달된 장소에서 환불보증을 할 것이며, 정부의 규제정책은 개별 조직들의 성공이나 실패 문제보다는 (예산 문제로) 서비스의 총량이나 개인적 소비에 더 초점을 맞출 것이다(앞글: 157).

2) 복지혼합과 복지 파트너십

유럽에서는 이제 '복지국가'보다는 '복지혼합'(welfare mix)이라는 말이 더 익숙해져 있다. 많은 국가에서 법에 기초하는 복지국가제도보다는 법에 의하지 않고도 복지국가제도를 대신해 복지서비스를 제공하는 조직들이 많은 역할을 하고 있기 때문이다. 이 조직들은 자체 '자원적' 조직, 인력, 자원을 갖추고 있거나 복지국가와의 용역이나 계약에 의해 양자의 '협력적' 관계로 유지되고 있다(Bode 2005: 1). 이 조직들은 법에 의하지 않고도 '사회복지의 생산을 통치하는 과정'에 개입하고 있다. 무엇이 사회복지로 생산되고 또 어떻게 실행되는 지를 결정하는 구조가 정부와 비정부조직들 사이의 '민관 파트너십'이라는 형태로 진행되고 있는 것이다. 민관 파트너십에서 '민'이란 영리적 시장 영역뿐 아니라 비영리적 시민사회조직 전체를 포함하는 영역이다. 따라서 복지국가가 '다원적 체제'로 변화하고 있다고 단순화시킬 수 없는 이유는 주요 정책결정이 '거버넌스 레짐'(governance regime)에 의해 진행되고 있기 때문이다. '레짐'의 구조란 "공공기관과 비법적 기관들 사이의 상호작용의 변화"를 의미하는 것으로, 사회복지영역이 '근본적인 변혁'의 상태에 있다는 것을 지칭한다(앞글: 2). 또 사회복지의 '거버넌스'라 함은 "복지의 정의, 복지전달의 책임을 맡는 기관들, 거기에서 그리고 그를 통해 복지가 전달되는 실천" 등 사회복지정책 핵심 전반에 해당되는 개념이다. 또 국가 간의 법적, 제도적 차이가 있어, '거버넌스 레짐'이라는 공통성보다 상이성이 더 지배적이라고 볼 수도 있지만, 최근에는 오히려 공통성이 더 강해지고 있다. 같은 '복지혼합' 체제 중에서도 국가 주도적인 프랑스, 조합주의적이거나 '제3섹터' 주도적인 독일, '자유주의적' 영국이라 얘기하지만, 이들 국가에서 사회복지의 '거버넌스 레짐'은 두드러진 추세가 되고 있다. 이들 국가에서 공공기관과 비공식적 비영리조직 사이의 '거버넌스'의 진전은 사회복지영역이 근본적 변혁의 과정에 있다는 것을 보여주는 확증이 된다.

그 과정에서 다음과 같은 세 가지 두드러진 특징이 나타나고 있다(앞글: 2-3). 첫째, "협의에 의한 민관 파트너십을 통한 체제 전반에 걸친 조정이 장기적으로 구조화된 패턴을 보여주며, 그 패턴은 (서비스 전달 성과 등) 조직의 산출이 가변적이라는 원칙이 수용된 사실에서 볼 수 있듯이 보다 유동적인 시장과 같은 것으로 변하고 있다. 둘째, 새로운 '복지혼합'은 비영리조직들 사이의 커다란 차이를 낳으며 또 복지국가와 시민사회 사이에도 차이가 벌어지며 불안정성과 역동성이 늘고 있는 특징이 있다. 마지막으로, 시민의 참여와 행동 또한 더욱 간헐적, 분산적이고 동시에 창의적인 양면성을 보여준다. 따라서 지금의 "새로운 복지혼합은 창의적 역동성과 조직적 실패를 모두 보여주는 패러독스를 안고 있다"고 볼 수 있다(앞글: 3).

유럽에서 '복지혼합'은 최근의 추세만이 아니라 이미 20세기 초부터 진행된 역사적 동향이다. 일반적으로 '복지혼합'이 '복지국가'의 위기와 관련되어 1980년대에 본격화되었거나, 그와 동시에 신사회운동이 제기되며 시민사회의 역할이 확대되었던 그런 역사적 배경만으로 논의하게 되지만 그보다 훨씬 이전부터 진행된 것으로 볼 수 있다. 독일은 '복지 거버넌스'(welfare governance)가 20세기 전체를 통해 확고히 정립된 대표적인 국가이다. 사회복지를 통치하고 전달하는 책임이 제3섹터기관에 위임된 국가로 '조직화된 자본주의의 전형'이 된다. 스트릭(Streek 1997)은 시장경제의 조합주의적 조직이 사회복지의 파트너십에 기초한 거버넌스 패턴의 정립과 일맥상통하는 연계성을 갖는다고 설명한다. 샐러먼과 안아이어(Salamon and Anheier 1998) 그리고 짐머만(Zimmerman 1999)은 독일 비영리섹터의 '조합주의적 관계'가 1990년대까지 진행되었다고 분석한다.

이런 '조합주의' 전통과는 달리, '보편주의' 스칸디나비아와 '자유주의' 영국은 다소 다른 복지국가 패턴을 유지해왔다. '노동의 분업' 형태가 그것이다(Esping-Andersen 1990). 이런 분업은 의료나 연금 분야에서 두드러지게 나타났고, 제2차 세계대전 이후에는 사회서비스 영역에서는 비영리조직들이 각 분야별로 분업적 서비스 전달자 역할을 수행하였다. 그럼에도 이들 모두가 '조직화된 자본주의'의 특성을 공유해왔다. 영국은 지방차원에서 사회서비스 부서가 사회복지영역의 핵심적인 부문이 되면서 1970년대에 강력한 국가 주도적 역할을 했으나, 이 시기에도 그리고 그 이후에도 비영리조직들이 지방의 사회복지 서비스 제공에 적지 않은 영향력을 가졌다. 그래서 비영리조직들이 복지국가와 더불어 사회복지정책의 주도적 역할을 공유하는 '이중체제'가 유지되었다고 본다(Taylor 2002: 80). 또 1980년대에 와서 두드러지게 나타난 '용역국가'의 등장으로 많은 사회복지서비스가 비영리조직들의 사업으로 위임되며 '이중체제'는 더욱 강한 추세를 보였고, 여기에 1960년대부터 진행되었던 사회운동에서 성장한 무수한 시민사회단체들의 복지서비스 참여 또한 적지 않은 역할을 하였다(Bode 2005: 4-5).

나아가 프랑스와 독일의 사례를 살펴볼 수 있다(앞글: 5). 프랑스에서 비영리조직들이 사회복지영역에서 차지하는 위상은 더 대단하였다. 전통적으로 국가가 사회복지의 생산에 대한 강력한 지배력을 행사해왔지만 많은 사회서비스 영역의 생산과 전달은 국가로부터 자율성으로 유지하는 무수한 비영리조직(associations gestionnaires)의 활동으로 이뤄져 온 것이 사실이다. 따라서 사회복지의 '사회적경제'가 프랑스에서도 강한 전통이다. 이 조직들은 국가로부터 재정지원을 받지만 자율성을 유지하기 때문에 서비스 생산에 자율적인 정치력을 유지한다. 그 전통은 20세기 초에 교회관련 조직들이 사회서비스 생산과 공급 역할을 했던 전통으로 거슬러 올라간다. 일종의 '사회계약'이었다. 프랑스 사회복지 영역의 특징은 '지방적 조합주의' 전통이 있어 지방에서 정치인이나 지방유지들 사이에 개인적 접목 등의 관계를 통해 지방의 사회서비스 공급에 교회나 비영리조직들이 참여해 역할을 분담하였다. 이런 전통 때문에 제2차 세계대전 후 1950년대에 새로 등장한 다양한 비영리조직들과 1970년대 신사회운동으로 성장한 시민사회조직들의 사회복지활동은 일종의 '사회계약'과 같은 자연스러운 현상이 되었다. 독일의 경우 20세기를 통해 국가로부터 독립적인 무수한 비영리조직들의 사회복지 참여로 '민관 파트너십' 패턴을 보였다. 1920년대 사회복지 비영리조직들이 사회복지연대조직(Wohlfahrtsver bände)을 구성해 조직적으로 복지서비스 전달자 역할을 수행하였다. 이런 시민사회조직의 사회복지 역할은 1960년대 법률에 '보충주의'(subsidiarity) 원칙이 명시되어, 독일 파트너십은 정부로부터 재정지원을 받을 권리, 법률제정에서의 시민사회의 전문적 자문 활용 등을 규정하는 특징을 보여준다.

이상과 같이, 복지국가 삼국에서 공통적으로 볼 수 있는 동향은 20세기초 복지국가가 등장할 때부터 시민사회조직들이 사회적 지원과 주창활동을 해왔다는 점이다. 이런 배경에는 시민사회 자체의 자원봉사나 사회운동 등의 환경적 분위기도 있었지만 시민사회의 동참을 진흥하는 복지국가의 사회정책과도 밀접한 관련이 있다. 이렇게 사회복지의 생산과 공급에 참여해 영향력을 행사해온 시민사회조직들은 점차 정책결정에 참여하는 '거버넌스' 파트너가 되었다. 복지국가는 사회복지의 문제, 수단, 책임에 관한 협력을 통해 체제 차원의 광범위한 조정을 지향해왔다. 이로 인해 비공식적 네트워킹이나 내부적 특권 문제가 있었지만 가치 있는 결과물, 또 심의적이고 전문성에 기초한 사회정책결정은 공식적인 규율로 정착되었다. 더불어 나타난 특징은 시민사회 자체가 이런 중요한 사회복지 역할을 수행하면서 많은 시민들의 기부나 자원봉사 참여가 활성화되며 시민사회의 인적, 물적 자원의 동원이 확보될 수 있었던 점이다. 이런 국가-시민사회 관계는 어떤 종합적인 책무성보다는 신뢰와 유대에 기초하였다. 시장관계나 조직간 경쟁이 확립된 것도 아니다. 이로써 복지국가와 시민사회가 서로 역할을 분담하는 '조직화된 복지혼합' 체제를 구축하고 있다.

따라서 쿠이만(Kooiman 2003)은 사회복지의 '공동 거버넌스'가 대세를 이루고 있다고 보지만, 다른 연구자들은 그래도 국가의 통제적 역할은 약화되지 않고 있다는 상이한 분석을 내놓는다. 영국의 경우, 사회복지의 민영화가 준시장(quasi-markets) 형태로 간다는 주장도 있지만 기본적으로 '준네트워크' 행태의 '복지 거버넌스'가 지배적이라는 분석도 있다. 그러나 지금의 영국은 독일식을 따라 시민사회의 역할을 확대하고 있다고 보는 견해도 있다. 프랑스에서도 비영리조직의 역할이 전통적인 '비공식 협력'에서 1980년대 이후 '공식적 협력'으로 변화한다고 볼 수 있다. 그런가 하면 독일은 전통적인 조합주의 모델에서 '신공공관리'의 영향으로 비영리조직의 효율성과 책무성을 강조하는 새로운 변화를 맞고 있다는 분석도 있다. 이런 분위기에서 나타나는 공통점은 비영리조직의 역할이 더욱 강화될 것이지만, 영국에서처럼 효율성 평가를 받는다는 점이다. 프랑스에서는 '복지시장'의 경쟁이 없지만, 비영리조직들 사이의 경쟁으로 효율성이 강조되고 있다. 파리의 홈리스 지원 비영리조직들도 연간 안정적인 재정지원을 받는 전통과는 달리 이제 일부 조직들 사이의 경쟁적인 관계가 이뤄지고 있다. 또 정부가 실업자 직업교육 등을 담당하는 사회적기업에 중장기에 걸쳐 안정적인 재정지원을 하던 것을 시장개방으로 바꾸면서 조직들 사이에 시장경쟁이라는 새로운 변화가 일어나고 있다. 독일에서도 안정적인 재정지원이 바뀌면서 조직들 사이의 경쟁이 불가피해지고 있다.

또 정부 재정지원을 받기 위한 요건으로 자체 기부나 자원봉사 등의 자원확보를 하기 위해 조직들이 '시민시장'(civic markets)에서 경쟁하는 변화도 일어난다(Bode 2005: 9). '사회적 마케팅'을 담당하는 새로운 비영리조직들이 등장한다. 이는 홈리스, 사회적 배제 프로젝트를 수행하는 삼국 모두에서 두드러지게 나타나는 추세다. 그러다보니 전문성을 요구하는 사회복지 분야에 비전문가 자원봉사자로 이뤄지는 사업수행의 문제들이 많이 제기된다. 또 자원봉사자들은 장기적이고 안정적인 인력으로서의 활용성이 뒤떨어진다(Smith 1998). 비영리조직들은 시장지향적 정부가 효율성을 강조하고 단기적 실적을 내라는 요청에 시달린다. '복지 거버넌스'가 재정권을 쥐고 있는 정부의 일방적인 주도에 의해 왜곡되고 있는 것이다(Bode 2005: 11). 정책비판의 주창활동을 하기도 어렵고 그렇다고 이같은 '불안정한 거버넌스'에서도 정부와의 관계를 벗어날 수 없다. 따라서 정부와 시민사회의 불편한 관계를 바탕으로 하는 '비조직화된 복지혼합'을 유지할 수밖에 없다. 정부와 시민사회의 거리가 점차 멀어지며, 시민사회조직들 사이에도 거리가 벌어지는 '비조직화'가 심화되고 있다. 이런 비조직화가 '사회복지'에 미치는 영향은 먼저 사회복지의 생산이 불규칙적이며 이질적인 특성을 갖는다는 점이다(앞글: 13). 시장지향적이고 실적 중심의 신공공관리 수단은 빈약한 복지실현의 결과를 초래한다. 다양한 조직들의 조건에서 나타나는 결과물의 차이가 크다. 이는 샐러먼(Salamon 1994, 1995)이 제기한 '자원섹터 실패'에 해당된다.

3) 사례: 스웨덴의 제3섹터 파트너십

토크빌의 전통 이래로 미국은 '참여자의 국가'(nation of joiners)라는 자부심을 갖고 있다. 그러나 1970년대부터 서구에서 제3섹터조직들의 시민참여도가 높은 국가들은 미국이 아니라 스칸디나비아 국가들이다(Pestoff 2004: 63). 스웨덴, 덴마크, 노르웨이, 캐나다, 핀란드가 세계에서 가장 높은 수준의 시민참여 멤버십을 갖고 있다. 특히 스웨덴은 1970년대 이래 지금껏 세계에서 가장 높은 '참여자의 국가'가 되어 왔다. 유권자 10명 가운데 9명이 하나 이상의 제3섹터조직의 회원으로 활동한다. 다른 국가들과 다른 스웨덴 제3섹터의 특징은 정부에 대한 의존이 적고 자원적 자율성을 유지하고 있다는 점이다(앞글: 74). 스칸디나비아의 역사적 전통이 되는 제3섹터조직들은 회원제에 기초하고 민주적으로 운영되는 대중운동에서 비롯되었기 때문이다. 스웨덴 제3섹터는 복지국가가 가장 발달한 전통에서 의료나 교육 분야에서는 덜 발달되었지만 반면에 스포츠, 레저와 문화 활동, 성인교육, 주택조합이나 노조 등에서는 세계적으로 가장 발달한 제3섹터를 갖고 있다.

스웨덴 복지국가 모델은 제도적, 보편주의 모델로 국가가 주도한다. 사회적 연대와 평등 지향적인 정책은 강력한 국가의 개입에 의해 '요람에서 무덤까지' 국민 모두의 보편적 복지를 국가가 책임지는 그런 종합적인 제도적 체제다. 그러나 여기에도 1990년대부터 새로운 변화가 일어나고 있다. 장기실업이 확대되고, 사회적 배제 등의 사회경제적 이슈가 첨예화되면서, 복지국가의 역할에 대한 논의와 함께 질적으로 저하되는 사회서비스 생산과 공급의 대한 논의, 민영화에 관한 논의, 또 '복지혼합' 논의가 활성화되었다(앞글: 75). 전통적인 국가 중심의 사회정책이 시장과 시민사회가 동참하는 '복지 거버넌스' 모델로 변화하기 시작한 것이다. 따라서 복지국가의 역할을 대신하는 제3섹터 또는 사회적경제 조직들의 복지와 사회서비스의 생산과 공급 역할이 점차 확대되었다.

그럼으로써 제기되는 심각한 문제들도 있다. 첫째는 사회서비스의 질적 저하 문제다. 사회서비스에 대한 공공지출의 삭감으로 서비스 현장에서 일하는 노동력 부족 현상이 심각한 문제가 된다. 전문서비스 제공의 필요성이 늘어나면서 전문인력의 확보도 심각한 문제가 된다. 둘째는 '복지혼합'에 관련된 이슈로, 사회복지에서 제3섹터의 역할이 늘어나면서 이 조직들이 '복지주창' 등의 자율적인 운동과 혁신자 역할에서 전문적인 복지전달자 역할로 위상이 바뀌며, 조직내부의 민주주의 문제도 제기된다. 셋째는 대의민주주의 제도들의 '민주주의 결핍' 문제로, 1950년대와 60년대의 문제에 이어 90년대에는 지구화로 정부정책과 복지국가에 대한 신뢰의 쇠퇴가 부각되고 있다. 스웨덴 사회적기업의 연구에 따르면, 종사자들은 물질적 인센티브보다 근로환경에 더 관심이 많다고 한다(앞글: 76-77).

한편 스웨덴의 국가-제3섹터 관계는 신뢰를 바탕으로 하는 일종의 '조용한 사회계약'과 같은 '노동의 분업' 관계라 볼 수 있다. 이런 특징은 많은 국가에서 양자가 갈등적, 경쟁적 관계인 것과는 대조적이다(Wijkstroem 2004: 17). 대중운동의 전통을 가진 스웨덴의 제3섹터는 연대와 평등의 가치를 추구하는 주창활동을 하면서도 시민들의 스포츠, 레저 등 여가활동을 지원하는 조직들이 활성화되어 있다. 무수하고 다양한 성인교육 체계는 공공 교육기관이 아니라 무수한 비정부 공익기관들이 담당하고 있다.

일례로 스웨덴에서 '자선'은 매우 부정적인 의미로 배척되어 왔다. 과거 빈민구제법에 기초한 자선체계는 빈곤층을 수동적 대상으로 간주하는 비인간적인 것으로 배척하고, 복지국가 체계에서 동등한 시민으로 인정하는 시민권 개념을 정립하였다. 또 '자선'을 명목으로 일부 부유층이 사회적 불평등 현실을 자선으로 치부하려는 정치적 계산에 대해서도 부정적 시각이 지배적이다. 스웨덴에서 '자선'의 의미는 영미권과는 달리 빈곤층을 대상으로 하는 게 아니라 사회서비스 제공에 초점을 맞춘다. 따라서 스웨덴의 시민사회나 제3섹터는 영미권의 자선이나 기부에 의존하지 않고, 20세기에 걸쳐 대중운동으로 성장하였다(앞글: 19). 대중운동의 특징은 개방적이고 활성적인 회원제, 조직의 운영과 관리의 투명성, 고차적인 내부 민주주의와 정의 확보, 공공정책에 대한 관용적 접근 등이다. 이는 중앙과 지방정부로부터 거의 구속력이 없는 재정지원에 힘입은 것이다. 1996년에는 시민사회조직에 대한 공식적인 재정지원의 출처를 지방정부로 규정하는 법률을 도입하였다.

스웨덴 시민사회의 특징은 사회서비스 중심의 사회복지 전통에서 찾아볼 수 있다. 20세기 대중운동의 확산 이전에 존재했던 시민사회조직들은 중산층이나 저소득층 중심의 시민들의 소집단이 소외층을 돌보는 자발적인 복지조직들이 많았다. 제1세대 초기의 고전적 대중운동조직들은 사회복지운동으로 시민사회의 고전적 모델이 되며 지금도 그 영향력이 대단하지만 이들 대부분은 1950년대 복지국가의 확대와 함께 많이 자취를 감추었다. 대중운동의 제2의 물결은 1930, 40년대의 레저, 스포츠, 문화 영역에서 진행된 운동으로, 가장 많은 시민들이 조직의 회원으로 활동하는 거대한 시민사회운동이다. 제3의 물결이 1960년대의 '신사회운동'이다. 환경, 반전운동, 젠더평등 등 심각한 사회 이슈들에 초점을 맞춘 다양한 시민운동이 등장해왔다. 이상의 제3의 물결과 협동조합 등이 오늘날의 비영리섹터를 구성하고 있다. 또 다른 비영리조직은 신협동조합과 재단이다(앞글: 21). '신협동조합'이란 복지서비스를 생산, 공급하는 조직으로 협동조합 형태를 갖추고 있다. 부모들이 운영하는 공동육아, 알코올 중독 치료센터 등 무수한 협동조합들이 있다. 이들은 1980년대와 90년대를 통해 성장해왔는데, 대부분이 작은 규모로 풀뿌리 차원에서 긴요한 서비스를 제공해주는 조직들로 최근 스웨덴에서 가장 성장하고 많은 관심을 모으며 또 시민들이 필요로 하는 주요 서비스를 제공하는 조직들로 신뢰를 받고 있다.

스웨덴 비영리섹터는 주로 멤버 중심의 활동을 이뤄지기 때문에 안정적인 회비수입과 자원봉사활동으로 활성화되어 있다. 서구에서 가장 많은 회원들이 있는데, 누구나 균등하게 참여할 수 있고, 내부 관리와 운영이 투명해서 신뢰를 받고 있다. "국민들이 결사체에 참여하는 것은 스웨덴 민주주의의 근본적인 일부가 되고 있다"(앞글: 22). 따라서 자원봉사활동도 조직을 통한 회원활동으로 이뤄지는 특징이 있다. '회원 봉사자'로 보면 스웨덴이 86%로 세계 1위다. 다음으로 독일(68%), 아일랜드(60%), 벨기에(60%) 순서다. 자원봉사활동이 사회복지나 보건의료 분야보다는 레저와 스포츠 등 시민사회 활동에 집중되어 있다.

4) 포용적 성장의 복지정책

최근 OECD에서 논의 중인 '포용적 성장' 정책의 핵심에도 사회적경제의 역할이 강조되고 있다. OECD는 '포용적 성장' 정책은 '사람 중심'으로, '모든 사람에게 기회'를 주는 포용적 정책이며, "누구나 계층에 관계없이 성장에 기여해, 공정한 성장의 몫으로 나눠받는" 정책이라 설명한다(OECD 2018).

OECD의 '포용적 성장' 정책의 핵심은 사회적경제의 사회적 가치 실현 전략이 되는 '취약층과 취약지역에 대한 투자와 기회제공' 정책이다. 많은 OECD 국가에서 나타나는 "불평등은 기회, 특권, 배제에 얽매인 상태에서는 세대 간 유동성을 악화시킬 수 있다"(OECD 2018: 21). 개인의 생애주기를 통해 누적되는 불평등의 현실은 출신 지역, 보육. 보건과 노동시장에서의 불이익이 서로 맞물려 악화되는 것이 일반적이다.

'누구도 배제하지 않는', 누구에게나 기회를 주는 포용적 성장 정책은

표 6-1 포용적 성장과 복지: 취약층과 취약지역에 대한 투자와 기회제공

추진전략	'포용적 성장' 정책 방안
1. 평생교육과 기술 학습 진흥	조기 아동기부터 학령기와 청년기를 통해 양질의 교육과 훈련 시스템을 시행
2. 사회유동성 증진	아동기부터 성애주기를 통해 개인들에게 동등한 기회제공, 노동 유동성 장애물과 차별 해소 전략 추진
3. 보건과 주택 접근 개선	사회경제적 배경 때문에 보건, 교육, 고용 기회와 결과 격차가 없도록 격차 해소 정책 추진
4. 낙후지역 진흥	생산성 증진의 개혁으로 낙후지역에 대한 투자 기회 확대로 낙후지역 취약층 생계 지원 정책
5. 공동체 웰빙과 사회자본 투자	지방정부들은 지역 복지공동체 구축과 구성원들의 협력과 유대를 증진시키는 사회자본 정책 추진

자료 OECD (2018), pp.21–22.

다음 다섯 가지 추진전략이 핵심이 된다. 교육과 보육, 보건과 주택뿐 아니라 사회유동성 증진, 낙후지역 진흥 정책, 그리고 공동체 웰빙과 사회자본 투자 정책을 망라하는 종합적인 '포용적 성장' 정책을 제시한다.

2. 사회적경제와 사회서비스

'사회서비스'(social service)는 사회적경제의 핵심적인 활동영역이다. 복지국가에 의해 제공되는 공공서비스가 제3섹터 또는 사회적경제 조직에 위임되어 제공되고 있는 것은 이제 서구에서는 일반화된 추세다. 제3섹터

또는 사회적경제에 의해 제공되는 공공 및 민간 서비스 전체를 '사회서비스'로 통칭되고 있다.

1) 사회서비스 유형

사회서비스는 광의로는 사회복지서비스, 의료서비스뿐 아니라 공공행정, 국방, 교육서비스 등을 포용하며, 협의로는 사회복지서비스에 국한해 "국가, 지방자치단체 및 민간전문가의 도움을 필요로 하는 모든 국민에게 상담, 재활, 직업소개 및 지도, 사회복지시설 이용 등을 제공하여 정상적인 사회생활이 가능하도록 하는 제도"(사회보장기본법 제3조)로 통용되기도 한다(정경희 외 2006: 38-39). 아래에서 살펴보겠지만, 사회적경제에서 논의되는 사회서비스는 광의의 개념으로 주로 사회적 일자리 창출과 같은 경제적 목적과 밀접히 관련되어 있다.

서구 복지국가에서 추진되는 다양한 사회서비스의 유형을 우선 구분해볼 수 있다. 먼저 바알레(Bahle 2003)는 '복지혼합'(welfare mix)의 4대 모형을 제시하고 각국의 복지혼합 사례를 영유아와 노인 서비스 등 사회서비스 측면에서 설명한다. 일반적으로 복지혼합이란 가족, 국가, 시장, 제3섹터 등 4대 섹터 사이의 자원과 서비스 제공의 혼합을 말한다. 가족은 전통적인 자급자족의 복지제공자 역할을 하며, 국가는 복지국가 등장 이후 공식적인 법과 제도에 기초한 복지제공자가 된다. 시장은 복지영역에서 이윤추구를 하는 기업이 대표하고, 제3섹터는 무수한 비영리기관 또는 사회적경제 조직들의 비영리적 활동이 이뤄지는 섹터다. 유럽국가에서 이같은 복지혼합이 제도화되는 과정에서 교회의 복지기관들이 비영리기관 또는 사회적

표 6-2 복지혼합: 유럽 7국의 영유아, 노인 서비스 사례

	영아보육	유아보육	노인(시설)	노인(응급)
프랑스	PNF	PN	PNF	NPF
독일	PNF	NPF	NFP	NF
스웨덴	PNF	PNF	PFN	PF
덴마크	PNF	PNF	PN	PNF
스페인	NPF	PNF	NPF	NFP
이탈리아	PNF	PNF	NPF	-
영국	FP	FP	FPN	PFN

참고 P(국가), F(시장), N(제3섹터)의 1, 2, 3 우선순위/자료: 정경희 외 2006: 45.

경제 기관으로 제3섹터를 대표하는 중요한 역할을 해왔다.

이제 각국의 사례를 〈표 6-2〉에서 살펴보면 몇 가지 두드러진 특징을 발견할 수 있다. 첫째, '제도적' 복지국가를 대표하는 스웨덴과 덴마크의 경우 공공기관에 의한 서비스 제공이 두드러지며 다음으로 사익추구적 시장보다 공익추구적 제3섹터가 복지서비스 제공에서 우선적인 역할을 한다는 점이다. 그러나 노인 서비스에서 스웨덴이 제3섹터보다 시장에, 덴마크는 시장보다 제3섹터에 더 의존하는 두드러진 차이도 보여준다. 둘째, '비스마르크' 유럽대륙형 복지국가인 독일과 프랑스의 경우, 공공기관과 제3섹터의 복지혼합이 두드러지게 나타난 가운데 독일의 노인시설과 응급서비스의 경우 공공기관보다 제3섹터와 시장이 주도적인 역할을 수행한다. 셋

째, 남유럽의 스페인과 이탈리아는 영유아 서비스의 경우 일부 공공기관의 역할이 강하지만 노인시설이나 응급서비스는 제3섹터가 일차적 서비스 기관이 된다. 또 시장보다 제3섹터가 영유아와 노인 서비스 모두에서 더 중요한 역할을 담당하는 공통점이 있다. 끝으로, 다른 유럽국가들과 특이한 영국의 경우 시장이 주도적 역할을 한다. 그러나 20세기말 노동당의 집권 이후의 영국은 표의 자료와 달리 제3섹터에 많은 공공서비스 제공의 역할을 위임해, 영리적 시장보다 비영리적 사회적경제기관들의 역할이 크게 늘어났다(이에 대해서는 제5장 2절을 참조).

한편 먼데이(Munday 2003)가 제시하는 네 가지 유형 또한 각국의 사회서비스 제공에서 가족, 국가, 시장, 제3섹터 등 4대 섹터의 역할에 초점을 맞추고 있다. 그는 유럽의 사회적 서비스에 체계를 ① 공공서비스(public service) 모델, ② 가족돌봄(famliy care) 모델, ③ 자산조사(means-tested) 모델, ④ 보충주의(subsidiarity) 모델로 분류한다(정경희 외 2006: 48-52).

첫째, '공공서비스' 모델은 사회서비스의 공급과 재원에서 정부주도적 모델이다. 앞의 정부-제3섹터 유형 분류에서 '정부주도적' 모델과 같다. 스칸디나비아의 스웨덴, 노르웨이, 덴마크, 핀란드가 여기에 해당된다. 사회서비스의 생산과 계획에서 지방정부의 역할이 주도적이기 때문에 시장이나 제3섹터의 역할이 미미한 수준에 머물러 있는 특징이 있다. 최근 복지국가의 보편주의 약화와 제3섹터의 역할이 상대적으로 늘고 있지만, 여전히 일반조세에 의해 재원이 뒷받침되는 사회복지서비스는 정부주도적 영역에 머물러 있다. 스웨덴의 경우, 2001년 GDP 대비 공공 사회정책지출의 비중이 29.7%로 프랑스 28.5%와 거의 비슷한 수준에 있지만, 사회서비스 지출은 5.9%로 프랑스 2%보다 거의 세 배가 높다.

둘째, '가족돌봄' 모델은 국가나 시장 또는 제3섹터보다는 가족의 돌봄에 의존한다. 복지국가가 발달되지 않은 남유럽 국가들이 여기에 해당되는데, 전통적인 가족의 역할이 중시되기 때문에 복지국가에 의한 공공서비스나 시장이나 제3섹터에 의한 사회서비스가 발달되지 않고 있다(앞글: 50). 스페인, 포르투갈, 그리스 등 가톨릭의 전통을 중시하는 가족제도 체제에서 노약자나 어린이에 대한 서비스는 개인의 권리로 보장되고 있지 않으며, 가족의 책임에 속한다. 국가에 따라 최근 제3섹터에 의한 사회서비스 제공이 확대되거나 부유층의 시장형 서비스 의존이 늘고 있지만, 국가의 보편적인 공공서비스 제공은 매우 취약한 수준에 머물러 있다.

셋째는 '자산조사' 모델이다. 정부가 사회서비스 제공책임을 갖고 있지 않으며 개인이나 가족의 책임에 맡겨져, 소득 등 생계수단이 취약한 집단만을 대상으로 선별적인 서비스를 제공하는 모델이다. 대부분의 시민들은 소득과 능력에 따라 시장에 의존하거나 제3섹터조직이 제공하는 서비스에 의존하지만 제3섹터의 사회서비스 제공수준은 앞의 가족돌봄 모델과 비슷하다. 영국과 미국이 여기에 해당된다. 미국의 경우 정부보조금 지원에 의해 제3섹터가 사회서비스 제공을 맡아오다, 1990년대 시장의 사회서비스 시장개척에 따라 영리부문의 역할도 늘고 있다.

마지막으로, '보충주의' 모델은 정부-제3섹터 사이의 공조적 파트너십에 기초한 모델이다. 유럽대륙 모델로 볼 수 있는데, 독일, 네덜란드, 오스트리아 등이 여기에 해당된다. '보충주의' 원칙은 개인이나 가족과 가장 가까운 사회기관인 제3섹터기관이 우선적으로 중요한 역할을 하고, 이들의 역할이 부족한 경우에만 정부의 개입 역할이 보충된다는 원칙을 말한다. 정부의 역할을 대신하는 제3섹터가 정부의 안정적인 재정지원에 의해 공식적으로 사회서비스의 대부분을 제공하는 모델이다. 여기에서 공공 사회지출의 비중은 비교적 높은 편이지만 서비스보다 현금급여 비중이 상대적으로 높기 때문에 사회서비스 제공의 수준은 비교적 낮은 편에 머물러 있다.

2) 사례: 캐나다의 사회서비스와 사회적경제

사례로 캐나다의 사회서비스에 대한 사회적경제 조직과 정부의 역할에 대해 정리해볼 수 있다. 서비스 영역은 보육서비스, 홈케어(home care), 사회적 주택(social housing) 등이다.

먼저 캐나다의 취학전 보육서비스는 1960년대 말 이래로 무수한 사회운동과 지역사회 기반 조직들의 실험과 투쟁의 결과로 나타났다(Vailancourt et al. 2003: 17-19). 중앙정부가 재정적으로 지원하고 지역사회 기반의 서비스 기관들이 제공하는 보육서비스가 직장생활을 하는 여성들의 경제활동을 지원하고 아동이 지속가능한 환경에서 건강하게 성장할 수 있는 최상의 모델이라는 확신에서 추진해온 것이다. 1960년대와 70년대의 보육서비스는 특정 계층에 국한되어 복지서비스의 하나로 제공되는 데 그침으로써 여성의 일할 권리를 보장하지 못하고 아동교육의 지속가능한 기획과 실천에도 기여하지 못하는 그릇된 정책이라는 평가를 받았다. 정부에 의한 보육서비스의 한계를 극복하기 위한 노력은 정부 자체보다도 시장과 시민사회가 적극적으로 대응하며 진행되었다. 보육시장을 두고 영리기업과 시민사회가 경쟁에 뛰어든 것이다. 영리기업들은 여유 있는 계층의 자녀들이 양질의 보육서비스를 받도록 하는 사업을 확장해갔고, 시민사회조직들도 양질의 보육서비스를 제공하기 위한 비영리활동과 민주적 조직을 갖추기 위해 사회적경제 영역으로 활동을 확대해갔다. 1980년대와 90년대에 와서 정부지원이 확대되면서 보육시장에 큰 변화가 일어났다. 1997년 퀘벡정부는 가족

정책을 발표해 사회적경제 조직의 보육서비스를 정부재정으로 지원하는 정책을 추진해갔다. 부모가 아동 1인당 5달러의 저렴한 비용을 부담해 누구나 취학전 아동의 보육서비스를 받을 수 있도록 하는 '보편적' 보육서비스 정책을 시행한 것이다. 1998년 7만 8000개의 보육센터가 2002년 14만 5000개로 두 배가량 늘었고, 종사원도 2만 2000명을 더 고용하는 효과를 내며 공공부문을 제외한 고용시장에서 세 번째로 높은 고용창출을 하였다. 보육센터는 비영리특성을 갖고 있으면서 동시에 민주적 조직형태를 갖추고 있다. 각 센터에 부모와 보육교사가 운영위원으로 참여해 조직을 민주적으로 운영하면서 아동중심의 보육서비스의 질적 개선에 직접 참여함으로써 정부로부터의 개입을 차단하며 자율적으로 운영되는 보육센터를 갖게 된 것이다.

다음으로 재가서비스인 홈케어 서비스도 획기적인 변화를 보여 왔다(앞글: 20). 퀘벡정부는 개인이 자신의 자연스러운 생활환경에서 생활하는 것이 개인의 건강과 복리에 기본이라는 인식을 바탕으로, 노인이나 장애인 등 취약층을 위한 재가서비스를 실시하였다. 일반적으로 이런 홈케어 서비스는 복지차원에서 정부기관이나 또는 고가의 서비스를 희망하는 사람들을 위해 영리기업이 독점적 시장을 갖고 있었다. 퀘벡에서 시민사회가 사회적경제 조직화로 참여하게 된 것은 1997년 이후 정부의 새로운 가족정책의 도입과 재정지원의 확대로 가능해졌다. 홈케어 서비스를 제공하는 사회적경제 조직은 급속히 확대되어 103개로 불어났고 5만 5000명이 종사하며 서비스 대상자는 6만 명이 넘었다. 시민소비자의 서비스 욕구가 강하며, 정부의 재정지원이 뒤따르고, 또한 사회적경제 조직들이 사회자본을 기초로 자본보다 사람 중심의 조직 운영과 서비스 활동을 하기 때문에 일하는 사람이나 서비스를 받는 사람 모두가 사회자본으로 신뢰와 유대를 갖고 있다. 또한 조직은 종사자나 이용자 대표들이 참여하고 회원 대표들이 민주적으로 참여해 의사결정이 이뤄지기 때문에 지속가능성을 가지고 있다. 양질의 서비스 제공을 위해서도 일정한 효율성이 확보되어야 하고, 그러기 위해서는 저생산비와 저임금의 압박이 있지만 서비스 비용을 높이지 않고서도 양질의 서비스를 제공하기 위해 정부 재정지원이 든든히 뒷받침되고 있다. 따라서 영리기업과의 경쟁에서 살아남는 경쟁력을 갖고 있다. 그러나 저임금, 인력 부족, 잦은 이직 등으로 홈케어 서비스 사업을 하는 사회적경제 조직의 어려움은 적지 않다. 이를 해소하기 위해 지자체들이 파트너로 참여해 도움을 주며, 동시에 고령화사회가 진행되며 인구의 고령화가 초래하는 서비스 양의 증가를 효과적으로 대처하기 위한 방안을 탐색하고 있다(앞글: 21).

다음으로 '사회적 주택' 서비스 영역도 사회적경제 전략으로 추진되고 있다. 주택은 개인의 건강과 복리의 기본이 된다. 안정된 주택을 공급받지 않은 개인과 가족은 건강과 복지의 위협을 받는 사회적 배제층의 일부를 형성하기 때문이다. 따라서 사회적 배제의 개념에는 안정된 주택의 제공이 기본으로 추가될 수 있다. 퀘벡에서 사회적경제 조직에 의한 주택의 공급은 결코 적은 수준이 아니다. 서비스시장처럼 주택시장에도 정부, 기업, 시민사회 세 유형이 존재한다. 영리를 추구하는 기업형이 가장 많은 비중을 차지하지만 정부기관이나 사회적경제 조직에 의한 주택공급도 상당한 비중을 차지한다. 사회적경제 조직에는 저소득층의 목소리를 대변하는 주창단체나 주택공급조합 등 다양하다. 전문기술 자문을 해주는 그룹들이 사회적경제 조직의 주택공급에 많은 도움을 주고 있다. 1960년대 이래 퀘벡에서는 4만 9000개의 조합이나 사회적경제 조직이 생겨났다. 1990년대 복지국가 위기의 시대에 새로운 복지국가 대안을 모색하는 가운데 사회적경제에 의한 주택서비스는 정부와 사회적경제의 확고한 파트너십을 구축하게 하였다. 우선적으로 독립적인 생활이 어려운 장애인이나 고령자를 중심으로 주택공급과 다양한 서비스 제공이 함께 이뤄지는 정책이 추진되었다. 또 청년층, 정신장애인을 위한 그룹홈, 홈케어 서비스 활동도 병행되었다. 일례로 몬트리얼에서는 2000개의 주택이 사회적경제 조직들이 담당하는 주택 및 의료, 복지서비스가 복합적으로 이뤄진다. 이런 사회적 주택을 조사한 연구진은 주거안정과 서비스 제공은 주민들의 생활안정과 이웃관계 개선, 자존심 회복 등 사회자본 효과도 대단하다고 한다. 이는 주민들이 단순한 서비스 수혜자로 머무는 게 아니라 이들의 적극적인 참여에 의해 조직이 민주적으로 운영되고 이들의 관심과 사회자본에 의해 공동체가 만들어지는 효과가 일어난다는 것이다. '이용자 임파워먼트'가 갖다 준 결실이다(앞글: 23).

이상과 같이 보육서비스, 재가서비스, 사회적 주택에 사회적경제 조직들이 참여해 공급자 역할을 하고 이용자 주민들과 더불어 민주적 조직을 운영하는 새로운 변화는 1990년대 캐나다의 보편적인 동향이었다(앞글: 23). 제도화 혁신을 가장 획기적으로 추진한 지역이 퀘벡이다. 1990년대 캐나다는 복지국가의 위기를 맞아 국가와 시장에서 시민사회에 새로운 관심의 초점을 맞추기 시작했다. 시민사회에서 새로운 사회적경제 실험들이 성공하며 한 지역의 성공이 전국적으로 급속히 학습되어 시행되는 일련의 변화가 일어난 것이다. 보육서비스처럼 지역의 획기적인 변화와 더불어 전국적 사회운동이 지속적으로 접목되면서 전국적 제도화로 정착된 것처럼, 사회정책 일반에서도 새로운 변화가 일어났다. 장애인들의 직접행동과 임파워먼트 운동이 복지국가의 위기를 극복해야 하는 정부의 사회정책의 근본적인 변화를 갖다 주기도 했다. 수동적인 복지수혜자로 간주했던 장애인에 대한 시각이 수정되기 시작된 것이다. '수혜자'가 아니라 '참여자'로, '의존'

이 아니라 '자율'로 시각이 바뀌면서, 정부의 사회정책도 정부가 일방적으로 주도하는 정책이 아니라 장애정책처럼 정책의 직접적인 영향을 받는 장애인들이 의사결정과정에 참여해 발언하고 자신들의 이해를 증진시키는 정책과정으로 변한 것이다.

따라서 '시민권'의 의미도 근본적으로 변화한다. "사회의 모든 측면에서 장애를 가진 사람들의 포용"을 새로운 시민권의 의미를 제시한다(앞글: 25). 전통적인 복지국가 시각에서 정부와 장애인의 관계를 공급자와 수혜자 시각으로 본 것이 이제는 장애인들이 장애정책의 결정, 재화와 서비스를 생산하는 사회적경제 조직의 이용자이며 회원으로서 의사결정과 관리에 동참하는 변화가 일어난다. 따라서 사회정책은 '능동적인 시민'의 참여에 의해 결정되는 정책으로 변한다. 보육서비스, 홈케어 서비스 사례처럼 이런 서비스가 더 이상 개인이 시장에서 재량껏 구매해야 하는 상품이 아니라 '공공재화'로 수용하는 변화가 동시에 수반되었기에 가능한 변화였다. 이런 정부의 역할과 책임에 대한 기본전제가 없다면 '이용자 임파워먼트'나 '시민사회의 역할'은 불가능하다고 본다. 퀘벡에서 이런 변화가 점화되어 캐나다 전역에 확대된 것이다. 이런 새로운 시민참여적 또는 거버넌스 의존적 '사회정책'에 대한 정부의 정책이 어느 정도 지속가능성을 가질 것인지는 중장기적으로 지켜보아야 할 과제로 남는다.

3) 한국 사회적경제와 사회서비스

(1) 사회서비스 경제의 성장

한국에서도 사회서비스의 확대로 사회적경제의 지형이 더불어 확장되고 있다. 한국의 사회적경제의 성장은 정부의 사회서비스 정책에 크게 의존한다고 볼 수 있다. 사회서비스 관련 사회적경제 조직들이 늘어나면서 고용인력도 크게 늘고 있다. 정부의 사회서비스 예산이 크게 늘면서 바우처(voucher)에 의존하는 기관들과 사업들도 늘고, 더불어 비영리 기관단체들도 늘고 있다.

바우처는 2007년 장애인활동보조, 노인돌봄(종합), 지역사회서비스투자사업에 첫 도입된 후, 2008년 산모신생아도우미, 가사간병방문사업, 임신출산진료비 도입, 2009년 장애아동재활치료사업 도입, 2010년 언어발달지원사업 도입 등으로 확대되었다. 2011년에는 '사회서비스 이용 및 이용권에 관한 법률'이 제정되었다. 사회서비스 사업이 도입된 2007년과 2012년 기간에 국가재정은 1874억 원에서 8796억 원으로 증대되었고, 이용자도 36만 명에서 66만 명으로, 서비스 제공기관은 1274개에서 4850개로, 제공인력은 3만 6000명에서 5만 6000명으로 크게 늘었다.

또 2007년에는 장기요양법이 도입되면서 장기요양 서비스를 제공하는 민간 서비스기관들이 대폭 늘었다. 국민건강보험공단에 따르면 장기요양기관은 2009년 1만 4556개에서 2013년 말 장기요양기관은 1만 5704개소를 운영하고 있으며, 재가기관은 1만 1056개소로 70.4%, 시설기관은 4648개소로 29.6%를 점유하였다.

보육서비스는 가장 최대의 이용자와 보육기관의 증대를 가져온 부문이다. 이명박정부 출범으로 그간의 보육시설과 저소득층 위주의 지원방식에서 공보육 강화와 수요자 중심 체계로 전환하면서 보육서비스의 폭증으로 지속되었다. 민간 보육시설도 정부의 재정지원을 받으면서 새로운 기관의 설립과 보육교사 등 인력의 고용이 늘고 있다. 보육시설은 1993년 5490개에서 2013년 4만 3770개로 8배가량 늘었다.

또 2004년부터는 지역아동센터를 지원하는 법이 도입되어 2004년 첫해 895개의 지역아동센터가 설치되었고 2013년 현재는 4061개로 크게 늘었다. 운영주체는 개인이 65%로 가장 많으며, 재단법인 11%, 사회복지법인 8.3%, 종교단체 6.1%, 사단법인 5.6%, 시민단체 2.5%, 그 밖에 의료법인, 학교법인, 지자체, 주민자치위원회, 아파트운영회 등이다. 지역아동센터는 대부분이 정부지원금으로 운영되는데, 2013년 정부보조금을 지급받는 3818개 센터 1개소당 연간 평균 7800만 원으로 지원받았다.

한편 사회서비스 분야 사회적경제의 현황에 관한 자료 분석을 참고해 볼 수 있다(노대명 외 2017).[7] 2014년 현재 사회서비스 업체 중 사회적경제 조직은 27.9%로 3만 2176개로, 여기에서 일하는 종사자 수는 35만 9020명으로 추정된다(앞글: 43). 사회적경제 조직 중 NPO는 약 1만 5000개이며, 종사자는 14만 6000명으로 추정되며, 사회적경제기업은 1만 2000개이며, 종사자는 11만 8000명으로 추정된다. 참고로 NPO와 사회적경제기업의 성격

---

7 노대명 외(2017)의 자료분석은 2014년 사업을 영위하고 현재 국내에서 사회서비스 활동을 수행하고 있는 종사자 1인 이상의 사업체를 대상으로 실시한 것으로, 표본틀은 2013년 통계청 전국사업체조사 중 한국표준산업분류 N, P, Q, S 업종으로 사회서비스 관련 사업을 수행한 사업체이다. 그리고 한국표준산업분류 N, P, Q, S 중 「사회보장기본법(개정)」 상의 사회서비스 관련 19개 세부 업종을 선정해 업종과 종사자 규모에 따른 층화표본 방식으로 총 4000개의 사업체를 표본으로 추출해, 2015년 10월~11월 사이에 전문조사원에 의한 방문면접조사 방식으로 진행되었다.

을 모두 갖는 사업체는 사회적경제기업으로 간주하였다. 복지법인과 의료법인은 약 5000개이며, 종사자는 9만 6000명으로 추정된다.

(2) 사회서비스와 사회적경제

사회서비스는 고용흡수력이 높은 분야로서, 특히 취약계층 고용 및 소득창출을 통해 계층 간 양극화를 완화에 기여한다. 또 서비스 수요자에 대한 이해도가 높아 맞춤형 서비스 제공이 가능하여 기존 공급자와의 경쟁을 통해 품질혁신을 유도할 수 있다. 〈도우누리 사회적협동조합〉의 경우, 자활센터의 취약계층 여성을 중심으로 300여 명으로 구성되어. 사회서비스 취약계층에게 간병·가사·돌봄서비스를 제공한다.

그런데 사회서비스 분야에 대한 사회적경제 조직들의 참여는 매우 저조하다. 오히려 민간 영리기관 위주의 사회서비스 공급이 이뤄지고 있다. 사회서비스 바우처 사업의 경우 전체 공급자 중 민간기관이 62% 차지하고, 사회적경제 조직 참여율은 장기요양 0.5%, 보육 0.1%, 바우처 1.3%, 장애인활동지원 4.1%에 불과하다(일자리위원회 2017: 23).

한편 사회서비스 분야 사회적경제 조직이나 영리사업체는 사업규모 측면에서 지속적으로 성장해왔다. 특히 사회적경제기업의 수입은 지속적으로 증가세를 유지하고 있다. 그런데 사회서비스 분야 사회적경제 조직에 대한 재정지원은 중앙정부지원사업이 49.3%로 가장 큰 비중을 차지하며, 다음이 지자체 지원사업 25.6%, 노인요양보험사업 16.7% 순으로 나타나고 있다(노대명 외 2017: 50). 사회서비스 분야가 정부정책에 따라 비영리조직이나 사회적경제 조직의 진입과 수입구조가 큰 영향을 받게 된다는 점을 보여준다.

위의 조사분석에서 제기된 사회적경제 조직의 애로사항들은 다음 몇 가지로 제시되어 있다. 인력난, 낮은 서비스 단가, 이용자 확보의 어려움이 가장 큰 장애요인으로 조사되었다(앞글: 58).

이상의 장애요인들을 극복하기 위한 방안으로 정부의 다양한 지원방안이 제시되고 있다(일자리위원회 2017: 24-25). 첫째는 진입장벽 해소 방안이다. 사회적경제기업이 사회서비스 분야에 적극 참여할 수 있도록 진입장벽 해소를 위한 제도정비 및 지원방안 마련하는 것이다. 담당 공무원들이 사회적협동조합이 비영리법인임을 인지할 수 있도록 업무편람에 명시하고, 담당 공무원 인식 개선을 위한 워크숍 개최, 가이드라인 제작·보급하는 방안이다. 둘째는 (바우처 등) 사회서비스 제공기관의 사회적 가치 지향성 강화 방안이다. 사회적 가치를 창출하는 사회서비스 제공기관의 이용확대를 유도하고, 이용자의 제공기관 정보접근성 제고 방안이 그것이다. 복지부의 기관 평가체계 개편(사회적 가치 창출 항목 포함) 및 기관정보 제공사항 구체화, 이용자에 서비스 이용 안내 시 사회적 가치 창출 기관 소개 권고 등이 제시되어 있다. 또 요양서비스 분야의 고용안정화를 위해 동일기관 근속기간에 따른 종사자 장려금 지급 방안도 제시되어 있다. 셋째는 지역서비스 품질 제고를 위한 제도개선이다. 지역 내 사회적경제기업과 협력하여 취약계층에게 자활훈련 등 취업지원 서비스를 연계하고, 맞춤형 사회서비스를 제공하는 것이다. 넷째는 경쟁력 제고 방안으로, 사회적기업 성장 지원·서비스 표준화 등이다. 지정요건을 대폭 완화해 보건복지형 예비 사회적기업 진입 촉진 방안이 제시되고 있다. 또 사회서비스 제공기관의 사회적기업 인증 확대와 사회적협동조합으로 전환 유도 방안도 제시되고 있다. 마지막으로, 새로운 사회서비스 아이디어 공모 및 사업화 방안이다. 지자체와 사회적경제기업 등이 공동으로 지역특화 사회서비스 개발·운영에 참여하는 상시 회의체 구성을 통해 민관협력 강화하는 방안, 사회서비스 사업 공모에 선정된 사회적경제기업에 대해 사업비 및 행정적 지원을 위한 시범사업 실시도 제시되고 있다.

3. 사회적경제와 노동시장정책

1) 사회적경제와 고용보험의 발전

오늘날 세계적으로 보편화된 고용보험제도는 복지국가의 산물이지만, 더 거슬러 올라가보면 초기 사회적경제의 등장과 더불어 시작되었다는 것을 알 수 있다. 고용보험제도가 도입된 배경을 살펴보면, 먼저 노동조합 주도의 실업공제기금이 19세기부터 일부 국가에서 시행되는데, 여기에 추후 정부가 부족한 재원을 충당해주기 위해 재정지원을 하면서 새로운 모델로 등장한 것이 '자발적 실업보험'이다. 뒤이어 노동조합의 가입과 관계없이 노동자 누구나 강제적으로 고용보험에 가입하도록 법적으로 의무화한 '강제적 실업보험'이 등장했고, 마지막으로 최근까지는 단순한 실업급여 제공뿐 아니라 실업예방 차원의 고용교육훈련을 중시하는 고용정책이 현대형 고용보험으로 정착되어 있다.

이렇듯 고용보험제도가 처음 등장한 것은 19세기 후반이었다. 유럽의 일부 노동조합들이 실직 조합원에게 실업급여를 지급하던 자체적인 실업공제회의 실업기금에서 출발한 것이다. 이후 19세기말에는 벨기에, 프랑스, 독일, 영국, 노르웨이, 스웨덴, 스위스, 미국 등 서구 주요 도시에서도 보급되어 실시되었다. 그러나 노동조합에 의한 자주적인 실업공제기금제는 근로자가 모든 비용을 부담하므로 충분한 실업급여가 이루어지지 못하였다. 또 가입이 임의적이었기 때문에 비교적 고용이 안정된 근로자는 가입을 기피하고, 실업의 위험이 상대적으로 높은 근로자만이 가입하게 되어 공제기금의 재정난이 심각하였다. 이에 따라 19세기말에는 재정난을 겪고 있는 공제기금에 지방자치단체가 보조금을 지급하는 사례들이 점차 늘기 시작하였다. 1893년 스위스 베른(Bern)시는 세계최초로 노동조합의 임의적인 실업공제기금에 보조하면서 노동조합원이 아닌 근로자도 희망하면 실업공제기금에 가입할 수 있게 하였다. 이 제도는 스위스의 다른 도시는 물론 프랑스와 독일에도 파급되었다.

20세기 들어 1910년까지 실업보험제도를 입법화한 프랑스, 노르웨이, 덴마크는 노동조합 중심의 자주적인 실업공제기금에 국가의 보조원칙을 제도화한 '자발적 실업보험제도'를 채택하였다. 프랑스는 1905년에 제정된 '프랑스재정법'에 의해 세계최초로 노동조합의 실업공제기금에 국가보조금을 지급하였고, 노르웨이는 1906년 실업공제기금에 의해 지급되는 실업급여의 4분의 1에 해당하는 금액을 정부에서 보조하는 법률을 제정하였으며, 그 비율을 점차 3분의 1, 또 2분의 1까지 증액하였다. 1910년대에는 노동조합 중심의 실업공제기금제도의 전통이 많은 영향을 미침으로써 프랑스, 노르웨이, 덴마크 뒤를 이어 네덜란드, 스페인도 노동조합 중심의 실업공제기금에 보조금을 지급하는 자발적 실업보험제도를 도입하였다. 임의적인 실업보험제도는 현재에도 그 유형이 남아 있어, 덴마크, 핀란드, 스웨덴에서는 노동조합원에게는 가입이 강제되지만 비조합원에 대해서는 가입이 임의적인 자발적 실업보험제도 그대로 유지되고 있다.

한편 영국은 1911년 노동조합 가입유무와 관계없이 일정요건에 해당하는 근로자를 강제적으로 보험의 적용을 받도록 하는 국가에 의한 강제적 실업보험제도를 도입하면서, 실업보험비용을 노·사·정 3자의 부담을 원칙으로 하였다. 제1차 세계대전 이후의 대규모 실업사태는 많은 국가에서 실업보험제도의 도입을 촉진하는 계기가 되었다. 1920년대에는 벨기에와 스위스는 노동조합 중심의 실업공제기금에 정부가 보조금을 지급하는 자발적인 실업보험제도를 채택하였으나, 오스트리아, 독일은 강제적 실업보험제도를 도입하였다. 한편 룩셈부르크는 1921년에 저소득실업자에 대해 국가재정에서 실업수당을 지급하는 실업부조제도를 도입하였다.

1930년대에는 세계적인 경제불황으로 심각한 대량실업 사태에 직면하면서, 많은 국가들이 보다 체계적이고 종합적인 실업보험제도의 도입을 적극적으로 검토하게 되었다. 1934년에는 국제노동기구(ILO)가 '비자발적 실업자의 급여 또는 수당을 보장하는 협약'을 채택했다. ILO는 이 협약을 비준한 국가에 대해서는 실직자에게 실업급여를 지급하는 강제적 또는 자발적 실업보험제도를 유지할 수 있도록 하고 실업보험제도의 적용범위, 수급요건 및 급여기간에 대한 최저기준을 명시함으로써 실업보험제도의 도입 및 발전에 많은 영향을 미쳤다. 스웨덴은 1934년에 자발적인 실업보험제도를 도입하였으며, 미국은 뉴딜정책의 일환으로 1935년에 사회보장법이 제정되어 각 주가 운영하는 실업보험제도에 대해 연방정부로부터의 보조금제도가 신설됨에 따라 1937년까지 모든 주에서 실업보험제도가 시행되게 되었다. 그리스는 1945년에 강제적인 실업보험제도를 도입하였고 일본도 1947년에 이 제도를 도입하였다. 프랑스는 1951년에 국가부담에 의한 실업부조제도를 실시하고 1958년에는 종래의 노동조합 실업보험제도를 강제적 실업보험제도로 전환하였다.

이상과 같은 실업보험제도들은 실직자에게 실업급여를 지급하는 데 주목적이 있는 '사후구제적' 제도다. 그러나 산업구조의 고도화에 따라 고용조정이 급격히 이루어지면서 실직자에 대한 실업급여만으로는 실업을 예방해서 고용안정을 유지하는 데 미흡하기 때문에 실업보험에 고용정책을 통합하는 '고용보험'이 등장한 것이다. 고용조정 과정에서 발생하는 사양산업 근로자, 잉여노동력에 대한 전직훈련과 인력재배치를 통하여 근로자의 고용안정과 산업구조의 원활한 조정을 가능하게 하고 근로자의 직업훈련사업 등 적극적인 고용정책과 실업급여를 연결시키는 '고용보험'으로 전환하는 추세가 최근의 일이다.

2) 사회적경제의 고용창출과 노동통합

고용에 대한 사회적경제의 기여는 선행연구들에 따르면 연구결과가 긍정과 부정으로 혼합되어 있다. 일부 연구들은 고용 등 경제적 성과가 있다는 분석이 있는가 하면, 다른 연구들은 고용 효과가 제한적이고 시계열로 분석해도 고용이 늘지 않고 있다는 자료를 제시해준다. 이같은 경험적 분석결과를 참고해보면, 사회적경제의 고용에 대한 기여는 긍정도 부정도 하기 어렵다는 분석이 OECD(2013)의 〈사회적경제를 통한 일자리 창출〉 보고서의 분석결과이다.

우선 선행연구들이 제시한 결과들을 살펴볼 만하다. 먼저 사회적경제가 유럽의 경제 전반에 중요한 기여자이자 지속적인 기여자라는 긍정적인 평가가 있고(Evans and Syrett 2007), 사회적경제 조직들이 일자리 창출로 사회적 통합의 기여를 할 수 있다는 분석도 있다(Noya and Clarence 2007). 그럼에도 일부 연구들은 사회적경제에 이뤄지는 노동의 상당 부분이 무보수 자원봉사활동이라고 분석한다(OECD 2013: 20). 2010년 사회적경제 종사자가 1400만 명이라는 통계가 있는데, 이는 EU 임근소득 인구 전체의 6.5% 비중으로, 2002~3년에 비해 사회적경제의 고용 효과가 없었다는 것을 보여준다(Monzon and Chavez 2012:30).

사회적경제 조직은 노동의 기회와 노동조건 개선에 기여하는가? 사회적기업이 지역사회 취약층의 접근 기회를 확대할 수 있는 능력이 있는 것은 취약층 보호의 미션을 가진 유일한 조직이기 때문이다(OECD 2013: 21). ILO의 〈사회적연대경제〉 보고서에는 사회적경제 조직은 모든 시민을 위한 소득증대와 고용기회 창출에서 중요한 역할을 한다는 분석이 제시되고 있다(Fonteneau et al. 2011: 89). 사회적기업들은 전통적 기업들로부터 차별을 받는 노동자들의 고용 기회를 확대하는 혁신적인 제도적 개선방안으로 등장했다는 것이다. 연구자들은 사회적기업의 기업가적 특성은 취약 노동자의 역량을 개선하고, 생산성을 높여 적절한 노동 조건을 제시한다고 설명한다. 그들은 포용적 거버넌스 모델을 활용해 ILO의 적절한 일자리의 4대 기준 중 하나가 되는 참여와 '사회적 대화'를 증진할 것을 제안한다. 사회적경제 조직들은 취약층을 위한 고용 기회의 창출에 중요한 역할을 한다는 것이 일반적인 시각이다.

그럼에도 일부 연구자들은 일부 작은 규모의 사례에서 수집된 자료들을 마치 전체 사회적경제 조직의 특성처럼 논리적 비약으로 해석하는 것을 경계한다(Teasdale 2012). 사회적경제 조직에서의 고용은 이들이 많은 영향을 받는 경제적, 정책적 맥락이라는 거시적 분석이 뒷받침될 필요가 있다는 것이다. "제도적 배경, 사회운동의 동학과 그들의 사회적 연대의 형성 역량은 어느 사회에서나 사회적경제의 상대적 규모와 동학에 영향을 미치는 결정적인 요인들이다"(Laville et al. 2007: 180).

미국의 노동통합 사회적기업(work integration social enterprises: WISE) 연구에 따르면, WISE 절대 다수가 저기술 산업 분야와 직업에 쏠려 있다(OECD 2013: 21). 이것이 기술 자격을 갖추지 않은 취약층에게는 접근의 기회가 많은 것으로 볼 수 있지만 다음과 같은 문제도 제기된다. "저기술 직업에서의 노동 경험은… 정부보조가 없는 노동시장에서 저기술, 저임금 일자리, 그 일자리는 미국에서는 예측불가능한 노동시간과 빈곤선 이하의 임금의 특성을 가진 것인데, 여기에 WISE 고객인 노동자의 고용을 준비하는 것"에 불과하다는 것이다(앞글: 11). 정부지원을 받은 사회적기업에서의 노동 경험으로 정부 지원이 중단되는 일반 기업에서 일자리를 찾기 위한 '전환적 노동 프로그램'도 개선이 필요하다고 제안한다. 취약층에게 더 좋은 일자리를 제공하기 위해서는 취약층의 노동 경험에 부가가치를 투자할 필요가 있다는 것이다. 이 연구는 극히 일부의 WISE만이 풀타임(또는 일부 24시간 이상의 파트타임) 일자리를 제공하고 있다는 자료를 제시한다. 연구자는 전환적 일자리가 높은 수준의 고용창출 효과가 있기 때문에 사회적경제 조직들이 고용창출에서 중요한 역할 지속할 것을 제안한다.

유럽 12개국 사례분석은 WISE들이 유럽 노동시장에서 주요한 역할을 한다는 결과를 보여준다. 취약층에게 제공되는 노동통합이 사회적기업들에 따라 두드러진 차이가 있다는 것이 발견되는데, 연구에 따르면, 일부는 임시적인 훈련이나 고용을 제공하고, 다른 WISE들은 훈련을 제공하면서 영구적인 고용을 보장하는 등의 차이가 있다는 것이다(Bidet and Spear 2003). 기술을 갖추고 고용가능성이 있는 노동자들이 평생직 일자리를 갖게 되고 반면에 임시 훈련이나 노동 프로그램을 이수한 다음 기술이 없거나 고용 가능이 없는 노동자들이 노동시장에서 구직에 어려움을 겪는다는 것이다. 취약층에게 혜택을 주면서 이들이 혜택을 받은 다음에 고용으로 점차 진전할 수 있는 가능성을 제공해주지 못하는 비융통적인 혜택 제도가 WISE들이 취약층을 효과적으로 완전고용에 통합시키지 못하게 만드는 장애요인으로 지적한다. 그럼에도 연구진은 "사회적경제는 적절한 지원을 갖추게 되면 보다 효율적으로 방법으로 노동시장의 확대뿐 아니라 자격수준이 낮은 노동자들에게 새로운 가능성의 창출에 기여할 수 있다"라고 분석한다(앞글: 35).

장기간 사회적 배제의 경력을 가진 개인들은 사회적기업의 경력만으로는 주류 경제적 고용으로 쉽게 진전될 수 없다는 분석도 있다(Amin 2009). 국가, 지역사회, 고용주로부터 장기적인 지원이 절대 뒷받침되어야 한다는 것이다. 사회적경제 조직들이 노동통합의 기업 역할을 수행해야 한다는 정책적 기대가 사회적으로 배제된 취약층에게는 고용 문제를 더 어렵게 만드는 요인이 된다. 그렇다고 사회적기업들이 상업적 방법으로 전환하도록 유도하는 압력의 행사는 사회적 목적을 경시하거나 무시하는 심각한 문제를 초래한다.

3) 사례: 독일의 적극적 노동시장정책

오늘날의 '고용보험'은 단순한 실업급여 제공에 그치지 않고, 고용상담, 고용기술훈련, 사회적 일자리 마련 등 '적극적 노동시장정책'에 의존한다. 사례가 되는 독일의 적극적 노동시장정책은 사회적기업과 밀접한 제도적 관계를 가지고 있다. 사회적기업은 심각한 사회적 이슈가 되는 실업극복의 전략으로 정부가 적극적 노동시장정책의 하나로 추진되고 있는 것이 유럽의 일반적 동향이다. 최근 독일의 실업은 심각한 사회적 이슈가 되면서,

이와 관련해 경제구조의 변화, 노동과 소득의 불균등 분배, 필요한 기술과 유용한 기술의 부조화, 통일과정 등이 동독 산업에 미친 영향에 관한 논의들이 진행되어 왔다. 산업체가 필요로 하는 고기술 노동력이 부족해 기술을 갖지 않은 노동자들의 실업이 장기화된 것이다.

실업자에 대한 독일 정부의 지원은 일차적으로 세 단계로 진행된다(Bode et al. 2002: 5). 먼저 연방고용사무실이 지급하는 사회보험에 의한 소득연계형 실업급여 제공이다. 일정 기간이 지나면 실업구제 지원을 받고, 마지막 단계가 1년 이상 일자리를 찾지 못하고 실업급여나 구제금 지원이 끝난 실업자에게 사회적 지원이 이뤄진다. 이런 과정을 거친 대부분의 장기실업자는 사회적기업에 취업해 1~2년 정도의 노동과 소득을 지원받고, 마지막으로 일자리를 찾아 독자적으로 생존해야 한다. 이처럼 정부지원 3단계를 거친 실업자가 2001년에 300만 명에 달했다. 이들을 위한 2차 노동시장이 사회적기업에서 제공되면서, 이런 목적에서 다양한 사회적기업들이 정부 재정지원으로 창업되어 서비스 활동을 하고 있다. 1970년대부터 90년대 중반까지는 정부지원에 의한 공공고용 프로젝트가 널리 활용되었다. 실업자에 대한 고용교육훈련, 상담, 일자리 마련 프로젝트를 수행하는 사회기관들이 정부를 대신해 역할을 수행했다. 이것이 사회적기업의 초기형태다. 연방 노동사무국과 프로젝트 수행기관들 사이의 계약에 의해 용역사업이 추진되었다. 이 기관들은 고용창출에서 경쟁력이 약했고 공공자금에 대한 엄격한 규제로 제대로 역할을 수행하지 못했기 때문에 그 대안으로 사회적기업의 등장을 재촉하였다. 마침내 1990년대 말 연방노동사무국은 공공고용 프로젝트를 마감하는 정책변화를 감행하였다. 2차 노동시장에 통합된 실업자들의 최종 고용실적이 좋지 않은 것으로 평가된 것이다. 따라서 실업자 개인별 특성에 따른 고용가능성을 파악하는 개인 '프로파일링'

■ **표 6-3** 독일의 적극적 노동시장정책의 조직과 도구

<table>
<tr><th colspan="2">연방노동국</th><th colspan="2">지방정부</th><th colspan="3">사회지원사무실</th></tr>
<tr><td>알선</td><td>교육</td><td colspan="2">공공고용정책 지원
알선 및 훈련 사업</td><td colspan="3"></td></tr>
<tr><td rowspan="2">알선담당
기관단체</td><td rowspan="2">교육담당
기관단체</td><td>기업,
지자체</td><td>사회적 회사,
협동조합</td><td>지자체
사회적기업</td><td>복지기관
사회적기업</td><td>지방주도
사회적기업</td></tr>
<tr><td colspan="5">사회적기업</td></tr>
</table>

자료 Schulz 2003: 7.

작업을 사기업에 의뢰해 고용기술훈련을 중시하는 정책을 새로 도입하였다. 따라서 2차 노동시장에서 고용창출을 하는 많은 사회적기업의 사업에도 좋지 않은 영향을 미쳤다.

장기실업에 대한 정부의 정책은 '소극적' 정책에서 '적극적' 정책으로 변화해왔다. 연방노동국은 주로 실업보험금 지급 등 소극적 노동시장정책을 주로 담당해왔고, 최근 취업알선과 일자리 마련 교육훈련에 업무를 확장해왔다(Schulz 2003: 5-6). 지방정부는 주로 실업자의 사회복지서비스 제공 책임을 맡는다. 실업보험 급여를 더 이상 받지 못하는 실업자의 기본 생계유지를 위한 경제적 지원이 주된 업무가 된다. 그러나 최근 지방정부도 이런 소극적 노동시장정책에서 일자리 마련, 고용훈련 등 적극적 노동시장정책을 확대해왔다. 최근 20년의 실업관련 정책변화를 보면 몇 가지 두드러진 특징이 있다(앞글: 6). ⓐ 단순 재정지원의 소극적 정책에서 일자리 창출 등 적극적 정책으로, ⓑ 공공 재정지원에 의한 고용정책에서 정규 노동시장에서 일자리를 창출하는 프로젝트에 대한 지원으로, ⓒ 단기적 실업에 대한

대응뿐 아니라 실업예방 노동시장정책 중시로, ⓓ 지방도시 중심의 적극적 노동시장정책 중시 등이 그것들이다. 또한 복지국가의 파트너인 거대 시민사회 복지조직들과 지방의 시민사회조직들도 실업타개 일자리 마련 사업에 파트너로 참여하고 있는 것도 커다란 변화다. 정부의 노동시장정책의 근본적인 변화는 실업타개 관련 이해관계자 조직들의 참여 변화와 대상집단의 변화다. 이 비영리조직들은 각기의 전문성을 가지고 특별한 대상에 대한 특수한 역할을 담당한다. 일부는 모집과 알선에 초점을 맞추고, 일부는 고용훈련을 전담하며, 일부는 일자리 마련 고용 프로젝트를 수행한다. 사회적기업들은 이상과 같은 활동전반에 관여해 역할을 수행한다.

독일의 적극적 노동시장정책에서 사회적기업의 역할은 〈표 6-3〉을 통해 살펴볼 수 있다. 지방정부와 사회지원사무실과 공동으로 추진되는 네 가지 유형의 사회적기업들은 각기 다른 사회적경제 조직을 대표한다. 이들은 정부와 파트너십 조직으로 제도화된 것으로 볼 수 있다. 먼저 사회적 회사와 협동조합 유형은 장기실업자들이 주도적으로 조직해 운영하지만 정부지원이 점차 줄어들고 있다. 지자체 소유의 사회적기업은 지방공동체의 장기 실업자들을 통합해 사회적기업으로 해결하는 모델이다. 또 복지기관 운영의 사회적기업은 빈곤퇴치와 사회적 배제 해소라는 사회적 목표에 초점을 맞춘다. 지방 주도의 사회적기업은 일자리 창출 등의 실업대책 목표를 수행하면서 지방사정에 적합한 복지, 문화 서비스 활동을 겸한다. 이 사회적기업들은 실업타개를 일차적 목표로 활동하지만 정부 재정지원의 감소로 또 다른 목표, 즉 지자체의 경우 사회서비스 비용절감이나 복지기관의 경우 사회문제 해결 등 부수적인 목표를 지향한다.

(1) 지자체 소유의 사회적기업

지자체 소유의 사회적기업은 법적으로 '사회적 지원법'에 근거해 1980년대 조직되었다. 당시 실업이 확대되는 상황에서 지자체가 자체적으로 추진하는 실업타개 고용프로젝트보다 독자적으로 자율성이 강한 지자체가 직접 사회적기업을 소유해 사업을 하도록 제도화한 것이다. 과거의 지자체 지원 프로젝트보다도 자율성이 더 보장되어 지방의회 감독으로부터 보다 자유롭게 예산을 편성해 전략적 사업을 추진할 수 있기 때문이다. 그간 지자체가 사회적 지원 형태로 장기실업자들을 지원했던 지출을 절감할 수 있는 보다 효율적인 방안으로 사회적기업을 추진한 것이다. 법적으로는 공공유한회사 또는 등록된 결사체 형태를 갖고 있다. 일차적 목표는 사회적 지원을 받는 복지수혜자이자 장기실업자를 일차 노동시장에 통합하는 일이다. 따라서 지자체 소유의 사회적기업이 직접 고용교육훈련과 일자리 마련 활동을 한다. 동시에 여성의 일자리 마련이나 환경보호 등 사회적 목표를 추구한다. 지자체 소유의 사회적기업에서 일하는 고용자들은 풀타임 또는 파트타임으로 일하며 고용기간은 1~2년으로, 정부가 일자리 재원을 지원한다. 지자체 소유의 사회적기업은 체계적인 직업교육훈련을 실시하지는 않지만 직업과 직무와 관련된 기술교육을 실시해 자격증을 수여한다. '장기' 실업자란 1년 이상 일자리를 찾지 못한 사람들로, 보통 55세 이상의 장년층, 장애인, 직업교육훈련을 받지 못한 사람들이 대다수를 이룬다. 이들 대부분은 연방노동사무국의 지원도 받지 못하는 어려운 처지에 있기 때문에 여기에서 생계유지에 필요한 사회적 지원을 제공한다.

지자체 소유의 사회적기업의 법적 지위는 특이하다. 재원은 지자체 자원, 연방노동사무국 지원금, 유럽연합의 사회적 기금 등 다양하다. 또 사회적기업의 생산활동을 통해 얻어진 시장소득과 자원봉사활동 등의 비시장 소득도 있다. 사회적기업으로서 주로 환경업무나 서비스 제공으로 수익을 내고 예산활용, 사업기획, 전략적 활동에서 높은 자율성을 유지하지만 지자체의 정책과 조율해야 하는 한계도 있다. 지자체 세금의 재원에 크게 의존하고 자체 생산활동으로 시장위험부담이 비교적 적기 때문에 지자체의 정책에 크게 좌우된다고 볼 수 있다. 또 이 사회적기업은 기존의 복지나 서비스 영역에서 수익을 내는 기업들과 경쟁하지 못하도록 법적 제약을 받기 때문에 시장경쟁력을 갖지 못하고 제한적 범위에서 지역사회가 필요로 하는 재화와 서비스의 '보충적' 생산과 공급자 역할을 한다. 독일의 법은 7인 이상을 고용하는 모든 기업에는 노동자위원회를 두어 경영에 참여하는 길을 열어두고 있지만, 지자체 소유의 사회적기업 노동자들은 1~2년 단기 고용에 머물기 때문에 노동자위원회의 실질적인 역할은 크게 제한된다. 또 비영리조직으로 생산활동으로 얻어진 수익을 분배하지 못하도록 법적 규제를 받는다. 이런 몇 가지 이유에서 지자체 소유의 사회적기업은 다른 사회적기업과 다른 독특한 특징들을 보여준다.

(2) 복지기관 주도의 사회적기업

독일에는 전통적인 여섯 그룹의 전국적인 복지기관들이 있다. 카리타스(Caritas), 디아코니(Diakonie), DPW, AWO, DRK, 유태인복지협회 등이다. 이들은 공통적으로 빈곤퇴치에 공동노력을 해오다 1980년대에 실업이 팽배하면서 노동시장 프로젝트들을 개시해, 청소실업, 장기실업에 사업영역을 확대해왔다. 유태인복지협회를 제외한 모두가 실업타개 노동시장 프로젝트에 적극적인 역할을 하지만 디아코니와 DPW가 장기 실업타개에 가장 적극적이다. 이들은 모두가 지자체 소유의 사회적기업처럼 공공유한회사나 등록된 결사체 지위를 갖고 있다. 이들의 일차적인 목표는 빈곤퇴치와 사회적 배제에 대한 대처에 있다. 그 밖에도 고용훈련 노동시장 프로젝트를 수행하기도 한다. 지자체 소유의 사회적기업처럼 여기에서 일하는 노동자들은 1~2년 단기고용의 제약을 받으며, 전부 공공지원금에 의존한다. 지자체 소유의 사회적기업처럼 체계적인 직업교육훈련을 실시하지는 않지만 직업과 직무와 관련된 기술교육을 실시해 자격증을 수여한다. 주로 청년실업자, 장기실업자, 사회적 지원에 의존하는 실업자를 대상으로 하지만, 보통 55세 이상의 장년층, 장애인, 직업교육훈련을 받지 못한 사람들이 대다수를 이룬다. 재원은 지자체 자원, 연방노동사무국 지원금, 유럽연합의 사회적 기금 등 다양하다. 또 사회적기업의 생산활동을 통해 얻어진 시장소득과 기타 자원봉사활동 등 비시장소득도 있다.

복지기관의 사회적기업은 독자적인 자율성을 유지하면서도 독일 복지국가의 복지파트너 조직으로 연방, 주, 지방정부의 정책공조에 의해 활동한다. 주된 활동은 환경업무나 서비스 제공에 국한되며, 다른 기업들과 경쟁을 하지 못하도록 규제되므로 수익활동의 제약을 받는다. 자율적인 운영을 하지만 연방, 주, 지방정부 지원에 의존하므로 제약을 받는다. 또한 가톨릭(Caritas), 기독교(Diakonie) 등 종교적 기반과 사회민주당 기반을 가진 AWO처럼 정치 이념적 특성을 갖고 있으므로 사회적기업으로서 자체 민주적 의사결정을 하는 데 많은 제약을 받는다. 이사회는 주로 경영진이나 복지기관 대표들로 구성되어 운영된다. 공적 지원에 의존하고 자체 수익사업도 법적 규제를 받기 때문에 시장위험부담도 낮은 편이다. 빈곤과 사회적 배제 퇴치를 주요 목표로 하며, 부수적으로 지역사회의 욕구에 따른 복지서비스와 재화의 생산과 공급을 하지만, 앞서 지자체소유 사회적기업처럼 기존의 복지서비스에 대한 '보충적' 역할에 지나지 않는다. DPW만이 시민들에 의해 조직된 복지조직으로 비교적 높은 민주적 참여가 이뤄지며, 다른 조직들의 경우 민주적 참여가 제한적이다. 7인 이상 고용 기업의 경우 노동자위원회를 두어 경영에 참여하는 길을 열어두고 있지만, 지자체 소유의 사회적기업 노동자들은 1~2년 단기고용에 머물기 때문에 노동자위원회의 실질적인 역할은 크게 제한받는다. 또 비영리조직으로 생산활동으로 얻어진 수익을 분배하지 못하도록 법적 규제를 받는다. 다만 수익의 일부를 건물증축, 시설투자 장비구입, 프로젝트 수행에 활용할 수 있는 재량권을 가진다.

(3) 지방 주도의 사회적기업

독일은 오랜 결사체 전통을 가진 국가로, 결사체 활동은 지방단위에서 활성화되어 있다(앞글: 18). 지방주도의 사회적기업이 등장하기 시작한 것은 다른 사회적기업들과 마찬가지로 1980년대 대량실업의 확대라는 위기상황이었다. 지방주도의 사회적기업은 특히 사회적 배제에 맞서는 실업과 빈곤극복 타개책을 마련하였는데, 이는 정부의 정책에 보완적인 수단이 되기도 하였지만 대안적인 대책이기도 하였다. 지방주도의 창안은 주로 프로젝트로 수행되었는데, 주로 사회적, 문화적 서비스 개선 활동, 이민자의 사회적 통합, 지방의 필요에 따른 다양한 서비스 활동이다. 법적으로 등록된 결사체 위상을 갖고 있지만, 일부는 사적 소유에 기초하는 사적 조직으로 존재하기도 한다. 사적 조직특성이 있으면서 조직의 소유와 운영, 추구하는 목표 또한 개인들의 집단에 의해 설정된다. 그러면서 고용자에 대한 공적 지원을 받기 때문에 고용자는 1~2년 제한된 고용에 머문다.

지방주도의 사회적기업은 지자체 소유의 사회적기업에서처럼 체계적인 직업교육훈련을 실시하지는 않지만 직업과 직무와 관련된 기술교육을 실시해 자격증을 수여한다. 실업자의 유형에 관계없이 모든 유형의 실업자들이 여기에 고용되어 일한다. 재원은 연방노동사무국 지원금, 유럽연합의 사회적 기금 등 다양하다. 또 사회적기업의 생산활동을 통해 얻어진 시장소득과 기타 자원봉사활동 등 비시장소득도 있다. 문화와 스포츠 관련 사회적기업들은 재화와 서비스를 생산하거나 판매하지는 않고, 서비스 제공 역할만 한다. 자율적인 운영을 하지만 연방, 주, 지방정부 지원에 의존하므로 제약을 받는다. 이사회는 주로 경영진뿐 아니라 회원들의 참여도 개방적이다. 자본투자가 취약하기 때문에 경제적 위험부담이 가장 높은 편이다. 빈곤 등 사회적 통합을 일차적인 목표로 하고, 부수적으로 스포츠와 문화서비스 등 지역사회복지에 기여하는 활동을 한다. 회원중심의 참여제도가 개방적으로, 1인 1표 민주적 의사결정구조를 가지고 있다. 또한 비영리조직으로 생산활동으로 얻어진 수익을 분배하지 못하도록 법적 규제를 받는다. 다만 수익의 일부를 건물증축, 시설투자 장비구입, 프로젝트 수행에 활용할 수 있는 재량권을 가진다.

(4) 사회적 회사와 협동조합

'사회적 회사'는 주(Lander) 차원에서 노동시장정책을 수행하기 위해 설립된 사회적기업이다(앞글: 22). 1980년대 작센 주가 사회적 회사를 지원하기 시작해, 통독 이후에는 여러 주들이 동참하였다. '사회적 회사'와 협동조합은 노동시장의 통합을 위해 탄생한 사회적경제 조직들이다. 사회적 회사는 연방 노동시장정책을 뒷받침해주기 위해 탄생되었다. 또 협동조합은 노동시장정책과 통합 분야에서 활동하며 개별적인 노동시장 보조금에 의존하고 있다. 실업자 개인차원에서 정부보조금이 지원되지만 협동조합 단체로 지원되지는 않았다. 이런 점에서 다른 사회적기업과 제도적으로 다른 형태라고 볼 수 있다.

사회적 회사와 협동조합의 일차적인 목표는 실업자들을 일차 노동시장에 통합시키는 일이다. 실업자 고용을 위한 재화와 서비스를 생산하는 활동을 하는 특징이 있다. 실업자의 고용에 목표를 두는 것이지 정부지원의 고용 프로젝트를 수행하는 것도 아니며 고용교육훈련 사업을 하는 것도 아니다. 실업자를 노동시장에 통합시키는 일에 대한 정부지원금을 받는다. 주로 55세 이상의 장년층, 장애인, 직업교육훈련을 받지 못한 사람들이 대다수를 이룬다. 또 각주의 특별 대상집단에 초점을 맞춰 이들의 고용에 우선적이다. 재원은 공적 지원에 일부 의존하거나 협동조합의 경우 개인별로 의존한다. 그나마 정부지원은 점차 감소되어 다른 시장소득에 의존하고 있다. 실업자의 고용에 드는 재화와 서비스 생산을 통해 수익을 만드는 것이다. 사회적 회사가 주정부의 정책과 관련된 지원금을 받지만 다른 사회적기업과 달리 정부정책에 직접 연계되어 있지 않다. 사회적 회사는 주정부의 개입과 간섭에 자유롭지 못하지만, 첫 일 년의 창업과정을 거치면 완전한 자율권을 확보해 재정, 인사 등 모든 의사결정권을 누린다. 협동조합의 경우 전통적으로 1인 1표 민주적 의사결정구조를 가지고 있다. 사회적기업은 초기 정부지원에 의존하면서 시장위험 부담이 적었지만 점차 독립되어 자체 수익활동을 하면서 위험부담이 높아지고 있다.

사회적 회사는 실업자의 노동시장통합 역할 이외에도 지역사회에 필요한 공적 서비스를 제공하며, 공정무역, 차량공유, 가게나 농장 운영으로 지역사회에 기여한다. 사회적 회사나 협동조합은 개인이나 장기 실업자, 사회기업가, 지방 기업, 노조 등이 설립을 주도한다. 사회적 회사는 첫 일년간 정부지원에 의존하므로 정부가 자본소유자로서 의사결정권을 갖지만 그 다음 해부터는 실제 소유권에 의한 의사결정이 이뤄진다. 협동조합은 소유주인 조합원들의 1인 1표 의사결정에 의한다. 사회적 통합 기업으로서 이들의 수익은 첫 일 년에는 50% 범위에서 배분할 수 있도록 법적 규제를 받는다.

4) 비공식 경제와 노동 유연성

최근 지구적 이슈가 되고 있는 '비공식 경제'(informal economy)와 노동의 '유연성'(flexibility)은 사회적경제에 시사하는 바가 적지 않다. 비공식 경제는 지구화된 비즈니스 관행들의 통합적 부분이 되면서, 2002년 ILO는 '비공식 경제'의 개념을 개정하기도 했다. 개정된 개념에는 안정적 계약, 노동자 수당 또는 사회보장을 결여한 모든 일자리를 지칭하며, 비공식 노동자의 권리를 해결되어 할 우선과제로 인정하였다(Green 2008: 156). 점차 많은 사람들이 피고용자 신분을 보장받지 못한 채 일시적이고 비정기적으로 고용되면서, 이들의 일자리는 낮은 임금과 불안한 임금, 거의 지급되지 않는 수당, 사회보장 프로그램 혜택의 부재, 노동법에 의한 보장 결여, 국제적으로 공인된 결사와 단체협상의 자유에 대한 권리 부재 또는 무시 등 심각한 문제에 직면해 있다(앞글: 152). 이런 심각한 노동의 위기에 사회적경제는 어떤 역할을 할 수 있는가? 지구적 차원과 국가 차원에서 동시에 추진되는 이런 신자유주의 정책에 대해 사회적경제는 매우 수동적인 입장에 있다는 것이 지배적인 시각이다(Llyoyd 2007; Shragge et al, 2001).

공식과 비공식 경제 사이의 경계는 정규노동의 속성을 전환시켜 놓았던 다양한 요인들로 인해 희미해졌다. 일자리 불안이 전통적인 의료보험과 퇴직연금 등의 혜택이 있는 평생직인 임금 일자리를 대체시켜놓고 있는 것이다. 커뮤니케이션 등 테크놀러지의 개선으로 기업들은 생산체인을 다른 대륙들로 분산시켜 비용을 절감하고 있다. 거대한 공장들, 정규 일자리, 직장 노조를 가진 포드식의 대량생산이 이제 재고가 낮은 '적기' 생산방식을 추구하는 소규모 공장들로 대체된 것이다(Green 2008: 153). 이 때문에 노동 유연성이 필요하다는 것이다.

노동시장의 탈규제로 기술되는 노동의 '유연성'은 가사휴가나 노동시간의 유연성 등 많은 혜택이 있는 경우 노동자들에게 혜택이 되기도 하지만, 대부분이 혜택과 직장안정을 낮추는 것을 완곡하게 표현한 것에 지나지 않는다. 전형적인 '유연화' 측정 기준에는 임시계약제의 도입, 결사나 단체협상의 자유 등 노동권의 부재 또는 무시, (휴일 수당과 연금 등 기본 혜택을 제한하는) 파트타임 노동, 건당 지불제, 고용주의 채용과 해고권한 확대 등이 포함된다(앞글: 153).

노동자의 권리를 침해하고 그들의 보상을 제한시키는 일은 선진국에서도 점차 보편화되고 있다. 역사적으로 노조운동은 비교적 짧은 기간에 노동력을 유지하는 비용과 과거와 미래의 노동자들을 지원하는 비용 대부분을 보상하는 권리를 쟁취하였다. 건강보험, (주말 휴식시간에 지급하는) 월급여제, 상해와 노령 보상, 유급병가, 부부 모두의 출산휴가, 모유수유, 장례, 종교행사, 휴일제 등이 그것들이다(앞글: 156). 일부 국가들에서는 고용주와 국가가 구직훈련과 재훈련 비용 또는 노동자의 전직이나 경제적 재조정의 이전비용을 부담한다. 개발도상국과 선진국 어디서나 노동의 질과 노동자의 삶을 추락시키는 지금 이 시대는 그저 역사에 맡겨지는 위험을 무릅쓰고 있다.

노동유연성 정책은 장래의 노동자 세대들의 건강과 교육 측면, 생산의 질과 신빙성 측면에서 사회에 비용부담이 된다(앞글: 156). 안정적 소득이나 사회보장책이 없다면 노동자들은 빈곤의 수렁에 빠지게 되고 질병 등 각종 위험에 취약해질 수 있다. 국가의 사회복지지출마저 삭감되면 (건강악화, 훈련 기회 상실, 노동기간 단축 등) 누적된 감춰진 비용들은 엄청난 정도다. 그 결과는 불평등의 심화다.

어느 국가든 IMF나 세계은행 등 국제금융기관들이 권장하는 노동유연성 정책으로 값싼 노동력으로 유연성을 갖춘 국가들과 경쟁할 필요가 있다고 볼 수 있다. 값싼 노동력으로 회사의 이윤을 단기간 높일 수는 있지만 이것은 빈약한 개발전략이 될 수밖에 없다(앞글: 156). 가난한 사람들에게는 일자리가 소득의 핵심적 원천이기 때문에 낮은 임금은 불평등을 조장하고 사회적 결속을 약화시킨다. 적정임금을 받지 못하는 노동자는 적게 소비하고 그럼으로써 많은 회사들에게 필수적인 국내의 재화와 서비스 시장을 위축시킨다. 빈곤에 처한 가계들은 보건과 교육에 소비할 능력이 없기 때문에 미래세대들의 전망과 생산성을 약화시킨다. 나아가 저임금으로 경쟁력을 유지하는 경제는 같은 시장에 진입하는 다른 저임금 경쟁국들에게도 경쟁력을 잃는 위험성을 항시 안고 있다.

사회적경제가 그릇된 '노동의 유연성' 정책을 바로 잡을 수 있는 역할을 하기에는 한계가 분명하다. 거세지는 지구화의 영향에서 국가마저도 자유로울 수 없는 입장이기 때문이다. 따라서 그릇된 방향으로 진행하는 지구화를 바로 잡을 수 있는 '글로벌 거버넌스'(global governance)에 대한 관심에 초점을 맞추게 되는 이유도 여기에 있다. 지구화의 큰 이슈에 비하면 사회적경제는 보잘 것 없는 아주 작은 영역에 지나지 않는다.

제7장

사회적경제의 사회적 임팩트

사회적경제의 지속가능성과 대안경제의 특성 등 새로운 패러다임 논의는 결국 사회적경제가 수행하는 사회적, 경제적 목적의 달성에 달려 있다. 자발적인 시민들의 참여에 기초해서, 정부와 기업과의 공조를 통해 사회적, 경제적, 환경적 가치를 생산하는 사회적경제의 목표와 비전에 관한 논의는 '사회적 임팩트'(social impact)에 초점이 맞춰지고 있다.

1. '사회적 임팩트'에 대한 투자

1) 사회적 임팩트와 사회적 금융

빈곤퇴치나 실업극복 등 사회적 목적을 가진 사회적경제 조직 이외에도 자선 재단이나 법인, 복지기관이나 시설, 시민사회 결사체 등도 사회목적조직(social purpose organization: SPO)에 해당된다. SPO들이 사회적 목적을 추구하는 활동의 결과로 창출한 임팩트를 '사회적 임팩트'로 간주한다. 사회적 임팩트를 생산하는 SPO에 대한 투자를 사회적 금융(social financing) 또는 사회적 투자(social investment)라 칭한다.

사회적 금융은 "주류 금융기관들이 이미 상당 부분을 제공하고 있는 사회적, 문화적 또는 환경적 이니셔티브에 대한 금융뿐 아니라 보다 '사회적 임팩트'가 있는 방식으로 자금을 제공하는 일이며, 또한 투자 결정이 가치(value)에 기초하고, 수익(profit)뿐 아니라 지구(planet)와 사람(people)을 고려하는 총체적인 방식으로 평가되는 새로운 금융 패러다임을 개발하는 일이다"(EU 2016).

사회적 금융 또는 사회적 투자는 다음 몇 가지 특성들을 갖고 있다.

ⓐ 최소한 명목상으로나마 회수 가능한 투자이어야 하며,

ⓑ 책무적(accountable), 사회적, 문화적, 또는 환경적 목적을 추구하고,

ⓒ 국가(정부)로부터 독립적인 자율성을 갖추며,

ⓓ 투자의 일차적인 수혜층인 투자처에 대한 미션을 갖고 있고,

ⓔ 투자로 창출하려고 하는 사회적 임팩트를 사정, 측정, 보고하는 데 투명하며,

ⓕ 투자처가 자기 성장에 투자하고 자산을 확보하고, 관리를 강화해 소득과 저축을 창출하도록 지원하며 광범위한 비금융적 지원을 제공하는 등, 장기간에 걸쳐 금융적 가치 또는 조직역량이나 지역사회 역량을 창출하도록 구조화되어야 하고,

ⓖ 취약층을 위한 포용적 투자가 되어야 한다(앞글: 11).

2) 사회적 임팩트 투자

사회적 임팩트에 대한 관심은 사회적 임팩트 투자(social impact investment: SII)로 진전되고 있다. 사회적경제의 금융적 취약성을 강화시키기 위한 공공과 민간 부문의 공통된 혁신으로 SII가 새로운 글로벌 동향으로 발전되며 SII 시장 등 생태계가 조성되는 동향이다.

'사회적 투자'란 무엇인가? 2013년 6월 영국 정부가 주관하는 G8 〈사회적 임팩트 투자〉 컨퍼런스는 '사회적 투자'에 대해 소셜 섹터(social sector) 조직들에게 사회적, 재정적 수익을 공급하는 역량을 제공하는 자본을 제공하는 것이라 정의한다. 사회적 투자는 소셜 섹터 조직의 수입 펀딩(revenue funding)으로 또는 자본 투자(capital investment)로 이용될 수 있다. '수입 펀딩'으로 소셜 섹터 조직은 계획된 산출 또는 결과를 생산할 수 있는 역량을 갖추게 된다. 펀딩으로 일상의 활동을 위한 운영비로, 정규적인 서비스 공급과 시행 중인 프로젝트 비용으로 충당될 수 있다. '자본 투자'로는 조직의 사회적 미션을 달성하는 데 필요한 장기적인 역량 구축을 위한 금융으로 투자된다.

사회적 투자는 상환 가능한 투자이며, 원금과 함께 이자로 상환될 수 있다. 소셜 섹터 조직들이 소득을 창출하는 새로운 또는 기존의 활동들을 개발할 수 있는 자본이 사회적 투자이다. 이런 활동이 수익을 창출하면 투자자에게 상환할 수 있는 여유가 발생한다. 소셜 섹터 조직들은 상업거래, 공공서비스 공급 용역, 증여, 기부 또는 이런 유형의 다양한 파이낸싱의 복합으로 수익을 창출할 수 있다. 소셜 섹터 조직들로는 비영리단체, 사회적기업 등이 대표적이다. 사회적기업은 사회적, 환경적 문제들을 해결하면서 지역사회에서 주민들의 삶의 질 개선 등 비즈니스 활동을 한다. 영국에서 사회적기업은 18만 명을 고용하고 있는데, 이는 중소기업 종사원 전체의 15%에 달하는 규모이다.

또 '사회적 임팩트 투자'(SII)는 측정가능한 사회적, 금융적 수익에 대한 명확한 기대를 갖고 있는 조직들에게 제공되는 금융이다. 공공 자금만으로 사회문제를 해결하고 사회서비스를 제공하는 데는 한계가 있기 때문에 민간부문 SII의 중요성은 점차 증대되고 있다. SII에는 공적 혜택을 주는 재화와 서비스 제공에 기여하는 민간투자가 늘고 있다. 투자자들은 시장 수익을 생산할 수 없는 조직들을 위한 펀딩을 제공하는 투자자로부터 금융수익과 사회적 임팩트에 대한 관심을 갖고 있는 전통적인 투자자에 이르기까지 다양하다. 투자자 또는 투자기관의 입장에서는 사회적 책임에 전혀 관심이 없는 투자로부터 사회적 책임에 대한 관심의 단계를 거쳐 환경, 사회, 거버넌스(ESG) 관심으로 진전하고 있다. 임팩트 투자에 대한 관심으로 넘어오면서 환경적, 사회적, 거버넌스 기회를 추구하는 적극적인 투자, 나아가 객관적인 자료로 측정가능한 높은 임팩트 해결에 대한 투자까지 진전되고 있다.

3) 사회적 임팩트 측정

사회적경제가 시장과 국가의 메카니즘으로부터 구분되는 핵심적인 특징은 협동과 상호성이라는 조정의 메카니즘에서 찾아볼 수 있다. 시장 메카니즘은 사익에 기초한 교환의 메카니즘을 갖고 있고, 국가는 법의 지배와 관료적 집행의 메카니즘을 갖고 있다. 이에 비해 사회적경제는 협동과 상호성이라는 집단적 메카니즘을 갖고, 조직을 설립한 사람들의 관여뿐 아니라 광범위한 이해관계자들의 참여에 의한 의사결정을 중시한다(EC 2013:

표 7-1 사회적 임팩트 측정: Eurodiaconia(오스트리아 Diakonie 멤버)

지난 십여 년간 유럽에서는 다른 분야보다도 사회와 보건 시스템 분야에서 일자리가 많이 창출되었다. 또 이 분야들에 대한 투자로 일자리가 많이 생겨나면서, 100만 유로를 투자하면 사회, 보건 분야에서는 17개의 새로운 일자리가 창출된 셈이 되는데, 이는 에너지 분야 13개, 기타 분야 11개 일자리에 비하면 대단한 실적이다. 사회와 보건 분야의 서비스는 공공 보건, 보육, 교육을 통해 불평등을 해소한다. 또 보건과 사회 분야에서 일하는 사람들은 일반적으로 취약지역에서 사회적 수요가 가장 많은 분야에서 일하므로, 이 점이 이 분야들에서 새로운 소득원이 발생하는 중요한 근거가 된다. 사회서비스에 대한 투자의 임팩트는 대단하다. 특히 아동에 대한 투자수익(ROI)은 1유로 투자로 6~8유로의 수익이 발생하는 것으로 추산된다. 또 사회적 수익은 상호적으로, 사람들의 소득이 늘고 더 많은 일자리를 갖게 되면 취약지역의 인프라가 개선되고 그럼으로써 투자자들에 대한 높은 수익이 발생할 가능성이 높아진다.

자료 EC 2014a: 10.

표 7-2 프랑스 아키텐 지역 사회적경제의 임팩트

프랑스 국가와 컨설팅사(AVISE) 파트너십으로 시행된 경제활동통합국가위원회의 지역사회 임팩트 연구에 따르면, 프랑스 남서부의 아키텐 지역에서 사회적경제를 통한 노동통합서비스로 노동시장에 종업원 50% 이상이 통합되어 국가 차원에서 1억 400만 유로의 절약 성과가 발생하였다. 아키텐 사회적경제 조직들이 6만 명 이상의 일자리를 제공했고, 그 중 1만 2000명의 풀타임 일자리가 마련되었다. 1억 7100만 유로의 수익을 생산해 지역경제에 기여했고, 종사원의 임금(1억 5400만 유로)와 구매(5000만 유로)를 통해 지역경제에 2억 유로 이상의 경제적 임팩트를 생산하였다. 또 다른 측면에서는 국가재정의 절약 성과를 올렸다. 공공 증여 8000만 유로, 세금 혜택 1700만 유로, 세금 납부 4500만 유로 등이 국가 차원에서 절약된 셈이다. 나아가 실업자 일인당 사회적 비용 만 8300 유로를 추산해보면 사회적경제에 고용된 인원만큼의 실업과 고용 서비스 비용 절약이 발생해 국가재정에 기여한 것이다.

자료 EC 2014a: 19.

49). 의사결정이 핵심이기 때문에 참여자들 사이의 신뢰를 바탕으로 한다.

따라서 사회적경제 조직의 사회적 임팩트는 참여자들의 공통된 미션과 구조의 직접적인 결과에 기초한다. 조직의 거버넌스에 이해관계자들이 관여함으로써 조직이 구성원들의 이해와 지역사회의 이해에 충실한 조직으로 유지될 수 있다. 사회적경제 조직들은 지역사회 주민들의 관여와 공조에 기초한 활동을 수행함으로써 사회와 경제의 신뢰 수준이 되는 사회자본을 증대시키는 중요한 역할을 한다.

EU에서의 동향을 주목해볼 만하다. 사회적경제의 사회경제적 임팩트의 중요성을 입법으로 인정하며 임팩트 측정을 기초로 사회적경제에 대한 다양한 임팩트 투자를 유지하는 정책들이 지속적으로 추진되고 있다. 사회적기업의 목표 달성을 지원하기 위해서는 가장 중요한 과제가 다양한 재원으로부터의 투자 펀딩을 확보하는 것으로 파악되어, 두 가지 특별한 프로그램이 추진되었다(EC 2014a: 3). 하나는 사회적기업들의 운영을 지원하는 포트폴리오 투자를 위해 디자인된 펀드의 구조와 운영에 관한 프로그램이다. 다른 하나는 사회적기업들이 투자를 유치하기 위한 준비를 지원하는 증여, 투자, 보증 기금(grant, investment, guarantee fund)이다(앞글: 3). 두 가지 프로그램 모두가 투자의 사회적 임팩트를 측정해 보고하는 시스템의 구축에 관한 입법을 필요로 하였다.

사회적 임팩트 측정에 대한 관심은 최근에 급증하는 추세이다. 그 이유는 부분적으로 글로벌 금융위기의 여파로 공공 및 민간의 기금 제공자와 투자자들은 희소자원을 객관적으로 검증될 수 있는 임팩트를 가진 이니셔티브에 집중하려는 의도가 높아지고 있기 때문이다(앞글: 8). 또 다른 이유는 확고한 임팩트 측정으로 서비스 공급자와 위탁기관 모두가 서비스 공급의 효과성 개선과 사회적기업의 욕구를 충족시키는 노력에 더 집중할 수 있다는 점을 인식한 것이다.

4) 사회적 임팩트 성과: 유럽 사례

유럽의 VP/SI(벤처필랜스로피/사회투자자) 섹터는 지속적으로 성장하고 있다. 2017년 1만 1951개의 사회목적조직(SPO)에 7억 6700유로를 투자해, 1개 VPO/SI 평균 780만 유로를 투자하였다. 사회적 임팩트의 성과는 유럽 벤처필랜스로피협회(EVPA)의 2018년 자료를 참고해볼 만하다.

(1) 사회적 임팩트 우선: 사회적 수익 대 재정적 수익

사회적 투자에 앞장서는 VPO/SI의 투자 목적 또는 동기에서 '사회적' 수익(social return)이 '재정적' 수익(financial return)을 앞서는 동향이 최근 지

그림 7-1 VP/SI의 투자 목적: 사회적 대 재정적 수익 (단위: %)

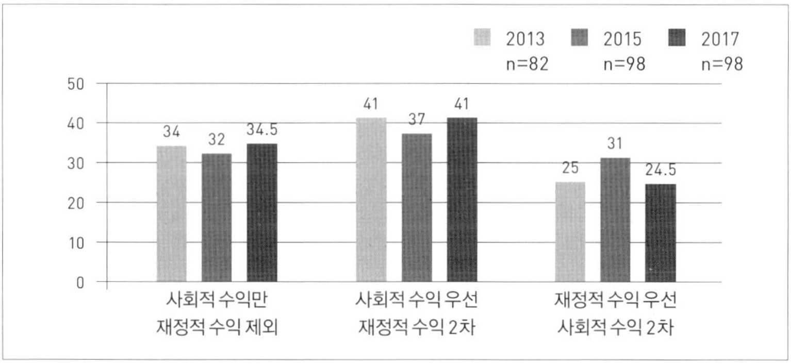

자료 EVPA 2018.

속되고 있다.

(2) 사회적 임팩트 측정과 관리

사회적 투자에 대한 성과를 산출(outputs) → 결과(outcomes)로 측정과 관리의 관행이 바뀌고 있다. 또 임팩트(impacts) 측정도 점차 늘고 있는 추세다.

그림 7-2 사회적 임팩트 측정의 목적 (단위: %)

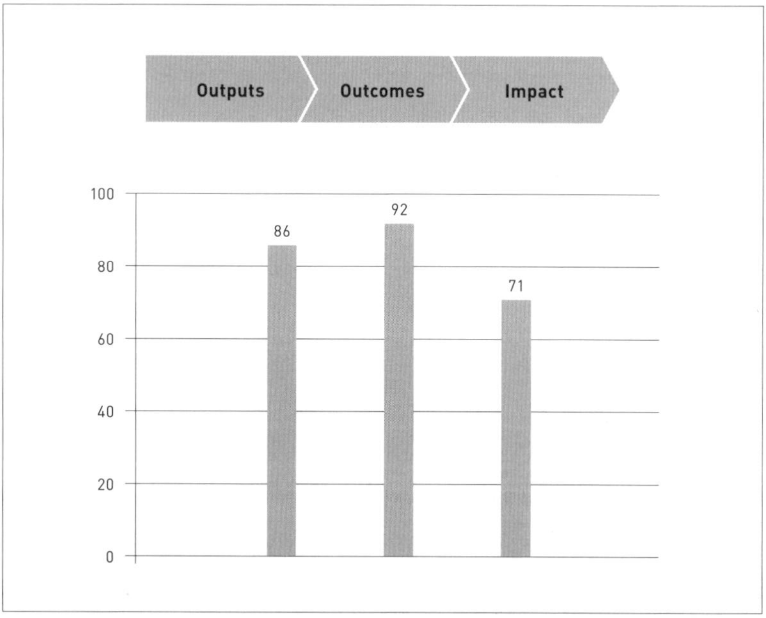

자료 EVPA 2018.

참고 outputs(산출), oucomes(결과), impacts(임팩트).

(3) 영리 대 비영리, 수입창출 대 비수입창출

투자처 SPO 유형으로 살펴보면 비영리 SPO 중에서 점차 수입창출형 SPO에 대한 투자가 늘고 있다는 것으로 알 수 있다. 2013-15-17년 기간에 부분 수입창출형 비영리 SPO와 영리 SPO 중에도 사회목적형(social mission)과 사회투자형(social impact)에 투자가 늘고 있다.

그림 7-3 영리 및 비영리 SPO에 대한 VP/SI 투자 (단위: %)

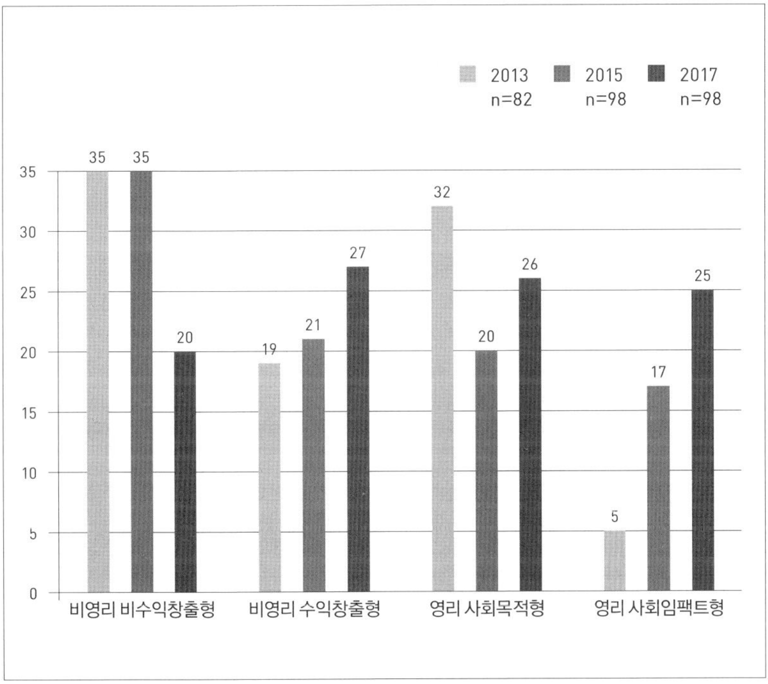

자료 EVPA 2018.

(4) 증여, 융자, 지분: 투자기간과 실적

지분이 가장 긴 인내 자본(patient capital)으로 조사되었다. 지분 투자 절반 이상이 6년 이상 투자기간이 지속되며, 91%가 4년 이상의 투자 기간을 유지하고 있다.

한편 지분투자의 금융수익 실적에서는 2/3가량이 기대치 이하로 나타났고, 1/3 정도가 이상이 기대치 이상의 성과를 거둔 것으로 조사되었다(EVPA 2018: 17).

그림 7-4 투자 기간: 증여, 융자, 지분 (단위: %)

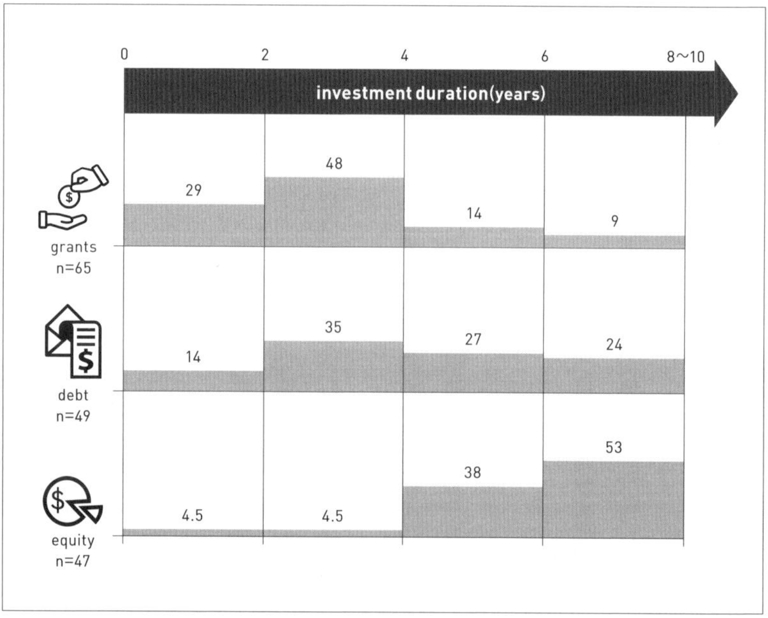

자료 EVPA 2018.
참고 grants(증여), debt(융자), equity(지분); investment duration(투자기간)

(5) SPO 유형별 증여, 융자, 지분 투자

증여(grants)는 인큐베이션 단계의 SPO에 절대 필요한 지원금이며 스타트업에게도 41%로 가장 높은 비중을 차지한다. 반면에 지분투자는 앞의 두 유형보다는 검증된 SPO와 성숙기의 SPO에서 많이 발견되고 있다.

그림 7-5 SPO 유형별 증여, 융자, 지분 투자 (단위: %)

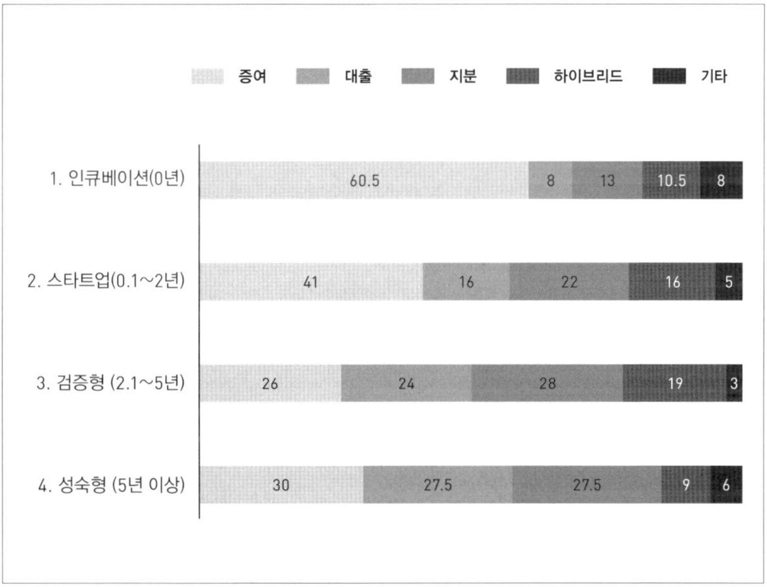

자료 EVPA 2018.
참고 grants(증여) 38, debt(융자) 82, equity(지분) 112, hybrid(하이브리드) 22개 사례.

(6) 비금융 서비스의 성장

사회적 투자는 금융지원뿐 아니라 비금융 지원도 동시에 이뤄지는데, SPO 대부분이 전략지원과 변화이론 서비스뿐 아니라 수입전략, 인적자본과 거버넌스 지원도 받은 것으로 조사되었다.

그림 7-6 SPO에 대한 비금융 서비스 지원 (단위: %)

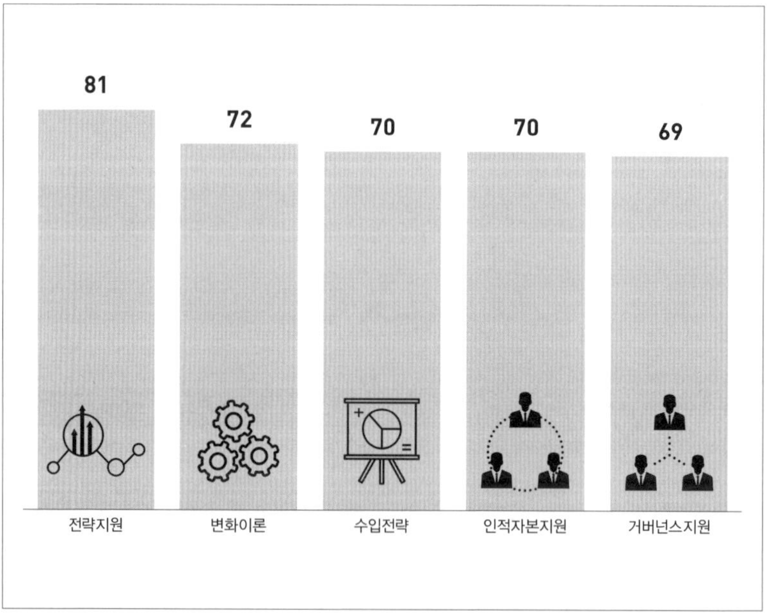

자료 EVPA 2018.
참고 복수 응답(N=110).

2. 시민 주도의 사회적경제와 기업의 CSV

1) 소비자 행태의 변화

유럽인의 일상생활에서 나타나는 사회와 경제에 대한 책임 있는 행동은 먼저 '책임 있는 소비'에서 살펴볼 수 있다. 제품의 가격과 질뿐 아니라 제품이 생산되는 과정에서의 사회적, 환경적 의미들을 고려해 소비자 구매가 이뤄지는 경향은 이제 새로운 게 아니다. 소비자들은 특정 윤리적 기준(공정무역이나 윤리적 금융 등)을 충족하거나 (로컬 생산품이나 로컬 화폐에 대한 선호 등) 지역발전에 긍정적 임팩트를 미치는 제품에 프리미엄을 주고 있다(EC 2013: 61). 이런 제품들과 서비스들은 영리적 비즈니스보다는 사회적경제 조직들과 사회적기업들이 공급하는 것으로 물량이 크게 늘고 있다. 나아가 시민들은 글로벌 차원에서 효과성 증진을 할 수 있도록 주창운동이나 단체를 조직해 참여하고 있다. 그 결과, 기업들과 정부 규제기관들에게 압력을 행사해 보다 책임 있는 실천을 하고 생산자와 소비자 사이에 자원의 보다 공정한 배분이 이뤄지게 하는 변화를 이끌어내고 있다.

시민 개인 차원의 변화에는 자신들의 지역공동체에 기여하는 조직을 위해 활동하고 또 경제적 목표뿐 아니라 사회적 목표를 추구하는 직업경로를 선택하는 적극적인 의지가 포함되어 있다. 예를 들면 사회적기업을 직업으로 선택한 사람들 가운데 이타주의(altruistic) 동기가 다른 동기들보다 훨씬 더 강하게 표출되고 있다(앞글: 61). 이같은 결과들은 여러 선행 연구에서 확인되고 있다. 사회적경제, 비영리조직, 사회적기업을 직업을 선택한 사람들은 공공부문이나 일반 기업 근무자보다 임금수준은 낮지만 훨씬 더 높은 직업 만족도를 보여준다는 연구결과를 참고해볼 만하다. 특히 젊은 세

표 7-3 연대 기반의 구매조직들: 이탈리아의 GAS 사례

GAS는 연대기반의 구매조직이라는 이탈리아어 'Gruppi di Acquisto Solidale'의 약칭이다. 일반적으로 구매 조직은 식품이나 다른 생활 제품들을 생산자로부터 또는 대형 도매상으로부터 많은 할인가격으로 구매하기 위해 협동하는 소비자들의 집단이 만든 조직이다. 구매조직들은 가장 저렴한 가격만을 탐색하는 게 아니라 단순한 절약에 앞서 사람과 환경을 중시하게 될 때, 연대기반의 구매조직이 된다. 연대기반의 구매조직은 구매품과 생산자의 선택 기준을 회원들, 거래자, 생산자 사이의 연대화 환경에 대한 존중에 두고 있다. 이같은 가이드라인에 따라 (수송에 따른 환경적 피해를 줄이기 위해) 지역생산품을 선택하게 되고, (취약한 생산자의 인권, 특히 여성과 아동과 원주민의 인권을 증진시켜 취약층을 존중하기 위해) 공정무역 제품들을 구매하고, 또 (지속가능한 라이프스타일을 진흥시키기 위해) 재생 또는 생태조화적인 제품을 구매하게 된다. 각각의 GAS는 독특한 동기와 미션을 갖고 있는데, 대부분이 글로벌 소비주의 경제 모델과 라이프스타일에 대한 접근법을 따른다. 이런 모델이 공정하지 않아 다른 실용적 대안을 고려하는 개인들은 연대기반의 구매조직에 가입해서 서로 도움과 자문을 주고 받을 수 있다(출처: www.retegas.org).

자료 EC 2013: 62.

대들은 사회적, 환경적 이슈들에 대한 강한 인식을 갖고 책임 있는 행동과 지역 공동체를 위한 자원봉사 등의 공익활동에 참여하고 또 그럴 의향도 강하는 성향을 보여준다.

시민들의 개인 행태의 변화는 사회적 가치를 가진 재화와 서비스의 수요를 공급의 유용성으로 연계시켜 사업을 성공하는 다양한 유형의 조직들의 설립에 점차 기여하는 추세이다(앞글: 62). 흥미로운 사례들은 지속가능한 소비와 공급을 지원하기 위한 목적으로 구성된 간편한 식량가치사슬이며, 또한 특정 거래 메카니즘에서 전반적인 가치창출 사슬을 재조직하는 대안적 모델들의 탄생을 진흥시키는 지역화폐들이다.

■ **표 7-4** 독일 함부르크의 지역에너지 협동조합

Hamburg eG는 2010년에 설립된 지역사회 에너지 협동조합으로, "민주적으로 운영되며 공정한 가격에 재생에너지"를 함부르크 주민들에게 공급하기 위해 설립되었다. Energienetz는 100% 지역사회 소유로 운영되는 에너지 산업을 위한 공개 입찰에 투자자들을 유치하는 캠페인을 개시하였다. 프로젝트에 참여하는 조합원들은 투자 규모와 관계없이 동등한 1인 1표의 투표권을 부여받는다. 특히 3년간의 캠페인을 거친 다음 2013년 9월에 120만 함부르크 주민들이 참여하는 주민투표에 지역사회 소유의 에너지 네트워크에 대한 투표가 이뤄졌다. 지역사회 에너지 협동조합으로 투자된 자본금으로 함부르크 시의회는 스웨덴 에너지 회사(Vattenfall)로부터 지역 전선망을 구매하는 등 사업에 착수하였다. 향후에는 함부르크가 국가 변속 전선망에서 완전히 독립해 화석연료를 전혀 사용하지 않는 완전한 독립 전선망을 갖추는 목표를 지향한다.

자료 Triodos Bank 2014: 16.

독일에서는 에너지 협동조합에 지역주민들이 참여해 지역사회 임팩트를 증대시키고 있다. 함부르크 등 지역사회 주도의 에너지 임팩트 투자가 급성장하고 있는데, 전국의 에너지 협동조합 현황을 살펴보면 2001년 66개에서 2008년 136개로 두 배 성장한 이후 2010년 398개, 2011년 600개, 2013년 888개로 늘었다.

지난 수년간의 동향을 보면, 온라인 플랫폼과 이니셔티브로 지원되는 크라우드 펀딩(crowd funding)은 자본금이 절대 필요한 벤처를 위한 금융자본을 직접 동원하고 있다. 시민 소비자 측면에서 저축과 투자의 변화는 금융서비스 분야에서의 변화와 혁신을 가져와, 이제 사회적 성과와 경제적 수익을 연계시키는 새로운 금융상품들의 등장으로 나타나고 있다. 금융수익뿐 아니라 사회적, 환경적 임팩트에 기초한 투자 기회들을 평가하는 윤리

표 7-5 독일의 지속가능한 시민소유의 에너지생산 협동조합

독일에서 시민들은 재생전기와 난방체계(광기전성 단지, 풍력 파트, 바이오가스 설치)을 운영하는 시민소유의 에너지 생산자 조직에 적극적으로 참여하고 있다. 지난 5년간 8만 명의 시민들이 500개의 새로 건립된 지역에너지조합에 1000만 유로 이상을 투자했다. 시민들은 사회적, 경제적 기준에서 투자결정을 한다. 그것들은 지역개발에 영향력을 갖게 되는 것, 재생에너지원에서 생산되는 전기공급을 확보하는 것, 장기적인 정부지원의 발전차액지원제(feed-in-tariff) 혜택으로 발생하는 투자수익을 확보하는 것이다. 이같은 새로운 유형의 협동조합들은 집단적 생산의 기회와 재생에너지원의 이용에 대한 인식을 제고시켜주며, 이같은 단지들의 운영을 위한 기술적 역량의 구축과 보급, 그리고 재생에너지를 지원하는 법률적 체계의 구축을 위한 정치적 기회의 창출에 상당한 기여를 한다. 지난 수년간 지원을 위한 생태계가 진전되어, 에너지 협동조합의 설립에 자문 서비스와 지원. 노하우 개발과 역량구축, 에너지 이니셔티브 개발자 훈련, 검증된 모델들의 보급이나 수용에 대한 지원 등 생태계가 조성되고 있다. 일부 시민에너지 공급조직들은 더 나아가 지역의 전기부설망을 갖게 되었다. 작은 마을의 EWS라는 조직이 선도적인 역할을 했는데, 지역의 전기부설망을 구매할 수 있는 두 차례의 주민투표에서 승인을 받아 시민들의 참여를 동원하는데 성공했다. 이후 전력시장의 자유화 조치로 독일 전역에 전기를 공급하는 기회도 갖게 되었다. 2012년 중반에 EWS는 재생에너지원에서 13만 5000 가구와 기업에 전기를 공급하고 있다. **출처** http://www.energiegenossenschaen-gruenden.de/ http://www.ews-schoenau.de

자료 EC 2013: 63.

적 투자 상품 등 민간 이니셔티브들이 등장했다. 또 상업적 은행들의 금융서비스에서 배제된 소외층에게 크레딧을 제공하는 마이크로 파이낸스(소액대출) 사업도 성장하고 있다(앞글: 63).

소액대출은 지난 수년 새에 전 세계적으로 경제개발의 도구로 인기를 모으고 있지만, 유럽에서는 지난 한 세기 동안 협동조합 은행들의 특허상품이었다. 금융기관들은 사회적기업을 위한 부채와 주식 투자상품을 구축

해 새로운 투자자를 모으고 개인저축을 동원하는 새로운 자산계급을 창출해 '사회적 금융'시장을 구축하고 있다. 전통적으로 협동조합 은행들은 자신들의 지역공동체에 서비스하고 개인, 가계 및 지역의 업체들에 금융서비스를 제공할 목적으로 설립되었지만, 오늘날에는 사회적 은행들이 사회적 금융 시장에 동참하면서 이제는 주류 금융기관들과의 경쟁이 심화되고 있다. 프랑스의 Groupe Credit Cooperatif, 이탈리아의 Banca Etica, 벨기에의 CREDAL, 독일의 GLS Bank, 네덜란드의 Triodos Bank, 스웨덴의 Ekobanken 등은 대표적인 사회적 금융 사례들이다(앞글: 64).

2) 사례: 몬드래곤의 사회적 임팩트

스페인의 몬드래곤사(Mondragon Corporation)는 바스크 지역의 노동자 협동조합들의 연맹조직이다. 1956년 처음에는 몬드래곤 지역의 산업협동조합으로 출발했지만 이제는 스페인에서 10번째로 거대한 비즈니스 협회로 성장했다. 세계 41개국에 생산지를 두고 있고 150개국에 판매망을 갖고 있다. 몬드래곤 그룹은 2011년 현재 258개의 회사와 조직체를 갖추고, 8만 4000명의 근로자와 7억 5500만 유로의 재정수입 구조를 갖고 있다. 몬드래곤은 초기에 제조업 분야에 근거를 두었지만 지금은 산업, 금융, 배분 분야에 비즈니스 활동을 하고 지식과 교육 분야에서 중요한 이니셔티브를 개발하였다.

몬드래곤은 국제협동조합연맹(ICA)의 협동조합 원칙들을 준수하며 운영되는데, 노동자들의 경영참여의 방법을 여러 가지로 개방시켜둔 거버넌스 구조를 갖추고 있다. 첫째는 소유권으로, 노동자는 기업의 파트너가 된다. 둘째는 관리를 통한 방법으로, 제품, 프로세스, 서비스 개선에 직접 기여하는 방법이다. 셋째는 결과에 반영되는 방법으로, 노동자들이 제공하는 노동의 결과이다. 유럽의회(European Parliament 2016: 66-7)는 몬드래곤 그룹을 민주적 거버넌스 모범이 되는 '패러다임 사례'라 소개한다(표 3-7).

몬드래곤의 기업관리 모델은 총회의 중요성을 중시해, 경제위기 상황에서도 회원 1인 1투표 방식으로 총회의 의결로 위기극복의 대안을 실천하였다. 몬드래곤 또한 다른 기업들처럼 경제위기로 심각한 손실을 초래했는데, 수익이 2008년의 155억 유로에서 2011년 139억 유로로 하락했다. 몬드래곤은 위기극복의 처방으로 고용지원 체계를 개발해 전문성 훈련, 협동조

표 7-6 몬드래곤의 민주적 거버넌스 모델

몬드래곤은 국제협동조합연대(International Cooperative Alliance)의 원칙들에 따라 운영된다. 첫째, 조직의 미션은 그룹을 구성하는 모든 협동조합들의 동의를 받은 것이다. 협동조합의 네 개 조직분야(금융, 산업, 도매, 지식)을 구성하는 개별적인 비즈니스 단위들이 협동조합 의회(Co-operative Congress)에서 결정한 전략적 정책들에 따라 운영되는 것을 의미한다. 둘째는 (모든 구성원의 사회적 의지 표명이 허용된 최상의 기구인) 일반 총회(General Assembly)에 구성원들이 참여함으로써 노동자들은 1인 1표 원칙에 따라 기업의 관리에 직접적으로 기여한다. 경제위기에 대한 몬드래곤의 대응은 기업 운영에 내재된 민주적 거버넌스의 원칙들을 얼마나 반영했는지를 잘 보여주는 사례이다. 셋째는 상임위원회(Standing Committee)가 대표하는 모니터링 기관이 전략, 관리적 의사결정이 책무성 원칙들에 따르고 있는지를 점검한다. 또 재화와 서비스의 생산에서 사회적 실천을 중시한다. 몬드래곤은 제조업 분야의 전통을 갖고 있지만 이제는 산업, 금융, 배분 분야도 운영하며 또 지식과 교육 분야에도 중요한 사업을 개시하였다. 몬드래곤은 성공적인 사회적 비즈니스 모델을 활용해, 경험, 지식, 혁신, 내부 공조와 전략적 파트너십에 기반하는 시장통합적 해결방안을 제안한다. 특히 몬드래곤 노동자들은 기업 파트너로 생산 사슬에 관여하며, (생산 공정과 서비스 개선에 대한 기여로써) 관리에도 참여하고, (자신들이 공급하는 작업과 관련된) 결과 평가에도 참여한다.

자료 European Parliament 2016: 66-67.

합 사이의 임원 재조정. 노동시간 상실에 대한 보상을 시행하였다. 수입의 감소를 수반하는 고용감소가 감원정책 없이 시행되며 위기극복에 대응하였다. 그리고 58세 이상의 노동자의 자발적인 조기퇴직 방안을 마련했다.

사회적경제 조직들이 사회와 경제 전반에 걸쳐 조직과 조직 구성원들의 경제적 활동이 미치는 사회적 임팩트에 대한 관심이 늘고 있다. 사회적 임팩트의 성과는 사회적경제의 필요성과 정당성을 밑받침해주는 가장 확고한 객관적 지표로 간주되고 있다. 정부 등의 공공부문이 시민들의 공익과 욕구를 충족시켜주는 서비스 제공 역할에서 후퇴하고 있고, 사회 전반에 새로운 그리고 더욱 다양화된 욕구들이 늘어나고 있으며, 여기에 ICT 혁명으로 정보에 대한 접근이 증대되는 시대적 동향에서 사회적 이슈들에 대한 관심에 대한 시민들의 관심은 크게 늘고 있다(EC 2013: 60). 사회적 이슈들이 소비자로서 자신들의 행태에 미치는 영향, 그리고 기업들에 일련의 압력이 가해지며 기업들로 하여금 보다 호응적인 비즈니스 실천을 하도록 하는 일련의 두드러진 변화가 일어나고 있다.

지난 수십 년의 기간에 유럽 시민들은 주창단체의 조직화된 참여를 통해 그리고 개인 소비자와 투자자로서 사회적 역할을 확장시켜, 새로운 그리고 보다 사회적 책임을 가지는 저축, 크레딧, 금융의 등장을 유발시켰고, 기업들로 하여금 CSR로써 비즈니스 실천을 확대하도록 압력을 행사했다. 이 모든 변화들은 사회적경제와 사회기업가정신이 기존의 조직형태를 초월하는 범위로까지 경제활동을 확장하도록 만들었다.

3) 기업의 사회적 책임과 공유가치창출

(1) 공유가치창출(CSV)

생태 정의(eco justice), 기후난민(climate refugees), 자원전쟁(resource wars), 식량-식수-에너지 연계(food-water-energy nexus) 등은 최근에 자주 등장되는 용어들이다. 이들은 모두 경제적, 사회적, 환경적 및 거버넌스 이슈들이 밀접하게 연관되어 있다는 것을 보여주는 키워드들이다(UNGC 2015: 134). 경제, 사회, 환경 등 무수하고 다양한 이슈들이 각기 점들로 분산되어 있는 게 아니라 점들이 연결되어 사슬과도 같은 모양을 갖추고 있는 것이 글로벌 동향이다. "오늘날 인간의 생산과 소비 패턴, 기후변화와 환경적 피해는 사회적, 경제적 비용과 밀접히 관련되어 있다는 연관성은 부인될 수 없는 현실이다."(앞글: 135). 과학자들의 97%는 기후변화의 원인은 인간이 자초한 인간의 활동에 있다는 데 동의한다.

기업의 경제적 활동이 빚어내는 부정적인 임팩트에 대한 관심이 고조되면서 기업의 사회적 역할과 책임에 대한 논란을 불러 일으켜 CSR과 기업과 사회와 공유된 가치의 창출(CSV)이 새로이 부각되는 변화가 일어났다(앞글: 146). 기업의 사회적 책임의 지속적인 실천의 성과로 기업은 '사회문제의 뿌리'라는 부정적인 시각이 이제는 사회문제의 해결과 사회변화라는 임팩트를 생산할 수 있는 규모, 기술, 자원을 갖고 있다는 긍정적인 시각으로의 변화가 주류 시각이 되고 있다. 일부 주도적인 기업들은 단순히 사회에 대한 부정적인 임팩트를 최소화 한다는 사회적 책임에서 이제는 사회에 긍정적인 임팩트를 생산하는 CSV를 선도하는 역할을 한다. 기업의 비즈니스 수익 추구가 사회적, 환경적 혜택과 충돌한다는 부정적 시각이 아니라 기업의 비즈니스 수익과 사회적, 환경적 혜택이 동시에 추구되며 장기적인 지속가능성과 성장에 기여한다는 긍정적인 시각이 주류 시각으로 정착되고 있다.

이제 CSV는 주도적인 기업들의 대표들이 강력한 리더십을 발휘한 덕분에 중요한 지속가능성 추구의 추진전략이 되고 있다. 새로운 혁신, 테크놀러지 그리고 CSV 등 비즈니스 모델이 새로운 제품과 서비스에 반영되는 변화가 일어나고 있다. 일부 기업들은 '제로 발자국'(net zero footprint) 전략을 도입해 제로 탄소, 물, 폐기물의 제로 전략으로 의욕적인 사회적 목표를 설정해두고 있다.

20세기 초에는 사회적, 환경적 이슈에 대한 기업의 책임과 문제해결 실천은 두 가지 모델에 기초하였다. 하나는 기업의 환경오염 등 대형사고가 발생하면서 사회와 환경에 '피해 주지 않기'(do no harm)에 초점을 맞춰 환경규제에 적응하는 리스크 관리 모델이다. 다른 하나는 자선적 책임(philanthropy) 모델로 기업의 수익의 일부를 '사회에 환원' 하는 방식의 모델이다. 그런데 지금은 사회와 환경에 대한 지속가능성 이슈들이 비즈니스 가치에 긍정적, 부정적인 임팩트를 내고 있다는 의식에서 CSV의 전략적 접근법이 발전되고 있다. 기후변화 이슈와 관련해 기업들은 장기적인 성공요인은 새로운 저탄소 테크놀러지로 달성될 수 있다고 생각한다. 그럼에도 사회적 이슈들과 인권 문제에 대해서는 비즈니스 성과와의 관련에 대한 새로운 인식은 이제 조금씩 싹트기 시작한다.

(2) 사회적 임팩트 투자

지속가능성은 장기적인 성공에 결정으로 중요하다는 인식을 기업들이 공유하고 있는 가운데 이제 이를 비즈니스 기회로 삼는 전략들이 등장한다. 비즈니스 수익을 내는 제품과 테크놀로지로 동시에 사회적, 환경적 문제해결로 사회적 임팩트를 생산하는 새로운 모델로 진전되고 있다.

UN은 지속가능한 개발에 기여하는 지속가능한 기업들의 수적 증대와 더불어, 지속가능한 투자(sustainable investment) 부문도 급성장하며 지속가능한 개발의 전망을 밝혀준다며 서술한다. '지속가능한 투자'란 "재정적 수익과 함께 사회와 환경에 긍정적 영향을 창출하는 목표를 지향하는 투자로, 지속가능한 개발 아젠다에 기여할 수 있는 상당한 잠재력을 갖고 있다"라고 설명한다(UN 2013: 5). 지속가능한 투자는 투자 접근의 한 유형이라기보다는 여러 투자 모델들을 포용하는 일종의 엄블렐라 개념으로 간주한다. 이 엄블렐라에는 사회적 책임 투자(socially responsible investment), 소셜 벤처 캐피탈(social venture capital), 임팩트 투자(impact investment) 등이 포함된다. 이들은 다시 투자자 유형에 따라, 투자 리스크 수준에 따라, 투자처가 되는 기업의 속성에 따라, 그리고 재정적, 성과 목표에 대한 중시 등에 따라, 즉 개발에 기여하는 정도에 따라 구별된다. 그럼에도 이들은 공통적으로 사회와 환경에 대한 부정적 효과를 최소화하고 긍정적 효과를 최대화하는 목표를 공유한다.

지속가능한 투자에 참여하는 투자자들은 가족이나 기업 재단, 개인 재력가, 정부개발기관, 개발금융기관, 중소기업 펀드, 벤처 캐피탈 펀드의 기관투자자 등이다. 이들은 시장기반의 모델을 통해 해결될 수 없는 사회적, 환경적 문제들이 항시 존재하며 앞으로도 존재할 것이라는 인식을 공유하며, 마이크로 파이낸싱, 청정 에너지, 식량과 농업, 주택, 교육, 식수와 위생 등 일부 제한적인 분야에 초점을 맞춰 지속가능한 투자를 하고 있다(앞글: 6).

사회적 책임 투자자들은 2004년경에 전통적인 금융분석에 환경, 사회, 거버넌스(ESG: environmental, social and governance) 요소들의 통합을 요청해 시행을 압박하였다. 투자자들은 ESG 리스크에 대한 투명성 제고를 지속적으로 요청해왔고, 이제는 리스크 관리에서 임팩트 투자로의 진전이 이뤄지는 과정에 있다(UNGC 2015: 108). 일부 투자자들은 전통적인 금융분석에 ESG 요소들을 통합시켜 금융수익 이외에 투자처의 사회적, 환경적 임팩트를 생산하는 목적의 펀드사에 임팩트 투자하기 시작했다.

임팩트 투자 시장은 2011~13년 기간 132% 성장하며 유럽에서는 가장 빠른 책임투자 전략으로 발전하고 있다. 투자기관들은 지속가능성 이슈들이 임팩트 수익을 보장할 수 있다는 인식을 갖기 시작한 것이다.

3. 정부의 사회적 임팩트 투자 정책

정부는 SII 시장의 환경조성과 진흥에서 중요한 역할을 한다. 정부의 공동투자, 민간 투자자와의 공동 리스크 공유, SII를 위한 투자자 요건 마련, 기업이나 중간조직 펀드에 직접 투자 등 정부의 역할은 다양하다. SII 시장의 인프라 조성에서 중간조직의 씨딩(seeding)은 정부의 역할이 중요한 초기단계가 된다. 또 정부는 내부의 지침과 투자 가이드라인을 통해 SII 시장을 활성화시키는 자체 지침과 지출을 시행할 수 있다. 나아가 사회적기업 개발과 투자환경 조성을 위한 자원 제공으로 추가적인 SII에 대한 수요를 촉진시킬 수 있다.

1) 사회적 임팩트 투자에 대한 정부의 지원

'사회적 투자'(social investment)는 사회 조직들이 사회적 임팩트를 증진하도록 지원하는 도구이다. 소셜 섹터 기관들이 서비스를 전달하고 성장하며 지속가능하기 위해 필요한 자본을 제공해 진흥시키는 역할을 한다. 세계의 모든 정부는 사회적 임팩트의 잠재력을 인지하고 있다. 사회적 투자로 경제 성장을 지원하고, 공공 서비스 전달의 혁신을 추구하며, 궁극적으로 심각한 사회문제들을 해결한다.

가장 선도적인 영국 정부는 2011년부터 대규모 지속가능한 SII 시장을 조성하는 정책을 세 분야에 초점을 맞춰 추진해왔다(UK HM Government 2016: 7).

- 사회적 투자에 대한 공급을 증대시키기,
- 사회적 투자에 대한 수요를 증대시키기,
- 시장 성장을 지원하는 환경을 창출하기 등이다.

(1) 수요와 공급 증대, 지원 환경의 조성

첫째는 사회적 투자를 위한 공급 증대 역할이다(앞글: 8). 2012년 영국 정부는 세계 최초의 독립적인 도매 시장의 사회적 임팩트 투자기관, Big Society Capital(BSC)를 창설하였다. BSC는 사회적 임팩트 섹터의 시장 챔피언으로 중간지원기관들에 자금을 제공한다. 휴면계좌에서 4억 파운드, 영국의 4대 은행들로부터 2억 파운드 등 10억 파운드를 자본금으로 조성하였다. 2015년 말 BSC는 2억 6100만 파운드를 투자했고, 이에 매칭된 민간 공동투자금은 더 많은 3억 2000만 파운드에 달했다. BSC는 Nesta Impact Investments 펀드에 800만 파운드를 투자해, 이 펀드가 사회문제 해결에 혁신적인 소셜 벤처들에 투자되었다. 일례로 Nesta는 노인의 케어 활동을 지원하는 사회적기업 Oomph!에 20만 파운드를 투자해, Oomph!가 영국 최대의 노인 운동치료 서비스기관으로 성장할 수 있었다.

2014년에는 세계 최초의 사회적 투자 면세의 도입으로 사회적 투자 시장을 진흥시켰다. 사회적 투자 자본을 제공하는 개인 투자자에게 면세 인센티브를 제공해 향후 5년 기간에 4억 8000만 파운드의 투자금이 증대될 것으로 예측했다. 2015년 말 기준, 면세혜택 자격에 관한 55개의 신청서가 기업들로부터 접수되었다. 2015년에는 정부 기금을 활용해 민간자본을 유치하는 전략을 추진하기 위해 치매발견펀드와 예술임팩트펀드를 조성해, 각각 7000만 파운드, 700만 파운드 민간기금 유치가 이뤄졌다.

둘째는 사회적 투자에 대한 수요 증대 역할이다(앞글: 8). 수요 증대를 위한 이니셔티브들은 2012~14년 기간에 시작되었다. 2012년 1400만 파운드 규모의 투자와 계약 준비기금이 마련되어, 사회기관들이 맞춤형 역량 구축 비용에 활용해, 공공 용역 준비와 계약 체결을 성사할 수 있도록 지원하였다. 1파운드의 지원금이 18파운드의 용역 체결과 민간투자의 성과를 냈다. 또 사회적 인큐베이터 기금으로 초기 단계의 벤처들에 대한 지원금 1000만 파운드를 투자해, 민간자본 1000만 파운드를 유치해, 10개 인큐베이터 중간지원조직이 235개 비영리기관의 스타트업을 지원하였다. 2014년에는 비영리기관들의 사회적 임팩트 측정을 지원하기 위해 임팩트 준비기금 150만 파운드를 조성하였다. 2015년 사회적 투자를 지원하는 재단(Access)를 1억 파운드 자본금으로 창설해, Big Lottery Fund와 Big Society Capital과의 공조 체계를 갖추었다. Access는 투자준비 프로그램을 통해 성공의 경험을 축적한 다음 향후 10여 년간 역량구축 지원에 초점을 맞추는 역할을 수행한다. 또한 Access는 시장개발 챔피언으로 사회조직들의 사회적 투자 준비를 갖추는 데 지원의 초점을 맞춘다. Access는 도매공급자로 프로그램 공급에서 기존의 시장 관계자들과 공조하며, 자체의 투자와 지출에서는 최대의 긍정적 임팩트를 달성하는 '토털 임팩트'(total impact) 접근법을 추진한다.

셋째는 시장 성장을 지원하는 환경 창출 역할이다(앞글: 9). 2012년 영국 정부는 총리실 내부에 사회임팩트채권센터(Centre for Social Impact Bonds)를 창설해, SIB 진흥을 위한 시장 챔피언 역할을 하게 하였다. 센터는 단위비용 DB, 템플렛트 계약(template contract) 등의 기술지원과 새로운 SIB 개발 지원 역할을 해왔다. 2013년에는 2000만 파운드 규모의 사회결과기금(Social Outcomes Fund)을 조성해, 18개의 중앙정부와 지방정부 위탁의 SIB 개발을 촉매시키는 역할을 했다. 기금으로 청년실업, 아동케어, 장기질환, 사회적 고립 등의 심각한 사회문제 해결에 임팩트를 창출하는 프로그램들을 추진하였다.

장기간 질환으로 고통을 받고 있는 1500만 명은 정기적인 검진과 케어 서비스가 필요하다. 국립의료원(NHS)에 폭증하는 수요를 관리하기 위해 뉴캐슬의 위탁위원회는 8000명의 주민들의 건강개선을 위한 2년 기간의 800만 파운드 SIB를 개설해, 사회결과펀드에서 100만 파운드를 지원받아, 성과를 달성하면 납세자의 세금 1500만 파운드를 절감하는 성과가 기대된다.

2013년에는 영국 정부가 주도해 G8 사회적 임팩트 투자 회담이 있었고, 후속조치로 사회적 임팩트 투자 TF가 조직되어 G8 국가와 글로벌 SII 시장 개발과 확대에 기여하였다. 2015년 'GREAT Britain' 캠페인을 통해 사회적 투자를 영국 정부의 공식적인 국제적 국가 프랜드 캠페인에 포함시켰다. 영국이 글로벌 사회적경제와 사회적 투자의 허브 국가로 소개하는 캠페인이다.

사회적 투자는 정부뿐 아니라 기업, 사회적기업, 재단 등 민간기관들이 참여해 시장을 개척하고 성장시키고 있다. 사회적 투자를 하는 조직들은 소셜 섹터의 사회목적조직(SPO)으로, 사회적 목적을 추구하는 활동을 하면서 활동에 필요한 자본을 유치하고 축적하기 위해 수익활동을 해야 한다. 수익활동이 없는 사회기관들은 SPO에 해당되지 않는다고 볼 수 있다. SPO 개념은 광범해서 정의가 모호하지만 이들을 인정하는 비영리기관들이 등장해 사회적 임팩트 창출을 확증해주는 인증제를 참고해볼 수 있다. B Corp이 대표적인 사례이다(제3장 참조).

(2) 영국 정부의 사회적 투자 이행 실적

영국 정부의 사회적 투자 진흥 이행실적은 다음 세 가지로 요약될 수 있다(앞글: 11-14). 첫째는 사회적 투자 접근성 확대로 투자자 인센티브 제공이다. 사회적 투자 면세(SITR)의 효과적인 실행 지원이다. 이를 위해 SIB에 SITR 혜택을 지원하기 위한 인증시스템을 개발해 시행한다. 정부는 소셜 벤처 캐피탈 트러스트(Social Venture Capital Trust)를 개발해 사회조직들에 투자를 조장하기 위해 투자금의 30%에 대해 면세 혜택을 제공하는 방안을 제시하였다. 일례로 홈리스 SIB에 대한 면세혜택 사례로, 490명의 청년 홈리스의 주거, 고용훈련 서비스를 제공하는 4개의 지방 자선기관들에 100만 파운드를 제공하는 두 개의 SIB가 2015년 SITR 혜택을 받아, 개인 투자자들은 선행 투자금의 30%에 대해 개인 소득세 감면 혜택을 받았다.

둘째는 투자자와 투자처를 연계시키는 플랫폼 개설이다. 영국 정부는 민간기업과 사회기관들의 파트너십 조직인 적정수준의 융자포털(Affordable Lending Portal) 개설을 지원해, 사회기관들이 신용조합이나 지역사회 개발 금융기관의 융자를 적정이자로 제공받을 수 있는 기회를 확장시켰다.

셋째는 시장 활성화 지원이다. 사회적 임팩트 조직들이 상업적, 기업 및 공공 시장에 접근을 증진시키는 역할을 한다. 일반 소비자를 대상으로 사회적 투자 홍보를 위해 영국 사회적기업협회와 '소셜 토요일'(Social Saturday) 연중 행사를 추진하였다. 또 영국사회적기업협회와 공조해 사회적기업의 제품이나 서비스 구매를 확대하는 기업들의 네트워크를 구축해, 소셜구매등록부(Buy Social Directory)를 개설하였다. 온라인 플랫폼을 개설해 공공부문 전문가들의 자원을 소개하고 중앙정부기관의 시니어 챔피언들의 네트워크를 개설해 사회적 투자 모델의 이용 증대를 지원하였다. 정부기관의 지속적인 SIB 진흥을 위해 등급 카드를 개발해, 청년참여펀드(Youth Engagement Fund), 페어찬스펀드(Fair Chance Fund) 등의 성과지불의 최대금액 계산방법을 소개하였다.

2) 새로운 공공서비스 제공 접근법

복지국가의 수혜층에게 복지서비스를 제공하는 인력의 비중은 2000~10년 기간에 최고 정점에 달했다. 또 빈곤과 상습 범행 등 심각한 도전들도 국고에 많은 비용을 요구하고 있다. 새로운 SII 메카니즘은 이같은 도전들에 대한 해법으로 등장하고 있다. 영국도 상습 범행에 시달리는 국가인데, 범죄의 절반가량은 이미 사법체계를 거쳐간 사람들이 다시 관련

표 7-7 영국의 빅소이어티 캐피탈(Big Society Capital: BSC)

BSC는 사회부문의 조직들이 사회에 긍정적인 임팩트를 증진시키는데 필요한 자본에 대한 접근을 할 수 있도록 지속가능한 사회적 임팩트 투자 시장을 개발, 조성하기 위해 설립된 독립적인 금융기관이다. BSC는 2012년 4월에 개설된 세계 최초의 사회적 임팩트투자 은행이며, 동시에 사회적 임팩트 투자 도매회사(wholesaler)로 사회적 임팩트 투자 금융 중간지원조직에 파이낸스를 제공한다. 중간지원조직들은 현장의 자선단체, 사회적기업, 사회부문의 비영리단체들에 적절한 수준의 파이낸스를 제공해주는 역할을 한다.   BSC는 사회적 임팩트 투자 시장에서의 주요 시장 실패 문제들을 해결해 현장의 사회부문 조직들에 의해 사회적 임팩트를 증진시키도록 지원하는 미션을 갖고 있다. BSC의 5대 활동 영역은 자본화와 대차대조표 성장, 리스크와 운전자본; 지속가능성과 조직 성장; 시장 메카니즘과 인프라; 자문, 기술 및 정보 등. BSC의 자본금은 휴면계좌에서 4억 파운드, 4대 은행(Barclays, HSBC, Lloyds, Royal Bank of Scotland)에서 2억 파운드의 자본으로 이뤄졌다. 6억 파운드 자본금 대부분은 사회적 금융투자 중간지원조직에 대한 투자금이 된다.   **출처** www.bigsocietycapital.com.

자료 OECD 2015a: 31.

되어 있다. 재범이 납세자에게 지워지는 부담은 연간 95~130억 파운드에 달한 것으로 추산된다. 여기에 사회임팩트채권(SIB)이 해법으로 제시되어, PPP 형태로 민간 투자자들이 서비스 제공에 선불 투자하면 정부는 특정기간 계획된 목표를 달성하게 되면 재정수익을 보장하는 채권이다.

'공공선(public good)에 대한 투자'라는 새로운 접근법도 제시되었다. 일부 정부들은 관계 기관들과 부문들 사의의 공조를 조율하기 위해 사회혁신 시장을 지원하는 이니셔티브를 개발해 시행해왔다. 영국의 빅소사이어티 자본(Big Society Capital: BSC)은 사회투자재정의 중간조직의 발전을 지원하고, 모범사례 진흥, 정보공유, 사회투자와 주류 금융시장과의 연계 개선을 통한 사회투자에 대한 인식과 신뢰의 확보에 노력한다. 캐나다의 지역사회 경제개발 투자기금(Community Economic Development Investment Funds: CEDIFs)은 지역 기업가들이 당면하는 재정적 장애물을 제거하고 지역의 경제개발을 진흥하기 위해 설립된 민관공조 조직이다.

그런데 영국을 제외한 다른 국가에서 BSC와 같은 대형 중간지원조직이 존재하지 않는다. 아직 SII의 수요와 공급을 효율적으로 매치시켜줄 수 있을 정도로 충분히 형성되어 있지 않다. 정책 당국과 재단 등의 주요 이해관계자들이 시장구축의 초기 단계에서 중요한 역할을 할 수 있고, 중간지원조직들이 장기적으로 지속가능하도록 환경을 조성해주는 방안을 탐구해볼 필요가 있다.

3) EU의 사회적 임팩트 지원정책

EU가 최근 추진하는 사회적경제 지원정책은 사회적 임팩트 증진을 위한 전략들로 제시되고 있다. ① 재정지원 접근 확대를 비롯해서, ② 시장접근 기회 확대, ③ 행정 프레임워크 개선, ④ 사회혁신, 테크놀러지, 새로운 비즈니스 모델 등이 그것이다(EC 2017b).

표 7-8 EU의 사회적경제와 사회적기업 정책 추진전략(2017)

1. 재정지원 접근 확대
1) 보증(guarantee) 강화 및 대출 금융 윈도우 개설;
2) 사회적 지분(EFSI social equity) 금융수단 시행:
  - 금융 중간기관에 투자 또는 합작 투자
  - 결과기반지불제(Payment-by-results scheme) 파이롯트 시행.
3) 사회적기업 금융 시장 지원 촉진:
  - 역량구축 조치;
  - 시장 개발 프로젝트 증여;
  - EU 차원의 네크워크에 대한 증여
  - 금융 중간기관의 소형 투자 거래비용 경감의 증여.

2. 시장 접근 기회 확대
1) 양질의 공공조달에 관한 개정된 규율 시행:
  - 공공기관의 사회적 책임 조달 진흥을 위한 인식개선 행사 및 역량구축 시행,
  - "사회적 구매(Buying Social)" (2011) 가이드 업데이트.
2) 전통적 기업과 사회적경제기업의 공조 강화.
3) 기업의 CSR 정책과 관련 시책의 사회적기업과 사회혁신의 개시 지점 파악
4) 사회적경제와 사회적기업을 위한 국제활동 진흥.

3. 프레임워크 개선
1) 사회적경제와 사회적기업의 행정 프레임워크를 개발하는 회원국에 대한 가이드라인 준비.
2) 회원국들의 사회적경제 클러스터 창출 진흥
3) 국가통계에서 사회적경제와 사회적기업 회계 규정 개설 홍보
4) '협동조합 유형의 비즈니스 전환' 파이롯트 프로젝트 시행
5) '청년 실업 감축과 협동조합 설립' 파이롯트 프로젝트 시행.
6) 유럽의 사회적기업 생태계의 지형파악 업데이트;
7) EC/OECD의 사회적기업 정책과 인센티브 홍보와 국별 이니셔티브 소개.
8) 국가, 광역, 지방 정부의 포용적, 사회기업가 정책 온라인 정책 사정도구 개발.

4. 사회혁신, 테크놀러지, 새로운 비즈니스 모델
1) 사회적기업을 비롯한 사회적경제 이해관계자들의 새로운 테크놀러지 활용과 임팩트 반영. 모범 사례 파악 및 홍보.
2) '공유경제 스타트업 이니셔티브-유럽 기업가정신의 미래 파이낸싱' 파이롯트 프로젝트 시행.
3) 유럽 사회혁신 공모(European Social Innovation Competition)를 통한 프로젝트 지원과 사회혁신 모멘툼 구축.
4) 사회문제 해결을 위한 사회혁신 챌런지 플랫폼(Social Innovation Challenge Platform) 개설 운영. 프랫폼 개설 100만 불, 프로젝트 증여 250만 불.
5) 'Horizon 2020'에 사회혁신, 사회적경제와 기업, 사회임팩트투자 프로젝트를 위한 가시성 증대.
6) 'Horizon 2020'에 디지털 사회혁신 실험 강화 및 주류화 추진.

자료 EC 2017b.

4. 사회적경제의 사회적 임팩트

1) 사회적기업의 임파워먼트 역량

취약층을 위한 사회서비스 디자인과 공급에 초점을 맞춘 사회적기업의 활동은 이용자 임파워먼트를 강화시켜 사회적 배제를 차단하는 목표를 잘 수행하고 있는지에 관심의 초점이 맞춰진다.

(1) 이탈리아 사회적기업의 이용자 임파워먼트

사회적기업의 임파워먼트 역량에 관한 이탈리아 두 지역의 연구들은 이용자 임파워먼트에 초점을 맞춘다(OECD 2007: 4). 하나는 비교적 약한 수준의 임파워먼트로 서비스 수혜자인 이용자에 초점을 맞춰, 개인의 자율성을 개선하고 사회통합을 막는 정보와 제도의 장애물 제거를 목표로 한다. 이에 관한 주요 지표들로는 서비스의 다양성, 맞춤형 서비스 제공, 서비스 공급에 대한 이용자 투입 등이다. 다른 하나는 비교적 강한 수준의 임파워먼트로, 서비스 이용자인 취약층 임파워먼트이다. 집단적인 역량을 진흥시키고 사회통합에 장애가 되는 주요 문화적, 심리적 요인들의 제거에 초점을 맞춘다. 강한 수준의 임파워먼트 지료는 이용자 참여와 주창활동으로 사회적기업에게는 서비스 제공의 역할뿐 아니라 취약층의 사회적 배제와 주변화를 막기 위한 주창활동 역할이 있다.

이탈리아의 두 지역의 분석 결과는 사회적기업들이 약한 수준의 임파워먼트인 서비스 제공과 보통 수준의 이용자 역량 강화에 머물면서 강한 임파워먼트가 없다고 지적한다. 사회적기업들이 이같은 약한 임파워먼트 활동에 머물게 된 주요 요인들로는 공공지출이 삭감되고 사회적기업에 대한 지원도 줄어드는 분위기에서 용역계약과 재정지원 측면에서 공공부문에 크게 의존할 수밖에 없는 상황이 제시되고 있다. 따라서 강한 임파워먼트의 발전을 위한 올바른 인센티브의 제공이 필요하며, 이를 위해 공공 거버넌스 구조가 결정적으로 중요하다는 제안이 제시되고 있다. 사회적기업의 강한 임파워먼트 역량 강화를 위해서는 서비스 디자인, 평가, 모니터링 도구에 대한 파트너십 접근방법을 활용뿐 아니라 이용자 책무성을 제고시키는 규제적 프레임워크 시행, 증여 의존도를 줄이기 위한 시장금융 접근기회 확대 등이 필요하다는 제안이다.

(2) 영국 사회적기업의 취약층 임파워먼트

한편 영국 사회적기업의 사례를 살펴보면, 상당한 취약층 임파워먼트 성과가 창출된 것으로 보인다. 영국 사회적기업협회(Social Enterprise UK 2014)의 보고서를 참고해보면, 사회적기업은 가장 취약한 지역에 집중되어 있다. 전체 중 38%가 전체 지역사회 중 취약지역 20%에서 활동한다. 이에 비해 중소기업은 12%가 이들 취약지역에서 활동한다. 또 여성 임파워먼트 성과도 두드러지게 나타난다. 영국의 사회적기업 대표로 여성의 비중은 전체 38%를 차지하는데, 중소기업은 19%, 100대 FTSE 기업들은 3%에 불과하다(앞글: 7). 사회적기업의 91%가 지도자층에 여성 한 명 이상을 포함시키고 있는데, 중소기업의 49%가 모두 남성 지도자층으로 구성되어 있다.

(3) 한국 사회적기업의 취약층 임파워먼트

한국의 사회적기업들도 취약층 고용 등의 사회적 성과가 상당한 것으로 나타나 있다. 2014년 경영공시를 했던 116개 사회적기업의 경영성과를 분석한 결과, 평균 고용인원은 46명으로 2013년 37명과 비교해 24% 증가

표 7-9 사회적기업 가온의 돌봄 서비스

사회적기업 (주)가온은 가사관리, 보육, 산후관리, 요양보호, 간병 등의 돌봄서비스를 제공한다. 정부가 지원하는 공식 영역 돌봄 서비스는 수혜자가 장애인, 저소득층 등의 취약층인 반면 가온의 경우 이 서비스를 공급하는 사람 쪽이 취약층이다. 취약층의 비율은 정식으로 고용된 인력의 45%가량으로, 돌봄 서비스 종사자 기준으로는 80%에 이른다. 가온의 성과는 직업소개소의 과도한 알선 수수료 탓에 돈을 별로 손에 쥐지 못했던 돌봄 서비스 종사 여성들이 가온 덕에 형편이 나아졌다는 것이다. IMF 체제 이후 가장의 실직 등으로 인한 생활고로 이 시장에 뛰어든 여성들은 직업소개소의 부당한 처우에 시달려왔다고 할 수 있다. 가온은 이들 여성의 생계뿐 아니라 이들에 대한 인식을 개선한 것에 의미를 부여했다. 가온이 돌봄서비스 공급자의 처우와 사회적 인식에 관심을 기울이는 건 경영진이 IMF 체제 당시 실업 극복 운동을 위해 만들어진 시민단체 출신이기 때문이다. 가온은 돌봄 서비스를 세분해 가사관리를 전문화했다. 창틀 청소의 경우 주부가 할 때의 절반인 한 시간이면 마친다. 그 노하우를 가사관리사들이 집단 교육을 통해 시스템적으로 공유한다. 서비스의 품질을 높이면서 가격도 함께 올렸다. 가온은 돌봄 서비스 종사자에게 '같은 지역, 같은 서비스, 최고의 가격'을 보장한다. 이들의 낮은 경제적 지위를 높여보겠다는 것이 회사의 설립 정신이다. 이른바 가성비(가격 대비 성능 비)는 높은 편이다. 청주 돌봄 서비스 시장의 90%를 점유하던 단체 Y보다 서비스 요금을 20~30% 높게 책정했지만 현재 이 시장을 60% 이상 점유하고 있다. 이제 공급 초과에서 수요 초과로 시장 상황이 바뀌면서 경쟁력이 높아진 것이다.

자료 한국사회적기업진흥원 2015: 50-55.

했고, 취약계층 평균 고용인원은 26명으로, 전년도 21명과 비교해 크게 늘었다(고용노동부 2015).

한국을 대표하는 사회적기업 중에서 지역사회 취약층의 임파워먼트를 개선해 사회통합을 선도하는 사례들로 청주시의 가온 사회적기업 사례를 살펴볼 만하다.

2) 사회적기업의 비즈니스 성과

(1) 영국 사회적기업

사회적기업은 기업으로서 사회적 목적을 추구하기 위해 비즈니스 수익을 높여야 하는 목표를 갖고 있다. 사회적기업의 비즈니스 성과에 대해서는 자료가 많이 부족한 가운데 영국의 현황 자료를 참고해볼 만하다(Social Enterprise UK 2014).

① 비즈니스 혁신: 기업의 비즈니스 혁신의 지수가 되는 신제품 또는 서비스 개발에서 사회적기업의 56%가 지난 1년 새에 개발했는데, 중소기업(43%)보다 높은 비중을 보여준다.

② 비즈니스 전망: 사회적기업이 중소기업에 비해 더 낙관적이다. 사회적기업 중에는 63%가, 중소기업 중에는 37%가 다음 2~3년 기간에 수익이 높아질 것으로 대다보았다.

③ 상업 수익: 지난 1년간 중소기업 29%에 비해 사회적기업 38%가 수익이 높아진 것으로 보고하였다. 반면에 지난 1년간 수익이 줄어든 사회적기업은 22%인데, 중소기업의 경우 31%에 비해 다소 낮은 편이다. 영국 사

회적기업 72%가량이 전체 수입 중 76% 이상을 상업거래 수익으로 생산한 것으로 나타났고, 12%가량은 51~75%를 상업 수익으로 나타났다.

④ 공공구매: 사회적기업이 당면하는 문제들 중에서 공공구매가 운영자본 부족 다음으로 지속가능성에 심각한 장애로 꼽혔는데(34%), 2011년 25%에 비교해 좀 더 심각해진 것으로 나타났다.

표 7-10 영국 사회적기업의 사회적 임팩트, 2017년

〈소셜 스타트업〉 25%의 사회적기업은 설립 3년 미만 스타트업. 중소기업(8%)에 비해 세 배 많음.

〈취약 지역 집중〉 28%의 사회적기업은 영국의 취약 지역에서 사업중, 34%는 지방이나 동네 지역사회에서 운영중.

〈상업 활동 중심〉 74%의 사회적기업은 수입의 75% 이상을 상업 수익으로 충당.

〈대중 판매〉 가장 보편적인 수입원은 대중 상대 판매 수입으로 27%를 차지.

〈공공 서비스 제공〉 공공 부문은 사회적기업 20%의 주 수입원. 거래액 500만 파운드(약 80억 원) 이상의 중대형 사회적기업 59%의 주 수입원.

〈중소기업보다 혁신적〉 1년간 새로운 제품이나 서비스 소개 50%로, 중소기업 33%보다 높음.

〈수익률 증대〉 사회적기업 51%가 1년간 수익 생산, 20%는 현상유지, 47%는 수익 증가(중소기업 34%보다 높음).

〈여성 사회기업가〉 41% 사회적기업 대표는 여성, 절반 이상 51%는 여성 직원 더 많음.

〈지역 고용〉: 79%가 지역에서 임직원 고용; 58%는 고용직 전체가 지역 고용.

〈취약층 고용〉 2/3 이상 69%가 취약층 지원, 44%는 취약층 고용.

〈자본 부족〉 현금 유동성은 사회적기업의 3대 장애요인 중 하나. 42%는 운영자금 부족

〈공정한 운동장〉 78%는 임직원에게 임금 지불. 사회적기업 대표의 평균 월급여는 £3만 6115(약 550만 원).

〈스트타업의 재정〉 스타트업 34%가 1년 새 재정 지원 노력 (중소기업보다 더 심각).

〈소액의 자본지원 요구〉 51%는 10만 파운드(1억 5000만 원), 68%는 25만 파운드(3억 7000만 원) 이하 재정지원 요청.

자료 Social Enterprise UK, 2017.

⑤ 수입 구조: 사회적기업의 가장 많은 수입의 비중은 일반 시민들과의 거래(32%)이며, 공공부문(23%), 기업 부문(13%) 제3섹터 기관(10%), 다른 사회적기업(4%), 정부 지원금(7%) 등이다. 공공부문과의 거래 또한 늘고 있어, 사회적기업 절반 이상(52%)이 공공부문과 거래해, 중소기업 26%에 비교해 두 배가 된다. 절빈가량의 사회적기업들은 민간 부문(영리기업과 다른 사회적기업 등)과 거래로 수입을 올린다.

⑥ 자본 투자: 사회적기업의 자금 여유가 높은 것은 아니다. 절반가량이 지난 1년간 다른 자본 유치를 노력했는데, 증여와 융자 신청이 가장 높은 비중을 차지한다. 또 사회적기업 39%가 자본 유치를 자신들의 지속가능성에 가장 심각한 문제로 지적하였다. 이는 중소기업의 사정에 비하면 두 배가 넘는다. 외부 금융지원은 개발 자본(52%)에 충당하기 위해, 그리고 운영 자본(31%), 장비/차량 구입(22%), 자산 구입(17%) 등으로 조사되었다.

2017년의 사회적기업의 성과는 다소 성장하고 있는 가운데, 재정상황은 취약해 지원요청을 하고 있다(표 7-10).

(2) 미국 사회적기업

미국 사회혁신기금(Social Innovation Fund: SIF)이 2010년 REDF를 중간조직으로 지원하게 된 것도 40개 이상의 사회적기업에서 5500명 이상의 일자리를 만드는 탁월한 성과를 냈기 때문이다(CNCS 2017). REDF는 사회적기업을 지원하는 중간조직으로 사회적기업이 사회에 제공하는 혜택을 측정하는 '사회투자수익'(social return on investment: SROI)을 선도적으로 개발하였다. REDF는 SROI로 사회적기업의 사회적 혜택, 지속가능성, 비용 및 스케일링 역량(scalability) 개선의 베스트 사례들을 파악하게 되었다.

표 7-11 미국 사회혁신기금(SIF) 사례: 중간조직(REDF)의 7개 사회적기업의 SROI

사회적기업 일자리 시작 이전		
18%	15%	71%
취직 (33% 증가)	주거 안정 (38% 증가)	수입 중 정부지원 (47% 감소)
51%	53%	24%
사회적기업 일자리 시작 1년 후		

자료 CNCS, 2017.

REDF는 SIF 지원금으로 다시 282명을 고용하는 7개의 사회적기업을 지원해 사회적 임팩트를 SROI로 측정해 평가했다. 평가결과를 보면, 사회적기업에 1달러 투자 지원금이 사회 전체에 2.23달러 혜택을 주는 것으로 추산된다. 또 사회적기업에서 일자리를 가진 개인들의 취직도 일 시작 이전에는 17%에 불과했지만 일 시작 1년 후 51%로 증가했고, 주거안정도 이전 15%→이후 53%로 늘었으며, 수입 중 정부지원금 의존은 이전 71%→이후 24%로 크게 줄었다.

(3) 한국 사회적기업

한국의 사회적기업들도 상당한 비즈니스 성과를 내고 있는 것으로 평가받고 있다. 2014년 경영공시를 한 116개 사회적기업의 경영성과를 분석한 결과, 평균 매출액은 37억 1662만 원으로 전년도에 비해 29.8% 상승했고, 평균 당기순이익도 같은 기간 8170만 원으로 두 배 이상 급증하였다(고용노동부 2015).

■ **표 7-12** 제너럴 바이오 사회적기업의 경제적 지속가능성

제너럴바이오는 전북 완주군에 있는 사회적기업으로 친환경 주방·세탁 세제 등 생활용품, 바이오 식품, 기능성 화장품 등을 만든다. 주름살 개선용 화장품 리프팅겔은 EU에서 가장 유명한 독일의 에스테틱(피부관리) 체인업체 클랩 코스매틱사에 납품한다. 지난해 말 거래를 시작해, 2015년 3억 원어치 이상 납품할 것으로 예상된다. 바이오 연구개발(R&D) 전문기업을 자처하는 제너럴바이오는 글로벌 사회적기업 인증인 '비코프(B Corp·Benefit Corporation)'를 받았는데, 전 세계 1400여 개의 비코프 인증 업체 중 7위에 랭크됐다. 지역에서 나는 원료를 사들여 제품을 개발한 후 다른 지역이나 해외에 내다파는 것, 그렇게 번 돈으로 지역 사람을 고용하고 지역 복지시설에 기부를 하는 점 등이 높은 평가를 받았다. 직원은 45명으로, 중증장애인 12명을 비롯해 경증장애인 등 취약층 비율은 72%로 높은 편이다. R&D 전문기업으로 연구원이 9명으로 전체 20%를 차지하며, 연구원들은 일주일에 90시간 이상씩 솔선수범한다. 제너럴바이오는 R&D 전문기업의 강점을 유지하기 위해 자체 생산량의 비중을 70%로 유지하며, 매출액 대비 15% 이상 높은 당기순이익을 낸다. 사회적 가치 창출과 경제적 성과를 동시에 추구한 것이다. 제너럴바이오는 다른 사회적기업들의 제품개발을 돕고 품질 및 공정 개선과 관련한 지원 및 컨설팅도 한다. 그래서 "R&D로 '사회적기업을 지원하는 사회적기업'이라고 자부한다. 제너럴바이오는 이제 코슈메티컬(코스메틱+메디컬) 시장에서 블루 오션을 개척하려 한다. 장차 코슈메티컬의 비중을 50%로 키우고 식품 20%, 생활용품 30%로 구조조정하려고 한다. 그러면 영업이익률이 30% 수준으로 높아질 것으로 전망한다.

자료 한국사회적기업진흥원 2015: 12-15.

그런데 2017년 성과평가에서는 질적 성과가 미흡한 것으로 분석되었다. 사회적기업이 고용한 전체 유급근로자 수는 2014년 2만 8201명 → 2016년 3만 9195명으로 매년 증가하고 있다(이영수 외 2017: 43). 같은 기간 사회적기업의 취약계층 근로자 수도 2014년 1만 7009명, 2015년 2만 1096명, 2016년 2만 3858명으로 계속 증가해, 그 비중은 60%를 유지하고 있다. 그런데 질적 성과에서는 다소 부진하다(앞글: 50-52). 2016년 취약계층의 월 평

균임금은 전년도에 비해 소폭 상승한 134만 7000원이었으며, 이는 일반인 근로자 평균임금의 73.7% 수준이었고 임금 상승폭은 일반인 근로자에 비해 낮았다. 한편 2014년~16년 3년간의 주당 평균 근로시간 추이를 보면, 일반인 근로자는 36.6시간→35.2시간으로 감소했고, 취약계층 근로자 역시 35.2시간→34.1시간으로 감소했다.

한국의 사회적기업 중 강력한 비즈니스 성과를 내며 지속가능성을 보여주는 사회적기업으로 제너럴 바이오 사례를 꼽을 만하다(표 7-12).

3) 사회적기업에 대한 임팩트 투자

사회적기업 설립에서 자본 이용은 특히 창업에 핵심적인 부분이다. 사회적기업은 전형적으로는 시장 자원(재화와 서비스의 판매 등)과 비시장 자원(정부지원금과 민간 후원금), 비금전적 자원(자원봉사)으로 재정이 지원된다. 정부로부터의 재정지원은 초기 발전 단계에서 필요하며, 이후 사회적기업이 규모를 갖추고 시장역량을 구축하게 되면 점차 줄어들 수 있는 재원이다. 그럼에도 일부 사례들에서는 자력의 재원조달이 어렵기 때문에 공공서비스 제공의 혜택과 비용절감 활동이 이뤄지는 사회적경제 분야에서는 안정적인 장기적인 재정지원이 필요하다.

(1) 새로운 금융 생태계 변화

추가적인 비정부 재원의 파이낸싱을 획득하기 위해서는 민간 시장부문에서 다양한 금융상품들이 개발되어 사회적기업의 라이프 사이클(초기

단계, 준비단계부터 완성과 성장단계)에 적합한 지원이 이뤄질 필요가 있다. 대부분의 주류 기업들이 활동하는 핵심 금융상품 중 하나는 은행융자이다. 그럼에도 대부분의 OECD 국가들에서 사회적기업은 크레딧 이용 기회를 획득하는 데 많은 어려움을 겪고 있다. 은행 등 전통적인 금융기관들은 사회적기업에 대한 융자를 일반적으로 거부하는데, 그 이유는 고객 기준을 충족시키지 못하며 충분한 대출보증이 이뤄지지 않기 때문이다. 이에 따라 사회적기업은 새로운 금융 협력기관을 찾거나 자신들의 사업계획을 축소해야 한다.

최근까지 새로운 다양한 금융도구들이 등장해 사회적기업을 지원한다. 금융 행위자들의 행태에서 시민사회 이니셔티브 지원 등의 새로운 변화를 주목해볼 만하다(Mendell and Nogales 2009). '사회적 투자'(social investment)를 포함한 금융 혁신뿐 아니라 다른 금융 재원의 역할 변화가 주목받고 있다. 여기에는 지역사회 기반의 투자(community based investment)가 있고, 프로그램 연계 투자(programme related investment: PRI), 벤처 필랜스로피(venture philanthropy: VP), 그리고 전통적인 필랜스로피, 금융기관, 공공 파이낸싱 등 전통적인 금융공급자들이 있다. 지역사회 투자는 지역사회에 기반을 두는 결사체나 사회적경제 조직들에 직접 투자하는 것을 의미한다. 지역사회 투자기관은 투자 자본을 활용해서 전통적인 금융기관들이 거부한 개인이나 조직의 자본접근을 위해 금융 또는 보증대출을 해준다. 지역사회 투자기관은 투자자에게 수익이 돌아오고 대출금 상환이 잘 이뤄지도록 교육훈련 등의 지원과 기술 지원을 제공한다. 프로그램 연계 투자(PRI)는 자선기관, 증여 제공 트러스트와 재단들이 자신들의 핵심 목적과 같은 목적을 공유하는 기관들에 투자하는 방식이다.

새로운 금융 생태계의 변화는 투자에 대한 금융수익을 보장하면서 강력한 사회적 임팩트를 가진 비즈니스를 지원하기 위한 목표를 가진 진취적 투자(proactive investment) 선택 접근법으로 '임팩트 투자'(impact investment)가 알려지고 있다. 임팩트 투자는 금융 수익과 함께 측정가능한 사회적, 환경적 임팩트를 생산하기 위한 의도를 가진 투자이다. 임팩트 투자의 '진취적 투자' 선택과 관련된 아래 몇 가지 투자방식이 사회적기업을 지원하는 재원으로 볼 수 있다(앞글: 10-11). 그것들은 연대 금융(solidarity finance), 벤처 필랜스로프(VP), 기관 투자(institutional investment), 개인 투자(individual investment), 지분과 준지분 투자(quasi-equity and equity instruments), 윤리적 또는 사회적 자본시장(ethical or social capital markets), 크라우드펀딩(crowdfunding) 등이다(Mendell and Nogales 2009).

(2) 다양한 임팩트 투자 방식

ⓐ 연대 금융(Solidarity finance)은 EU가 지원하고 유럽연대금융조직 네트워크(FINEUROSOL)가 활성화되어 있다. 저축, 투자, 크레딧 등 다양한 형태의 금전을 공적 이해를 추구하는 방식으로 운영하는 것으로 정의된다. 시민 개인들이 핵심적인 역할을 하면서 주류 파이낸싱과 유사한 금융도구들이 있고, 사회적으로 유용한 다양한 프로젝트에 투자되는 특징이 있다. 이 같은 연대금융이나 윤리적 금융의 성장으로 사회적기업에 대한 중요한 금융공급원이 생겨나고 있다. 동시에 사회적으로 책임 있는 투자자들이 바라는 기준을 충족시켜주는 장점이 있다고 평가된다. 프랑스에서는 2010년부터 50인 이상의 고용의 기업들은 직원에게 사회적 지향의 연금제를 제공하도록 의무화시키고 있다. 연금기금의 5~10%를 사회적기업이나 사회적 펀드에 투자하도록 규제한다. 시행 결과, 2011년 말 기준으로 17억 유로의 기

금에서 1억 1000만 유로가 사회적기업이나 사회적 펀드에 투자된 것으로 나타난다. '연대' 인증 기업이 되기 위해서는 다음 조건들을 충족시켜야 한다. 상장기업이 아니며, 프랑스에 등록된 기업으로, 노동시장으로 통합된 인력을 30% 이상 고용하며, 마지막으로 (비영리회사, 협동조합 회사, 재단 등) 사회적경제 또는 연대 경제의 법적 지위를 가져야 한다.

ⓑ 벤처 필랜스로피 VP는 벤처 자본 모델을 금융수익과 사회적 수익이라는 복합적인 이중의 수익을 생산하기 위해 사회적 투자 전략에 응용한 경우이다. 소셜 벤처 필랜스로피 전문가들은 금융공급, 비즈니스 자문 및 모니터링을 복합한 새로운 투자전략의 시행을 통해 전통적인 최대의 리스크, 수익 전무의 자선적 기금을 재조정하는 새로운 방식을 창출한 것이 VP이다. 투자기회의 탐색에서 제안된 이니셔티브들의 혁신적인 기업가정신을 우선 투자 대상으로 선정한다. VP 전문가들은 금융수익과 사회적 수익이라는 이중의 복합적 수익을 체계적으로 측정하기 위해 새로운 도구들을 개발하거나 기존의 방식을 조정하며 평가와 성과 측정 측면에서 상당한 기여를 한다.

ⓒ 제도적 투자는 연금 기금이나 공제회 기금 등의 기관 투자자, 보험회사, 전통적인 은행 등도 사회적기업을 지원하는 제도적 투자자이다. 프랑스, 미국, 캐나다 등지에서는 제도적 투자자가 이미 사회적기업의 지원을 미션으로 표명하고 있는 경우가 있다. 이들은 일반적으로 수십만~수백만 유로 정도를 투자한다. 그럼에도 제도적 투자기관들은 일반적으로 사회적기업에 직접 투자하기보다는 투자기금 등의 중간기관에 투자한다. 사회적기업에 대한 전문지식이나 정보를 갖고 있지 않아 직접적으로 선택해 파이낸싱을 하는 데 한계가 있기 때문이다.

ⓓ 개인 투자는 각국의 사정에 따라 많은 차이가 있지만, 사회적기업

을 위한 중요한 파이낸싱 재원이 된다. 개인 투자자는 두 가지 유형으로 구분될 수 있는데, 하나는 사회적 동기 유발이 강한 투자자 그룹으로 금융자문가가 자금을 관리한다. 투자 규모는 10만 유로에서 수백만 유로로 주로 장기간 투자되는 특성이 있다. 두 번째 그룹은 작은 규모의 투자자로 '시민 투자자' 그룹인데, 지역사회 이니셔티브를 지원하는 그룹으로 투자 규모는 1만 유로부터 시작되는 작은 규모이다.

ⓔ 준지분(quasi-equity) 파이낸스는 부채에 기반하지만 일부 자본 투자의 특성을 가진 혼합형 파이낸스이다. 사회적기업에 자본 장비와 부동산 투자를 지원해 장기(5~10년) 투자 자본을 공급한다. 프랑스에서 지분과 준지분 투자 규모는 사회적기업당 1만~100만 유로 범위로 나타난다.

ⓕ 윤리적, 사회적 자본 시장은 사회적으로 책임 있는 투자가 이뤄지고 있는 시장이다. 이 개념은 새로운 게 아니지만 사회적기업에 금융을 제공하는 자본 풀(capital pools)을 증대시키기 위해 등장하고 있다. 일부 실패한 사례들이 있어 비판이 나오고 있지만, 사회적 금융 교환의 아이디어는 많은 사회적 투자자들에게는 관심의 대상이 되고 있다.

ⓖ 크라우드펀딩은 많은 OECD 국가들에서 급성장하는 웹 기반의 파이낸스 원천이 되고 있다. 500개 이상의 플랫폼이 개설되어 여기에서 제공되는 파이낸싱의 잠재력은 2020년이면 1조 달러 규모가 될 것이라는 추산이 있다. 유럽의 경우 미국에 비해 상대적으로 진전되어 있지 않다. 크라우드펀딩은 사회적, 인도주의적 프로젝트들을 지원하는데, 2012년의 대표적인 사회적 프로젝트를 지원하는 크라우드펀딩 또는 마이크로 크레딧 플랫폼(Kiva, Just Giving, Babyloan 등)은 기존의 플랫폼을 통해 10% 이상의 펀드 상승을 기록해 약 30억 유로 규모로 추산되었다. 크라우드펀딩은 사회적기업의 욕구를 지분으로 충족시켜주면 사회적 기여를 하기 때문에 전통적인

투자자를 대신하는 진정한 대안을 대표한다는 평가를 받고 있다.

ⓗ 시장에 대한 접근은 사회적기업이 성장해 지속가능하기 위해서는 필수적이다. 그런데 사회적기업의 시장접근 역량에 장애가 되는 요인들은 적지 않다. 먼저 시장 진출을 위한 효과적인 전략을 구축할 수 있는 관리적 역량 부족 문제가 사회적기업과 사회적경제 조직들의 공통된 문제로 부각된다. 일부 사회적기업들은 제품 판매를 위해 성공적으로 웹 포털이나 플랫폼을 구축하는 등 역량을 갖고 있지만 대부분은 사정이 여유롭지 않다. 사회적기업 관리자들의 교육이 중요한 과제이며, 이에 정부의 지원은 필수적이다. 또 다른 장애요인은 사회적기업이 중소기업에 적용되는 정책의 혜택을 받지 못해 시장에서 경쟁력을 갖추기 쉽지 않다는 점이다. 중소기업 지원정책에 준하는 사회적기업 지원정책 추진이 바람직하다. 중소기업에 적용되는 지원정책들이 사회적기업에도 동일하게 적용되면 가능하면 어렵지 않은 정책수단이 될 수 있다. 셋째는 공공조달 정책이다. 공공조달은 유럽에서는 GDP의 16%를 차지할 정도로 기업들에게는 매우 중요한 수입원이 된다. 일반적으로 공공조달은 재화와 서비스 구매의 최저가 적용기준에 따르기 때문에 사회적기업은 영리기업에 비해 가격 경쟁력이 약한 것이 사실이다. 사회적기업은 생산성이 낮은 인력을 고용하고 있기 때문이다.

(3) 한국의 사회적기업 임팩트 투자

한국에서도 사회적기업에 대한 임팩트 투자가 개시되었다. SK 행복나눔재단은 2012년부터 소액의 임팩트 투자를 공모방식으로 개시해왔다. 2013년 2억 4000만 원을 투자하기 시작해 2014년과 2015년에 17억 규모를 투자했고, 투자 수단은 지분투자(보통주 13%, 우선주 33%)와 전환사채 인수

54%로 이뤄지고 있다(행복나눔재단 2016: 5-6). 공모를 통한 선정 방식은 사회기업가정신(사회적 미션), 사회적 가치(사회적 가치 창출 수준과 모델의 혁신성), 경제적 가치(경영성과 성장성, 재무구조 건전성), 그리고 경영 역량 등에 기초한다.

특히 투자 준비(investment readiness: IR)를 지원하는 IR 캠프를 통해 투자 유치에 성공하도록 지원한다. 기업별 전담 매니저를 배치해, 압축적인 지원을 실행하는 경영 코칭을 비롯해 사회적 임팩트를 측정하는 가치측정 지원과 SK 그룹의 ICT, 에너지, 반도체 등 다양한 산업과 연계하는 기회를 제공하기도 한다. 또 투자 이후에도 경영 목표를 함께 설정해 달성한 목표에 대한 인센티브를 제공하는 등 성장 지원을 뒷받침해준다.

5. 사회적기업의 임팩트 스케일링 전략

사회적기업의 지속가능성은 임팩트 확장에 달려 있다. 영국의 〈2015년 사회적기업 조사〉에 따르면 사회적기업 93%가 지난 1년 기간에 사회적 임팩트 스케일링 또는 규모확장을 추진했다(OECD 2016: 5). 새로운 고객이나 소비자 유치(83%), 새로운 제품이나 서비스 생산(59%)이 이뤄진 것으로 나타났다. 그리고 절반가량(44%)이 새로운 시장 진입의 다변화 활동을 했고, 새로운 지역에 비즈니스 확장(38%)도 주요한 스케일링이다. 그런데 소수 21%만이 비즈니스 확장을 위한 투자 유치활동을 했고, 40%는 향후 1년 새에 투자 유치를 할 계획이라 답했다(앞글: 5).

보다 강한 수준의 임팩트 스케일링에 해당되는 사례들은 다음과 같다. 250명 이상의 직원을 둔 대형 사회적기업의 경우 프랜차이징과 합병과 흡

수(M&A) 사례가 적지 않다. 이들 중 15%가 지난 1년 기간에 프랜차이징이나 복제, 그리고 또 다른 15%가 합병으로 성장의 스케일링을 추진하였다(앞글: 5). 이런 대형 사회적기업에 비교하면 전체 사회적기업의 프렌차이징이나 합병은 각기 7%, 4%에 불과했다.

사회적기업이 사회적 임팩트를 증대시키는 스케일링의 전략은 크게 네 가지로 구분된다. 비즈니스 확장(expanding), 복제(replicating), 파트너링(partnering), 지식공유(sharing knowledge)이다(앞글: 6-8).

1) 확장을 통한 임팩트 스케일링

조직 성장, 합병과 흡수(M&A), 다변화가 확장의 스케일링에 해당된다. 사회적기업이 선택하는 기초는 새로운 시장과 새로운 지역으로 임팩트 스케일링을 추진하는 데 새로운 제품이나 서비스를 통한 방법 또는 제품과 서비스 모두를 복합한 방법 등이 있다.

첫째는 조직의 성장 전략이다. 검증된 사회적 임팩트로 통합된 운영 모델을 갖춘 사회적기업들이 조직 성장을 선호한다. 조직 성장을 통해 더 많은 수혜층에 접근해, 서비스나 제품의 질 개선으로 사회적 임팩트 스케일링을 결정한다. 사회적기업은 중소기업과 마찬가지로 규모의 경제에 기반해 비용을 줄이고 운영과 과정의 효율성과 생산성 증대를 추구한다.

둘째는 합병과 흡수(M&A) 전략이다. 전략적 판매를 통해 또는 다른 조직들의 합병을 통해 이미 알려진 또는 새로운 지역이나 부문에서 성장의 스케일링을 목표로 할 때 유용한 전략수단이 된다. 재정 위기와 같은 불리한 경제 상황에 직면한 사회적기업에게는 모계 사회적기업이 제공하는 비

표 7-13 프랑스의 Groupe SOS

1984년 창설된 Groupe SOS는 세계 최대 규모의 사회적기업이다. 규모 확장으로 사회적 배제에 맞서는 사회 행동이 주요 활동이다. 350개의 다양한 조직 구조를 갖추고 있는데, 사회적기업을 비롯해, 상업적 기업, NGO, 협동조합 등이 그것들이다. 또 활동 분야도 아동 케어, 노인 케어를 비롯해 장애인 케어, 보건케어와 사회적 주택, 케이터링, 운송, 공정무역과 커뮤니케이션 등 다양하다. 또 약물중독, HIV/AIDS 치료 사업도 한다. 사회서비스가 많기 때문에 정부 용역사업이 전체 수입의 75%를 차지하고, 기타 수입은 민간부문과의 파트너십으로 생산된 110만 유로 규모이다. 정부의 보조금은 전체 예산의 1% 미만이며, 또 약간의 유럽 사회기금(Social Fund) 지원이 있다. 사회적기업으로 독특한 거버넌스 구조를 갖추고, 주주들이 없으며 이윤의 배분도 없다.

Groupe SOS의 성장 전략은 규모의 경제, M&A, 다양화 전략이다. 1995년, Groupe SOS는 회계, 법률 서비스, 금융, 인력자원 기능들을 하나의 '경제적 이해그룹'으로 통합시켜 자원과 관리과정의 최적화를 추진하였다. 또 재정 문제를 겪는 사회적기업들을 인수하는 방식으로 사업 확장을 꾀했다. 또 Groupe SOS는 사업의 다양화를 위해 여러 사회적 이슈들에 대한 혁신적 처방을 창출하는 도전을 했다. 최근에는 노동통합에 관여해 사업을 확장해왔다.

프랑스를 넘어 세계적으로 사회적기업의 임팩트를 확장하기 위해 두 가지 혁신 프로그램을 개발하였다. 하나는 사회혁신(Social Novation) 프로그램으로 일부 유럽 사회기금의 재정지원으로 (지역 이해관계자 면담으로 파악된) 미해결의 사회적 욕구들의 틈새시장을 개발해 사업을 추진한다. 기존의 유사 사업의 임팩트 개선 방식 또는 새로운 사업 창출 방식으로 지역 이해관계자와의 과정별 협의를 중시한다. 이같은 오픈 소스 이니셔티브(open-source initiative)는 SOS 내부나 외부, 다양한 분야의 전문가들(협회, 공공기관 등)의 융합적 실행그룹들을 조직해 서로의 연대와 교류를 증진시켜 사업의 성과를 높인다. 다른 하나는 연대 대사(Ambassadeurs Solidaires) 프로그램으로, 세계의 Groupe SOS 대사들이 지역 이해관계자와 파트너십을 갖고 사회적기업의 확장을 위한 전문성을 공유한다.[8]

Groupe SOS는 다양한 현장에서의 조직 성장, M&A, 다양화의 혁신적 스케일링 전략을 복합시켜 수년 기간에 걸쳐 사회적기업의 역량을 확장시키는 사례이다. Groupe SOS의 성공은 미충족의 사회적 욕구를 파악해 자체의 금융 자원을 다양화시키는 역량에 있다.

자료 OECD 2016: 7.

즈니스와 노하우 지원 덕분에 생존의 길을 탐색할 수 있는 전략이 된다. 그럼으로써 사회적 임팩트 스케일링도 가능해진다.

셋째는 다변화(Diversification) 전략이다. 사회적기업이 사회적 미션 추구를 위한 비즈니스 활동의 다양화로 사회적 임팩트 스케일링을 추구할 수 있다. 전략적 수단으로는 수직적 가치사슬에 활동을 추가하거나 수평적 방법으로 기존의 비즈니스 부문에 새로운 활동을 추가해 전문성을 구축하는 방법 또는 완전히 새로운 활동 분야로 비즈니스 확장을 하는 (그럼으로써 복합기업(conglomerate)이 되는) 방법 등이다.

2) 프랜차이징을 통한 임팩트 스케일링

사회적기업은 다른 지역에서 사회적 임팩트 창출에 성공한 모델이나 방법을 복제해 스케일링을 시도해볼 만하다. 복제의 장점은 조직의 확장을 하지 않고서도 스케일링을 해서, 지역 오너십을 가지며, 또 다른 사회적기업들도 신속하게 복제해 적용시킬 수 있다는 점이다.

사회적기업은 공식적인 과정을 거치지 않고도 교훈이 되는 모델이나 사례를 복제하는 등 일시적 복제가 가능하다. 또는 사회적기업의 지점이나 사회적 프랜차이징(social franchising)을 통한 공식적인 복제 과정을 거칠 수도 있다. 사회적 프랜차이징은 사회적기업의 검증된 비즈니스 모델의 신속

---

8 자료는 http://www.groupe-sos.org/en; http://www.groupe-sos.org/actus/2402/Ambassadeurs_solidaires 참조. 프로그램은 12개 도시에서 시행 중이다(London, Milan, Mumbai, Singapore, Montreal, New York, San Francisco, Sao Paolo, Seoul, Hong Kong, Buenos Aires and Cape Town).

표 7-14 Le Mat 사회적 프랜차이징

Le Mat는 호텔, 호스텔 창출로 관광, 지역개발 사업을 하는 사회기업가들의 소셜 프랜차이즈 시스템이다. 첫 호텔이 1985년 트리에스테에 건축되었고, 2005년 유럽 프로젝트로 Le Mat 브랜드와 네트워크가 개시되었다.

2005년 설립 이래로 Le Mat는 이탈리아를 비롯해 스웨덴, 영국, 폴란드, 헝가리 등 일부 지역들로 확장되었다. 사회적 프랜차이징의 특징으로, 프랜차이지 사회적기업들의 지역 특색(문화, 지리, 건축, 재화 생산, 사회적 배경)에 적합한 비즈지스 모델을 독특하게 개발해 적용한다. 지역 특유의 퀄리티 핸드북(Quality Handbook)이 비즈니스 일상과 관리 규율을 설명하며, 또 취약층의 회원과 고용인 우대도 포함되어 있다. Le Mat 퀄리티 보증 카드(Quality Assurance Card)는 손님의 피드백과 평가를 받고, 마케팅, 판매, 가구, 지역 관광 시스템, 훈련, 조직과 비즈니스 기획 등 매뉴얼을 제시한다.

사회적기업은 사회적 프랜차이징을 통해 검증된 모델의 재생산을 선택해 사회적 브랜드 가치를 쉽게 복제할 수 있다. 사회적 프랜차이저의 노하우를 매뉴얼, 핸드북으로 취득해 효율적인 관리와 판매활동을 할 수 있다.

참고 Le Mat 홈페이지 http://www.lemat.it/en

자료 OECD 2016: 7.

하고 정확한 복제가 가능하다. 모조직(parent organisation)과 기본사항(패러미터, parameter) 복제 계약을 체결하는 방식이다. 패러미터에는 사회적기업의 운영, 제품이나 서비스의 판매나 유통 등이 포함되며, 또 마케팅, 훈련 절차도 포함될 수 있다. 이상과 같은 내용을 기술하는 매뉴얼을 모계 사회적기업이 새로운 사회적기업들(프랜차이지, franchisee)에게 제공하고, 관리 실행방안도 제시해, 유통과 관리 시스템의 품질 보증이 되며, 또 사회적 브랜드 가치 보증 수단이 되기도 한다. 지점이나 프랜차이징 전략은 사회적 브랜드에 대한 공공, 민간, 소비자의 인지도를 높여 사회적기업의 새로운 시장 접근을 촉진하는 수단이 될 수 있다.

국내에서도 사회적 프랜차이징이 점차 늘고 있다. 돌봄사회서비스 공급 기업인 (주)온케어, 취약계층이 생산하는 생산품과 친환경상품을 판매하는 매장인 서로좋은가게, 또 전국자활기업인 (주)희망나르미는 전국 130여개 기초지자체 가맹 사업장을 두고 배송사업을 하면서 기초생활보장 수급자 등 빈곤층의 일자리 창출에 기여하고 있다.

3) 파트너십을 통한 임팩트 스케일링

다른 조직과의 파트너십 전략도 중요한 스케일링 전략이 된다. 공공기관을 비롯해 민간 기업 또는 다른 사회적기업의 파트너가 될 수 있다. 파트너십으로 새로운 시장 접근을 비롯해 역량 강화 등 스케일링 전략을 추진할 수 있다. 새로운 지역에 지부나 사회적 프랜차이즈를 개발하거나 또는 기존의 사회적기업을 확장시키는 데 상당한 자원을 필요로 한다. 이를 파트너십으로 해결하며 상호 혜택을 공유하는 방식이다. 첫째, 사회적기업은 복지서비스 계약을 체결하거나 다른 기관들과 공동으로 용역 입찰에 참여하는 방식도 있다. 둘째, 파트너 기관의 인프라를 이용한 혜택을 공유할 수 있다. 인프라는 제품이나 서비스의 분배 채널이 되어 다른 소비자층에 접근하는 기회를 확장시킨다. 셋째, 파트너로 참여하는 공공기관들은 사회서비스 공급에서 혁신적 접근법을 주류 전략으로 삼아 서비스 개선과 효율성 제고의 혜택을 누릴 수 있다. 마지막으로, 파트너십에 참여한 민간 기업들은 브랜드 가치 등을 누릴 수 있다.

표 7-15 비즈니스 준비(Ready for Business) 컨소시움

비즈니스 준비(Ready for Business)는 스코틀랜드 제3섹터와 영리기업 사이의 혁신적 파트너십이다. 2011년 정부로부터 제3섹터 개발 재정지원을 받는 대표적인 제3섹터 연대기관들(CEIS, 스코틀랜드 사회적기업, Senscot)과 민간기업 KPMG, MacRoberts LLP, 지속가능조달(Sustainable Procurement Ltd)의 컨소시움을 형성하였다. 비즈니스 준비 컨소시움 참여 조직들은 공공조달 과정과 용역 입찰에 각자의 지식과 경험을 결합시켜 제3섹터 조직들을 공공기관과 연계시키는 맞춤형 프로그램을 기획한다. 이같은 민관 파트너십의 창출, 개발, 관리의 공조뿐 아니라 제3섹터 조직들의 컨소시움 형성을 지원하는 역량개발 지원도 한다. 2011년 12개의 클러스터가 설립되어 용역입찰에 참여하는 지원을 받았다. 지방 공공기관과 구매기관들이 행사에 참여해 제3섹터 공급기관들과의 용역에 관련된 기회와 문제들에 관한 의견을 교환하며 자문하고, 공공 및 사회서비스 개선에도 도움이 되는 기회를 가진다. 전략적 파트너십을 통해 사회적기업은 개별적으로 관리하는 방식보다 훨씬 더 많은 임팩트를 달성하는 기회를 가진다. 첫째, 전략적 파트너십은 참여 조직들의 지식과 경험을 결합시켜 자본화한다. 파트너들은 위탁, 조달 및 제3섹터 관여를 통해 공공기관과의 관계에서 발생하는 여러 문제 해결에 공조한다. 각 조직은 상대적 어드밴티지로 기여하며 파트너들은 서로 학습하며 임팩트 생산을 개선한다. 제3섹터 조직들은 입찰과 조달 기술을 학습한다. 둘째, 파트너십은 자원 접근과 유치의 기회를 제공한다. 제3섹터 조직들은 컨소시움 참여로 시장접근 기회를 늘린다. 참여 조직들 전체가 임팩트 스케일링에서 윈윈하는 전략이 된다. **참고** Ready for Business 홈페이지: http://readyforbusiness.org/about-us/

자료 OECD 2016: 8.

4) 지식 공유로 임팩트 스케일링

사회적기업은 지식공유를 통해 스케일링 과정의 촉진이나 보완을 꾀할 수 있다. 전통적인 기업들과의 상호작용의 지식공유는 상당한 교훈을 준다. 관리 실행방안, 성과 측정, 수입 창출 접근 등의 비즈니스 기술을 습

표 7-16 지식공유의 스케일링(프랑스 AVISE)

2003년 프랑스 사회적경제 개발 지원기관 AVISE는 지식전수 구조(*Transfert de savoir-faire*· TSF)를 개설하였다. 사회기업가 동류집단 교환의 목적으로 사회기업가들이 서로의 경험과 기술을 공유해 조직의 성장, M&A, 복제, 금융과 시장 접근, 사회적 임팩트 사정, 마켓팅 등을 증진한다. TSF 교육과정은 1~3일간 지속되는데 프랑스 정부와 유럽 사회기금의 재정지원으로 진행된다. 사회적 임팩트 확장을 위한 사회적기업들 사이의 지식 공유와 전수의 효과를 보여주는 전략이다. 지식 공유는 앞에 제시한 다른 세 가지 전략들과 쉽게 결합되어 사회기업가들의 혁신적 기술역량 구축에 기여한다. **참고** AVISE 홈페이지 http://www.avise.org/annuaire-des-dispositifs/transfert-de-savoir-faire

자료 OECD 2016: 8.

득해 스케일링에 적용할 수 있다. 사회서비스 전달에서는 다른 사회적기업과의 소통을 통해 학습하며 혜택을 누릴 수도 있다.

지식공유 등의 상호작용은 수시로 또는 공식적으로 추진될 수 있다. 라벨링, 공식 훈련과정 등은 전통적 기업이나 사회적기업이 노하우를 제공하는 사례들이다. 이는 공개적으로 많은 조직들의 참여를 유도하기 때문에 특별한 제한이 수반되지는 않는다. 일부 사회적기업은 특유의 조직 문화와 (과정 등의) 지식을 모델 복제를 기대하는 다른 사회적기업에 전수하기도 한다. 또 동일한 시장이나 지역 진출을 바라는 사회적기업과 공조하는 여러 조건에 관한 지식 공유도 가능하다. 이런 지식공유는 비공식적으로 네트워크 활동으로도 확산된다. 또 공식적으로는 새로운 파트너 조직에 스케일링을 위한 책임을 위임해 시장개척이 안 된 지역에 진출하도록 지원할 수 있다. 전반적으로 지식공유 과정은 지부 또는 사회적 프랜차이징 등의 다른 스케일링 전략과 보완적일 수도 있다.

제8장

사회적경제는 대안인가?

1. 사회적경제는 지속가능한가?

현대의 '사회적경제'는 국가의 사회정책으로 또는 시민사회의 발전전략으로 중요한 논의 대상이 되고 있다. 유럽에서 사회적경제의 부활은 학계 논의와 정부정책 추진을 활성화시킴에 따라, 그간 비영리섹터나 제3섹터가 국가나 시장의 관계에서 주변적 역할에 지나지 않았던 것이 이제 국정의 중심으로 이동한 뚜렷한 동향을 보여준다. 그래서 다음과 같은 낙관론이 제기되고 있는 것도 사실이다. 이제 사회적경제는 "복지국가와 공존하거나 그것을 대체하는 존재가 되고, 자원의 결핍으로 침체된 공동체의 사회적 욕구를 충족시키며, 사회적으로 유용한 재화와 서비스를 거래하는 사회화된 시장에서 직업과 기업을 창출하는 새로운 경제적 순환을 생성하며, 훈련과 기술의 양식을 역량과 신뢰구축과 복합시켜 사회적 배제층에게 임파워먼트를 제공하고, 또 인간적, 협동적, 지속가능하며 대안적인 사회적경제 조직 형태를 창출하는" 등 창의와 혁신의 활동을 하고 있다(Hudson 2005: 1).

1) 21세기 초의 비관론

21세기 초의 사회적경제에 대한 주요 연구들의 평가는 몇 가지로 요약될 수 있다(주성수 2010: 227-30). 대표적인 사례가 되는 영국은 당시에 가장 적극적이고 광범위한 사회적경제 정책을 '제3의 길' 국정철학으로 추진했음에도 사회적경제에 대한 성과에서는 부정적인 분석이 적지 않았다. 사회적기업에 관련된 종사원은 전체 노동인구의 6.6%에 달하고, 사회적기업의 일자리 마련 실적은 일반 시장의 5~6배에 달했으며, 정부의 재정투입도 21세기 초의 수년간 연간 10% 이상의 실질 성장률을 보였다. 그런데 사회적경제가 한창 번창하던 1997~2000년 기간에 실시된 대형 사회적경제 연구 프로젝트의 주요 결과들은 다음과 같은 심각한 문제들을 제기하였다(Hudson 2005: 5-9).

첫째는 전국적으로 모범 또는 모델이 될 만한 사회적경제 또는 사회적기업 모델은 찾기 어렵다는 것이다. 지방의 실정에 따라 부분적인 성공사례만이 있을 따름이다. 글라스고우에서는 강력한 노동당 기반의 지자체가 사회적경제 조직들의 등장과 활동에 유리한 환경을 제공해주고 있다. 또 비슷한 산업, 사회적 조건에 있는 지역마다 다양한 차이를 보여준다.

둘째, 사회적경제는 주류 국가와 시장의 관계를 떠나 그 개념을 올바로 정의할 수 없다는 점이다. 역사적으로 사회적경제는 여러모로 정부에 의존한다. 일부 사회적기업들은 정부와의 관계에 상관없이 성공적인 비즈니스 실적을 갖고 있지만 많은 사회적기업들은 정부의 보조금이나 공공기관과의 서비스 계약으로 성장하고 있다. 또 사회적기업의 번영은 영리기업과의 관계를 떠나 존재하기 어려운 상태에 있다. 영리기업이 융성한 런던이나 브리스톨에서 사회적기업은 이들의 지원을 받아 번성하고 있다. 지방기업 임원들의 임시적 파견, 물자의 구매나 재정적 기부, 사회적경제에서 재훈련된 인력에 대한 지방 노동시장의 흡수역량에 의존한다. 반면에 탈산업화되어 경제적으로 빈약한 지방에서는 이런 기업들이 사회적기업 활동을 지원할 수 있는 여건들이 제한적이다.

셋째, 사회적경제는 실제로 지방공동체의 자원에 크게 의존하지 않는다는 것이다. 사회적으로 배제된 낙후된 지방공동체에서 지역경제를 활성화하기 위한 기술과 자원이 부족하고, 활동하는 사회적경제 조직들도 초보적 수준에 있어 사회적 욕구 충족이나 경제 활성화를 위한 사회기업가들은 거의 존재하지 않는다. 사실 사회적경제의 성패가 달려 있는 지방공동체의 유대적, 시민들의 활성적 참여가 중요한 요소들이지만 실제사정은 그렇지 않다는 것이다.

넷째, 사회적경제가 일자리 창출, 기업가정신, 지역활성화, 복지제공에 혁신적인 역할을 한다는 것은 천진하고 비이성적인 판단이 될 수 있다는 것이다. 사회적경제의 역할은 국가와 시장과 동등한 수준의 핵심적인 역할이 아니라 보조적인 역할을 하며 장기적으로 대안적 처방을 할 수 있다는 기대에 지나지 않는다. 지방단위에서 작은 서비스 생산과 공급의 실험들이 축적되면 기존의 정부와 시장의 방식과 다른 새로운 창의적 변화를 기대해 볼 수 있다.

2) 금융위기 이후의 낙관론

그런데 2008년 금융위기 이후 경제위기의 지속 추세는 새로운 변혁을 요청했는데, 그것은 정부와 기업과 시민사회 모두에서 공통적인 '혁신'(innovation)이라는 특징이 있다(주성수 2017a: 20-21). 경제위기의 여파로 심각한 수준에 달한 사회통합의 문제를 해결하는 데 정통적인 주류 처방으로 의존해왔던 방식들이 이제는 한계에 이르렀다는 것이 더욱 분명해졌다. 공공부문의 확대가 초래한 재정적 한계와 글로벌 경제의 새로운 복잡성과 불안정성이 초래된 심각한 결과이다. 국가는 더 이상 사회정의와 경제자유 사이의 균형을 유지하게 하는 유일한 가능한 공급자로 간주되고 있는 것은 아니다(EC 2013: 13).

복지국가 모델의 한계 또한 뚜렷하다. 새로운 사회적 요구들은 복잡다양화되며, 양질의 서비스 공급 문제와 재정적 한계 등은 전통적인 복지국가 모델로 해결하기 어려운 한계를 보여준다. 유럽 국가들은 국가 차원의 개혁조치들을 도입해, 경제위기로 초래된 서비스의 수요와 공급 사이의 불균형 문제를 해결하기 위한 방안으로 전통적인 국가적 개입 방식이 아닌 비영리 사회적경제 조직들의 기업가정신에 의한 혁신적 처방에 기대하고 있다(앞글: 16). 교육, 보건, 사회복지 서비스 등의 핵심 영역에서 수요와 공급의 불균형이 두드러지게 나타나며, 이 영역들이 사회적경제 조직들의 새로운 사업과 활동의 영역으로 부각되고 있다.

또 사회경제적 측면의 심각한 변화들로 인해 많은 전통적인 지혜와 가치에 대한 의문이 제기되고 있다. 많은 부가 생산되고 있지만 동시에 사회적, 경제적 불평등이 두드러지게 확대되고 있다. '사회적 계층 상승이동'은 줄고, 삶의 질이 악화되며, 사회통합이 저해되고 있다는 인식이 확산되고 있다. 사람들은 자신들이 통제할 수 없는 경제적 전환의 여파로 고통을 받으며, 대부분이 사회적 배제나 무력감을 인식하고 있다.

이런 상황에 대한 시민들의 반응은 복합적으로 분열되고 있다. 한편으로는 고립과 개인주의 확대와 다른 한편으로는 사회적 이슈들에 참여해 해결하려는 의지 사이에서 점차 양극화되고 분열되고 있다(앞글: 16). 지금의 도전들을 대응하기 위한 대안의 조직화 시도는 전통적인 정당이나 노조 밖에서, 덜 위계적이고, 더 참여적인 조직 형태에 초점을 맞춘다. 젊은 세대들 사이에서도 탈집중화, 탈의존적인 새로운 조직형태에 대한 관심이 모아지고 있다. 사회적 이슈들에 대한 새로운 민감성과 관심이 시민들의 행태의 특성으로 정착되고 있다. 지금도 지속 중인 경제위기는 시장, 국가, 제3섹터, 개인의 역할에 대해 재고할 것을 요청한다.

그 결과 다음과 같은 몇 가지 동향이 나타나고 있다. 시민 개인 차원의 사회적으로 책임 있는 행동, 시민사회단체들에 의한 직접적인 상향식의 '공익' 서비스 제공, 공공 및 민간 부문에서의 (사회적 혁신에 대한 관심의 증대와 함께) 경제적, 금융적 활동의 사회적 임팩트에 대한 관심 증대 등이 그것들이다(앞글: 17). 이같은 아래로부터의 상향식 이니셔티브들은 시장과 공공정책의 실패에 대한 사회의 '내재적 반응'이며, 또 시민의 책임감을 확고하게 표현한 것으로 해석될 수 있다. 사회적 반응에 참여하는 모든 조직들은 동기, 행태, 원칙들(연대, 상호성, 관리에 직접 참여, 정의와 평등 추구, 사회적 임팩트 달성의 책무성)에 기초한다(앞글: 17). 이 조직들은 경제적 발전은 사적 이해를 추구하는 개인들의 행동에서 비롯될 뿐 아니라 개인들의 투자와 집단적 행동의 혁신적인 결합과 공공 재화의 생산에 관여하는 지역사회의 집합적 행동에도 기인한다는 것을 중시한다(앞글: 18). 실제로 사회적, 지역사회, 협동조합 기업들은 경제 위기의 상황에서도 비즈니스 성장을 이룩할 수 있었던 것은 우연이 아니었다.

많은 기업들도 변화하고 있다. 기업들은 비즈니스의 사회적 결과에 더 많은 관심을 갖고 복합적인 이해관계자들과의 관계 개선에 더 개방적인 노력을 하고 있다. 이같은 개방성은 비즈니스 과정에서의 사회자본과 평판의 중요성에 대한 인식의 증대와 일치하는 흐름이며, 이로써 기업들은 미션에 사회적 차원을 포함시키는 등 복합적인 목표들을 통합하고 있다. 전통적인 비즈니스 모델들 또한 변화해, 기업들은 이제 경제적 차원에서의 관계의 시스템(system of relationships)뿐 아니라 사회가 공유하는 다른 가치들과의 조화를 추구하는 비즈니스 운영도 해야만 한다(앞글: 18).

사회적경제 조직들은 사회적 가치 증진의 장점을 보여준다. 이들의 공통적인, 전통적인 기업들로부터 구분되는 가장 중요한 특징은 이윤추구와 소유주에 대한 수익배분을 중시하지 않는 활동을 궁극적인 목표로 한다는 점이다. 실제로 사회적경제 조직들이 추구하는 핵심 목표는 자신들의 구성원들과 지역사회에 필요한 (고용을 비롯한) 재화와 서비스의 제공, (공익에 부합하는 서비스의 제공 등의 사회 전체에 혜택이 되는 활동 등) 공익을 위한 목표 추구 등이다. 공익 서비스는 기본 욕구의 충족, 사회적 포용, 경제성장, 환경보호 측면에서 지속가능한 경제적, 사회적 개발에 기여하는 핵심적인 역할을 한다. 공익 서비스는 기본적인 권리의 향유를 위한 기본전제가 된다.

사회적경제는 거센 지구화의 영향에서 과연 생존할 수 있는가 하는 문제에도 많은 논의가 집중된다. 지구적 시장세력이 지구촌의 생활 구석구석까지 적지 않은 영향을 미치고 있는 신자유주의 지구화 질서는 대량실업과 경제침체 등 경제적 위기 상황과 복지국가의 변화를 초래해 국가의 역할을 복지보장자에서 규제자로, 보조금 지원자에서 공공서비스 시장개척자로 바꿔놓고 있다. 이런 지구적 시장세력의 헤게모니가 지속되는 상황에서 개인주의와 능력주의나 경쟁적 경합보다 공동의 목적과 협력이나 연대를 중시하는 가치를 유지하기란 매우 어렵게 되었다. 그러나 정반대로 이런 위기의 상황이야말로 사회적 유대나 연대 등의 사회적 목적을 중시하는 가치의 재정립이 필요한 적절한 시기라 볼 수 있다(Llyoyd 2007: 66).

신자유주의는 사회적경제에 어떤 영향을 미치는가? 신자유주의를 상징하는 워싱턴 합의(Washington Consensus) 사고를 가진 성장우선의 경제적 논리는 빈곤해소, 양극화, 불평등을 조장했다는 평가를 받았고, 신자유주의의 산실 역할을 했던 세계은행까지도 여러 보고서를 통해 이 점을 인정하였다(Green 2008: 5). 따라서 빈곤타개와 실업극복에 초점을 맞춘 사회적경제 조직들의 역할은 크게 늘었다고 볼 수 있다.

한편 신자유주의와 사회적경제의 관계에 대해서는 후자가 전자의 전략으로 이용되고 있다는 부정적인 평가가 지배적이지만 다른 긍정적 시각도 있다(Shragge et al, 2001: 9). 공직자의 높은 임금으로 제공되는 공공서비스가 사회적경제에서 일하는 저임금노동자들에 의해 저렴하게 공급되는 사회서비스로 바뀌는 경제적이고 효율적인 전략이라는 것이다. 동시에 일자리를 만들어 실업자를 구제하는 이중의 사업효과가 있다고 평가한다. 부자들과 중산층 이상의 경제적 여유가 있는 사람들은 시장서비스를 이용하고, 빈곤층은 스스로의 '사회적 소득'으로 사회적경제 조직을 통해 제공하는 사회서비스를 이용하는 이중적 구조가 새로운 '신자유주의적' 복지국가 모델이 되고 있다는 것이다. 부에 기초한 다양화된 시민권의 접근이라고 본다. 또 다른 일부는 긍정적으로 본다. 국가와 공동체섹터 사이의 거버넌스의 진전으로 사회정책에서 공동체의 목소리와 이해가 반영되는 기회로 본다. 국가와 시장의 구조조정으로 배제된 계층의 사람들을 사회적경제가 일자리를 찾아주고 서비스를 제공하며, 임파워먼트 강화 사업을 하는 기회가 확대된 것으로 간주하기도 한다.

신자유주의 지구화 질서는 사회적경제에 위기이자 기회로 제시된다. 경제위기의 상황에서 사회적 목적을 중시하는 사회적경제 조직의 역할은 그 어느 때보다 필요하며 또한 정부정책으로 정당화되고 있지만, 반면에 사회적경제가 사회서비스 제공으로 정부의 역할을 대행하거나 경제적 수익을 앞세워 사회적 목적 추구를 뒤로 함으로써 돌이킬 수 없는 신자유주의의 덫에 갇히게 될 수 있다는 경계의 목소리도 강하다. 따라서 지금의 사회적경제는 국가, 시장, 제3섹터 등 무수한 이해관계자들이 참여해 서로 다른 배경의 거대한 다양성이 혼합되어 작용되는 하나의 '혼합적' 다원주의 모델로 이해해볼 수 있다. 이런 혼합적 특성 때문에 사회적경제는 확고한 개념정의에 의해 독자적인 영역을 갖고 있다기보다는 일종의 "중개적 과정들"의 복합체를 이루고 있다고 볼 수 있다(Llyoyd 2007: 70-71). 그래서 거기에는 결사체, 파트너십, 이해관계의 형성, 공동벤처투자, 공동용역, 상조적 지원 등이 작동하는 북새통이라고 볼 수 있다. 이런 중개적 과정들과 장치들의 장점은 신경제레짐이 자유주의적이거나 개인주의적 가치, 자유시장, 규제받지 않는 자본의 흐름과 지구적 팽창에 확고한 국정의 초점을 맞추는 사회에서 그로 인해 발생하는 사회경제적 폐해를 완화시켜주는 중요한 역할을 한다는 것이다.

영국의 브렉시트(Brexit), '미국 우선주의' 등 지구화에 역행하는 새로운 변혁을 주목해볼 만하다. 실제로 지구화는 글로벌 경제를 '빈익빈, 부익부'의 불평등 세계로 재편해온 것이 사실이다. 그래서 지구화의 혜택이 고루 배분될 수 있도록 지구화를 교정해야 한다는 시각이 이제 주류를 형성하고 있다(OECD 2017: 1). 그럼에도 지구화를 역행하게 되면, 보호주의의 확대로 오히려 부와 기회의 순손실이 발생하고 위험스러운 자국 중심의 정책들로 지난 수십 년간 이룩해놓은 혜택들 대부분이 리스크에 처해지게 될 것이다(앞글: 1).

글로벌 금융위기는 단순한 경제질서의 붕괴 이상으로 지속적인 글로벌 거버넌스(global governance)의 실패를 의미했다. 글로벌 금융위기뿐 아니라 글로벌 불평등의 증대, 에너지와 식량위기, 기후변화, 글로벌 전염병 등 글로벌 도전들도 인류 모두에게 심각한 문제가 되는 중대 이슈들이다. 세계경제의 거버넌스는 금융위기 이후 취약층 보호에 실패했다. 이뿐만 아니라 각국 정부들이 국민들을 보호하고 빈곤층의 생계보장 유지에도 효과가 없는 정책들을 추진해서 스스로가 경제적 보장을 잠식시켰다(Jayadev 2010: 1-2). 또 불평등과 배제, 폭력과 극단주의, 난민과 이주, 오염과 환경퇴화 등은 모두가 인간이 자초한 문제들로 사회적경제의 주류화로 혁신적 처방이 보완될 필요가 있다. 나아가 개별 국가들의 행동뿐 아니라 어느 한 국가의 노력만으로 달성할 수 없는 글로벌 성과를 내기 위한 집단적 역량의 구축, 즉 글로벌 거버넌스에 의존할 수밖에 없다(UNDP 2016: 137).

2. 복지국가와 시장경제의 대안인가?

사회적경제가 왜 필요한지, 그것을 정당화하는 철학과 규범에는 몇 가지 근거가 있다. 유럽국가들은 그것을 복지국가의 개혁, 기업 비즈니스 활동, 필요의 경제 등으로 정당화하고 있다(Hudson 2005: 15-19).

1) 사회적경제의 정당성 규범

첫째, 사회적 배제층이 사회적경제에서 훈련을 받아 노동시장에 진입해, 자원의 효율성을 높이며 지방공동체의 활성화에 기여한다. 더 중요한 것은 정부에 의해 공급된 공공서비스를 제3섹터, 사회적경제가 대신하여 비용을 절감하고, 궁극적으로 '복지다원주의'를 지향하므로 사회적경제는 정당화된다는 점이다. 그러나 사회적경제가 특정지역의 특정집단을 타깃으로 하기 때문에, 복지국가를 대신해 선별주의가 보편주의를 대신하는 복지국가 모델을 추구한다는 비판도 제기되고 있다. 그것이 민관 파트너십이라는 미명으로 추진되는 오류라는 것이다. 제3섹터는 복지국가에 대한 '대체'가 아니라 '보충'에 머물러야 한다는 것이다. 대신하는 게 아니라 보충적으로 충족되지 않은 욕구에 대한 서비스 제공이나 아직 마련되지 않은 일자리를 보충적으로 더 마련하는 역할에 초점을 맞춰야 한다는 것이다.

두 번째는 비즈니스 활동이다. 사회적경제의 '비즈니스' 중시는 공공서비스 생산과 공급 역할에 지나지 않으며, 이제는 사회적 목표가 비즈니스 목표에 도전받는 정당성마저 수용될 수 있다는 점이다. 그렇게 하지 않으면 사회적기업이 생존하기 어렵다는 주장들이 등장하고 있다. 그럼에도 이런 신자유주의 시각에서 사회적경제를 접근하는 정책은 결국 주류 시장경제에서 팽배한 불평등 구조를 사회적경제 영역으로 재생산하는 심각한 오류를 범한다는 경고가 설득력을 얻고 있다(Bowring 1999).

마지막으로 사회적경제는 '필요의 경제'를 추구하며, 주류경제에 대한 대안이 될 수 있는 가능성으로 보여준다. 지구화 시대에 국가 간 경쟁이 심화되면서 국가-시장의 공동전선으로 경쟁력 강화와 효율성 중시를 지향하는 분위기에서 사회적 욕구에 대한 충족은 더욱 심각한 사회적 이슈가 되고 있다. 복지국가의 복지제공의 축소, 실업과 사회적 배제의 증가, 완전한 시민권의 후퇴 등 일련의 전위(dislocation)가 심각한 지경에 이르고 있다. 그러나 사회적 배제층의 임파워먼트와 복지제공에 초점을 맞춰 성업하는 혁신적인 사회적경제 조직들의 사례는 주류경제에 대한 대안의 가능성을 일부 보여준다. 건실한 비즈니스 활동을 하면서 사회적 혁신을 보여주며 유대와 연대의 에토스를 지향하는 모범 사례들이 점차 늘고 있는 것도 사실이다.

한편 아민 등(Amin et al. 2001: 14-5)은 공공서비스 영역에서 복지국가를 대체하는 새로운 체제의 정착을 낙관적으로 분석한다. 그들은 사회적경제가 사회적 배제층의 노동시장 진입을 돕는 '노동시장 중개조직' 역할, 즉 정부나 기업의 일자리 창출 역할의 한계를 매워주는 보충적인 역할을 중시한다. 그렇지만 사회적경제 영역에서 아직 많은 적절한 일자리가 만들어지고 있지 않아 유럽 어느 국가에서도 노동인구 10% 이상을 고용했다는 획기적인 사회적경제 역할은 아직 찾아볼 수 없다. 아민 등은 복지국가에 대한 '보충적' 역할이 점차 '대체적' 역할로 변화되는 발전의 가능성을 보여주는 사례로 공공서비스 영역을 꼽는다. 사회적경제 조직들은 국가의 무수한 공공서비스를 생산하고 공급하는 주체자로 발전하고 있다. 중앙정부의 지원을 받고 지자체가 파트너가 되어 공공서비스의 상당부분이 이미 사회적경제 조직들의 '제도화된' 복지국가 파트너 역할로 생산되며 공급되고 있다. 이런 변화는 급진적 진전을 보여주는 것은 아니지만 점진적으로 확대되어, 결국 '복지국가'가 '복지다원주의'로 패러다임이 이동하는 방향으로 나아가고 있다는 분석이다.

그럼에도 복지국가의 효율성과 정부재정지원의 삭감에 기초한 사회적경제의 경쟁력 강화 등 난제들도 적지 않다. 따라서 지금의 추세를 '복지다원주의'로의 패러다임 이동으로 보는 것은 아직 설득력이 약하다고 볼 수 있다. 정부의 재정지원에 의존해 복지국가 대리자 역할을 해온 사회적경제 조직들이 정부지원이 삭감되고 시장경쟁이 강화되는 상황에서 인건비를 삭감해 낮은 생산비로 양질의 공공서비스 생산과 공급을 할 수 있는지는 많은 의문이 따른다. 사회적기업들도 수요를 충족시키며 공급을 유지할 수 없고 가장 중요한 것은 역량을 재구축할 수 없는 상황에 있다는 것이다. 사회적기업 등 사회적경제 조직의 역할은 지리적으로 국한되어 일부 계층에게 한정한 제한적인 복지서비스를 제공하고 있을 따름이다. 따라서 스칸디나비아에서처럼 사회적경제는 사회적 배제층의 노동시장 진입이나 이들의 복지서비스 욕구충족 등 복지국가의 역할을 보충하는 데 그칠 수밖에 없다(앞글: 14).

둘째, 사회적기업의 비즈니스 에토스는 어느 정도까지 가능한가? 또 반대로 사회적기업은 시장경제에 맞서는 '대안적' 경제를 개척할 지속가능성을 보여주는가? 신자유주의 사상에서 사회적기업은 비즈니스 에토스로 무장해 수익을 창출하면서 실업자의 빈곤타개와 일자리 마련 등 사회기업가 역할을 해야만 한다. 그렇지 못한 사회적기업은 정부가 매각하거나 생존하는 사회적기업은 시장주도적 벤처를 정당한 것으로 인정해주는 모범이 되어야 할 것이다. 그러나 사회적기업을 '비영리', '공동체 비즈니스', '수익보다 욕구'에 치우친 비효율적 조직으로 비판하는 신자유주의자의 주장이 정당화될 수 있는가? 그래서 사회적기업이 비즈니스에 우선적으로 충실하면 사회적기업의 목표를 달성할 수 있는지는 많은 의문이 제기된다. 이런 주장이 등장한 배경에는 사회적기업이 자체 생산역량도 취약한 상태에서 정부지원이 삭감되자 도산하는 사례들 때문이다. 스코틀랜드 사회적기업들이 실패한 사례들에서 제기된 교훈은 사회적기업이 주류시장에서 경쟁력을 갖는 것이 중요하다는 것이다.

그래서 일반회사처럼 수익극대화를 위한 변화가 필요한데, 사회적 목표의 조정, 사기업 관리자의 이사 영입 등 시장정향적 처방이 주로 제시되고 있다(앞글: 14-15). '벤처'로의 변모라고 볼 수 있다. 사회적기업은 고객과

만나는 시간을 투자해야 하고, 수익보다 욕구를 먼저 검토해야 하며, 지역사회 이해를 세심히 알아봐야 하고, 노동자와 이용자의 임파워먼트 강화에도 투자해야 하는 등 실제로 이런 사회적 목표 때문에 수익활동이 지장을 받는다. 그렇다고 이를 포기하고 수익활동을 우선한다면, 사회적기업으로서 생존할 수 있는지도 의문이다. 이런 사회적 활동을 하기 때문에 사회적 배제층의 고용과 이들의 주류시장 진출 등 경제적 목표도 실현되고 있다. 또 무수한 사례에서 사회적 목표를 추구하면서 수익사업으로 조직의 지속가능성을 키워가는 모범사례도 많다. 오히려 사회적 목표를 비즈니스 활동과 같이 병행하려는 시도들이 사회적기업의 존속을 위협한다고 볼 수 있다. 둘 다 실천하지 못하고 실패하는 것이다.

한편 주류 시장사회에서는 국가-시장의 공조로 경쟁과 소비주의의 경제적 조직이라는 새로운 아이디어가 진행되면서 사회적 욕구를 충족시키고 사회적 유대를 진흥하며 인적 자본을 개발하기 위한 경제적 조직이라는 아이디어를 구축하고 있다(앞글: 16). 악화가 양화를 구축하는 것이다. 이런 상황에서 정부의 복지서비스 제공은 제대로 이뤄지지 않고, 욕구 충족이 미흡하며 사회적 배제가 늘며 시민권의 제약이 뒤따른다. 이런 상황이 사회적경제가 사회적 목표를 추구하며 비즈니스 활동을 해야 하는 정당성을 확인해주고 있다. 사회적기업의 성공과 에너지는 '대안경제'의 가능성을 확실히 보여준다. 그들이 생산하는 시장경쟁력을 가진 재화와 서비스는 모두가 사회적 배제층을 고용해 이들의 임파워먼트를 강화하는 일련의 사회적 관리로 생산되고 공급되는 것이다. 이들은 또한 환경적 책임과 윤리적 소비 등 새로운 생산활동의 에토스를 시장에 보여주며 '대안경제'의 필요성을 확산시키고 있고, 많은 소비자들이 여기에 동참하고 있다. 또 사회적 배제층의 고용으로 생산활동을 성공시키며 노동이 자아와 사회적 향상의 매개

체라는 중요성을 일깨워주고 있다. 오히려 그들은 이런 '사회적기업'의 브랜드 가치를 높이고 있다고 볼 수 있다.

사회적기업은 결코 "성장의 기계나 일자리 창출의 엔진도 아니며 복지국가를 대체하는 것으로 간주할 수도 없으며, 그저 사회적 욕구를 충족시키며 사회적 시민권을 향상시키는 그런 다른 형태의 경제라는 작은 심볼이 될 수 있다"라는 확신이다. 이런 사회적경제의 대안적 역할로 시장경제가 피해를 보고 불안해진다기보다는 더욱 건실해질 수 있다고 보아야 할 것이다. 경쟁을 미덕으로 하는 시장경제는 고용불안과 빈곤 그리고 소득불평등을 야기할 수밖에 없고, 이에 사회적경제는 실업자에게 일자리를 마련해주고 빈곤을 극복하는 역할을 하며 시장경제를 더욱 정당화하고 강화해주는 '보완적' 역할뿐 아니라 적당한 견제와 경쟁으로 또 다른 경제를 개척하는 '대안적' 역할도 한다. 마찬가지로 시장경제에 기초한 효율성을 중시하는 복지국가의 역할이 위축되어 실업극복이 한계에 부딪히고 복지욕구를 충족시켜주기 어려운 상황에서 사회적경제는 복지국가의 파트너가 되어 복지 서비스 공급의 보충적 역할을 수행하며 복지국가의 위기를 타개하는 대안이 되고 있다.

2) 사람 중심의 '신'사회적경제

지구화와 신자유주의를 대신하는 대안적 경제는 가능한가? 캐나다에서는 '사람 중심의 경제'(people-centered economy)를 중시하는 낙관론이 제시되고 있다. "사회적, 보건, 경제적, 생태적 조건의 불평등 증대를 해결하고, 신자유주의 주도의 지구화의 실패에 대한 대안적 처방을 제시하고, 나아가 공동체의 사회적 자본의 약화를 차단하기 위한 처방으로 사회적경제의 개념과 프레임워크를 진전시키는 '글로벌 운동'의 확대를 낙관적으로 전망하고 있다(Trembley 2012: 14-5).

새로운 패러다임 탐색을 위한 리더십은 국가 제도권이 아니라 시민들의 이니셔티브로 발동될 것을 제시한다. 이는 지금의 세계적 위기가 "지배와 배타적 사적 축적의 원칙들에 기인한 것"이라는 비판적 인식을 바탕으로 한다. 시민들은 임파워먼트 강화로 기후변화, 사회 정의 등 주요 이슈들을 대처할 역량을 갖고 있으며, 시민들의 협력과 공조로 사회 전체를 재창출하는 패러다임 전환을 할 수 있다는 전망도 제기된다(Hawken 2008). 또 "새로운 사회적, 경제적 패러다임은 경제적, 사회적, 생태적 목표의 융합을 통합시키며 글로벌 지속가능성을 지향하는 필요한 단계"라는 주장도 있다(Trembley 2012: 15).

캐나다에서 퀘벡의 사회적경제가 대표적인 사례로 많이 참고되고 있다. 퀘벡의 사회적경제는 1990년대 중반부터 정부정책의 도입과 시행으로 사회 모든 분야에 적용될 정도로 광범하게 추진되었다. 시행 초기 6년 기간에 수천 개의 사회적기업들이 설립되어, 취약층을 위한 2만 개의 새로운 일자리가 창출되었다. 또 수만 개의 일자리가 아동케어센터, IT, 지역사회 미디어, 사회적 관광, 레크리에이션 등에 마련되는 성과를 냈다(앞글: 34). 1990년대 중반 이후 2000년대 기간에 공공 및 혼합경제가 순조롭게 통합됨으로써 '신'(new) 사회적경제의 탄생을 맞게 된 것이다. 신사회적경제에는 시민위원회를 중심으로, 푸드뱅크, 커뮤니티센터, 가족경제 협동조합협회, 커뮤니티보건센터, 법률클리닉, 비영리 아동케어센터, 지역사회서비스센터(CLCS)의 퀘벡 네트워크 조직 등 새로운 시민사회 이니셔티브들이 뒤를 이었다.

퀘벡 사회적경제는 공공정책의 공동생산(co-production)이 세계적으로 발달한 독특한 모델을 갖고 있다. 대표적인 사례가 사회적 주택(social housing)이다. 1960년대에 캐나다 연방정부는 사회적 주택의 비용분담 프로그램(cost-sharing programs)을 전환하는 개혁을 추진하였다. 저소득층 주택공급에 주력하는 공공부문뿐 아니라 주택 협동조합과 비영리조직들이 참여하는 새로운 사회적 주택 개발에 광역정부(provinces)에 보조금 지원을 제시한 것이다. 이 시기에 퀘벡 정부는 주택조합들과 비영리조직들에게 사회적 주택 참여에 인센티브를 제공하는 등 진흥정책을 추진하였다. 1997~2007년 기간에 2만 개의 새로운 사회적 주택들이 개발되어 많은 저소득층이 혜택을 보며 사회적경제의 활성화에 중요한 계기가 되었다.

캐나다의 복지국가 또한 신자유주의 영향을 심각한 변혁을 맞았다. 공공서비스의 민영화, 시장의 탈규제, 사회적 케어의 보편성 위축과 국가 책임의 축소와 지방으로의 위임 등이 그것들이다(Amyot 2012: 115). 이에 따라 거버먼트에서 거버넌스로 패러다임이 이동함으로써 국가의 역할도 크게 위축되는 변혁의 시대를 맞이했다. 이런 거버넌스의 확대와 혁신적 메카니즘의 도입으로 사회적경제 조직들의 역할이 점차 늘면서, 사회적경제가 참여, 정의, 민주주의 가치들을 증진시킬 수 있도록 정책 환경을 마련해주는 것이 정부 정책의 핵심이라는 논의가 지속되었다.

EU 또한 '사람 중심'의 사회적경제를 강조해왔고, 2009년에도 "수익성과 연대를 융합해 양질의 일자리를 만들며, 사회적, 경제적, 지역적 통합을 강화하고, 사회 자본을 생산하며, 능동적 시민권, 연대, 사람 우선의 민주적 가치를 가진 경제 유형을 증진시키고 있다"라고 강조했다. 또 2017년 마드리드 결의문에서는 그간의 주요 사회적경제 결의문들을 다음과 같이 재확인하고 있다(EC 2017b).

"사람과 사회적 목표가 자본에 우선하며, 민주적, 참여적 거버넌스, 수익 대부분의 재투자로 기업의 장기적 지속가능성과 회원들과 지역사회에 서비스 제공 등 공통의 가치들은 사회 통합에 실제로 기여하며, 그럼으로써 혁신적, 스마트, 지속가능하고 포용적 성장, 그리고 양질의 고용 창출에 기여한다."

특히 사회적경제가 공조적 경제, 순환적 경제를 창출하는 혁신적 경제에 초점을 맞춘 EU의 사회적경제 진흥 정책을 주목해볼 만하다. '공조적 경제'(collaborative economy)는 온라인 플랫폼의 급성장으로 개인들 사이의 서비스 교환과 공유가 더불어 성장하며 형성되는 경제 유형이다. 공조적 경제로 새로운 사회적 관계 유형들이 생겨나고 있다. 농촌지역의 물리적, 경제적, 사회적 고립이 해소되며 사회적기업들이 성장하는 주요 배경이 된다. 사회적기업들은 특정 지역 중심으로 사람들 사이의 사회적 관계를 중시하는 특성상 공조적 경제에서 두드러진 성과를 내고 있다. 그럼에도 여전히 공조적 경제의 진전에 비하면 사회적경제의 공조적 경제 활동은 미진한 상태에 머물러 있다.

한편 '순환적 경제'(circular economy)는 거시적 맥락의 지속가능개발 이니셔티브들에서 등장한 개념이다. 순환적 경제의 목적은 원자재와 비재생 에너지의 소비와 낭비를 줄이면서 재화와 서비스를 생산하는 것이다. 에코 디자인, 생산물 재사용과 수선, 쓰레기 재활용과 리사이클링이 순환 경제의 특징으로 모두가 주로 사회적기업들이 시행하는 테크놀러지와 사회적 혁신을 필요로 한다. 유럽의 재활용, 재사용과 리사이클링의 대표석인 사회적기업 네트워크인 RREUSE[9]에 따르면, EU 시민 77%가 새 제품을 구입하기보다 사용 중인 제품 수리를 선호하고 60%는 모든 제품의 중고품에 만족한다고 응답했다. 또 윤리적 스마트폰을 생산하는 페어폰(Fairphone) 사례도 혁신적이다. 제품 원자재가 분쟁지역에서 생산되지 않은 것부터 가치사슬 전과정에서 사회적 임팩트를 최대화시켜 페어폰을 생산해 소비자의 구매를 유도한다. 예비 부품과 수리 요령을 제공해 페어폰의 수명이 다할 때까지 사용가능하게 해준다.

3. 시민사회의 새로운 패러다임인가?

사회적경제는 '시민사회' 또는 시민운동과 어떤 관계에 있는가? 또 시민사회의 시각에서 사회적경제는 시민사회의 지속가능한 발전의 새로운 패러다임이 될 수 있는지를 논의해볼 수 있다. 사회적경제가 신자유주의 시장질서와 또 복지국가와 어떤 관계에서 발전할 것인지에 대한 시각과 평가가 공통적으로 긍정과 부정이 혼재되어 있듯이, 시민사회의 발전 측면에서도 유사한 시각들이 있다는 것을 정리해볼 필요가 있다.

사회적경제의 모태는 시민들이 자발적으로 참여해 기여하고 활동하는 시민사회이기 때문에 사회적경제의 성공적인 조건 중 또 다른 하나는 시민사회와의 관계에서 찾아볼 수 있다. 먼저 사회적경제가 시민사회에 새

9 RREUSE, http://www.rreuse.org/

로운 가능성을 제시해주고 있다는 근거에 대해 몇 가지를 정리해볼 필요가 있다. 첫째, 시민사회의 일반적인 특성은 '경제적' 활동보다 '사회적' 활동에 초점을 맞추고 있다면, 신경제의 시대에 시민들의 서비스 욕구를 충족시켜 주기 위해서도 사회적경제 활동이 바람직한 대안이 될 수 있다. 보육, 의료, 교육 등 다양한 사회서비스뿐 아니라 실업자의 일자리 마련에도 시민사회가 기여할 수 있다면 시민의 욕구충족 차원에서 바람직한 활동이라 평가할 수 있다. 둘째, 시민참여가 정체되어 있는 시민사회 영역에 사회적경제의 확장으로 시민참여가 더욱 활성화될 수 있을 것이다. 시민사회가 활성화되어 시민들이 사회적경제 조직의 회원으로 동참하고 자원봉사자로 기여함으로써 사회적경제가 추구하는 사회적 목적들을 '참여의 경제' 활동으로 순차적으로 추구해갈 수 있을 것이다. 셋째, 시민들의 참여는 지역의 무수한 인적, 물적 자원의 동원과 활용을 가능하게 하며 시민들 사이의 유대와 신뢰를 바탕으로 지역공동체가 건설되는 등 지방중심의 사회적경제의 정착도 가능해질 수 있다.

마지막으로, 시민참여의 확대로 빈곤과 실업극복 등 사회경제적 목적뿐 아니라 시민들 사이의 유대와 신뢰 등 사회자본 증대를 가능하게 한다. 특히 실업자나 사회적 소수자의 참여와 이들을 사회적 목적 추구에 포용하는 '시민권' 강화 효과는 사회적경제가 시민사회의 지속가능한 발전에 제시해줄 수 있는 궁극적인 목표가 된다.

제3장에서 살펴보았듯이 사회적경제 활동을 통해 '녹색 시민권'의 정착을 기대해볼 수 있다. 사회적경제의 에토스는 사회적경제 조직들로 하여금 상호적 공동체 이해를 지향하도록 만들어, 환경친화적 유기농작물, 윤리적 소비, 자원재활용, 야생자원의 보전에 일차적인 목표를 지향하며 동시에 경제적 생산활동을 통해 수익을 내도록 한다(Smith 2003: 124). 이러한

목표지향은 녹색사회운동의 활동과 같은 방향으로 진행되며, 궁극적으로 녹색 시민권의 정착에 기여할 것이다. 녹색 시민권의 정착은 사회적경제 조직들의 친환경적 생산활동에 국한된 이슈만은 아니다. 사회적경제 조직들은 사회적으로 충족되지 않은 욕구에 초점을 맞춰, 빈곤타개나 경제사회적 불의에 대한 문제해결에 적극적인 주창활동을 한다. 이런 상호적, 공동체 이해에 초점을 맞춘 사회적경제 활동은 기본적으로 환경에 대한 존중의 원칙을 인정하는 기본 바탕이 된다고 볼 수 있다. 그럼으로써 일상생활의 정책과 실천에서 환경적 고려를 하게 될 것이다.

그럼에도 사회적경제를 바라보는 시민사회 일반의 시각은 위와 같은 긍정의 시각뿐 아니라 다음과 같은 부정의 시각도 있다는 것을 알 수 있다. 첫째는 사회적 목적과 기업가정신을 절충하는 사회적경제의 이중성에 관한 문제이다. 그 이유는 사회적경제 조직들이 사회적 목적을 기업가정신에 양보해 우선 이윤추구적 활동을 할 수 없는 한계 때문이다. 둘째, 심각한 논쟁이 되는 부분은 기업가정신의 활용은 결국 시민사회와 공동체 전반에 시장세력의 상업화 침투와 폐해로 결과되는 심각한 문제가 있다는 지적이다. 따라서 한편으로는 사회적경제를 도구로 삼아 사회운동이나 시민운동의 지평을 확대하는 전략이 가능하다 볼 수 있지만, 다른 한편에서는 이런 전략을 경계해 시민사회의 독자적인 권익주창과 임파워먼트로 차별화할 필요가 있다는 시각도 있다. 전자의 경우, 캐나다 퀘벡 사례에서 보았듯이 시민운동조직인 퀘벡여성연대가 사회적경제의 의미를 재화와 서비스의 생산이나 공급 등 경제적 영역을 넘어 빈곤퇴치, 주민들의 유대와 연대, 사회자본, 공동체건설 등 보다 고차적인 사회적 목적의 필요성을 사회운동으로 발전시킨 결과로 나타났다(Laville et al. 2007: 170). 그럼에도 후자와 같은 경계의 시각은 기업가정신이 비교적 주류를 형성하고 있는 미국에서도 강력히 제기되고 있다(O'Connell 1995; Van Til 2000).

사실 많은 서구의 시민사회조직들이 사회적경제를 주요활동이나 전략으로 수용하고 있지만, 한국의 경우 사회적경제의 발전이 최근 10여 년에 지나지 않기 때문에 일부에서만 부분적으로 추진되고 있다. 시민사회가 사회적경제를 지속가능한 발전의 패러다임으로 수용할 수 있을지는 상당기간의 논의와 실험을 거쳐야 할 중장기적 과제로 부각되어 있다.

최근 한국에서 '사회적경제'는 한편으로는 국가정책으로 다른 한편으로는 시민사회 발전방향으로 진행되면서 양자의 협력과 조정보다는 긴장과 경쟁이 불가피하게 전개되고 있는 것도 사실이다. 국가정책의 경우, 1990년대 말 외환위기 직후의 공공근로사업과 2000년 국민기초생활보장법 도입 이후의 자활사업과 사회적 일자리 사업, 그리고 최근의 사회서비스 사업, 사회적기업법 시행 등으로 확대, 발전되는 동향이다(주성수 2017b; 장원봉 2009: 51-2). 앞에서 살펴보았듯이 정부는 사회적경제를 성장기에서 성숙기로 발전시키는 로드맵을 발표하였다. 사회적경제기업에 대한 통합적 정책 추진체계를 구축하기 위해 사회적경제 관련 3대 법(사회적경제기본법, 사회적가치 실현 기본법, 사회적경제기업 제품 판로지원법)의 입법 과제가 있다.

그러나 사회서비스, 사회적 일자리, 사회적기업 등의 사업들은 대부분 국가와 지자체들의 재정지원 등으로 주도되고 있는 현실에서, 시민사회의 역할은 매우 제한적일 수밖에 없다. 앞으로의 동향도 정부주도성이 강할 것으로 내다보인다. 그러나 이처럼 사회적기업 등에 대한 정부주도에 대한 학계의 비판이 강한 것도 사실이다(김정원 2009; 노대명 2009; 박찬임 2009). 앞서 살펴보았듯이 유럽에서는 신자유주의의 영향으로 빈곤과 실업에 대한 복지국가의 역할이 축소되면서 그 역할을 복지국가의 보조적 역할을 하는 사회적기업을 비롯한 사회적경제로 위임하는 방식에 대한 비판이 강한 것도 사실이다.

따라서 사회서비스, 사회적기업 등 정부정책에 참여하는 시민사회조직들이 정부의 서비스 전달 역할에 치중해, 원래 추구하고자 했던 시민사회 주도의 사회적경제의 활성화는 요원한 목표인 것처럼 비춰지고 있다. 한국의 사회적경제 조직들은 재정적으로 취약해서 정부 의존이나 민간자본 의존에서 벗어나지 못하는 자율성 상실, 지속가능성 결여가 심각하다. 시민과 공동체와 시민사회조직들이 혁신적 기업가정신뿐 아니라 재정적 지속가능성을 갖추는 것이 어렵지만 핵심적 과제가 된다. 정부나 민간의 재정지원은 사회적경제의 더 큰, 더 빠른 스케일링을 위해 필요하지만, 더 오랜 지속가능성의 필요충분 요건이라 볼 수는 없다.

참고 문헌

국회입법조사처, 2014. "사회적기업 지원제도의 문제점과 개선방안".

김정원, 2009. "사회적 일자리와 사회적 기업은 민(民)의 대안이 될 수 있는가?" 『도시와 빈곤』 89.

노대명, 2007. "한국 사회적경제의 현황과 과제." 『시민사회와 NGO』 5/2.

노대명, 2009. "한국 사회적 기업 발전 방향에 대한 고찰." 『시민과 세계』 15.

노대명, 2017. "사회서비스분야 사회적경제 활성화 방안 연구." 보건복지부.

노동부, 2007. "사회적 기업 육성 법령."

고용노동부, 2015. "사회적기업, 사회적, 경제적 성과 향상."

박찬임. 2009. "사회적 기업의 성장과 정부 지원." 『시민과 세계』 15.

신명호, 2009. "한국의 '사회적경제' 개념 정립을 위한 시론." 『도시와 빈곤』 89.

이영수 외. 2017. "사회적기업 성과 평가." 고용노동부.

일자리위원회, 2017. "사회적경제 활성화 방안."

장원봉, 2007. "사회적 경제의 대안적 개념화." 『시민사회와 NGO』 5/2.

장원봉, 2009. "한국 사회적 기업의 실태와 전망." 『도시와 빈곤』 89.

정경희 외. 2006. "한국 사회서비스 쟁점 및 발전전략." 한국보건사회연구원.

주성수. 2010. 『사회적경제: 이론, 제도, 정책』. 한양대학교출판부.

주성수. 2017a. 『사회적경제와 사회적 임팩트』. 한양대학교출판부.

주성수. 2017b. 『복지국가와 복지정책』. 한양대학교출판부.

주성수. 2018. 『시민사회, 제3섹터, 비영리섹터, 사회적경제』. 한양대학교출판부.

한국사회적기업진흥원, 2012. "사회적기업 실태조사 연구보고서".

한국사회적기업진흥원, 2015. "2014 사회적 기업 개요집."

황미영, 2007. "사회적 경제조직으로서의 자활공동체의 실태와 전망." 『시민사회와 NGO』 5/2.

Amin, A., Cameron, A. and Hudson, R. 1999. "Welfare as Work? The Potential of UK Social Economy." *Environment and Planning A*, vol.31, 2033-51.

_____, 2001. "The UK Social Economy: Panacea or Problem?" University of Exeter. http://www.huss.ex.ac.uk/politics/research/socialcapital/papers/amin.pdf

_____, 2002. *Placing the Social Economy*. London: Routledge.

Amin, A. 2009. "Extraordinarily ordinary: working in the social economy", *Social Enterprise Journal* 5/1, pp.30-49.

Amyot, S. Downing, R. and Tremblay, C. 2012. "Public Policy for the Social Economy: Building: a People-Centred Economy in Canada." in Rupert Downing, R. ed. *Canadian public policy and the social economy* University of Victoria.

Arther, L., Cato, M., Keenoy, T. and Smith, R. 2005. "Developing an Operational Definition of Social Economy." http://arnova.omnibooksonline.com/2006/data/papers/PN062020.3.pdf

Australian Government. 2011. "Australian Innovation System Report 2011." Department for Innovation, Industry, Science and Research.

Austrian Research(for SME Research). 2007. "Study on Practices and Policies in the Social Enterprise Sector in Europe."

Bahle, T. 2003. "The Changing Institutionalization of Social Services in England and Wales, France and Germany: Is the welfare state on the retreat?" *Journal of European Social Policy*, 13(1):5~20, 2003.

Bidet, E. and Spear, R. (2003) "The Role of Social Enterprise in European Labour Markets", EMES Network Working Paper.

Birchall, J. and Ketilson. L. 2009. "Resilience of the Cooperative Business Model in Times of Crisis." ILO.

Bode, I., Evers, A., Schulz, A. 2002. "Work Integration Social Enterprise in Germany,"

Bornstein, D, 2004, *How to Change the World: Social Entrepreneurs and the Power of New Ideas*. Oxford: Oxford University Press.

Borzaga, C. 2004. "From Suffocation to Re-Emergence: the Evolution of the Italian Third Sector." Evers and Laville eds., *The Third Sector in Europe*. Cheltenham: Edward Elgar. pp.45-62.

Borzaga, C. and Solari, L. 2001. "Management Challenges for Social Enterprises." Borzaga and Defourny eds., *The Emergence of Social Enterprise*. London: Routledge. 333-349.

Borzaga, C. and Tortia, E. 2007. "Social Economy Organizations in the Theory of the Firm." Noya, A. and Clarence, E. eds. *Social Economy: Building Inclusive Economies*. Paris: OECD.

Borzaga C., Galera G., Nogales, R. 2008. *Social Enterprise: A New Model for Poverty Reduction and Employment Generation*, UNDP Regional Bureau for Europe and the Commonwealth of Independent States.

Bowring, F. 1999. "LETS: An Eco-Socialist Alternative." *New Left Review* 231. 91-111.

Bradford, N. 2003. "Cities and Communities That Work." Canadian Policy Research Network. http://www.cprn.org/documents/20506_en.pdf

Browne, P. 2000. "The Neo-liberal Uses of the Social Economy." Schragge, E, and J. Fontan eds., *Social Economy: International Debates and Perspectives*. London: Black Rose. pp.65-80.

Canadian National Advisory Board, 2014. "Mobilizing Private Capital for Public Good: Priorities for Canada."

Center for Civil Society Studies. 2004. "UN Non-Profit Institution (NPI) Handbook." Johns Hopkins University.

Chamberlain, P. 2008. *Place-based poverty reduction initiative*. The Canadian

CED Network.

Chantier de L''Économie Sociale(CES). 2005. "Social Economy and Community Economic Deleopment in Canada."

Christopoulos, D. 2008. "Civic Entrepreneurs: A Research Agenda." CNCS, 2017. "SIF Builds: Employment Opportunities through Social Enterprises."

Davis, S. 1998. "Volunteering in the UK." Foundation, C. ed., *Dimensions of the Voluntary Sector.* Tonbridge: Charites Aid Foundation.

Dees, J. and Economy, P. 2001. "Social Entrepreneurship" Dees, J., Emerson, J. and Economy, P. eds., *Enterprising Nonprofits.* New York: John Wiley & Sons.

Defourny, J. and Develtere, P. 1999. "The Social Economy: Worldwide Making of a Third Sector", Fontenau, eds., *The Social Economy in North and South.* Belgium: Hoger Instituut voor de Arbeid

Defourny, J. and Nyssens, M. 2006. "Defining Social Enterprise." Nyssens ed., *Social Enterprise: At the Crossroads of Market, Public Policies and Civil Society.* London: Routledge. pp.3-25.

Defourny, J. 2004. "Social Economy in an Enlarged Europe" http://www.emes.net/fileadmin/emes/PDF_files/Articles/Defourny/Defourny.Soc.ent.CEE.3.06.pdf

Dekker, P. 2004. "From Private Initiatives to Nonprofit Hybrids and Back?" Evers and Laville eds., *The Third Sector in Europe.* Edward Elgar. pp.144-68.

Demoustier, D,. and Rousseliere, D. 2004. "Social Economy as Social Science and Practice: Historical Perspectives on France."

DiDomineco, M. and Haugh, H. 2007. "Strategic Partnering: Results from a Survey of Social Ventures in UK." University of Cambridge.

Dobson, A, 2003. *Citizenship and the Environment.* Oxford: Oxford University Press.

Elkington, J. and Hartigan, P. 2008. *The Power of Unresonable People.* Cam-

bridge: Harvard Business Press.
Esping-Andersen, G. 1990. *The Three Worlds of Welfare Capitalism*. Cambridge: Cambridge University Press.
European Commission(EC). 2000. "Promoting the Role of Voluntary Organizations and Foundations in Europe." Luxembourg.
_____, 2001a. "Social Economy on the European Agenda." Luxembourg.
_____, 2001b. "Social Economy(Cooperatives, mutuals, associations, foundations)." Luxembourg.
_____, 2006. "Social Economy-A Model for Inclusion, Entrepreneurship and Local Development.". Luxembourg.
_____, 2011. "Buying Social: A Guide to Taking Account of Social Considerations in Public Procurement." Luxembourg.
_____, 2013. "Social economy and social entrepreneurship."
_____, 2014a. "Proposed Approaches to Social Impact Measurement in the European Commission legislation and practice."
_____, 2014b. "Social Innovation: A Decade of Changes."
_____, 2015. "A Map of Social Enterprises and their Eco-systems in Europe," Luxembourg.
_____, 2016a. "A Recipe Book for Social Finance."Luxembourg.
_____, 2016b. "Social enterprises and the social economy going forward."
_____, 2017a. "Actions and Strategy for the Social Economy and Social Enterprises."
_____, 2017b. "Madrid Declaration: The Social Economy, a business model for the future of the European Union.
European Parliament, 2016. "Social Economy: Economic and Scienctific Policy." Luxembourg.
Evans, M. and S. Syrett. 2007. "Generating Social Capital? The Social Economy and Local Economic Development", *European and Urban Regional Studies*, 14/1.
Evers, A. and Laville, J, 2004. "Defining the Third Sector in Europe." Evers and

Laville eds., *The Third Sector in Europe*. Edward Elgar. pp.11-43.

EVPA(European Venture Philanthrophy Association). (2018) "Investment for Impacts: The EVPA Survey 2018 Survey."

Favreau, L. 2000. "Globalization and the Social Economy." Schragge, E, and J. Fontan eds., *Social Economy: International Debates and Perspectives*, London: Black Rose. pp.176-91.

_____, 2006. "Social Economy and Public Policy: The Quebec Experience." *Horizons* 8/2, 7-15. Policy Research Initiative. Government of Canada

Fontan, J. and Schragge, E. 2000. "Tendencies, Tensions and Visions in the Social Economy." Schragge, E, and J. Fontan eds., *Social Economy: International Debates and Perspectives*, London: Black Rose. pp.1-15.

Fonteneau. B., et al. 2011. "Social and Solidarity Economy: Our common road towards Decent Work", International Labour Organization.

French National Advisory Board, 2015. "The Hows and Ways of Social Impact Investing."

Galera, G. and Salvatori, G. 2016. "Public policy in the social and solidarity economy: Towards a favourable environment: The case of Europe." International Labour Organization.

Gawell M. 2014. "Social Entrepreneurship and the Negotiation of Emerging Social Enterprise Markets." *International Journal of Public Sector Management*, 27/3.

Gidron, B. Kramer, R. & Salamon, L. 1992. *Government and the Third Sector: Emerging Relationships in Welfare States*, San Francisco: Jossey-Bass.

Goldenberg, M. 2004. *Social Innovation in Canada*. Canadian Policy Research Networks.

Green, D. 2008. *From Poverty to Power*. Oxfam International.

Greffe, X. 2007. "The Role of the Social Economy in Local Development." Noya, A. and Clarence, E. eds. *Social Economy: Building Inclusive Economies*. Paris: OECD. 91-117.

Harrisson, D. 2006. "Social Innovations and Institutionalization." *Horizons*

8/2, 54-57. Government of Canada.

Haugh, H. and Kitson, M. 2007. "The Third Way and the Third Sector: New Labor's Economy Policy and the Social Economy." *Cambridge Journal of Economics* 31, 973-994.

Hawken, P. 2008. *Blessed Unrest: How the largest movement in the world came into being and why no one saw it coming*. New York: Viking Press.

Henton, D., Melville, J. and Walesh, K. 1997. *Grassroots Leaders for a New Economy*. San Francisco: Jossey-Bass.

Hudson, R. 2005. "The Social Economy beyond the Local?" University of Durham.

ICF, 2015. "A map of social enterprises and their eco-systems in Europe: 0 Sweden. Final Report." European Commission.

Ilcan, S., O'Conor, D. and Oliver, M. 2003. "Contract Governance and the Canadian Public Sector." *Relations Industrielles* 58/4, 620-40.

Jayadev, A. 2010. "Global Governance and Human Development: Promoting Democratic Accountability and Institutional Experimentation." UNDP.

Kahn, U. 1999. "European Local Democracy." Kahn, U. ed., *Participation beyond the Ballot Box*, 1-22. London: UCL Press.

Kennedy and Kennedy, 2007. "Preserving and Extending the Commodification of Football Support Relations: a Cultural Economy of Supporters Direct." *Sociological Research Online* 12/1.

Kerlin, J. 2006. "Social Enterprises in the United States and Europe." *Voluntas* 17, 247-63.

Kettl, D. 2000. "The Transformation of Governance: Globalization, Devolution, and the Role of Government." *Public Administration Review* 60/6, 488-497.

Kooiman J. 2003. *Governing as Governance*. London: Sage.

Korosec, R. and Berman, E. 2006. "Municipal Support for Social Entrepreneurship." *Public Administration Review* May/June. 448-462.

Laville, J., Lavesque, B., and Mendell, M. 2007. "The Social Economy: Diverse

Apporaches and Practices in Europe and Canada." Noya and Clarence eds. *Social Economy: Building Inclusive Economies*. Paris: OECD.

LeBlanc, A. 2006. "Industry Canada Supports Social Economy Enterprise". *Horizons* 8/2, 4-5. Government of Canada.

LePage, D. 2006. "The Social Purchasing Portal." *Horizons* 8/2, 35-39. Government of Canada.

Lewis, J. 2004. "The State and the Third Sector in Modern Welfare States." Evers and Laville eds., *The Third Sector in Europe*. Edward Elgar. pp.169-87.

Lloyd, P. 2007. "The Social Economy in the New Political Economic Context." Noya, A. and Clarence, E. eds. *Social Economy: Building Inclusive Economies*. Paris: OECD, 61-90.

Lukkarinen, M. 2005. "Community Development, Economic Development and the Social Economy." *Community Development Journal* 40/4, 419-24.

MacKinnon, S. 2008. "Poverty and social exclusion: Solving complex issues through comprehensive approaches." Manitoba: Canadian Centre for Policy Alternatives-Mb.

Mendell, M. and R. Nogales. 2009. "Social Enterprises in OECD Member Countries: What are the Financial Streams?", in Noya (ed.), *The Changing Boundaries of Social Enterprises*, OECD, Paris.

Mingione, E. 2000. "Market and Society: The Social Embedment of the Economy." Schragge, E, and J. Fontan eds., *Social Economy: International Debates and Perspectives*, London: Black Rose Books. pp.16-35.

Monzon, J. L. and R. Chavez 2008. "The European Social Economy: Concepts and dimensions of the third sector", *Annals of Public and Cooperative Economics*, Vol.79, No.3-4.

Monzon, J. L. and R. Chavez. 2012. "The Social Economy in the European Union", CIRIEC, Liege.

Noya, A. and Clarence, E. 2007. "Executive Summary." Noya and Clarence eds. *Social Economy: Building Inclusive Economies*. Paris: OECD.

OECD, 2007a. *Social Economy: Building Inclusive Economies*. Paris.

OECD. 2007b. "Reviewing OECD Experience in the Social Enterprise Sector." Paris.
OECD, 2011. "Sweden Long-term Care". Paris.
_____, 2013. *Job Creation through social economy and Social Entrepreneurship*." Paris.
_____, 2015a. *Social Impact Investment: Building the Evidence Base*. Paris.
_____, 2015b. "Building Organisational Capacity for Public Sector Innovation."
_____, 2016a. "Boosting Social Entrepreneurship and Social Enterprise Creation." Paris.
_____, 2016b. "The Law on Social and Solidarity-based Enterprises."
_____, 2017. "Fixing Globalization: Time to Make it for All." Paris.
_____, 2018. *Opportunities for All: OECD Policy Framework on Inclusive Growth*. Paris.
OECD/EU, 2017, *Boosting Social Enterprise Development: Good Practice Compendium*, Paris: OECD.Publishing.
Painter, A. 2006a. "The Social Economy in Canada." *Horizons* 8/2, 30-34. Government of Canada.
_____, 2006b. "The Role of Government in Supporting the Social Economy." *Horizons* 8/2, 40-43. Government of Canada.
Passey, A. and Lyons, M. 2004. "Government Initiatives to Develop the UK Social Economy." University of Technology, Sydney.
Paton, R. 2003. *Managing and Measuring Social Enterprises*. London: Sage.
Pearce, J. 2003. *Social Enterprise in Anytown*. London: Calouste Gulbenkian Foundation.
Pestoff, V. 2004. "The Development and Future of the Social Economy in Sweden. Evers and Laville eds., *The Third Sector in Europe*. Edward Elgar. pp.63-82.
Peters, T. 1997. *The Circle of Innovation*. New York: Vintage Books.
Policy Research Initiative, 2006. "Communities under Pressure: The Role of the Cooperatives and the Social Economy." Government of Canada.

Quarter, J. 1992. *Canada's Social Economy*. James Lorimer & Company

Quarter, J. Mook, L. 2003. *What Counts: Social Accounting for Nonprofits and Cooperatives*. Prentice-Hall.

_____, 2010. "An Interactive View of the Social Economy." *Canadian Journal of Nonprofit and Social Economy Research* 1/1, 8-22.

Salamon, L. 1994. "The Rise of Nonprofit Sector." *Foreign Affairs 73/4, 109-22.*

_____, 1995. *Partners in Public Service: Government-nonprofit Relations in the Modern Welfare State*, Baltimore: Johns Hopkins University Press

_____, 2006. *UN Nonprofit Handbook Project*. Baltimore: The Johns Hopkins University Center for Civil Society Studies.

Salamon L. and Anheier H. 1998. "Social Origins of Civil Society: Explaining the Nonprofit Sector Cross-Nationally." *Voluntas* .9/3, 213-248.

Salamon, L. & Sokolowski, W. 2016. "The Size and Scope of the European Third Sector," European Union. Brussels: Third Sector Impact.

Savas, E. 2000. *Privatization and Public-Private Partnerships*, New York: Chatham House Publishers.

Schulz, A. 2003. "National Profiles of Work Integration Social Enterprise in Germany."

Shragge,E., Graefe, P., Fontan, J. 2001. "The Citizenship Building Consequences of Quebec's Social Economy." Canadian Policy Research Network.

Smith, G. 2003. "Green Citizenship and the Social Economy." Dobson, A. and Saiz, A. eds., *Citizenship, Environment, Economy*. Routledge. pp.119-36.

Social Development Canada 2004. "The Voluntary Sector Initiative: Process Evaluation."

Social Economy Europe, 2016. "Annual Report 2015."

Social Enterprise UK. 2017. "State of Social Enterprise Survey 2016."

Spear, R., and Bidet, E. 2003. "The Role of Social Enterprise in European Labor Markets." EMES European Research Network.

Streek. W. 1997. "German Capitalism. Does it exist, will it survive?" Crouch, C. ed., *Political Economy of Modern Capitalism. Mapping Convergence and*

Diversity. London: Sage

Stryan, Y. and Laurelli, E. 2002. "National Profiles of Work Integration Social Enterprise in Sweden."

Sykes, S. and Hum, D. 2006. "The Voucher Debate and the Social Economy." *Horizons* 8/2, 44-47. Government of Canada.

Teasdale, S. 2012., "What's in a Name? Making Sense of Social Enterprise Discourses", *Public Policy and Administration*, Vol. 27, No. 2.

Toye, M. & Infanti, J. 2004. "Social inclusion and community economic development: Literature review." The Canadian CED Network.

Trembley, C. 2012. "Advancing the Social Economy: International Perspectives." in Downing, R. ed., *Canadian public policy and the social economy University of Victoria*.

Triodos Bank, 2014. "Impact Investment for Everyone."

UK Cabinet Office. 2006. "News from the Panel."

______, 2007. "The Future Role of the Third Sector in Social and Economic Regeneration."

______, 2013. "Social enterprise: market trends"

______, 2015. "Social Value Act Review-Report." London.

UK HM Government. 2013. "G8 Social Impact Investment Forum: Outputs and Agreed Actions", UK Cabinet Office, London.

UK National Audit Office, 2005. "Working with the Third Sector."

UNDP, 2016a. *Human Development Report 2016*.

UNGC. 2015. "Impact: Transforming Business, Changing the World."

Utting, P. 2016. " Mainstreaming Social and Solidarity Economy: Opportunities and Risks for Policy Change." UN Inter-Agency Task Force on SSE (UNTFSSE).

Vailancourt, P. 2000. *Public-Private Policy Partnerships*. Cambridge: MIT Press.

Vailancourt, Y., Aubry, F., Tremblay, L., Kearney, M. 2003. "Social Policy as A Determinant of Health and Well-being: the Contribution of Social Economy." University of Quebec.

Vailancourt, Y., Aubry, F., Kearney, M. 2004. "The Contribution of Social Economy to the Healthy Social Policy Reforms in Canada." University of Quebec.

Westlund, H. 2003. "Forms or Contents? On the Concept of Social Economy." *International Journal of Social Economics* 30/11-12, 1192-1206.

Wijkstroem, F. 2004. "Changing Focus or Changing Role? The Swedish Nonprofit Sector". Zimmer, A. and Stecker, C. eds., *Strategy Mix for Nonprofit Organizations*. Springer. pp.15-40.

World Economic Forum. 2009. *The Global Agenda* 2009.

Zimmerman, A. 1999. "Corporatism Revisited: The Legacy of History and the German Non-profit-Sector." *Voluntas* 10/1, 37-49.

찾아
보기

【ㅈ】

【ㅊ】

【abc】

주성수 한양대학교 공공정책대학원 명예교수이자 〈시민사회와 NGO〉 편집위원장으로 재직 중이며, 시민사회와 사회적경제 연구 및 활동을 이어오고 있다. 시민사회에서는 1992년 경실련 사회복지위원회와 강동송파 경실련 공동대표, 1995년 한국자원봉사포럼 총무, 1996년 한국대학사회봉사협의회 전문위원, 1998년 공동모금회(사랑의열매) 기획위원, 1999년 KOPION 자문위원, 2007년 아시안프렌즈 이사로 활동해왔다. 2013년에는 서울시NPO지원센터 제1기 운영위원장을 맡았고, 현재는 국무총리실 시민사회발전위원회 시민사회제도분과위원장, 국가자원봉사진흥위원회 위원, 성동구 사회적경제위원회와 마을공동체위원회 위원장으로 활동하고 있다. 대학에서는 1997년에 제3섹터연구소를 창설해 현재까지 열두 명의 연구교수들과 함께 국내외 시민사회와 사회적경제 연구에 집중하는 20여 년의 시간을 가졌다. 또한 1차(2004~2006)와 2차(2008~2010)에 걸쳐 글로벌 시민사회연대 네트워크인 CIVICUS의 48개국 글로벌 시민사회지표 조사분석에 한국 대표로 국제 연구활동을 진행했다. 학술지 〈시민사회와 NGO〉의 편집위원장을 맡아 시민사회와 사회적경제의 다양한 분야 전문가들과 학술교류를 나눠왔다. 주요 저서로 『나눔문화: 기부, 자원봉사, 이웃돕기, 시민참여』(2016), 『사회적경제와 사회적 임팩트』(2017), 『한국시민사회사(1987-2017)』(2017), 『시민사회, 제3섹터, 비영리섹터, 사회적경제』(2018), 『사회적 가치 임팩트 투자』(2020)가 있고, 최근의 연구로는 "개발 임팩트 투자"(한국연구재단, 2016-19), "사회적 가치 실현을 위한 KOICA 조직과 사업 연계방안"(2018, KOICA) 등이 있다.

사회적경제 : 이론, 제도, 정책 [개정판]

펴낸날 2019년 1월 10일 개정판 1쇄 ● 2021년 2월 20일 개정판 2쇄

지은이 주성수 ● **펴낸이** 김우승

펴낸곳 한양대학교출판부 ● **출판등록** 제4-7호(1972.2.29)

주소 서울 성동구 왕십리로 222 ● **전화** 02.2220.1432-4 ● **팩스** 02.2220.1435

홈페이지 press.hanyang.ac.kr ● **이메일** presshy@hanyang.ac.kr

본문디자인·편집 오은애·정준기 ● **표지** 안광일 ● **인쇄** 미르P&P

ISBN 978.89.7218.608.3 (93330)